Kündigungsschutz im portugiesischen Arbeitsrecht

Schriften zum Arbeitsrecht und Wirtschaftsrecht

Herausgegeben von Abbo Junker

Band 105

PETER LANG

Eva Susanne Felisa Frey

Kündigungsschutz im portugiesischen Arbeitsrecht

PETER LANG

Bibliografische Information der Deutschen Nationalbibliothek
Die Deutsche Nationalbibliothek verzeichnet diese Publikation in der Deutschen Nationalbibliografie; detaillierte bibliografische Daten sind im Internet über http://dnb.d-nb.de abrufbar.

Zugl.: München, Univ., Diss., 2018

D 19
ISSN 1433-4666
ISBN 978-3-631-76768-9 (Print)
E-ISBN 978-3-631-76818-1 (E-Book)
E-ISBN 978-3-631-76819-8 (EPDF)
E-ISBN 978-3-631-76820-4 (MOBI)
DOI 10.3726/b14688

Peter Lang – Berlin · Bern · Bruxelles · New York ·
Oxford · Warszawa · Wien

Diese Publikation wurde begutachtet.

www.peterlang.com

Vorwort

Die vorliegende Arbeit wurde im Wintersemester 2017/2018 von der juristischen Fakultät der Ludwig-Maximilians-Universität München als Dissertation angenommen. Gesetzesänderungen, Rechtsprechung und Literatur sind bis Ende November 2017 berücksichtigt.

Mein ganz besonderer Dank gilt meinem Doktorvater Herrn *Professor Dr. Abbo Junker*. Er hat mein Dissertationsvorhaben vom ersten Tag an umfassend unterstützt. Dabei hat er mir stets die nötige Freiheit gelassen meine eigenen Ideen zu verwirklichen und gleichzeitig stets meine wissenschaftliche Weiterentwicklung gefördert und so der Arbeit einen angemessenen Rahmen gegeben. Die Tätigkeit an seinem Lehrstuhl für (Internationales) Arbeitsrecht, Arbeitsrechtsvergleichung und Bürgerliches Recht war fachlich sehr interessant und bot zusätzlich viel Raum zur persönlichen Weiterentwicklung. Ich habe die Zeit am Zentrum für Arbeitsbeziehungen und Arbeitsrecht menschlich und fachlich sehr genossen.

Herrn *Professor Dr. Richard Giesen* danke ich für die zügige Erstellung des Zweitgutachtens.

Persönlich danke ich auch ganz besonders *Christina Meyer* und *Caroline Domingues*, welche die Entstehung der Arbeit mit fachlichem Austausch und konstruktiver Kritik gefördert haben. Besonderer Dank gebührt ebenfalls *Franziska Heilig* für ihre Geduld und Unterstützung bei formalen Korrekturen.

Herzlich danke ich zu guter Letzt meinem Ehemann *Sebastian* dafür, dass er während der gesamten Zeit stets zu mir stand und mich unterstützt hat. Ohne ihn wäre diese Arbeit so nicht möglich gewesen.

München, im Sommer 2018
Felisa Frey

Inhaltsverzeichnis

Abkürzungsverzeichnis

a. A.	andere Ansicht
Ac.	*acórdão* (Gerichtsentscheidung / Urteil)
AD	*Acórdãos Doutrinais do Supremo Tribunal Administrativo – em Apêndice: Jurisprudência do Trabalho* (Sammlung der Rechtsprechung des Obersten Verwaltungsgerichts – Im Anhang: arbeitsgerichtliche Rechtsprechung)
a. E.	am Ende
AEUV	Vertrag über die Arbeitsweise der Europäischen Union
AGG	Allgemeines Gleichbehandlungsgesetz
Alt.	Alternative
ArbGG	Arbeitsgerichtsgesetz
Art.	Artikel (auch für die portugiesischen „*artigo – art.*")
AZR	Aktenzeichen
BAG	Bundesarbeitsgericht
Bd.	Band (deutsche Werke)
BetrVG	Betriebsverfassungsgesetz
BGB	Bürgerliches Gesetzbuch
BGBl.	Bundesgesetzblatt
BGH	Bundesgerichtshof
BGHZ	Entscheidungssammlung Bundesgerichtshof in Zivilsachen
BMJ	*Boletim do Ministério de Justicia* (Zeitschrift des Justizministeriums)
Bsp.	Beispiel
BT-Drs.	Bundestag Drucksache
bzw.	beziehungsweise
CC	*Código Civil* (Zivilgesetzbuch Portugals)
CEJ	*Centro de Estudos Jurídicos* (Zeitschrift: Zentrum juristischer Studien)
CITE	*Comissão para a Igualdade no Trabalho e Emprego* (Gleichstellungsbehörde)
CJ	*Colectânea de Jurisprudência* (Rechtsprechungssammlung Portugals)

CPC	*Código de Processo Civil* (Zivilprozessordnung Portugals)
CPT	*Código de Processo do Trabalho* (Arbeitsgerichtsverfassungsgesetz Portugals)
CRP	*Constituição da República Portuguesa* (Verfassung Portugals)
CSC	*Código das Sociedades Comerciais* (Gesetz der Handelsgesellschaften)
CT	*Código do Trabalho* (Arbeitsgesetzbuch Portugals in der geltenden Fassung von 2009)
CT 03	*Código do Trabalho* in der Fassung des Gesetzes von 2003 (Arbeitsgesetzbuch Portugals in der Fassung von 2003)
DG	*Diário do Governo* (Gesetzblatt Portugals von 1869 – 1976) Abrufbar unter: https://www.dre.pt
d.h.	das heißt
DL	*Decreto-Lei* (Verordnung mit Gesetzeskraft)
DR	*Diário de República* (Gesetzblatt Portugals) Abrufbar unter: https://www.dre.pt
EDT	*Estudos de Direito do Trabalho* (Arbeitsrechtliche Studien)
EfZG	Entgeltfortzahlungsgesetz
EG	Europäische Gemeinschaft
EIDT	*Estudos do Instituto de Direito do Trabalho* (Studien des Instituts für Arbeitsrecht)
EMRK	Europäische Menschenrechtskonvention
etc.	et cetera
ETN	*Estatuto do Trabalho Nacional* (Arbeitsstatut)
EU	Europäische Union
EuGH	Europäischer Gerichtshof
EWG	Europäische Wirtschaftsgemeinschaft
f.	folgend
ff.	fortfolgende
Fn.	Fußnote
FS	Festschrift
GG	Grundgesetz
h.M.	herrschende Meinung
Hrsg.	Herausgeber

HS	Halbsatz
IAO	Internationale Arbeitsorganisation Abkürzung auf portugiesisch OIT (*Organização Internacional do Trabalho*)
i.d.F.	in der Fassung
IRCT	*Instrumento de Regulamentação Colectiva de Trabalho* (kollektivrechtliche Regelung)
i.V.m.	in Verbindung mit
Jhd.	Jahrhundert
KSchG	Kündigungsschutzgesetz
L	*Lei* (portugiesisch: *Gesetz*)
LAG	Landesarbeitsgericht
LCT	*Regime do Contrato individual de Trabalho* teils auch: *Regime Jurídico do Contrato de Trabalho*; (Arbeitsvertragsgesetz Portugals)
LCCT	*Regime juridico da Cessação do Contrato individual de Trabalho* (Gesetz zur Regelung individueller Kündigungen)
LD	*Lei dos Despedimentos* (Kündigungsgesetz Portugals)
lit.	littera
LJP	*Lei dos Julgados de Paz* (Friedensrichtergesetz)
LOSJ	*Lei da Organização do Sistema Judiciario* (Gerichtsorganisationsgesetz)
MuSchG	Mutterschutzgesetz
m.w.N.	mit weiteren Nachweisen
Nr.	Nummer
NZA	Neue Zeitschrift für Arbeitsrecht
NZA-RR	Neue Zeitschrift für Arbeitsrecht Rechtsprechungs-Report
PDT	*Prontuario de Direito do Trabalho* (Zeitschrift: Arbeitsrecht)
PIDCP	*Pacto Internacional sobre Direitos Civis e Politicos* (UN Zivilpakt)
PIDESC	*Pacto Internacional sobre os Direitos Económicos, Sociais e Culturais* (UN Sozialpakt)
Proc. Nr.	*Número do procedimento* (Verfahrensnummer)
QL	*Questoes Laborais* (Zeitschrift: Arbeitsrechtliche Fragen)
RCP	*Regulamento das custas processuais* (Gerichtskostengesetz)

RDES	*Revista de Direito e Estudos Sociais* (Zeitschrift für Rechts- und Sozialwissenschaften)
Rev.	*Revista* (portugiesisch: *Zeitschrift*)
RGZ	Sammlung der Reichsgerichtsentscheidungen in Zivilsachen
RJR	*Regime Jurídico da Reforma* (Rentengesetz)
RJSD	*Regime Jurídico do Subsídio de Desemprego* (Arbeitslosenunterstützungsgesetz)
RL	Richtlinie
Rn.	Randnummer
S.	Seite[1]
s.	siehe
SML	*Sistema de Mediação Laboral* (arbeitsrechtliches Mediationsverfahren)
STJ	*Supremo Tribunal de Justiça* (höchstinstanzliches Zivilgericht Portugals)
T	*Tomo* (Band)
TC	*Tribunal Constitucional* (Verfassungsgerichtshof Portugals)
TRC	*Tribunal de Relação de Coimbra* (zweitinstanzliches Gericht Coimbras)
TRÉ	*Tribunal de Relação de Évora* (zweitinstanzliches Gericht Evoras)
TRL	*Tribunal de Relação de Lisboa* (zweitinstanzliches Gericht Lissabons)
TRP	*Tribunal de Relação de Porto* (zweitinstanzliches Gericht Portos)
TzBfG	Teilzeitbefristungsgesetz
vgl.	vergleiche
Vol.	Volumen (Band bei portugiesischen Werken)
z.B.	zum Beispiel
zit.	zitiert
ZPO	Zivilprozessordnung

1 Dies erfasst auch Seitenangaben von Werken in portugiesischer Sprache.

Kapitel 1: Untersuchungsgegenstand

Das Kündigungs(schutz)recht stellt nicht nur in Deutschland Dreh- und Angelpunkt des Arbeitsrechts dar. Als Kernelement des Arbeitsrechts bestehen in fast allen Rechtsordnungen arbeitnehmerschützende kündigungsschutzrechtliche Regelungen[2]. Beispielsweise nimmt das Kündigungsschutzrecht in Portugal eine sehr zentrale Stellung ein; Es wird häufig als das Land mit dem strengsten Arbeitnehmerschutz bezeichnet[3]. So ist der arbeitsrechtliche Kündigungsschutz im portugiesischen Rechtssystem bereits tief in der Verfassung verankert (Art. 53 *Constituição da República Portuguesa* – CRP[4]):

> *„E garantida aos trabalhadores a segurança no emprego, sendo proibidos os despedimentos sem justa causa ou por razoes políticos ou ideológicos."*
>
> Etwa[5]: *„Den Arbeitnehmern[6] wird die Sicherheit ihres Arbeitsplatzes garantiert, wobei Kündigungen ohne wichtigen Grund sowie aus politischen oder ideologischen Gründen verboten sind."*

Diese über dem portugiesischen Kündigungsrecht stehende Verfassungsnorm gewährt einen sehr weitreichenden Kündigungsschutz. Daher stellte die Lockerung des Kündigungsschutzes auch eine der Hauptforderungen der Troika zur Förderung der portugiesischen Wirtschaft dar[7]. Statt dem Vollzug des Bestandsschutzes lassen sich in Portugal gleichzeitig eine hohe Bedeutung der Abfindung sowie Umgehungen des Kündigungsschutzes feststellen.

---

2 *Rosário Palma Ramalho*, Tratado Parte II, S. 737, vgl. auch Länderberichte in *Henssler/Braun*, Arbeitsrecht in Europa.

3 *Rosário Palma Ramalho*, in Congresso mediterrânico de direito do trabalho, S. 247–263 (248).

4 Portugiesische Verfassung: DG Série I Nr. 86 vom 10.4. 1967, S. 737–784; Diese Verfassung wurde am 2.4. 1976 erlassen und ist seit dem 25.4. 1976 bis heute in Kraft – zuletzt geändert durch: *lei constitucional* 1/2005, DR Série I Nr. 155 vom 12.8. 2005, S. 4642–4686.

5 Die durch die Autorin vorgenommenen Übersetzungen stellen lediglich sprachliche Annäherungen dar. Sie dienen dem leichteren Zugang zu der portugiesischen Rechtsordnung.

6 Aus Gründen der leichteren Lesbarkeit umfasst die männliche Form in dieser Arbeit auch immer die weibliche Form. Die weibliche Form wird nur dann ausdrücklich verwendet, wenn die Problematik nur bei weiblichen Arbeitnehmern besteht.

7 Troika steht für eine Kooperation der Europäischen Kommission, der Europäischen Zentralbank und des Internationalen Währungsfonds, welche mit den betroffenen Ländern Maßnahmen zur Überwindung der Finanzkrise verhandelte; Memorandum in englischem Original abrufbar unter: http://ec.europa.eu/economy_finance/eu_borrower/mou/2011-05-18-mou-portugal_en.pdf (zuletzt abgerufen: 4.12. 2017).

Gesetzlich geforderter Bestandsschutz neben einer gelebten Abfindungspraxis; dies ist ein Widerspruch, welcher dem deutschen Juristen bekannt ist. Trotz Gesetz und Betonung des Bestandsschutzes durch das Bundesarbeitsgericht (BAG) enden die meisten Kündigungsstreitigkeiten in Deutschland mit einer Abfindung. Portugal scheint im Bereich des Kündigungsschutzes einen anderen Weg zu gehen: Einfachgesetzlich nimmt die Abfindung eine zentrale Stellung ein. Trotz der verfassungsrechtlichen Normierung des Grundsatzes der Beschäftigungssicherheit, erfordert deren Durchsetzung immer ein gerichtliches Vorgehen. In der Praxis setzt sich daher häufig die Abfindung durch. Es besteht somit ebenfalls ein Spannungsverhältnis, welches durch Versuche den Kündigungsschutz völlig zu umgehen, etwa durch befristete Verträge oder Werkverträge, verschärft wird.

Eine einheitliche europäische Tendenz zur Verschärfung oder Liberalisierung des arbeitsrechtlichen Arbeitnehmerschutzes besteht soweit ersichtlich nicht. Innerhalb der Länder der Europäischen Union bestehen verschiedene Ansatzpunkte hinsichtlich der Änderungen des Arbeitsrechts. Festzustellen ist in vielen Bereichen – unter anderem getrieben durch die Vorgaben der Europäischen Union – eine Annäherung des Schutzniveaus. Speziell im Kündigungsschutzrecht fanden und finden seit der Wirtschaftskrise in verschiedenen Ländern mit traditionell hohem Schutz Reformen statt. Durch die Intervention der Troika nimmt Portugal hierbei eine spezielle Stellung ein: Zum einen wurden die Reformen in Portugal zu einem frühen Zeitpunkt umgesetzt und zum anderen wurden diese nicht allein durch die Landesgesetzgebung, sondern zusätzlich durch die Sichtweise der Troika, stellvertretend für die Europäische Union, beeinflusst. Dies macht einen genaueren Blick auf die Entwicklung und den bestehenden Kündigungsschutz lohnend. Neben den Fragen, wie der Kündigungsschutz konkret ausgestaltet ist, welche Modifikationen die Reformen gebracht haben und ob dadurch ein spürbarer nachhaltiger Abbau des hohen Schutzniveaus stattgefunden hat, kann das Verständnis dieser Entwicklung für weitere Reformen des Kündigungsschutzes auch in anderen Ländern aufschlussreich sein.

§ 1 Lage in Portugal

In Portugal fanden seit dem Jahr 2012 – angestoßen durch die Finanzkrise und den Druck der Troika – zahlreiche Reformen statt. Besonders betroffen war hier neben dem Steuer- und Sozialversicherungssystem vor allem das Arbeitsrecht. Insbesondere die Änderungen bei Rente und im Bereich des Kündigungsrechts haben die Portugiesen auf die Straße getrieben. Am 22.9. 2017 schrieb die „Welt“ schließlich folgendes[8]:

> *„Portugal zeige überraschend deutlichen Aufschwung und befinde sich nicht mehr am Rand der Eurozone“*

8 *Stocker*, Die drei Musketiere der Euro-Zone (abrufbar unter: www.welt.de; zuletzt abgerufen: 27.11. 2017).

Vor diesem Hintergrund stellt sich die Frage ob sich die angestoßenen Reformen in Portugal als wirksam erwiesen haben und mithin Ursache dieses Aufschwungs sind. Weiter ist zu klären, ob das Kündigungsschutzrecht grundlegend verändert wurde und Portugal nun über ein modernes, konkurrenzfähiges Kündigungsschutzrecht verfügt oder ob die Reformen rein kosmetischer Natur waren. Die Ähnlichkeiten durch Zugehörigkeit zum romanischen Rechtskreis dürfen nicht über die historischen und mentalen Unterschiede hinwegtäuschen. Trotz Zugehörigkeit zur romanischen Rechtstradition, geht Portugal seinen eigenen Weg. Dies wird gerade bei der Bewältigung der Finanzkrise deutlich. So ist fraglich, wo das portugiesische Kündigungsschutzrecht heute steht: in seiner originären historischen Entwicklung, im Verhältnis zum deutschen Kündigungsschutz und innerhalb Europas.

Um diese Fragen zu beantworten ist neben der Analyse des materiellen Kündigungsschutzrechts auch eine Analyse der Rechtsanwendung in Portugal vorzunehmen. Wegen der verfassungsrechtlichen Verankerung des Kündigungsschutzes ist dabei nicht nur die obergerichtliche Rechtsprechung der Arbeitsgerichte zu analysieren, sondern auch die des Verfassungsgerichts.

§ 2 Gang der Untersuchung und Methode

Ziel der Arbeit ist der Erkenntnisgewinn und eine Anregung der Diskussion zum Kündigungsschutz in Deutschland und Portugal. Der Zugang zum portugiesischen Kündigungsschutzrecht soll erleichtert werden und das portugiesische Arbeitsrecht – zumindest in der untersuchten Frage – von einer unreflektierten Gleichstellung mit den romanischen Rechtsordnungen, insbesondere der spanischen, befreit werden.

Methodisch soll kein klassischer (erste Ebene-) Rechtsvergleich erfolgen, sondern der Schwerpunkt auf einer Analyse und dem Verständnis des ausländischen Rechts liegen[9]. Dies ist zum einen zwingende Vorarbeit eines Rechtsvergleichs[10], zum anderen erscheint es gerade in einer Phase zahlreicher Reformen – nicht nur in Portugal, sondern auch in anderen europäischen Ländern – sinnvoll, einen Diskussionsbeitrag zu leisten, in welchem die Vor- und Nachteile sowie systembedingten Besonderheiten der jeweiligen Rechtsordnung herausgearbeitet werden. So sollen auch die Hinweise auf das deutsche Recht die Besonderheiten und Gemeinsamkeiten der Rechtsordnungen verdeutlichen. Es erfolgt keine umfassende Gegenüberstellung.

Daher wurde für die Darstellung ein Länderbericht gewählt. Methodisch wird in diesem das portugiesische Recht anhand der Analyse von Originalquellen strukturiert empirisch dargestellt. Um Lesern ohne portugiesische Sprachkenntnisse einen fundierten Einblick zu ermöglichen, werden dabei Übertragungen wesentlicher Aussagen in die deutsche Sprache vorgenommen. Dabei wird einer

9 Eingehend: *Zweigert/Kötz*, Einführung in die Rechtsvergleichung, S. 4–7, 14 f..

10 *Rabel*, Aufgaben und Notwendigkeit der Rechtsvergleichung in Rabel gesammelte Aufsätze Bd. III, S. 19; *Junker*, in FS Canaris Bd. II, S. 705–720 (714).

Fehlinterpretation der Begrifflichkeiten durch Darstellung der Originalzitate entgegengewirkt.[11] Außerhalb der Ausblicke auf das deutsche Recht löst sich die Arbeit mit dem Ziel einer unverfälschten Erörterung von dem deutschen Verständnis des Kündigungsschutzrechts.

Um beurteilen zu können, ob bzw. unter welchen Voraussetzungen Kündigungen möglich sind und wie sich der jeweilige Kündigungsschutz der Arbeitnehmer ausgestaltet, ist das System des portugiesischen Kündigungsschutzes im Ganzen zu analysieren. Dabei ist nicht nur das Gesetzes, sondern auch Rechtsprechung, Wissenschaft und praktische bzw. gerichtliche Durchsetzung zu erörtern[12].

Entsprechend der portugiesischen Rechtstradition steht am Anfang der Arbeit eine kurze historische Einleitung. Um eine einheitliche Ausgangsbasis für die weitere Analyse des Kündigungsschutzrechts zu schaffen ist neben diesen historischen Grundlagen und einigen Grundzügen der verschiedenen Ebenen der arbeitsrechtlichen Regelungstechnik auch die Klarstellung grundlegender Begrifflichkeiten des portugiesischen Arbeitsrechts erforderlich (s. Kapitel 2). Mit diesem Hintergrundwissen wird ein Verständnis der, oft historisch und ausgehend von höheren Rechtsgrundsätzen argumentierenden, portugiesischen Rechtswirklichkeit erst möglich.

Aufbauend auf diesen Grundlagen folgt im Hauptteil die Analyse, ob und wie der Arbeitnehmer vor Kündigungen seines Arbeitsverhältnisses geschützt ist. Dies lässt sich nicht schlicht der Lektüre des materiellen Gesetzes entnehmen. Der Kündigungsschutz ist komplexer: materielles Recht und Verfahrensrecht sind derart Verwoben, dass sie nur als Einheit zutreffend in ihren Wirkungen analysiert werden können[13]. Ausgangspunkt dieser Analyse ist zunächst das materielle Gesetz, welches für den deutschen Leser verständlich gemacht wird, um dann dessen Auslegung und Anwendung in der portugiesischen Rechtswirklichkeit zu analysieren. Um Gemeinsamkeiten innerhalb des Kündigungsschutzrechts sichtbar zu machen und gleichzeitig die Unterschiede der einzelnen Kündigungen herauszustreichen gliedert sich diese Analyse wiederum in die Phase vor der eigentlichen Kündigungserklärung (s. Kapitel 3) und die der Rechtsfolgen einer erklärten Kündigung (s. Kapitel 4). In der Phase bis zum Kündigungsausspruch wird jeweils zwischen der Arbeitgeberkündigung und der Arbeitnehmerkündigung differenziert. Die Gründe der einzelnen Kündigungen und anschließend deren Verfahren werden einander gegenübergestellt. Die Rechtsfolgen einer Kündigung unterscheiden sich zwar ebenfalls nach der Kündigungsart, stärker jedoch nach dem Umstand, ob die Kündigung als rechtmäßig gilt oder deren Rechtswidrigkeit gerichtlich festgestellt wurde. Dementsprechend

---

11 Zu Problematik von Missverständnissen wegen unpräziser Übersetzung: *Junker*, in FS Canaris, Bd. II, S. 705–720 (717).

12 Zu Problematik eines quellenmäßig zu eng gefassten Vergleichs: *Rabel*, Aufgaben und Notwendigkeit der Rechtsvergleichung in Rabel gesammelte Aufsätze Bd. III, S. 4, 7.

13 In diesem Sinn sieht auch das Verfassungsgerichtsurteil Ac. TC 64/91 – DR Série I Nr. 84 vom 11.4. 1991, S. 1978(2)–1978(29) materielles Recht und Verfahrensrecht als eine Einheit an.

steht bei der Rechtsfolgenanalyse die Frage der Rechtmäßigkeit der Kündigung im Zentrum (s. Kapitel 4). Die in der Laiensicht auf das Rechtssystem anzutreffende Aussage: „Recht haben und Recht bekommen, sind zwei verschiedene Dinge“ ist schließlich im portugiesischen Arbeitsrecht ohne negative Konnotation tatsächlich zutreffend. Auch eine offensichtlich rechtswidrige Kündigung[14] verhilft dem Arbeitnehmer allein nicht zu seinem Recht – etwa Entschädigungsansprüchen oder Wiedereinstellung – solange diese Kündigung gerichtlich nicht für rechtswidrig erklärt worden ist. Aufgrund dessen werden neben dem materiellen Kündigungsrecht in einem weiteren Schritt das gerichtliche Verfahren, sowie die Gerichtspraxis untersucht (s. Kapitel 5), bevor abschließend eine letzte Analyse und Einordnung des portugiesischen Kündigungsschutzrechts im Vergleich zu Deutschland und Europa die Ausführungen abrundet (s. Kapitel 6).

14 Im Folgenden ist mit "Kündigung" ohne weitere Zusätze die Arbeitgeberkündigung als klassischer Fall des arbeitsrechtlichen Kündigungsschutzrechts gemeint. Eine Arbeitnehmerkündigung wird außerhalb der § 8 und § 10 B ausdrücklich als solche bezeichnet.

Kapitel 2: Grundlegendes zum portugiesischen Kündigungsschutzrecht

Das Kündigungsrecht bzw. das Kündigungsschutzrecht bezeichnet nach deutschem Verständnis die Gesamtheit aller Rechtsnormen, die die Kündigung im Arbeitsverhältnis regeln respektive den Schutz des Arbeitnehmers vor Kündigungen verwirklichen[15]. Die Regelungen dieses Rechtsbereichs im portugiesischen Recht sind Gegenstand der weiteren Untersuchung. Auch wenn eine entsprechende Begriffsverfestigung in Portugal nicht besteht, wird im Sinne einer leichteren Lesbarkeit im Folgenden der Begriff des Kündigungs(schutz)rechts verwendet.

Im Vergleich mit anderen Ländern wird das Schutzniveau des portugiesischen Kündigungsschutzrechts als sehr hoch bezeichnet[16]. Angesichts der Reformen (seit 2003, verstärkt 2012) wirft dies die Frage auf, ob diese Aussage noch zutreffend ist.

Das Verständnis und die zutreffende Einordnung des portugiesischen Kündigungsschutzrechts setzen an diversen Stellen die Kenntnis spezifischer historischer Hintergründe (s. § 3 B) sowie das Verständnis der Grundprinzipien dieses Rechtsgebiets (s. § 4 A, B) voraus. Da der Kündigungsschutz ein gewachsenes Rechtsinstitut ist, ist dieser zusätzlich in den rechtlichen Kontext einzuordnen und von anderen Rechtsinstituten, die hier nicht näher betrachtet werden sollen, abzugrenzen (s. § 4 C).

§ 3 Rechtlicher Rahmen

Der Kündigungsschutz ist Teil des Arbeitsrechts, welches das portugiesische Rechtssystem dem Zivilrecht zuordnet[17]. Einerseits bestehen aufgrund der Mitgliedschaft Portugals in verschiedenen internationalen Organisationen internationale Rechtsquellen (s. § 3 A), welche das Kündigungsschutzrecht beeinflussen. Andererseits hat sich ein spezifisch nationales Kündigungsschutzrecht (s. § 3 C) herausgebildet, welches teils nur aus seinem historischen Kontext (s. § 3 B) heraus verständlich ist[18].

---

15 *Berkowsky*, in Münchener Hdb Arbeitsrecht Bd. I, § 108 Rn. 47.

16 *Rosário Palma Ramalho*, Tratado Parte II, S. 737.

17 *Romano Martinez*, Direito do Trabalho, S. 61.

18 Dies gilt besonders wegen der Bedeutung, welche die portugiesische Rechtswissenschaft der Rechtsgeschichte beimisst. Dies verdeutlicht das folgende Zitat von *Menezes Cordeiro*, Manual Trabalho, S. 3:
„*Apenas na história se pode compreender o Direito que nos rege; sem essa compreensão não há conheciemento, não há aplicação racional nem há ensino ou aprendizagem críticos.*“
In etwa: „*Das geltende Recht ist nur mittels der Geschichte verständlich; ohne dieses Verständnis existiert keine Erkenntnis, keine rationale Rechtsanwendung und keine kritische Lehre.*“.

A. Internationale Rechtsquellen des Kündigungsschutzes

Auf der Ebene internationaler Regelungen sind für das Kündigungsschutzrecht einerseits die auf allgemeinen internationalen Verträgen beruhenden Regelungen und andererseits Normen der Europäischen Union relevant.

I. Internationale Verträge

Die ersten das Arbeitsrecht beeinflussenden internationalen Regelungen ist Portugal nach dem Ersten Weltkrieg mit dem Beitritt zur Internationalen Abeitsorganisation (IAO)[19] im Rahmen des Friedensvertrags von Versailles eingegangen. In der Folge verstärkten sich die internationalen Beziehungen. Das portugiesische Arbeitsrecht wird im Jahr 2017 durch zahlreiche Regelungen internationaler Verträge beeinflusst. Sie stehen nach ihrer Umsetzung (d.h. Ratifizierung und Verabschiedung) nationalem Recht gleich (Art. 8 Nr. 1 CRP). Folgende Regelungen hat Portugal umgesetzt:

- Art. 23 und 24 der Menschenrechtscharta der Vereinten Nationen[20]
- Europäische Menschenrechtskonvention (EMRK)[21]
- Europäische Sozialcharta[22]
- Zivil- und Sozialpakte der Vereinten Nationen[23]

19 Portugal ist Gründungsmitglied – 28.6. 1919, Stand der Ratifizierung der einzelnen Konventionen abrufbar unter (zuletzt besucht am 19.10. 2017): http://www.ilo.org/dyn/normlex/en/f?p=NORMLEXPUB:11003:0::NO:::;
Deutschland war kein Gründungsmitglied; aber noch im Gründungsjahr beigetreten; nach Austritt während des Zweiten Weltkriegs seit 1951 wieder Mitglied.

20 Resolution 217 A (III) der Vereinten Nationen vom 10.12. 1948, in Portugal im Gesetzblatt veröffentlicht: DR Série I A Nr. 57/78 vom 9.3. 1978, S. 488.

21 EMRK vom 04.11. 1950, in Portugal umgesetzt durch: *Lei* (*L* – Gesetz) 65/78 vom 13.10. 1978 – DR Série I Nr. 236 vom 13.10. 1978, S. 2119–2145; (Umsetzung in Deutschland: BGBl 1052 Teil II Nr. 14 vom 22.8. 1952 S. 685–700).

22 Vom 18.10. 1961; Portugal ratifizierte sie am 30.9. 1991, abgelöst durch revidierte Fassung von 1996, durch Portugal ratifiziert am 17.10. 2001 – DR Série I A Nr. 241/2001 (Deutschland ratifizierte am 27.1. 1965, in Kraft seit dem 26.2. 1965; die revidierte Fassung wurde von Deutschland bislang nicht ratifiziert).

23 Resolution 2200 A (XXI) der Generalversammlung der Vereinten Nationen vom 16.12. 1966 in Portugal in Kraft: durch Bekanntmachung des Ministeriums für Auswärtige Angelegenheiten *(Ministério dos Negócios Extrangeiros); Pacto Internacional sobre Direitos Civis e Políticos* – PIDCP seit 15.9. 1978 – DR Série I Nr. 187/78 vom 16.8. 1978, S. 1656–1657 und *Pacto Internacional sobre os Direitos Económicos, Sociais e Culturais* – PIDESC seit 31.10. 1978 – DR Série I Nr. 244/78 vom 23.10. 1978, S. 2233–2234; (in Deutschland ist der Zivilpakt mit Vorbehalten in Kraft seit dem 23.3. 1976, BGBl 73 II S. 1533 und der Sozialpakt seit dem 3.1. 1976, BGBl 1976 II S. 428).

Das Kündigungsschutzrecht ist auch Gegenstand einer Regelung der internationalen Arbeitsorganisation[24]:

> *„Ein Arbeitnehmer kann nur gekündigt werden, wenn ein wirksamer Kündigungsgrund vorliegt, welcher einerseits auf der Leistungsfähigkeit oder dem Verhalten des Arbeitnehmers oder andererseits auf wirtschaftlichen Gründen der Funktionsfähigkeit des Unternehmens beruht.“*

Auffallend ist die Einschränkung von Kündigungen ohne wichtigen Grund gerade durch die Regelung der IAO. Im Vergleich zu den nationalen portugiesischen Regelungen erfolgt dadurch jedoch keine weitere Einschränkung der Kündigung.

II. Recht der Europäischen Union

Seit dem Beitritt Portugals zur Europäischen Union (1.1. 1986) sind die Unionsziele der Vollbeschäftigung und des sozialen Fortschritts zu beachten[25]. Wichtigste europarechtliche Rechtsquelle des Arbeitsrechts sind die Richtlinien. Allerdings sind Umsetzung und Akzeptanz des Unionsrechts in manchen Bereichen, wie etwa im Rahmen der Umsetzung der Betriebsübergangs-RL 2001/23/EG, lange nicht hinreichend erfolgt. Dennoch ist die Stellung des Unionsrechts über der Verfassung anerkannt[26]. Weiteren Einfluss auf das Kündigungsschutzrecht haben die Regelungen der nicht bindenden Gemeinschaftscharta der sozialen Grundrechte der Arbeitnehmer[27].

B. Historische Entwicklung des nationalen Kündigungsschutzes

Das Kündigungsschutzrecht ist Teil des allgemeinen Arbeitsrechts. Dieses ist rechtsgeschichtlich relativ jung[28]. Erst im Rahmen der industriellen Revolution haben sich arbeitsrechtliche Beziehungen, wie sie heute bestehen, herausgebildet. Sie sollten die Unzulänglichkeiten der bislang angewandten zivilrechtlichen Regelungen überwinden. Leitgedanke dieser Entwicklung war der Arbeitnehmerschutz. Im Individualarbeitsrecht wurden die Prinzipien der Vertragsfreiheit und der Gleichheit der Vertragsparteien durch Schutzgesetze modifiziert[29].

---

24 Art. 4 Konvention Nr. 158 vom 22.6. 1982 umgesetzt durch *Decreto do Presidente da República* (Präsidialverordnung) 68/94 – DR Série I Nr. 198 vom 27.8. 1994, S. 4983.

25 Beitrittsakte Spanien und Portugal vom 12.6. 1985 (Amtsblatt EG 1985 L 302) zur (damals noch) Europäischen Gemeinschaft für Kohle und Stahl.

26 Vgl. etwa: *Paula Quintas/Helder Quintas*, Manual de Direito do Trabalho, S. 238.

27 *Carta comunitaria dos Direitos Sociais Fundamentais dos Trabalhadores*: Die Charta wurde 1989 verabschiedet. Die in ihr enthaltenen Grundsätze wurden in Art. 151 AEUV und die Grundrechtecharta der EU übernommen; *Menezes Leitão,* Direito do Trabalho, S. 71, 72.

28 *Rosário Palma Ramalho,* Tratado Parte I, S. 45.

29 *Bernert,* Arbeitsverhältnisse im 19. Jhd., S. 29, 30; für Gültigkeit in Portugal: *Rosário Palma Ramalho,* Tratado Parte I, S. 58.

Die portugiesische Arbeitsrechtsentwicklung weißt zwei Besonderheiten auf:

- Arbeitsrechtliche Entwicklungen anderer europäischer Länder kamen in Portugal oftmals erst zeitlich verzögert an.
- Der Staat stellte in Portugal, anders als in den übrigen europäischen Ländern, oft die treibende Kraft hinter den Reformen des Arbeitsrechts dar[30].

Das der Zeitpunkt dieser legislativen Eingriffe häufig mit Phasen sozialer Instabilität und politischer Krisen zusammentraf überrascht nicht[31]. Ausgehend von den Zielen der jeweiligen Regelungen lassen sich drei Entwicklungsphasen des Kündigungsschutzrechts unterscheiden: Aufbau (§ 3 B I), Zeit des höchsten Schutzes (§ 3 B II) und aktuell noch andauernde Phase der Lockerung (§ 3 B III).

I. Aufbau eines Kündigungsschutzes

Die ersten Entwicklungsansätze eines Kündigungsschutzrechts umfassten einen Zeitraum von annähernd 100 Jahren. Ausgehend von einer durch beide Parteien jederzeit frei und bedingungslos möglichen Beendigung des Arbeitsverhältnisses entstanden erste Frist- und Begründungsanforderungen einer Arbeitgeberkündigung.

1. Anfänge des portugiesischen Arbeitsrechts (19. Jhd.)

Veranlasst durch die politische Strömung des stark international geprägten Liberalismus unterblieben im Portugal des 19. Jhd., wie in den meisten Ländern Europas, weitgehend arbeitsrechtliche Regulierungen[32]. Das portugiesische Zivilgesetzbuch von 1867 (*Código Civil de Seabra*; abgekürzt: CC 1867)[33] enthielt so nur wenige Normen zu arbeitsrechtsähnlichen Verträgen. Wobei die sehr knappen Regelungen eines Vertrags, welcher Leistungserbringung gegen Geld regelte (*serviçio salariado* – Art. 1391–1395 CC 1867)[34], sowie der Regelung von Dienstleistungen im häuslichen Bereich (*serviçio doméstico* – Art. 1370–1390 CC 1867)[35] dem Konzept des aktuellen Arbeitsvertrags am nächsten kamen. Eine Vertragsbeendigung war für beide Parteien frist- und bedingungslos möglich (Art. 1371, 1392 Satz 2 CC 1867). Im Rahmen befristeter Verträge finden sich bereits erste Ansätze eines Kündigungsschutzes: Eine Kündigung vor Fristablauf war mit wichtigem Grund (*justa causa*) zulässig (Art. 1394, 1376, 1380 CC 1867). Diese Grundidee des Kündigungsschutzes wirkt konzeptionell bis heute fort.

---

30 *Menezes Cordeiro,* Manual Trabalho, S. 43, 49.

31 *Romano Martinez,* Direito do Trabalho, S. 83.

32 *Marques,* Breve Historia de Portugal, S. 471; *Menezes Leitão,* Direito do Trabalho, S. 3; *Rosário Palma Ramalho,* Tratado Parte I, S. 85; *Bausback,* Bestandsschutz des Arbeitsverhältnisses, S. 133, 135; *Zöllner/Loritz,* Arbeitsrecht, S. 24, 25.

33 *Dias Ferreira,* Código Civil Português Vol. I.

34 *Dias Ferreira,* Código Civil Português Vol. III, S. 398, 399.

35 *Dias Ferreira,* Código Civil Português Vol. III, S. 391–397.

Charakteristisch für die Mitte des 19. Jhd. war ein rein wirtschaftliches Verständnis des Arbeitsverhältnisses ohne Berücksichtigung sozialrechtlicher Faktoren[36]. Obwohl die Industrialisierung in Portugal nur schwach ausgeprägt war, bestand so ein Umfeld, welches durch Isolation der einzelnen Arbeitnehmer, täglichen Arbeitszeiten von bis zu 16 Stunden sowie dem Verständnis der Arbeitsleistung als Produktionsfaktor geprägt war[37]. Im Zuge der industriellen Revolution wurde die typisch liberalistisch-neutrale Haltung aufgegeben. Es entstanden erste punktuelle staatliche Sozialregelungen benachteiligter Arbeitnehmergruppen für das bislang rein privatrechtlich ausgestaltete Arbeitsverhältnis[38]. Außerdem wurde 1889 erstmals eine Art Arbeitsgerichtsbarkeit (*Tribunais de Àrbitros Avindores*) gegründet[39].

2. *Erste Blüte des Arbeitsrechts (erste Republik: 1910–1926)*

Erst während der durch die Revolution vom 5.10. 1910 ausgerufenen politisch sehr instabilen ersten Republik erfolgte eine spürbare Entwicklung des Arbeitsrechts[40]. Neben zahlreichen Gesetzen, die jeweils einen kleinen Ausschnitt des Arbeitsrechts regelten, entstand 1916 ein Arbeits- und Sozialministerium[41]. Darüber hinaus gewährte die Verfassung von 1911 zahlreiche Grundrechte und Freiheiten[42]. Durch Gründung der IAO 1918 entwickelten sich bereits erste internationale Regelungen in Portugal[43]. Der Kündigungsschutz wurde in dieser Phase nicht weiterentwickelt.

---

36 Zum Verständnis der Arbeit als Ware als Ausdruck rein wirtschaftlicher Auffassung des Arbeitsverhältnisses: *Bausback*, Bestandsschutz des Arbeitsverhältnisses, S. 132.

37 *Menezes Cordeiro,* Manual Trabalho, S. 50; *Rosário Palma Ramalho,* Tratado Parte I, S. 45, 85; *Romano Martinez,* Direito do Trabalho, S. 68, 71.

38 *Romano Martinez,* Direito do Trabalho, S. 77.

39 *Tribunais de Àrbitros Avindores* stellen dreigliedrig aufgebaute Schiedsgerichte bzw. Schlichtungsstellen dar. Sie bestanden aus einem durch die Regierung gewählten Präsidenten, Vice-Präsidenten und jeweils gleich vielen (sechs bis 18) gewählten Laienrichtern von Arbeitgeber- und Arbeitnehmerseite.
L vom 14.8. 1889 *Isabel Alexandre,* in FS Raúl Ventura, S. 849–897 (851); *Alcides Martins,* Direito do Processo Laboral, S. 23, 24; ebenso *Romano Martinez,* Direito do Trabalho, S. 83.

40 *Rosário Palma Ramalho,* Tratado Parte I, S. 88; *Júlio Costa,* História do Direito Português, S. 538, *Marques,* Breve História de Portugal, S. 469, 470, 607.

41 *Ministério do Trabalho e Previdência Social:* Das Ministerium unterlag häufigen Umbenennungen und leichten Kompetenzänderungen. Derzeit entspricht ihm das *„Ministério da Solidaridade, Emprego e Segurança Social"*.
Romano Martinez, Direito do Trabalho, S. 89.

42 Art. 3 der portugiesischen Verfassung vom 21.8. 1911, abrufbar unter: http://purl.pt/14905.

43 *Romano Martinez,* Direito do Trabalho, S. 85; *Rosário Palma Ramalho,* Tratado Parte I, S. 62, 88.

3. *Unterdrückung der Arbeiterbewegung in der Phase des autoritären Korporativismus* (Estado Novo – *Salazar: 1926–1974*)

Nach 1926 verdrängt ein staatlich vorangetriebener Korporativismus die in Portugal bisher vorherrschenden liberalistischen und republikanischen Strömungen[44]. So strebte die Militärdiktatur unter der Führung von *António de Oliveira Salazar* in der, auf den Militärputsch vom 28.5. 1926 folgenden Zeit, die Unterdrückung der Arbeiterbewegung (*movimentos laborais*) und den Abbau von Arbeitnehmerrechten an. Das am 15.2. 1927 erlassene Streikverbot steht exemplarisch für den Stillstand und teilweisen Rückschritt der Arbeitsrechtsentwicklung in der Übergangsdiktatur *Salazars*[45]. Dennoch gab es auch kleine Fortschritte, wie etwa die Einführung eines Mutterschutzgesetzes mit bezahlter Arbeitsfreistellung (Art. 21 *decreto* 14:498)[46].

Salazar wandelte Portugal nach dem Vorbild des italienischen Faschismus in eine autoritäre, antiparlamentarische und antikommunistische Republik des Korporativismus[47] um, den *Estado Novo*. Die Verfassung von 1933 (*Constituição Política da República Portuguesa*)[48] festigte diesen Wandel. Der Staat griff nun stark regulierend in Wirtschaft und Arbeitsrecht ein[49]. Zahlreiche Freiheiten wurden wieder gestrichen. Eine Streikteilnahme wurde mit drakonischen Strafen geahndet[50]. Mit dem nationalen Arbeitsstatut (*Estatuto do Trabalho Nacional* – ETN)[51] wurde der Arbeit eine soziale Funktion beigemessen. Diese wurde etwa in dem Grundsatz der klassenübergreifenden Zusammenarbeit und der Unterordnung privater Interessen unter die des Staats deutlich. So formulierte das ETN ausdrücklich:

---

44 Die portugiesische Ausprägung des Korporativismus oder „Ständestaates" wird wegen der Schlüsselstellung Salazars teils auch als „Salazarismus" bezeichnet. Dieser ist eine Gegenbewegung des Liberalismus. Leitgedanke war dabei die friedliche Solidarität zwischen Kapital und Arbeit.
Fernando Rosas, O Estado Novo, in *Mattoso*, História, S. 151, 159; *Júlio Costa*, História do Direito Português, S. 558, 559; *Menezes Cordeiro*, Manual Trabalho, S. 56; *João Abrantes*, Direito do Trabalho, S. 29.

45 *Decreto* (Verordnung) 13:138 – DG Série I Nr. 31 vom 15.2. 1927, S. 217, 218; So auch: *Menezes Leitão*, Direito do Trabalho, S. 40; in diese Richtung auch: *Rosário Palma Ramalho*, Tratado Parte I, S. 90.

46 Art. 15 ff. *Decreto* 14:498 – DG Série I Nr. 240 vom 29.10. 1927, S. 2134–2136.

47 *„República corporativa"* Die Staatsgründung erfolgte fließend. Gefestigt spätestens ab 1936;
Fernando Rosas, O Estado Novo, in *Mattoso*, História, S. 185.

48 *Decreto* 22:241 – DG Série I Nr. 43 vom 22.2. 1933, S. 227–236.

49 *Fernando Rosas*, O Estado Novo, in *Mattoso*, História, S. 255, 256, 274; *Júlio Costa*, História do Direito Português, S. 560, 561; *Rosário Palma Ramalho*, Tratado Parte I, S. 91.

50 Art. 39 CRP 1933 Streikverbot; Strafen bei Verstoß reichten von Geldstrafe, Haft zwischen sechs Monaten und mehreren Jahren, mehrjähriger Verbannung (*desterro*) bis hin zu Entzug politischer Ämter: *DL* (Verordnung mit Gesetzeskraft) 23:870 – DG Série I Nr. 115 vom 18.5. 1934, S. 634–637.

51 *DL* 23:048 – DG Série I Nr. 217 vom 23.9. 1933, S. 1655–1658.

Art. 21 „O trabalho (...) é para todos os portugueses um dever de solidaridade social" und *Art. 1 „A Nação Portuguesa (...) cujos fins e interêsses dominam os dos indivíduos e grupos que a compõem."*

Etwa: *[Art. 21 „Die Arbeit ist für alle Portugiesen eine soziale Solidaritätspflicht" und Art. 1 „Die Ziele und Interessen der portugiesischen Nation stehen über denen der Individuen und Gruppen, welche diese [Nation]*[52] *bilden."]*

Für arbeitsrechtliche Streitigkeiten wurden spezialisierte Gerichte eingeführt[53].

Im 20. Jhd. entwickelten sich erste zusammenhängende Regelungen arbeitsrechtlicher Fragen. So befasste sich das Gesetz 1:952[54] erstmals ausschließlich mit dem Arbeitsvertrag. Auch der Kündigungsschutz entwickelte sich:

- Kündigungsfrist (Art. 10 Gesetz 1:952)
- erste Aufstellung wichtiger Gründe (*justa causa* – Art. 11 und 12 *L* 1:952) für außerordentliche Kündigung von Arbeitsverträgen

Wenig später beendete die erste Arbeitsgerichtsverfassung (*Código de Processo nos Tribunais do Trabalho*)[55] die bisherige undifferenzierte Anwendung des Zivilprozessrechts auf den Arbeitsgerichtsprozess.

Im Rahmen der staatlich angeordneten Reorganisation der Industrie findet sich erstmals eine differenzierte Regelung der Folgen der Vertragsbeendigung verschiedener Arbeitnehmergruppen[56]. Zur Bekämpfung der Massenarbeitslosigkeit nach dem Zweiten Weltkrieg erfolgten erstmals staatliche Eingriffe in das Arbeitsrecht[57]. Diese Ansätze der betriebsbedingten Kündigung (*despedimento coletivo*[58]) wurden besonders durch die 1962 erlassene Regelung einer Arbeitslosenunterstützung geprägt, welche für bestimmte Fälle eine Anzeige von Kündigungen forderte[59].

Die 1963 erfolgten weiteren Anpassungen des Prozessrechts an die Bedürfnisse der Arbeitsgerichtsbarkeit bestehen in ihren Grundzügen in der Arbeitsgerichtsverfassung (*Código de Processo do Trabalho* – CPT) bis heute fort[60]. Die arbeitsrechtlichen

---

52 Ergänzung durch Verfasserin.

53 Art. 50 ff. ETN; Zuständigkeit dieser Gerichte: *DL* 23:053 Titel III – DG Série I Nr. 217 vom 23.9. 1933, S. 1671–1674 (1673); Gerichtsverfassung dieser Gerichte: *DL* 24:194 – DG Série I Nr. 169 vom 20.07. 1934, S. 1321–1348.

54 *L* 1:952 – DG I Série Nr. 57 vom 10.3. 1937, S. 203–205.

55 *DL* 30:910 – DG Série I Nr. 273 vom 23.11. 1940, S. 1347–1355.

56 *L* 2:005 – DG Série I Nr. 54 vom 14.3. 1945, S. 153–156 (Base XV).

57 *Bernardo Xavier*, Despedimento Colectivo, S. 2.

58 Hinweis zur portugiesischen Rechtschreibung: die Arbeit folgt den seit 13.5. 2015 geltenden Regeln. Bei Zitaten wird jedoch die durch den Autor gewählte Schreibweise verwendet.

59 Art. 12 *DL* 44:506 – DG Série I Nr. 183 vom 10.8. 1962, S. 1084–1086.

60 CPT: *DL* 45:497 – DG Série I Nr. 305 vom 30.12. 1963, S. 2177–2198; *DL* 272-A/81 – DR Série I Nr. 225 vom 30.09. 1981, S. 2614 (2)–2614 (27).

Spruchkörper wurden 1963 dem Obersten Verwaltungsgericht untergeordnet (Art. 1 Nr. 2 *DL* 45:497 vom 30.12. 1963).

1968 wurde *Salazar* als Ministerpräsident durch *Caetano* abgelöst. Damit begann eine liberalere arbeitsrechtliche Entwicklung. Die „Allgemeine Regelung des Arbeitsvertrags" (*Regime Geral do Contrato de Trabalho*) regelte Rechte und Pflichten der Arbeitsvertragsparteien, Art und Weise der Arbeitsleistung sowie Vergütung und Beendigung des Arbeitsverhältnisses umfassend[61]. Bereits 1969 wurde sie durch das Arbeitsvertragsgesetz ersetzt (*Regime do Contrato Individual de Trabalho* – LCT)[62]. In den Art. 98 - 115 LCT wird die Arbeitsvertragsbeendigung detailliert geregelt. Dies bot allerdings keinen hohen Kündigungsschutz. Die Stabilität der Beschäftigung war bereits als wichtiges Element bekannt. Dennoch normierten die Arbeitsgesetze des Korporativismus neben der Kündigung mit rechtfertigendem Grund die Möglichkeit der unbegründeten, fristgebundenen, Kündigung als Ausgleich zu der engen Bindung des Arbeitsvertrages (Art. 10 *L* 1:952; Art. 107 LCT)[63]. Somit bestand eine sehr weit reichende Kündigungsfreiheit. Eine Kündigung war unter Geltung des LCT einfach und rasch möglich:

- Lag ein wichtiger Grund vor, konnten beide Parteien einseitig ohne Kündigungsfrist den Vertrag allein durch Kündigungserklärung beenden (Art. 101–103 LCT; Art. 101 Nr. 1 LCT: „*Ocorrendo justa causa, qualquer das partes pode pôr imediatamente termo ao contrato, (...)*").
- Unbefristete Verträge konnten auch ohne wichtigen Grund mit einer „Kündigungsfrist" von einem halben Monat je Betriebszugehörigkeitsjahr gekündigt werden (Art. 107 Nr.1 LCT: „*O contrato de trabalho sem prazo pode ser denunciado (...) avisada com a antecedencia mínima de: (...)*").
- Auch bei langfristig befristeten Verträgen war eine Kündigung ohne wichtigen Grund möglich (Art. 108 LCT).
- In der Probezeit war beiden Parteien eine fristlose, anzeigefreie Kündigung möglich (Art. 112 LCT).
- Die Verletzung dieser Kündigungsregeln führte zu einer Entschädigungspflicht (Art. 109, 110 LCT).

Aufgrund des Wirtschaftswachstums und der Auswanderung bestand in den letzten Jahren dieser Phase dennoch eine sehr geringe Arbeitslosigkeit[64]. Die Definition des rechtfertigenden Grundes (*justa causa*) erfuhr nur geringe Änderungen. Dringlichkeit und Unvermeidbarkeit der Vertragsbeendigung mussten weiter kumulativ vorliegen.

---

61 *DL* 47:032 – DG Série I Nr. 125 vom 27.5. 1966, S. 830–848.
62 *DL* 49:408 – DG Série I Nr. 275 vom 24.11. 1969, S. 1670–1687.
63 *Furtado Martins*, Cessação do Contrato, S. 155.
64 *Bernardo Xavier*, Despedimento Colectivo, S. 623.

II. Höhepunkt des Schutzniveaus

Das höchste Schutzniveau des Kündigungsschutzrechts wurde während der zweiten Republik in der Zeit nach der Nelkenrevolution vom 25.4. 1974 erreicht. Bereits zwei Tage nach ihrer Machtübernahme erklärte die „Junta der nationalen Befreiung“ (*Junta de Salvação Nacional*) den 1. Mai als weltweiten Tag des Arbeitnehmers (*Dia do Trabalhador*) zu einem gesetzlichen Feiertag[65]. Dies steht symbolisch für die Ziele der angestrebten Neuausrichtung des Arbeitsrechts:

- Belebung der Wirtschaft
- Flexibilisierung der Arbeitsgesetzgebung
- verstärkte Ausrichtung der Arbeitsgesetzgebung am Arbeitnehmerschutz[66].

Portugal folgte so – fast 20 Jahre verspätet – dem durch die Empfehlung Nr. 119 IAO und zahlreichen anderen europäischen Staaten bereits eingeschlagenen Weg[67]. Neben dem ideologischen Wandel war die Revolution ursächlich für eine hohe Arbeitslosigkeit und äußerst instabile arbeitsrechtliche Beziehungen, welche in zahlreichen Streiks und arbeitgeberseitigen Abwehrmaßnahmen (lock-out) sichtbar wurden[68]. Die ersten Monate nach der Revolution waren von einer verbreiteten völligen Missachtung gesetzlicher Regelungen geprägt[69]. Gleichzeitig endete mit der Revolution auch die unter *Salazar* praktizierte Unterdrückung des kollektiven Arbeitsrechts[70]. Die Änderungen der Gesetzgebung waren zunächst moderat und erfolgten meist punktuell durch die so genannten „*pacotes laborais*“[71]. Hervorzuheben ist in diesem Zusammenhang die Einschränkung der Kündigungsmöglich-

---

65 Gesetze, die Machtübernahme umsetzen: DG Série I Nr. 97 vom 25.4. 1974; Feiertagsgesetz: *DL* 175/74 – DG Série I Nr. 99 vom 27.4. 1974.

66 *Medeiros Ferreira*, Portugal em Transe in *Mattoso*, História, S. 153; *Furtado Martins*, Cessação do Contrato, S. 156.

67 Die Empfehlung Nr. 119 IAO betrifft die Beendigung von Arbeitsverhältnissen durch den Arbeitgeber;
Deutsches KSchG entstand etwa 1951 (10.8. 1951 BGBl. I 499); Italien regelte Kündigung erstmals umfassend in Gesetz (*Legge*) Nr. 604 vom 15.7. 1966, Amtsblatt Italiens Nr. 165 vom 6.8. 1966; Frankreich: Gesetz Nr. 73–680 vom 13.7. 1973, Amtsblatt Frankreichs vom 18.7. 1973, S. 7763;
Bernardo Xavier, Despedimento Colectivo, S. 85; *Menezes Cordeiro*, Manual Trabalho, S. 807; *Rosário Palma Ramalho*, Tratado Parte I, S. 93.

68 *Medeiros Ferreira*, Portugal em Transe, in *Mattoso*, História, S. 108, 111; *Bernardo Xavier*, Despedimento Colectivo, S. 83; *Monteiro Fernandes*, Direito do Trabalho, S. 523.

69 *Bernardo Xavier*, Despedimento Colectivo, S. 82.

70 *Rosário Palma Ramalho*, Tratado Parte I, S. 92.

71 *Pacotes laborais*: Das Arbeitsrecht betreffende Gesetzgebungspakete. Diese führten unter anderem vorübergehend einen Mindestlohn zur Bekämpfung der wirtschaftlichen Notlage abhängig Beschäftigter ein (*DL* 217/74 – DG Série I Nr. 123 vom 27.5. 1974, S. 654–657);

keiten durch ein Kündigungsgesetz (*Lei dos Despedimentos* – LD)[72], welches die entsprechenden Normen des LCT (Kapitel VI – Art. 98 -115 LCT) aufhob (Art. 1 Nr. 1 LD). Die kollektiv-betriebsbedingte Kündigung wurde ab 1974 erstmals als eigenständiges Rechtsinstitut aufgefasst[73]. Dieses Regelung wurde in das LD integriert[74]. Dieses Kündigungsgesetz (LD) führte ein neues Grundprinzip ein: Arbeitgeberseitige Kündigungen (*despedimento*) waren erstmals ausschließlich mit wichtigem Grund oder einer beachtenswerten Begründung (*justa causa* oder *motivo atendível*) gestattet[75]. Außerdem konnten rechtsfehlerhafte Kündigungen erstmals für unwirksam erklärt werden, was dem Arbeitnehmer die Möglichkeit der Rückkehr an seinen Arbeitsplatz eröffnete (Art. 4 Nr. 2, 12 Nr. 1–3 LD).

> „Art. 9 LD: *Verificando-se justa causa, o trabalhador pode ser despedido, (...).*
>
> Art. 12 Nr. 2 LD: *O trabalhador tem direito, no caso [Art. 12 Nr. 1: de nulidade do despedimento]*[76] *(...) à reintegração na empresa (...).*"
>
> Etwa: „*Art. 9 LD: Der Arbeitnehmer kann [nur] gekündigt werden, wenn ein wichtiger Grund vorliegt, (...).*
>
> Art. 12 Nr. 2 LD: *Der Arbeitnehmer hat im Fall [Art. 12 Nr. 1: der Unwirksamkeit der Kündigung] einen Weiterbeschäftigungsanspruch.*"

Dies stellte eine qualitative Wende des bislang leicht kündbaren Arbeitsvertrags dar[77]. So ordnet das Gesetz für seine Auslegung an (Art. 2 LD):

> *„(...) deve ser sempre tomado em atenção que: a) Ele [LD] visa garantir a protecção do direito ao trabalho; b) O despedimento de um trabalhador (...) só pode concretizar-se se aquele, pela sua conduta culposa (...) ou se, por circunstâncias objectivas, a manutenção da relação de trabalho for incompatível com os interesses globais da economia."*
>
> Etwa: *„(...) es ist immer zu beachten, dass: a) Ziel des Gesetzes der Schutz des Rechts auf Arbeit ist; b) Die Kündigung eines Arbeitnehmers nur wegen seines schuldhaften Verhaltens oder aus objektiven Gründen, nach welchen die Aufrechterhaltung der Arbeitsbeziehung mit den gesamtwirtschaftlichen Interessen unvereinbar wäre, möglich ist."*

Menezes Leitão, Direito do Trabalho, S. 48; *Romano Martinez,* Direito do Trabalho, S. 89; detaillierter zu Inhalt dieser Gesetzgebungspakete siehe auch: *João Abrantes,* Direito do Trabalho, S. 32, 33; *Monteiro Fernandes,* Direito do Trabalho, S. 51.

72 *DL* 372-A/75 – DG Série I Nr. 162 vom 16.7. 1975, S. 984(1)–984(5).

73 Vgl. zu Verständnis als Rechtsinstitut: *Gomes Canotilho/Jorge Leite* in FS Ferrer-Correia Vol. III, S. 501–580 (529).

74 *DL* 783/74 – DG Série I Nr. 303 vom 31.12. 1974, S. 1670 (71–72); Integration in LD: *DL* 84/76 – DG Série I Nr. 23 vom 28.1. 1976, S. 208–210.

75 So auch: *Bernardo Xavier,* Despedimento Colectivo, S. 85; *Monteiro Fernandes,* Direito do Trabalho, S. 560; *Monteiro Fernandes,* PDT 2011, 219–249 (220).

76 Ergänzung durch Verfasserin. Dies ergibt sich aus der Gesetzessystematik.

77 *Rosário Palma Ramalho,* Tratado Parte II, S. 739.

Der Schutz der Arbeitnehmerrechte erreichte eine neue Qualität, welche gleichzeitig den Höhepunkt des portugiesischen Kündigungsschutzes darstellt. Darüber hinaus fällt auf, dass Arbeitgeberkündigungen erstmals unter den bis heute verwendeten Begriff des „*despedimento*“ gefasst wurden und „*rescissão*“ von nun an nur noch die Arbeitnehmerkündigung betitelt (Art. 4 LD). Die bei Einführung des LD noch mögliche Kündigung mit beachtlichen, objektiv arbeitgeberbezogenen Begründungen (*motivos atendíveis*) wurde schrittweise gestrichen[78]. Letztlich blieb dem Arbeitgeber nur eine Kündigung wegen schuldhaftem Verhalten des Arbeitnehmers (*justa causa disciplinar*). Die Kündigung mit beachtlicher Begründung wurde teilweise durch die neu in das Kündigungsgesetz eingeführte betriebsbedingte Kündigung (Art. 13 ff. LD) ersetzt[79]. Die *justa causa* änderte so ihre Funktion von einer reinen Legitimation der Beschleunigung der Kündigungsmöglichkeit (*licitude*) hin zu einer Zulässigkeitsvoraussetzung einer rechtmäßigen Kündigung (*validade*)[80]. Weiter schützte ein Widerrufsrecht des Arbeitnehmers von nun an diesen vor Überrumpelung bei Abschluss von Aufhebungsverträgen (*arrependimento* – Art. 7 Nr. 1 LD).

1975 wurde auch erstmals eine Art Arbeitslosenversicherung eingeführt, welche vorübergehend die Folgen eines unfreiwilligen Arbeitsplatzverlusts abfederte[81].

Die bis heute geltende Verfassung (*Constituição da República Portuguesa* – CRP) von 1976 führte zu einer Normalisierung der Verhältnisse. Diese Verfassung will in die Realität eingreifen und den Staat lenken; sie legte somit die Grundlage eines demokratischen Staatsverständnisses in Portugal[82]. Mit Einführung des Sozialismus (Art. 2 CRP) intensivierte sie zahlreiche arbeitsrechtliche Grundsätze und Rechte indem sie ihnen Verfassungsrang gewährte (Art. 53 ff. CRP). Das für das Verständnis und die Auslegung des Arbeitsrechts wichtige Verbot einer Kündigung ohne wichtigen Grund wurde erstmals verfassungsrechtlich verankert (heute Art. 53 CRP). Befristete Arbeitsverhältnisse wurden erstmals gesetzlich geregelt[83]. Weitere Gesetze regelten Fehlzeiten, Urlaub und Freistellungen, das Streikrecht sowie das

78 Streichung der Kündigungsgründe durch: *DL* 84/76 – DG Série I Nr. 23 vom 28.1. 1976, S. 208–210; *DL* 84-C/76 – DR Série I Nr. 285 vom 7.12. 1976, S. 2684(2)–2684(4); *L* 48/77 – DR Série I Nr. 158 vom 11.7. 1977, S. 1719–1720.

79 *DL* 84/76 vom 28.1. 1976; davor wurden der betriebsbedingten Kündigung ähnliche Fälle durch *DL* 783/74 – DG Série I Nr. 303 vom 31.12 1974, S. 1670–1671 geregelt.

80 So auch: Ac. TC vom 21.6. 1988 Proc. Nr. 107/88 (I 3, V 1); *Bernardo Xavier*, Despedimento Colectivo, S. 93; *João Abrantes*, in EDT, S. 89–124 (120).

81 *DL* 169-D/75 – DG Série I Nr. 75 vom 31.3. 1975, S. 498 (6–12); *Bernardo Xavier*, Despedimento Colectivo, S. 84.

82 *Júlio Costa*, História do Direito Português, S. 589; *Gomes Canotilho*, Direito Constitucional, S. 217.

83 *DL* 781/76 – DR Série I Nr. 253 vom 28.10. 1976, S. 2460: Danach war eine Dauer unter sechs Monaten zu rechtfertigen; Eine Beendigung erfolgte automatisch, wenn der Arbeitgeber nicht bis zu acht Tagen vor Fristende die Verlängerung anzeigte.

kollektive Arbeitsrecht[84]. Ein starker Arbeitnehmerschutz bestand bei Widerspruch gegen die Kündigung von Arbeitnehmervertretern, da in diesen Fällen eine Vertragsauflösung nur durch gerichtliche Entscheidung erfolgen konnte[85].

Arbeitsgerichte werden seit 1977 als Teil der Zivilgerichtsbarkeit eingeordnet[86].

III. Lockerung des Kündigungsschutzrechts

Die Erschwerung der Kündigung hatte die Zahl unbefristeter Arbeitsplätze verringert[87]. Daraufhin hat der portugiesische Gesetzgeber unter Beibehaltung des strengen, auch verfassungsrechtlich verankerten Schutzcharakters, einige Regelungen des Kündigungsschutzes seit den 80-iger Jahren etwas flexibler gestaltet.

1. Erlass des Kündigungsgesetzes für Arbeitsverträge – LCCT 1989

Die wichtigste gesetzliche Neuerung der 80-iger Jahre stellte die Reform des Kündigungsrechts dar. Diese stimmte im Kündigungsgesetz (LCCT) erstmals systematisch das Kündigungsrecht mit dem Recht befristeter Arbeitsverhältnisse ab und verstand letzteres nicht nur als Unterform des normalen Arbeitsverhältnisses[88]. Das neue Kündigungsrecht basierte auf dem Grundsatz des Verbots der Kündigung ohne wichtigen Grund unter gleichzeitiger Flexibilisierung des arbeitgeberseitigen Kündigungsrechts. Diese Grundidee besteht bis heute.

Das LCCT kannte zwei Kündigungsmöglichkeiten des Arbeitgebers:

- Kündigung wegen schuldhaftem Verhalten (*Despedimento disciplinar*, Kapitel 4 LCCT)
- Kündigung aus objektiven Gründen (*Cessação individual por causa objectiva*, Kapitel 5 LCCT)

---

84 Fehlzeiten: *DL* 874/76 – DR Série I Nr. 300 vom 28.12. 1976, S. 2856–2860; Streik: *L* 65/77 – DR Série I Nr. 197 vom 26.8. 1977, S. 2061–2063; kollektivrechtliche Regelungen: *L* 16/79 – DR Série I Nr. 121 vom 26.5. 1979, S. 1127–1129, *DL* 215-B – DG Série I Nr. 100 vom 30.4. 1975, S. 634 (2) - 634 (7), *DL* 215-C/75 – DG Série I Nr. 100 vom 30.4. 1975, S. 634(7)–634(8), *DL* 519-C1/79 – DR Série I Nr. 299 vom 29.12. 1979, S. 3446(49)–3446(56).

85 *Furtado Martins*, Cessação do Contrato, S. 148 (Fn. 3).

86 Art. 22 *L* 82/77 – DR Série I Nr. 281 vom 6.12. 1977, S. 2867–2878;
Wegen dieser Zuordnung der Arbeitsgerichte zu der Zivilgerichtsbarkeit stellen die Arbeitsgerichte in Portugal streng genommen keine eigenständigen Gerichte dar, sondern „Kammern für Arbeitssachen". Für eine leichtere Lesbarkeit wird im Folgenden dennoch der Begriff der „Arbeitsgerichte" verwendet.

87 *Bernardo Xavier*, Despedimento Colectivo, S. 94.

88 *DL* 64-A/89 (*Regime jurídico da cessação do contrato individual de trabalho (...)* – LCCT) – DR Série I Nr. 48 vom 27.2. 1989, S. 862(4)–862(14) enthält eigenes Kapitel zu befristeten Verträgen sowie deren Beendigung. Vorgängergesetz enthielt dagegen eine ausdrückliche Unterscheidung von befristeten und unbefristeten Verträgen, um anschließend ohne weitere Differenzierung die Beendigung zu regeln.

Beiden war gemein, dass sie die tatsächliche Unmöglichkeit des Fortbestands des Arbeitsverhältnisses voraussetzten (Art. 9 Nr. 1 / Art. 27 Nr. 1 lit. b LCCT):

„(...) practicamente impossível a subsistência da relação de trabalho“

Etwa: *„(...) die Aufrechterhaltung der Arbeitsbeziehung ist tatsächlich unmöglich“*

Der objektiv-individuelle Kündigungsgrund des Arbeitsplatzwegfalls (*extinção de posto do trabalho*) wurde mit dem Arbeitsvertragskündigungsgesetz[89] um den Grund der „Nichtanpassung“ (*inadaptação*), der inhaltlich einer personenbedingten Kündigung nach deutschem Verständnis ähnelt, erweitert. Die Befugnis der Regierung, eine kollektiv-betriebsbedingte Kündigung zu verbieten, wurde abgeschafft[90]. Auf der Seite des Arbeitnehmers war sowohl eine sofortige Kündigung mit wichtigem Grund, als auch eine mit Auslauffrist möglich[91].

Mit der Reform des Arbeitsprozessrechts entstand weiter das heute noch geltende Arbeitsgerichtsverfassungsgesetz (*Código do Processo do Trabalho* - CPT)[92]. Dieses sollte Probleme des Anwendungsbereichs des neuen Zivilprozessrechts klären sowie das Prozessrecht den neuen Realitäten des Arbeitsrechts anpassen[93].

In den 90-iger Jahren folgte eine Vielzahl arbeitsgesetzlicher Reformen. Diese stärkten den Arbeitnehmerschutz[94] und stabilisierten die kollektivrechtlichen Verhältnisse. Neben den allgemeinen Regelungen des Kündigungsrechts wurden spezielle Kündigungsregeln in Nebengesetzen geschaffen, zum Beispiel[95]:

- Ausbildungsvertragsgesetz (Art. 26–30)
- Gesetz über Verträge haushaltsbezogener Dienstleistungen (Art. 27–33)
- Berufssportlergesetz (Art. 26 ff.)

---

89 *DL* 400/91 – DR Série I-A Nr. 238 vom 16.10. 1991, S. 5377–5380 (*Lei da Cessação do Contrato de Trabalho*).

90 *Furtado Martins*, Cessação do Contrato, S. 343, 344.

91 Zu diesem Zeitpunkt als *rescisão* bezeichnet – Art. 34 ff. und 38 ff. LCCT.

92 *DL* 480/99 – DR Série I Nr. 261 vom 9.11. 1999, S. 7842–7870 (zuletzt geändert durch *L* 73/2017 – DR Série I Nr. 157 vom 16.8. 2017, S. 4715–4717).

93 *Paula Quintas/Helder Quintas*, Manual de Direito do Trabalho, S. 308.

94 Minderjährigenschutz: *DL* 396/91 – DR Série I –A Nr. 238 vom 16.10. 1991, S. 5367–5370; Elternschutz: *L* 4/84 – DR Série I Nr. 81 vom 5.4. 1984, S. 1149–1153.

95 Ausbildungsvertrag (*contrato de aprendizagem*): *DL* 205/96 – DR Série I Nr. 248 vom 25.10. 1996, S. 3757–3766 aufgehoben durch *DL* 396/2007 – DR Série I Nr. 251 vom 31.12. 2007, S. 9165–9173; haushaltsbezogene Dienstleistungen (*contrato de serviço doméstico*): *DL* 235/92 – DR Série I Nr. 246 vom 24.10. 1992, S. 4946–4951; Berufssportler (*contrato de praticante desportivo*): *L* 28/1998 – DR Série I Nr. 145 vom 26.6. 1998, S. 2834–2840.

2. *Neues Jahrtausend – CT 03*

Das stufenweise in Kraft getretene Arbeitsgesetzbuch 2003 (CT 03)[96] fasste viele der, auf unterschiedlichen politischen Strömungen und Zielen beruhenden, arbeitsrechtlichen Einzelgesetze in ein einheitliches Regelwerk zusammen. Dies vereinfachte die Auslegung und Konkurrenzsystematik erheblich. Das CT 03 verfolgte neben den Zielen der Systematisierung, Zentralisierung und Flexibilisierung der arbeitsrechtlichen Beziehungen das der Neuordnung der kollektivrechtlichen Regelungen[97]. Dieses Gesetz brachte einige wichtige Neuerungen:

- die Einschränkung des Günstigkeitsprinzips (Art. 531 CT 03):

  „(...) e se daquelas disposições não resultar o contrário.“

  Etwa: *„(..) und wenn sich aus den folgenden Bestimmungen nichts Gegenteiliges ergibt.“*

- Aufgabe der traditionellen Differenzierung in Arbeitgeber- und Arbeitnehmerkündigung durch Zusammenfassung dieser unter dem Kündigungsbegriff der *„resolução“*
- Gliederung der Unternehmen nach Zahl der Beschäftigten (Art. 91 CT 03; Auswirkungen z.B.: Art. 217 Nr. 8, 418 CT 03),
- Erweiterung der Befristungs- und Versetzungsmöglichkeit (Art. 129, 139, 315, 316 CT 03),
- Befristung von Tarifverträgen (*convenções colectivas* – Art. 556 CT 03).

Trotz dieser Änderungen ist das Arbeitsrecht Portugals weiterhin sehr unflexibel. Das seit dem LD bzw. LCCT bestehende Grundsystem des Kündigungsrechts blieb auch im CT 03 erhalten. Die Ursache dafür ist in der Fokussierung und historischen Lesart der verfassungsrechtlichen Beschäftigungssicherheit zu sehen (Art. 53 CRP). Dies ist insbesondere auf Art. 53 CRP zurückzuführen. Die flexibilisierenden Reformen anderer europäischer Länder wurden in Portugal nicht umgesetzt[98]. Verfahrensrechtlich beschränkte die Prozessrechtsreform von 2007 den Zugang zum obersten Zivilgericht deutlich: Eine in der Revision bestätigte Entscheidung konnte nicht mehr angegriffen werden[99].

Entgegen der Bezeichnung des CT 09 als formellen Neuerlass werden die Regeln des CT 03 nicht vollumfänglich grundlegend geändert. Das Leitprinzip des CT 03, das eine Kündigung nur mit wichtigem Grund rechtmäßig ist, wird auch im geltenden Arbeitsgesetzbuch (*Código do Trabalho 2009* – künftig:

---

96 Art. 2 Nr. 2 und 3 CT 03: *L* 99/2003 – DR Série I A Nr. 197 vom 27.8. 2003, S. 5558–5656.

97 *Menezes Leitão,* Direito do Trabalho, S. 55, 56.

98 *Rosário Palma Ramalho,* Tratado Parte I, S. 101.

99 *DL* 303/2007 – DR Série I Nr. 163 vom 24.8. 2007, S. 5689–5722; (aktuelle Rechtslage s. § 13 C).

CT)[100] fortgeführt. Die Änderungen betrafen nicht das Grundkonzept, sondern Details der Ausgestaltung. So beseitigte das CT etwa die Möglichkeit das Disziplinarverfahren wieder zu eröffnen. Einige sprachliche Änderungen werden von der Literatur teils kritisiert: So werden alle Arbeitgeberkündigungen als *„despedimento“* – „Kündigung“ – bezeichnet. Das durch den Arbeitgeber einzuhaltende Verfahren bis zum Ausspruch der Kündigung wurde von *„processo para despedimento“* – „Kündigungsverfahren“ – in *„procedimento“* – „Prozess“ – umbenannt, was irreführende Assoziationen zu einem gerichtlichen oder behördlichen Verfahren auslöst[101]. Anlässlich der Reform des materiellen Rechts wurde auch die Arbeitsgerichtsverfassung weitreichend reformiert und an die ebenfalls geänderte Zivilprozessordnung angepasst[102].

Die Finanzkrise und damit zusammenhängend das Übereinkommen Portugals mit der Troika führten dazu, dass auch die Gesetzesfassung *L* 7/2009 des Arbeitsgesetzbuchs weiteren Änderungen unterlag[103]. Diese Reformen verfolgten vor allem den Zweck der Flexibilisierung und Kostenreduktion, um so neue Arbeitsplätze zu schaffen. Im Bereich des Kündigungsrechts waren davon die Kündigungen wegen Arbeitsplatzwegfall und personenbedingten Gründen betroffen (*L* 23/2012). Mangels Vereinbarkeit mit der portugiesischen Verfassung sind diese Änderungen jedoch bereits wieder teilweise zurückgenommen worden[104].

C. Rechtsquellen des nationalen Kündigungsschutzes

Hauptquelle des Kündigungsschutzrechts ist heute ein Arbeitsgesetzbuch (CT), das alle Kernbereiche des materiellen Arbeitsrechts regelt. In diesem finden sich die Regelungen des Kündigungsrechts (*direito da cessação do contrato de trabalho*) im 2. Titel unter Kapitel 7 (Art. 338 ff. CT). Wie das Verbot der Abdingbarkeit zeigt, ist dieses als Schutzrecht ausgestaltet (Art. 339 Nr. 1 CT). Neben dieser einfachgesetzlichen Regelung besteht höherrangiges Recht, wie etwa die Verfassung. Kündigungsschutzrechtliche Regelungen enthalten außerdem Spezialgesetze, kollektivrechtliche Regelungen, Bräuche sowie Arbeitsverträge.

Die gerichtlichen Kündigungsschutzverfahren werden vor allem durch das Arbeitsgerichtsverfassungsgesetz (CPT) geregelt. Anders als im materiellen Recht hat der Gesetzgeber im Prozessrecht nicht den Weg des Neuerlasses gewählt. Allerdings

---

100 *L* 7/2009 – DR Série I Nr. 30 vom 12.2. 2009, S. 926–1029 zuletzt geändert durch *L* 73/2017 – DR Série I Nr. 157 vom 16.8. 2017, S. 4715–4717.

101 *Rosário Palma Ramalho*, Tratado Parte II, S. 754, 755.

102 *DL* 295/2009 – DR Série I Nr. 198 vom 13.10. 2009, S. 7554–7596.

103 “*Memorando de Entendimento sobre as Condições de Política Económica*” vom 3.5. 2011: Memorandum in englischem Original abrufbar unter: http://ec.europa.eu/economy_finance/eu_borrower/mou/2011-05-18-mou-portugal_en.pdf (zuletzt abgerufen: 4.11. 2017); *L* 3/2012 – DR Série I Nr. 7 vom 10.1. 2012, S. 52; *L* 23/2012– DR Série I Nr. 121 vom 25.6. 2012, S. 3158–3169.

104 *L* 27/2014 – DR Série I Nr. 88 vom 8.5. 2014, S. 2696.

führten die erheblichen Änderungen im materiellen Recht durch das CT auch zu Änderungen der Arbeitsgerichtsverfassung. Diese wurden durch die bis heute maßgebliche dritte Änderungsverordnung der Arbeitsgerichtsverfassung 2009 umgesetzt[105].

I. Verfassung

Für die Ausgestaltung des vorliegenden Kündigungsschutzrechts spielte und spielt die portugiesische Verfassung eine zentrale Rolle. Im Vergleich zu anderen europäischen Verfassungen des 20. Jhd. geht die Anerkennung arbeitsrechtlicher Regelungen in der heute geltenden portugiesischen Verfassung von 1976 sehr weit[106]. Als höchstrangiges nationales Gesetz (Art. 3 Nr. 3 CRP) binden die dort normierten Freiheiten, Garantien und Rechte private und öffentliche Körperschaften (*entidade pública e privada*) unmittelbar (Art. 18 Nr. 1 CRP). Neben unmittelbar anwendbaren Normen enthält die Verfassung auch Programmsätze (z.B.: Art. 58 Nr. 1, 59 lit. a CRP – Recht auf Arbeit oder menschenwürdiges Leben [*existência condigna*]), welche heute nahezu alle einfachgesetzlich konkretisiert sind[107]. Es können zwei Arten von Rechten unterschieden werden:

- Rechte, die alle Personen – auch Arbeitnehmer – betreffen (Art. 21, 25, 26, 35, 37 und 41 CRP – insbesondere: Recht auf körperliche Unversehrtheit, Menschenwürde, Persönlichkeitsrechte und Religionsfreiheit)
- ausdrücklich als „Arbeitnehmerrechte" bezeichnete Rechte (3. Kapitel)

Bei der Anwendung dieser Rechte ist zu berücksichtigen, dass die Begriffe „Arbeit und Arbeiter" im Verfassungstext nicht immer im arbeitsrechtlichen Sinn verwendet werden, sondern teilweise auch rein wirtschaftlich oder sozialwirtschaftlich zu verstehen sind[108]. Die Verfassung ist ein in sich geschlossenes und durch die Wechselwirkung verschiedener Garantien ausgeglichenes System. Das Kapitel III der Verfassung kann demzufolge nicht isoliert als eigenständige „Arbeitsverfassung" verstanden werden[109]. Innerhalb dieses Kapitels bietet sich weiter nach der Struktur der Verfassungsrechte eine Differenzierung an:

- Freiheiten: insbesondere positive und negative Koalitionsfreiheit (*liberdade sindical* – Art. 54 Nr. 1 u. 3, 55 Nr. 1, 2 lit. a CRP) sowie das Recht der

---

105 *DL* 295/2009 vom 13.10. 2009.

106 *Maia Silva,* in III Congresso Nacional de Direito do Trabalho, S. 109–134 (109); S. 162; *Menezes Leitão,* Direito do Trabalho, S. 62; *Jorge Miranda/Rui Medeiros,* Constituição Portuguesa Vol. I, S. 16, 17, 23.

107 *Menezes Leitão,* Direito do Trabalho, S. 63; *Romano Martinez,* Direito do Trabalho, S. 172; *Vieira de Andrade* Os Direitos Fundamentais na Constituição Portuguesa, S. 372, 376.

108 *Romano Martinez,* Direito do Trabalho, S. 164.

109 *Romano Martinez,* Direito do Trabalho, S. 163.

Gewerkschaften im Unternehmen zu handeln und Verträge zu schließen (Art. 54 Nr. 2 lit. d, 56 Nr. 3 CRP),
- wirtschaftliche und soziale Rechte (*direitos económicos, sociais*): z.B. Vergütungsanspruch, regelmäßig bezahlter Urlaub, Arbeitsunfall- oder Berufskrankheitsentschädigung sowie Arbeitnehmerschutz (Art. 59 CRP),
- Garantien: z.B. Beschäftigungsgarantie, Verbot einer rechtfertigungslosen sowie politisch oder ideologisch motivierten Kündigung, Streikrecht und Vergütungsgarantie (Art. 53, 55 Nr. 6, 57 und 59 CRP),
- Teilhaberechte (*direitos de participação*) im Rahmen der Unternehmensführung (Art. 54 - 56 CRP).

Maßgeblichen Einfluss auf das Kündigungsschutzrecht nimmt die Beschäftigungsgarantie (Art. 53 CRP). Sie ist nach der Verfassung (*entidades* - Art. 18 Nr. 1 CRP) direkt zwischen Arbeitgeber und Arbeitnehmer anwendbar[110]. Ihr ist zwar die restriktive Auslegung des wichtigen Grundes immanent. Dennoch gilt sie nicht absolut und ist daher in Einklang mit anderen Verfassungsprinzipien (z.B. wirtschaftliche Betätigungsfreiheit, Art. 61 Nr. 1 CRP) auszulegen[111].

II. Einfaches gesetzliches Kündigungsschutzrecht

Einfachgesetzliches Kündigungsschutzrecht kann als Teil arbeitsrechtlicher Regelungen auf verschiedene Weisen erlassen werden (Art. 112 Nr. 1 CRP):

- per Gesetz (*lei*): wegen des relativen Kompetenzvorrangs des Parlaments (*Assembleia da República*) vorwiegend im Bereich der verfassungsrechtlich gewährten Arbeitnehmerrechte (Art. 53–57 CRP) genutzt (Kapitel 3 CRP, Art. 165 Nr. 1 lit. b, 166 CRP),
- durch konkretisierende Verordnungen mit Gesetzesrang (*Decreto-Leis*): Erlass der Regierung (*Governo*) im Weg der konkurrierenden Zuständigkeit etwa im Bereich der wirtschaftlichen Rechte der Arbeitnehmer (Art. 198 Nr. 1 CRP),
- durch regionale Verordnungen mit Gesetzeskraft (*Decretos Legislativos Regionais*): in bestimmten Bereichen durch die autonomen Regionen der Azoren und Madeiras (Art. 227 Nr. 1 CRP).

Eine Besonderheit der portugiesischen Gesetzgebung im Bereich des Arbeitsrechts stellt die zwingende Beteiligung der Arbeitnehmer- und Arbeitgebervereinigungen im Gesetzgebungsverfahren dar (Art. 54 Nr. 5 lit. d CRP, Art. 469 ff. CT). Die im Rahmen dieser Beteiligung abgegebenen Stellungnahmen binden den Gesetzgeber

110 *João Abrantes*, in Estudos sobre o CT, S. 145–167 (149, 150); *Jorge Miranda/Rui Medeiros*, Constituição Portuguesa Vol. I, S. 1049.

111 *Rosário Palma Ramalho*, Tratado Parte II, S. 749; *Jorge Miranda/Rui Medeiros*, Constituição Portuguesa Vol. I, S. 1050.

jedoch nicht (Art. 475 Nr. 1 CT). Damit kommt der Beteiligung vor allem eine Sozialpolitische Funktion zu[112].

Derzeit ist das Arbeitsgesetzbuch (CT) das bedeutendste einfachgesetzliche Gesetz des Kündigungsschutzes. Das einfache materielle Recht des CT ist teils disponibel (Art. 3 CT). Dabei können folgende Abdingbarkeitsstufen unterschieden werden:

- absolut unabdingbare (z.B.: gesetzliche Feiertage: Art. 236 Nr. 2 CT),
- zugelassen wird nur ein Abweichen zu Gunsten (z.B.: Mindesturlaubsdauer Art. 238 Nr. 1 CT),
- Abdingbarkeit nur durch kollektivrechtliche Regelungen (z.B.: Überstundenabgeltung Art. 268 Nr. 3 CT) oder Arbeitsvertrag (z.B.: Probezeit Art. 111 Nr. 3, 112 Nr. 5 CT),
- generelle Abdingbarkeit.

Darüber hinaus sind die Regelungen des Kündigungsrechts des CT grundsätzlich unabdingbar (Art. 339 Nr. 1 CT). Einzelne erlauben aber ein punktuelles Abweichen.

In prozessualer Hinsicht wird das Arbeitsgerichtsverfahren durch das Arbeitsgerichtsgesetz (CPT)[113] und das Gerichtsverfassungsgesetz (LOSJ)[114] geregelt (s. § 13).

III. Rechtsquellen auf Unternehmensebene

Die kollektivrechtlichen Regelungen (*Instrumento de Regulamentação colectiva de trabalho* – IRCT) sind auf Unternehmensebene als spezielle arbeitsrechtliche Rechtsquellen hervorzuheben. Sie weisen Normcharakter auf[115]. Nach ihrer Veröffentlichung im Amtsblatt des Arbeitsministeriums (*Boletim do Trabalho e Emprego*) treten sie wie Gesetze in Kraft (Art. 519 CT). Sofern aus der jeweiligen Norm nichts Anderes folgt, sind grundsätzlich alle Normen des Arbeitsgesetzes durch kollektivrechtliche Regelungen abdingbar (Art. 3 Nr. 1 CT).

1. Tarifverträge und Betriebsvereinbarungen

Anhand ihres Regelungsgehalts sind zwei Arten kollektivrechtlicher Regelungen zu unterscheiden:

- rechtsgeschäftliche (*negociais* – Art. 2 Nr. 2 CT) z.B.: Tarifvertrag (*convenção colectiva*) (s. unter a, b)
- gesetzesähnliche (*não negociais* – Art. 2 Nr. 4 CT) z.B.: Allgemeinverbindlicherklärung (*portaria de extensão*) (s. unter c)

---

112 So auch: *Monteiro Fernandes*, Direito do Trabalho, S. 91.

113 *DL* 480/99 –vom 9.11. 1999, zuletzt geändert durch *L* 73/2017 vom 16.8. 2017.

114 *Lei da Organização do Sistema Judiciario* – LOSJ: *L* 62/2013 – DR Série I Nr. 163 vom 26.8. 2013, S. 5114–5145 zuletzt geändert durch *L* 40-A/2016 – DR Série I Nr. 244 vom 22.12. 2016, S. 4780(2)–4780(45).

115 *Bernardo Xavier*, in FS Mesquita, S. 1111 (1116).

Die gesetzesähnlichen kollektivrechtlichen Regelungen sind gegenüber den rechtsgeschäftlichen subsidiär (Art. 515, 517 Nr. 2 CT).

a. Tarifvertrag (*convenção colectiva*)

Der Tarifvertrag wird zwischen Gewerkschaft (*associação sindical*) und Arbeitgeber oder Arbeitgeberverband geschlossen und wirkt für die durch die unterzeichnende Gewerkschaft vertretenen Arbeitnehmer (*filiação* – Art. 491 Nr. 1, Nr. 2 CT)[116]. Hierbei wird je nach beteiligten Personen differenziert (Art. 2. Nr. 3 CT):

- Gesamttarifarbeitsvertrag (*contrato coletivo*) zwischen Gewerkschaft und Arbeitgebervereinigung
- Tarifübereinkommen (*acordo coletivo*) zwischen Gewerkschaft und mehreren Arbeitgebern, abgeschlossen für mehrere Unternehmen
- Unternehmenstarifvertrag (*acordo de empresa*) zwischen Gewerkschaft und einem Arbeitgeber für ein Unternehmen oder Betrieb.

Nach portugiesischem Recht enthalten Tarifverträge rechtsgeschäftliche und normative Regelungen (Art. 492 Nr. 2 CT), wobei nur Letztere eine echte Rechtsquelle darstellen. Insoweit sind Tarifverträge in ihrer Wirkung gesetzesähnlich und hinsichtlich der Prüfung der Verfassungsmäßigkeit den Gesetzen gleichzustellen[117]. Diese Wirkung besteht unabhängig vom Prinzip der Mitgliedschaft (*filiação*)[118]. In der Regel werden nur Mindeststandards verbindlich festgelegt (Art. 476 CT). Ein individualvertragliches Abweichen zu Gunsten des Arbeitnehmers ist möglich.

Als besondere Ausgestaltung ist auf die Beitrittsvereinbarung zu einem Tarifvertrag (*acordo de adesão*) hinzuweisen. Diese stellt eine mit den Parteien des ursprünglichen Tarifvertrags verhandelte Ausdehnung dessen subjektiven Anwendungsbereichs auf die beitrittswillige Partei dar (Art. 504 Nr. 2 CT).

b. Schiedsentscheidung (*desição arbitral*)

Die Wirkungen einer Schiedsentscheidung stehen denen eines Tarifvertrags gleich (Art. 505 Nr. 3 CT). Es werden zwei Formen unterschieden:

- freiwillige (*voluntária*):
  Sie stellt eine rechtsgeschäftlich kollektivrechtliche Regelung dar, wird jedoch nur soweit durch die Parteien verhandelt, als diese übereinkommen, die Schiedsentscheidung zu akzeptieren (Art. 506, 507 CT).

---

116 *Menezes Leitão*, Direito do Trabalho, S. 78.

117 *Bernardo Xavier*, RDES 2005, S. 117–153 (120, 123, 124); *Menezes Leitão*, Direito do Trabalho, S. 79.

118 *Romano Martinez*, Direito do Trabalho, S. 180.

- verpflichtende (*obrigatória / necessária*):
  Dagegen sind die verpflichtende (Art. 508–511 CT) und notwendige (Art. 510 CT) Schiedsentscheidung gesetzesähnliche kollektivrechtliche Regelungen, welche mangels anwendbarem Tarifvertrag eingreifen.

c. Allgemeinverbindlicherklärung (*portaria de extensão*)

Der Anwendungsbereich eines Tarifvertrags oder einer Schiedsentscheidung kann auf im gleichen Sektor tätige Parteien unabhängig vom Prinzip der Mitgliedschaft erweitert werden (Art. 514 Nr. 1 CT). Erlassen werden diese Allgemeinverbindlicherklärungen durch das Arbeitsministerium (Art. 516 CT).

Subsidiär ist dem Arbeitsministerium und dem Ministerium des betroffenen Wirtschaftsbereichs in bestimmten Fällen auch eine verbindliche Festlegung von Arbeitsbedingungen (*portaria de condições de trabalho*) möglich, sofern eine Regelung über eine Allgemeinverbindlicherklärung nicht erfolgen kann (Art. 517 CT).

2. Arbeitsvertrag

Wortlaut und Systematik des Arbeitsgesetzes sprechen dafür, dass der Arbeitsvertrag keine eigenständige Rechtsquelle ist (Art. 1, 3 CT). Gerade für die Bestimmung der Leistungspflichten ist dieser dennoch im Rahmen des Kündigungsrechts relevant, da die eben dargestellten kollektivvertraglichen Regelungen durch arbeitnehmerfreundlichere arbeitsvertragliche Reglungen ersetzt werden können (Art. 476 CT).

IV. Subsidiäre Rechtsquellen

Neben diesen klassischen Rechtsquellen kann auch das Kündigungsschutzrecht von seltener herangezogenen Rechtsquellen beeinflusst werden.

1. Rechtsprechung

Richterrecht stellt auch nach portugiesischem Verständnis keine Rechtsquelle im eigentlichen Sinne dar. Dennoch sollte zumindest konstante obergerichtliche Rechtsprechung des obersten Zivilgerichtshofs oder des Verfassungsgerichtshofs im Rahmen der Rechtsfindung berücksichtigt werden[119].

2. Übung (usos)

Übungen sind nach portugiesischem Verständnis nicht verbindliche, gewöhnliche Verhaltensweisen[120]. Sie sind streng subsidiär[121]. Die Formulierung des Art. 1 CT

---

119 *Romano Martinez,* Direito do Trabalho, S. 179.
120 *Abílio Neto,* CT, Art. 1, Rn. 9.
121 *Abílio Neto,* CT, Art. 1, Rn. 14.

> *„O contrato de trabalho está sujeto, (...) aos usos laborais (...).“*
>
> Etwa: *„Der Arbeitsvertrag ist (...) den arbeitsrechtlichen Übungen unterworfen (...).“*

weist ihnen Normcharakter zu und stellt sie den kollektivrechtlichen Regelungsinstrumenten (IRCT) gleich[122]. Deswegen ist ihr Regelungsgehalt im Gegensatz zu der allgemeinen zivilrechtlichen Auffassung für die Vertragsparteien bindend[123].

3. Sitten (costume)

Wegen der hohen Gesetzgebungsaktivität des portugiesischen Gesetzgebers bilden sich kaum Sitten[124]. Historisch betrachtet hatten sie in Portugal teils hohe Relevanz, insbesondere in Fällen, in denen sie im Widerspruch zum geltenden Recht standen oder dessen Grenzen überschritten und so die Rechtsentwicklung lenkten:

- contra legem: Gründung von Arbeitnehmervereinigungen während Verbot zwischen 1834 und 1891 (*associações de trabalhadores*)[125]
- praeter legem: kollektivrechtliche Regelinstrumente (IRCT)[126].

§ 4 Elementare Begriffe des Kündigungsschutzrechts

Eine scheinbar ähnliche Begrifflichkeit darf nicht darüber hinwegtäuschen, dass die konkrete Ausgestaltung in den jeweiligen Rechtsordnungen abweichen kann. Um Fehlinterpretationen zu vermeiden, werden die zentralen Begriffe kurz genauer betrachtet und deren rechtliche Verankerung erklärt. Ausgangspunkt dieser Betrachtung ist die organisatorische Verankerung des Arbeitsverhältnisses im Unternehmen oder Betrieb. Der Begriff „*empresa*“ (Unternehmen) kann verschiedene Bedeutungen haben. Im Kontext dieser Arbeit entspricht er ohne abweichende Angabe in etwa dem deutschen Unternehmen. Die portugiesische Lehre sieht darin eine

> *„organização afetada ao exercício de um comércio ou indústria“*
>
> Etwa: *„Organisation, welche der Ausübung eines Handelsgeschäfts oder eines Gewerbes dient“*

122 So auch: *Bernardo Xavier*, in: *Diogo Campos*, FS Mesquita 2009, S. 1111, 1113; a. A. *Romano Martinez*, Direito do Trabalho, S. 178, 179.

123 *Monteiro Fenrnades*, Direito do Trabalho, S. 109, 110; so schon ausführlich: *Liberal Fernandes*, QL 1996, 132–151 (144, 145).

124 *Menezes Leitão*, Direito do Trabalho, S. 84.

125 So etwa 1871 Gründung von "*Associação Protectora do Trabalho Naciolal*" in Lissabon: *Guimarães Castro*, O operário 1879–82, S, 22; *Romano Martinez*, Direito do Trabalho, S. 178.

126 *Romano Martinez*, Direito do Trabalho, S. 179.

oder auch die Gesamtheit der Betriebe (*estabelecimentos*)[127]. Wobei Betrieb eine

> *„unidade técnica de venda, de produção de bens, ou de fornecimento de serviços, dotada de uma autonomía técnica-organizativa própria*[128]*"*
>
> Etwa: *„Organisationseinheit für den Verkauf oder die Produktion von Gütern oder die Bereitstellung von Dienstleistungen, welche eine eigenständige Organisation aufweist"*

darstellt.

A. Wichtiger Kündigungsgrund (*justa causa*)

Der portugiesische Gesetzgeber hat den „wichtigen Grund" an verschiedenen Stellen als Maßstab herangezogen. Das Grundkonzept des wichtigen Grundes besteht nicht nur im Arbeitsrecht, sondern auch im Rahmen der Beendigung anderer zivilrechtlicher Dauerschuldverhältnisse (z.B.: Art. 265 Nr. 3 CC[129] – Stellvertretung; Art. 1140 CC – Leihe und ähnliche Dauerschuldverhältnisse wie etwa: Art. 1194, 1201 CC). Arbeitsrechtlich ist das Konzept des wichtigen Grundes bereits seit der ersten gesetzlichen Regelung der Kündigung bekannt[130]. Der Begriff des „wichtigen Grundes" war und ist nicht nur im Zentrum der verfassungsrechtlichen und einfachgesetzlichen Diskussion des Kündigungsschutzes, sondern ist auch in Praxis und Lehre von zentraler Bedeutung. Historisch betrachtet erfolgte die Normierung zunächst einfachgesetzlich. Seine verfassungsrechtliche Verankerung im Jahr 1979 hat seinen Einfluss auf die Entwicklung des Kündigungsrechts bis heute weiter gestärkt.

I. Grundlegendes zum wichtigen Grund

Die Figur des wichtigen Grundes ist ein unbestimmter Rechtsbegriff. Er kann in eine objektive und eine subjektive Seite unterschieden werden[131]:

- Die subjektive Variante des wichtigen Grundes beruht auf einem schuldhaften Verhalten. Die arbeitsrechtliche Ausprägung stellt die verhaltensbedingte

---

127 Etwa: *Furtado Martins*, Cessação do Contrato, S. 83; *Bernardo Xavier*, Curso I, S. 334; im Ergebnis so auch *Monteiro Fernandes*, Direito do Trabalho, S. 378–380.

128 Etwa: *Furtado Martins*, Cessação do Contrato, S. 83; *Bernardo Xavier*, Curso I, S. 335; in diese Richtung bereits: *Bernardo Xavier*, RDES 1986, S. 443–459 (454, 456).

129 Zivilgesetzbuch: *DL* 47344 – DG Série I Nr. 274 vom 25.11. 1966, S. 1883–2086 zuletzt geändert durch *L* 43/2017 – DR Série I Nr. 114 vom 14.6. 2017, S. 2996–3007.

130 *L* 1:952 vom 10.3. 1937.

131 Die Entscheidung des TC 107/88 DR Série I Nr. 141 vom 21.6. 1988, S. 2516–2543 (2525) lässt die Möglichkeit der Differenzierung offen.
Siehe etwa: *Raul Mateos* in obiter dictum zu Ac. TC 107/88, S. 2516–2543 (2532); ebenso auch *Romano Martinez*, QL 2011, 107–128 (112); *Romano Martinez*, Direito do Trabalho, S. 976; *Rosário Palma Ramalho*, Tratado Parte II, S. 801.

Kündigung wegen eines schuldhaften Verhaltens des Arbeitnehmers nach Art. 351 CT (*facto imputável*) dar.

- Die objektive Variante knüpft dagegen an Ausprägungen der „höheren Gewalt" an[132]. Im Arbeitsrecht sind dies Gründe aus der Sphäre des Unternehmens (*empresa*), welche unabhängig vom Willen des Arbeitnehmers eintreten (wirtschaftliche, technische Gründe)[133]. Arbeitsrechtliche Beispiele der objektiven Variante sind Kündigung wegen Arbeitsplatzwegfall oder aus in der Person des Arbeitnehmers liegenden Gründen. Unter „höherer Gewalt"[134] ist hierbei lediglich ein Ereignis zu verstehen, welches unabhängig vom Verschulden des kündigenden Vertragspartners eintritt.

Eine Rechtfertigung erfolgt in beiden Varianten ausschließlich, wenn der wichtige Grund die Unmöglichkeit der Aufrechterhaltung der Vertragsbeziehung bedingt[135].

Teils wird vertreten, dass das Rechtsinstitut des wichtigen Grundes wegen seiner verfassungsrechtlichen Verankerung in Art. 53 CRP im Kündigungsschutzrecht nur in seiner subjektivrechtlichen Ausprägung angewandt werden könne[136]. Ob dieses Verständnis zwingend ist und welche tatsächliche Bedeutung dieser verfassungsrechtlichen Norm für das Kündigungsrecht zukommt, ist näher zu analysieren.

II. Verfassungsrang der Beschäftigungssicherheit

Die, das Kündigungsschutzrecht maßgeblich beeinflussende, Garantie der Beschäftigungssicherheit ist auf Verfassungsebene in Art. 53 CRP verankert:

> *„E garantida aos trabalhadores a segurança no emprego, sendo proibidos os despedimentos sem justa causa ou por razoes políticos ou ideológicos."*
>
> Etwa: *„Den Arbeitnehmern wird die Sicherheit ihres Arbeitsplatzes garantiert, wobei Kündigungen ohne wichtigen Grund sowie aus politischen oder ideologischen Gründen verboten sind."*

---

132 *Romano Martinez,* Direito do Trabalho, S. 975.

133 Ac. TC 107/88, S. 2516–2543(2537, 2538) obiter dictum von *Raul Mateos* Nr. 4; *Romano Martinez,* Da Cessação do Contrato, S. 422.

134 Dieser Begriff der „höheren Gewalt" nach portugiesischem Recht ist nicht mit der in Deutschland seit der Entscheidung BGH 24.9. 1981 – IX ZR 93/80, NJW 1982, 96–98 (97) zu § 206 BGB entwickelten allgemeinen Definition der höheren Gewalt (*ein Ereignis kann auch unter Anwendung, der unter den gegebenen Umständen äußersten billigerweise zu erwartenden Sorgfalt nicht verhindert werden*) zu verwechseln. Im Folgenden wird der Begriff nach seinem portugiesischen Verständnis verwendet.

135 *Bernardo Xavier,* Justa Causa no Contrato, S. 64–68, 200, 201, 205; ebenso: *Furtado Martins,* Cessação do Contrato, S. 167, 168.

136 *Rosário Palma Ramalho,* Tratado Parte II, S. 749; *Joana Vasconcelos,* EIDT Vol. II, 2001, S. 15–34 (25).

Nach ihrer systematischen Stellung im dritten Titel der Verfassung (Rechte, Freiheiten und Garantien) ist sie unmittelbar anwendbar und bindet sowohl öffentlichrechtliche, als auch privatrechtliche Unternehmen (Art. 18 Nr. 1 CRP). Dies spricht gegen ein Verständnis als reinen Programmsatz. Andererseits lässt sich aus der systematischen Stellung auch kein absoluter Schutz ableiten. Kollisionen mit anderen Verfassungsnormen sind im Wege der praktischen Konkordanz aufzulösen[137]. Um beurteilen zu können, wo das portugiesische Kündigungsschutzrecht derzeit steht, inwiefern Weiterentwicklungen denkbar sind oder ob diese Garantie die Gesetzesentwicklung Portugals tatsächlich zwingend blockiert[138], ist der verfassungsrechtliche Spielraum zu analysieren, den Art. 53 CRP dem einfachen Gesetzgeber lässt. Dafür ist das Konzept des „wichtigen Grundes" in Art. 53 CRP zu analysieren.

1. Entscheidungen des Verfassungsgerichts

Die Diskussion um die Auslegung dieser Beschäftigungssicherheit wird maßgeblich durch drei Urteile des Verfassungsgerichts geprägt:

Die erste Entscheidung legte Art. 53 CRP historisch-normativ aus: Maßgeblich sei der Status Quo des einfach-rechtlichen Verständnisses des „wichtigen Grundes" im Zeitpunkt des Erlasses der Verfassung[139]. Nach dieser Ansicht ist somit die Definition des „wichtigen Grundes" in Art. 4 Nr. 2 *DL* 372-A/75 i.d.F. nach *DL* 84/76 entscheidend, mit der Folge eines sehr engen Verständnisses des wichtigen Grundes als *„justa causa disciplinar"*. Unbestimmte Rechtsbegriffe ließen dem Gesetzgeber zwar innerhalb der Grenze des Wortlauts einen gewissen Spielraum, eine qualitativ-konzeptionelle Änderung der Rechtsfigur sei davon jedoch nicht erfasst[140]. Ob objektive Kündigungsgründe in einer anderen Ausgestaltung grundsätzlich verfassungsrechtlich statthaft wären, lies diese Entscheidung, trotz der Tendenz zu einem sehr engen Verständnis, offen[141].

Diese Auslegung wurde nicht von allen entscheidenden Verfassungsrichtern getragen. In mehreren Obiter Dicta wurde dargelegt, weshalb auch objektive Gründe verfassungsrechtlich legitimierend wirkten. *Raul Mateus* vertritt ein ebenfalls historisch begründetes, jedoch deutlich weiter gefasstes Verständnis des Beschäftigungsgrundsatzes: Der Rechtsbegriff des „wichtigen Grundes" habe eine deutlich längere Tradition als die Verordnung mit Gesetzeskraft *DL* 84/76; daher sei seine Einschränkung auf verhaltensbedingte Ausprägung, die erst wenige Wochen vor Erlass der Verfassung und nach dem Beginn der Beratungen über den Verfassungstext erfolgte, unbeachtlich[142]. Ebenso erklärt *Messias Bento* in seinem Obiter Dictum,

137 Ac. STJ 9.9. 2009 Proc. Nr. 08S4021 (3.5); So auch für Anwendbarkeit in Portugal: *Bernardo Xavier*, Despedimento Colectivo, S. 275.

138 Für Ansicht der Blockade statt vieler: *Liberal Fernandes*, QL 2012, 1–48 (20).

139 Ac. TC 107/88, S. 2516–2543 (2525, 2526).

140 Ac. TC 107/88, S. 2516–2543 (2526).

141 Ac. TC 107/88, S. 2516–2543 (2525).

142 Ac. TC 107/88, S. 2516–2543 (2532, 2533).

dass der einfachgesetzliche Rechtsbegriff des „wichtigen Grundes" nicht mit dem verfassungsrechtlichen übereinstimme, da erster dazu diente fristlose Kündigungen zu legitimieren, die Verfassung wolle dagegen nur die Beschäftigung sichern und völlig willkürliche Kündigungen verhindern[143].

Drei Jahre später bejahte das Verfassungsgericht die, im ersten Urteil noch offen gelassene, Frage der verfassungsrechtlichen Statthaftigkeit (Art. 53 CRP) einer Kündigung aus objektiven, nicht im Verantwortungsbereich des Arbeitnehmers liegenden Kündigungsgründe[144]:

> *(...) Der Verfassungsbegriff des „wichtigen Grundes" sei nicht auf den Begriff der „justa causa disciplinar" (in etwa: verhaltensbedingter Kündigungsgrund) beschränkt. Vielmehr könne er sowohl subjektive, als auch objektive Kündigungsgründe erfassen. Das verfassungsrechtliche Verbot der Kündigung ohne wichtigen Grund diene dem Schutz der Beschäftigung und wolle willkürliche Kündigungen verhindern. Dies sei nicht mit dem historisch schon länger existenten einfachrechtlichen „wichtigen Grund" gleichzusetzen. Aber selbst wenn man dieser Begründung nicht folge und von einer semantischen Verdichtung dieses Verfassungsbegriffs ausgehe, verbiete die Verfassung dem einfachen Gesetzgeber nicht absolut die Normierung objektiver Vertragsauflösungsgründe. Die Aufrechterhaltung des Arbeitsverhältnisses müsse lediglich praktisch unmöglich sein, die Verhältnismäßigkeit der Mittel gewahrt werden und das Kündigungsverfahren müsse sich von dem der verhaltensbedingten Kündigung unterscheiden.*[145]

Die mit dem zweiten Urteil eingeleitete Linie wurde auch in einem weiteren Urteil fortgeführt[146]:

> *(...) Offensichtlich wollte die Verfassung die Möglichkeit der Vertragsbeendigung für Situationen, in welchen die Aufrechterhaltung des Arbeitsverhältnisses keine Aussicht auf Bestand habe und welche nicht der freien Entscheidung des Arbeitgebers zurechenbar seien, nicht beseitigen. Die Vertragsbeendigung habe in diesen Fällen nämlich die gleiche Rechtfertigungsqualität, wie sie einer betriebsbedingten Kündigung (despedimento colectivo) zugrunde läge; also die tatsächliche objektive Unmöglichkeit des Fortbestandes des Arbeitsverhältnisses.*

2. *Standpunkte der Literatur*

Ähnlich der verschiedenen Auffassungen innerhalb des Verfassungsgerichts reichen die vertretenen Meinungen der Literatur von einem sehr weiten Verständnis, wonach die *„justa causa"* schlicht eine Rechtfertigungspflicht der Kündigung regle

---

143 Obiter dictum von *José Manuel Cardoso da Costa – Messias Bento* zu: Ac. TC 107/88, S. 2516–2543 (2540, 2541).

144 Ac. TC 64/91 – DR Série I Nr. 84 vom 11.4. 1991, S. 1978 (2)-1978(29) (1978(16)).

145 Übersetzte Zusammenfassung der wesentlichen Aussagen der Urteilsbegründung zu diesem Punkt: Ac. TC 64/91, S. 1978 (2)-1978(29) (1978(17)).

146 Ac. TC 581/95 – DR Série I Nr. 18 vom 22.1. 1996, S. 96–125 (102).

(*justificação lícita*) und so lediglich willkürliche Kündigungen verhindere (objektive Ausprägung des wichtigen Grundes)[147], bis hin zu einem sehr engen Verständnis, welches Individualkündigungen nur im Rahmen der subjektiven Ausprägung des wichtigen Grundes (*justa causa disciplinar*) zulässt[148]. Für die weite Auslegung wird angeführt, dass die verfassungsrechtliche Verankerung des „wichtigen Grundes" lediglich Stabilität in der sehr wechselhaften Arbeitsrechtsentwicklung herstellen und die Macht der Arbeitgeber beschränken sollte, nicht Kündigungen in weiten Bereichen unmöglich machen[149]. Art. 53 CRP sollte nur grundlegende Werte und Entscheidungskriterien über sich verändernde Umstände garantieren[150]. Darüber hinaus verbiete die Verfassung keine anderen Formen der Vertragsbeendigung – schließlich bestünden auch vom Parteiwillen unabhängige Kündigungsgründe (z.B. *despedimento coletivo*)[151]. Objektive Kündigungsmöglichkeiten seien zwingend nötig, um die Kollision des Art. 53 CRP mit anderen verfassungsrechtlichen Grundsätzen, wie der unternehmerischen Freiheit (Art. 61 Nr. 1 CRP), auszugleichen[152]. Objektive Individualkündigungen werden nach dieser Auffassung nicht für verfassungswidrig gehalten, sie seien wegen Art. 53 CRP jedoch deutlich zu unterscheiden[153]. Der Verfassungsgesetzgeber habe nicht objektive Kündigungen verboten, sondern diese lediglich unter den Vorbehalt der Rechtfertigung mittels des wichtigen Grundes gestellt[154].

Dagegen wenden andere den Wortlaut der Verfassung ein. Nachdem diese konkret ein Verbot von Kündigungen ohne wichtigen Grund enthalte, müssten zwingend auch ähnliche Rechtshandlungen ohne wichtigen Grund als nicht vorgenommen behandelt werden[155]. Eine zwingend subjektive Einordnung des wichtigen Grundes leiten deren Vertreter insbesondere aus dem Argument ab, dass im Zeitpunkt der Verfassungsentstehung dieser Begriff rein subjektiv belegt war – objektive Gründe seien durch die Figur des *„motivo atnedível"* erfasst worden, welche

---

147 *Furtado Martins*, Cessação do Contrato, S. 162, 163; *Joana Vasconcelos*, EIDT Vol. II, 2001, S. 15–34 (15); *Liberal Fernandes*, PDT 2010, 219–249 (223, 231); *Cláudia Madaleno*, in FS Bernardo Xavier Vol. I, S. 506–563 (516, 517);
unter Hinweis darauf, dass dies die heute durch das Verfassungsgericht gebilligte Auffassung des Gesetzgebers sei, so auch: *Canotilho Gomes/Moreira Vital*, Constituição da República Portuguesa Vol I, S. 709; *Bernardo Xavier*, RDES 1976, 153–178 (161).

148 *Rosário Palma Ramalho*, Tratado Parte II, S. 802; *João Abrantes*, EDT, S. 89–124 (103, 104); *Menezes Cordeiro*, EIDT Vol. II, 2001, S. 7–14 (14); *Gomes Canotilho/ Jorge Leite*, in FS Ferrer-Correia, S. 501–580 (531, 532, 537).

149 *Liberal Fernandes*, QL 2012, 1–48 (19); *Liberal Fernandes*, PDT 2010, 219–249 (229).

150 *Liberal Fernandes*, PDT 2010, 219–249 (245).

151 *Maia Silva*, in III Congresso Nacional do Trabalho, S. 109–134 (115).

152 Ac. STJ 9.9 2009 Proc. Nr. 08S4021, (3.5).

153 *Mendes Baptista*, Jurisprudencia do Trabalho, S. 638, 640.

154 *Menezes Cordeiro*, Manual de Trabalho, S. 816.

155 *Liberal Fernandes*, PDT 2010, 219–249 (227).

der Verfassungsgesetzgeber bewusst nicht aufgenommen habe[156]. Auch *Menezes Cordeiro* kommt bei seiner historischen Analyse des wichtigen Grundes zu dem Ergebnis, dass der wichtige Grund die strenge subjektive Auslegung zementiere und die relevanten Auslegungsfragen auch zu Beginn des 21. Jhd. weiter ungeklärt seien[157].

II. Der „wichtige Grund" im materiellen Recht

Durch die Eröffnung des Kapitels „Vertragsbeendigung" (Art. 338 CT) mit dem Verbot der Kündigung ohne „wichtigen Grund" stehen alle arbeitsrechtlichen Vertragsbeendigungen des Arbeitsgesetzes unter diesem, auch verfassungsrechtlich verankerten Grundgedanken. Auf den ersten Blick scheint Art. 351 CT die Regelung des Art. 53 CRP schlicht materiellrechtlich zu wiederholen, bei genauerer Betrachtung fordert er entgegen der verfassungsrechtlichen Regelung zusätzlich ein schuldhaftes Verhalten. Diese Voraussetzung zeigt den zivilrechtlichen Ursprung der Kündigungsregelung[158]. Wegen ihres unterschiedlichen Ursprungs sind beide Begriffe des „wichtigen Grundes" differenziert zu betrachten[159]. Eine verfassungsrechtliche Definition des Begriffes „wichtiger Grund" fehlt. Deswegen wurde dieser zentrale unbestimmte Rechtsbegriff durch die Lehre und wenig später durch den ordentlichen Gesetzgeber für die Anwendung im Rahmen der „verhaltensbedingten" Kündigung ausgefüllt (s. § 3 B III 1, § 7 A I). Als Normierung in unterrangigem Recht kann diese nicht unbesehen für die Auslegung des Art. 53 CRP herangezogen werden.

Gleichzeitig sind im materiellen Recht unmittelbare Auswirkungen des Art. 53 CRP festzustellen. Er verbietet bestimmte einseitige Rechtsgeschäfte und beschränkt so die Vertragsfreiheit des Arbeitgebers. So wird materiellrechtlich ein „wichtiger Grund", die Einhaltung eines Verfahrens vor Kündigungsausspruch sowie die Möglichkeit des Vorgehens gegen eine rechtswidrige Kündigung und unter bestimmten Voraussetzungen ein Wiedereinstellungsanspruch des Arbeitnehmers verlangt[160].

III. Bewertung

Eine Regelung der Beschäftigungssicherheit findet sich in mehreren Rechtsordnungen. Deren starke Betonung durch die Verankerung in der portugiesischen Verfassung prägt das portugiesische Arbeitsrecht jedoch maßgeblich. In ihrer heutigen

---

156 So etwa: *João Abrantes*, EDT, S. 89–124 (103, 104); *Gomes Canotilho/Jorge Leite*, in FS Ferrer-Correia, S. 501–580 (532).

157 *Menezes Cordeiro*, EIDT Vol. II, 2001, S. 7–14 (14).

158 Art. 1153 CC; *Romano Martinez*, EIDT Vol. II, 2001, S. 93–118 (94, 114, 115); *Madeira de Brito*, EIDT Vol. II, 2001, S. 119–134 (121).

159 Zu diesem Streitstand siehe nur: *Romano Martinez*, Da Cessação do Contrato, S. 353; *Furtado Martins*, Cessação do Contrato, S. 159, 160.

160 *Rosário Palma Ramalho*, Tratado Parte II, S. 800; *Liberal Fernandes*, QL 2012, 1–48 (18).

Ausgestaltung stellt die Beschäftigungssicherheit eine sehr weitreichende Beschränkung der unternehmerischen Freiheit dar. Damit hat sich das geltende Arbeitsrecht von seiner ursprünglichen Ungeregeltheit weit entfernt (zu Anfängen des Arbeitsrechts: § 3 B I). Dies ist auch auf die Beschäftigungssicherheit der portugiesischen Verfassung zurückzuführen.

Es bestehen verschiedene Traditionen der Verfassungsauslegung. In Deutschland erfolgt die Auslegung der Verfassung traditionell dynamisch. Die gesellschaftlichen Entwicklungen werden mithin berücksichtigt. Die Verfassung passt sich unter Wahrung der Grundgedanken an die aktuelle Wirklichkeit an. Die Situation in Portugal stellt sich anders dar. Die dort vorherrschende Tradition einer sehr wortlautgetreuen und an den Intentionen des damaligen Verfassungsgesetzgebers anknüpfenden Auslegung steht der deutschen Praxis diametral gegenüber. Auch die portugiesische Verfassung will nur Mindeststandards setzen, welche einfachgesetzlich ausgestaltet werden können. Ein sehr enges Verständnis des „wichtigen Grundes“ wäre mit diesem Grundsystem der Verfassungsgesetzgebung unvereinbar. Damit lässt die portugiesische Verfassung ebenfalls Raum für eine Weiterentwicklung des Rechts. Eine zu enge Auslegung sollte daher ohne ausdrücklichen Willen des Verfassungsgebers nicht angenommen werden.

Die portugiesische Verfassung zwingt damit nicht in einem extremen Arbeitnehmerschutz zu verharren. Vielmehr kann das Kündigungsschutzrecht verfassungskonform den aktuellen Bedürfnissen angepasst werden. Dies folgt aus der historischen Entwicklung des Begriffs des „wichtigen Grundes“, welche bis auf das kurz vor der Verfassung erlassene Gesetz immer ein sehr weites Verständnis normierte. Die Verfassungsgesetzgebung soll grundlegende Werte und durch einfaches Gesetz ausfüllbare Leitlinien festlegen, sich aber nicht kurzfristiger Parteipolitik unterwerfen. Mangels ausdrücklicher Erklärung des Verfassungsgebers, ein restriktives Verständnis normieren zu wollen, kann dieser kurzfristig erfolgte Wandel nicht maßgeblich sein. Diesem Verständnis steht auch die Interpretation des Verfassungsgerichts nicht entgegen, welches bereits im Urteil TC 107/88 keine strikte Einschränkung vertreten hatte, sondern lediglich die konkrete Ausgestaltung gekippt hatte.

B. Begriff der Kündigung

Es findet sich keine Legaldefinition der Kündigung. Unter den Begriff der Vertragsbeendigung (*cessação*) fasst die portugiesische Rechtssprache diverse Beendigungstatbestände. Darunter finden sich mehrere Ausprägungen einer Vertragsbeendigung, welche nach deutschem Rechtsverständnis als Kündigung, mithin als privatrechtliche rechtsgeschäftliche Gestaltungserklärung, welche ein Dauerschuldverhältnis für die Zukunft beendet[161], einzuordnen sind (Art. 340 lit. c-h CT). Diese Formen

161 So etwa ausdrücklich auch die Formulierung des BAG 21.3. 2013, NZA-RR 2013, 609.

der Kündigung (*despedimento / resolução oder denúncia*), als einseitige Beendigungserklärung einer der Parteien, stellen auch in Portugal traditionell die wichtigste Form der Vertragsbeendigung dar[162].

Auch das portugiesische Recht versteht unter diesen Beendigungstatbeständen der Kündigung eine rechtsgeschäftliche Gestaltungserklärung mit dem Ziel der künftigen Beendigung eines Dauerschuldverhältnisses[163]. So formulierte jüngst das oberste Zivilgericht Portugals zum Kündigungsbegriff einer Arbeitgeberkündigung[164]:

> *„O despedimento traduz-se na rutura da relação laboral, por ato unilateral da entidade patronal, consubstanciado em manifestação de vontade de fazer cessar o contrato de trabalho (...).“*
>
> Etwa: *„Die Kündigung stellt den Bruch der Arbeitsbeziehung durch einseitige Handlung des Arbeitgebers dar, wobei diese, dessen Willen den Arbeitsvertrag zu beenden, zum Ausdruck bringt (...).“*

Ein Blick auf die Rechtsprechung der letzten Jahre zeigt, dass die Gerichte sich immer wieder mit den Grundlagen der Kündigung auseinandersetzten müssen[165].

I. Der Kündigungsbegriff im Wandel der Zeit

Die portugiesische Rechtsprache kennt für den Begriff der „Kündigung“ mehrere Entsprechungen: *despedimento* einerseits und *resolução* oder *denúncia* andererseits. Allgemeinsprachlich wird unter „*despedimento*“ sowohl die Arbeitgeber- als auch die Arbeitnehmerkündigung verstanden[166]. Die in einigen romanischen Rechtsordnungen in der Rechtsprache übliche Differenzierung zwischen Kündigung durch den Arbeitgeber und solcher durch den Arbeitnehmer bestand auch in Portugal[167].

---

162 *Bernardo Xavier*, Despedimento Colectivo, S. 14.

163 Etwa: *Furtado Martins*, Cessação do Contrato, S. 85.

164 Ac. STJ 17.3. 2016 Proc. Nr. 216/14 (IV).

165 Z.B. jüngst: Ac. TRP 16.1. 2017 Proc. Nr. 2311/14; Ac. STJ 17.3. 2016 Proc. Nr. 216/14 (IV).

166 *Furtado Martins*, Cessação do Contrato, S. 147.

167 Z.B. Frankreich: unterscheidet Arbeitgeberkündigung (*licenciement*) und Arbeitnehmerkündigung (*démission*) – Systematik der L-1231 ff. Code du travail *Villeguérin*, Le code du travil annoté (37. Auflage Januar 2017), S. 123 Letzte Änderung dieser Norm: Loi Nr. 2008–596 vom 25.6. 2008 abrufbar unter: https://www.legifrance.gouv.fr/jo_pdf.do?id=JORFCONT000019066074 [zuletzt eingesehen am: 6.9. 2017]; siehe dazu auch: *Peskine/Wolmark*, Droit du travail, S. 363; *Auzero/Dockès*, Droit du travail, Rn. 386;
Italien: unterscheidet Arbeitgeberkündigung (*licenziamento*) und Arbeitnehmerkündigung (*dimissione*) gemäß Art. 2118 Codice Civile (Gesetzblatt Italien: Gazzetta Ufficiale vom 4.4. 1942 Nr. 79; abrufbar: www.gazzettaufficiale.it – zuletzt besucht: 20.11. 2017), nach welchem beide Seiten den Arbeitsvertrag kündigen

Durch das sehr weite Verständnis von „*resolução*" unter dem CT 03, welches jegliche Kündigung mit Kündigungsgrund erfasste und so „*despedimento*" und die heutige „*resolução*" als Unterfälle verstand, wurde diese Differenzierung vorübergehend aufgegeben (s. § 3 B III 2). Das CT führte diese Differenzierung erneut ein. Nach geltender Rechtslage wird dementsprechend unterschieden:

- Kündigung durch den Arbeitgeber (*despedimento* – Art. 340 lit. c-f, 351 ff. CT sowie Gesetzessystematik: Kapitel VII, Abschnitt IV)
- Kündigung durch den Arbeitnehmer (*resolução* – Art. 340 lit. g, 394 ff. CT)/ (*denúncia* – Art. 340 lit. h, 400 ff. CT).

II. Varianten der Kündigung

Die portugiesische Dogmatik fordert unabhängig vom Anlass der Kündigung für deren Rechtmäßigkeit (*licitude*) einen wichtigen Grund. Dementsprechend sind zunächst die Kündigungen mit wichtigem Grund (*despedimento com justa causa*) von den willkürlichen ohne einen solchen (*despedimento sem justa causa*) zu unterscheiden. Lediglich fristgebundene Kündigungen ohne wichtigen Grund bestehen nur für den Arbeitnehmer (*denúncia*). Das portugiesische Arbeitsrecht kennt sie im Rahmen der Arbeitgeberkündigung nicht. Somit wurde im Rahmen der Arbeitgeberkündigung traditionell die Individualkündigung (*despedimento individual*) von der Kollektivkündigung (*despedimento coletivo*) unterschieden. Die portugiesische Dogmatik sieht in der Individualkündigung eine Machtdemonstration des Arbeitgebers, mit welcher er auf Situationen reagieren kann, welche einem schuldhaften Verhalten des Arbeitnehmers vergleichbar sind; die Kollektivkündigung sei dagegen eine reine Folge von in der Sphäre des Arbeitgebers gewachsenen (der unternehmerischen Entscheidung unterliegenden) Beendigungsmotiven[168]. Die Individualkündigung ist Folge eines konkreten, defekten Arbeitsverhältnisses, wohingegen die Kollektivkündigung jedes, auch intakte, Arbeitsverhältnis betreffen kann[169]. Dieses differenzierte Verständnis wirkt auch hinsichtlich des noch näher zu untersuchenden Umfangs der Kündigungsschranken fort.

Neben diesen Unterscheidungen ist der bereits erwähnte wichtige Grund Ausgangspunkt für die Ausdifferenzierung der Kündigungsvarianten der Arbeitgeberkündigung (Art. 340 lit. c-f CT):

- Verhaltensbedingt[170] (*facto imputável* – Art. 351 CT)
- Kollektiv-betriebsbedingt (*coletivo* – Art. 359 CT)

---

können. Die Arbeitgeberkündigung wurde inzwischen aber weiteren beschränkenden Anforderungen unterstellt – siehe dazu etwa: *Tursi/Varesi*, Istituzioni di Diritto del Lavoro, S. 505, 510 ff..

168 *Liberal Fernandes*, PDT 2010, 219–249 (220); *Bernardo Xavier*, Despedimento Colectivo, S. 729.

169 *Bernardo Xavier*, Despedimento Colectivo, S. 730.

170 Hinweis zur Übersetzung: Die deutschen Begriffe sollen nicht die Voraussetzungen nach deutschem Recht implizieren. Sie dienen lediglich dem leichteren

- Individual-betriebsbedingt (*extinção de posto* – Art. 367 CT)
- Personenbedingt (*inadaptação* – Art. 373 CT)

Durch die Einführung der ebenfalls auf wirtschaftlichen Motiven beruhenden individual-betriebsbedingten Kündigung ist die Differenzierung nach Individual- und Kollektivkündigung nicht mehr vollumfänglich schlüssig. Die individual-betriebsbedingte Kündigungsvariante, welche wörtlich als Kündigung wegen Wegfall des Arbeitsplatzes (*extinção de posto do trabalho*) bezeichnet wird, fügt sich in die gerade dargestellte Systematisierung nicht ein. Obwohl es eine individuelle Kündigung ist, liegt in diesem Fall kein defektes Arbeitsverhältnis vor. Die Kündigung wegen Arbeitsplatzwegfall beruht, wie die kollektiv-betriebsbedingte Kündigung, auf in der Sphäre des Arbeitgebers liegenden, unternehmerischen Gründen. Die Variante der kollektiv-betriebsbedingten Kündigung – *„despedimento coletivo"* kann nicht mit der Massenentlassung nach deutschem Verständnis gleichgesetzt werden. Die Massenentlassung nach § 17 ff. KschG stellt keine Anforderungen an das zu Grunde liegende Kündigungsmotiv. Einzige Voraussetzung des Eingreifens ist die Kündigung einer bestimmten Anzahl von Arbeitnehmern innerhalb eines bestimmten Zeitraums. Neben den Schutzbestimmungen des § 17 KSchG bleiben auch die anderen Kündigungsschutztatbestände bestehen. Dies ist nach portugiesischem Verständnis anders: Die kollektiv-betriebsbedingte Kündigung setzt die Kündigung einer bestimmten Arbeitnehmeranzahl innerhalb eines bestimmten Zeitraums voraus und fordert weiter die (teilweise) Auflösung einer Abteilung oder die Kündigung aus wirtschaftlichen oder technischen Gründen. Folglich ist sie nach deutschem Begriffsverständnis eher als betriebsbedingte Kündigung einer größeren Personengruppe einzuordnen.

Daher erscheint eine Differenzierung anknüpfend an die terminologische Unterscheidung des wichtigen Grundes in eine subjektive und eine objektive Seite (s. § 4 A I) systematisch überzeugender. Dabei beendet die subjektive, d.h. verhaltensbedingte, Kündigung (Art. 351 ff. CT; s. § 7 A I) das Arbeitsverhältnis fristlos. Eine Bezeichnung dieser nur wegen der Möglichkeit der fristlosen Vertragsbeendigung als außerordentliche Kündigung nach deutschem Verständnis wäre jedoch irreführend[171]. Da die für die deutsche außerordentliche Kündigung maßgeblichen Kriterien des „wichtigen Grundes" und der „Unzumutbarkeit der Vertragsfortführung" nach portugiesischem Arbeitsrecht Grundvoraussetzungen jeder Arbeitgeberkündigung sind. Andererseits ist die außerordentliche Kündigung deutschen Verständnisses hinsichtlich der möglichen wichtigen Gründe weiter und fordert nicht zwingend ein schuldhaftes Arbeitnehmerverhalten.

Auch im Rahmen der Differenzierung der Kündigungsvarianten der Arbeitnehmerkündigung (s. § 8) ist der wichtige Kündigungsgrund entscheidendes Merkmal:

Verständnis, da diese Institutionen zumindest in ihren Grundzügen vergleichbar erscheinen.

171 Andere Ansicht jedoch: *Bernardo Xavier*, RDES 2012, 65–100 (66, 67).

- „außerordentliche“ Arbeitnehmerkündigung (*resolução*): mit wichtigem Grund
- „ordentliche“ Arbeitnehmerkündigung (*denúncia*): ohne wichtigen Grund

Nachdem das Arbeitsverhältnis auf einem zivilrechtlichen Vertrag beruht, kann es, neben den in dieser Arbeit näher betrachteten Beendigungsmöglichkeiten des Arbeitsgesetzbuchs, auch durch allgemein geltende zivilrechtliche Institutionen, wie etwa die Anfechtung (*anulação*) oder die Nichtigerklärung (*declaração de nulidade* – Art. 285 ff. CC), beendet werden. Diese sind jedoch nicht originär zukunftsgerichtet, sondern zerstören die Vertragsbeziehung nach allgemeinen zivilrechtlichen Grundsätzen ex tunc. Wegen der besonderen Konstellation der Arbeitsbeziehung ist diese Rechtsfolge jedoch im Rahmen arbeitsrechtlicher Vertragsbeendigung zu modifizieren[172]. Trotz Anwendung allgemein zivilrechtlicher Beendigungstatbestände entfalten diese ihre Wirkung im Arbeitsverhältnis lediglich ex nunc. Dies folgt daraus, dass der Gesetzgeber hinsichtlich der Vertragsbeendigung von Arbeitsverhältnissen die Privatautonomie zwingend eingeschränkt hat (Art. 339 CT). Zum Schutz der Arbeitnehmer erfolgt demnach keine Rückabwicklung.

C. Terminologische Abgrenzung zu anderen Beendigungstatbeständen

Nachdem nicht jegliche Vertragsbeendigung Gegenstand der Analyse sein soll, sondern lediglich Kündigungen, wird eine Abgrenzung zu anderen Vertragsbeendigungen erforderlich. Nicht unter den Kündigungsschutz fallen Situationen nur vorübergehender Suspendierung der Arbeitsleistung, etwa in Fällen einer zeitweisen Schließung des Unternehmens wegen höherer Gewalt oder wirtschaftlicher Krise. Gegenstand der weiteren Untersuchung wird die privatrechtliche Kündigung als einseitige Vertragsauflösung sein. Damit wird eine Abgrenzung zu anderen Vertragsbeendigungsmöglichkeiten des Arbeitsrechts erforderlich (Art. 340 CT).

I. Gesetzlich vorgesehene Vertragsauflösung (caducidade)

Arbeitsverträge enden in bestimmten Konstellationen (Fristablauf, Eintritt von Unmöglichkeit etc.) automatisch aufgrund gesetzlicher Vorgaben. Die Beendigung tritt unabhängig vom Willen der Parteien ein. Eine auf die Beendigung des Arbeitsvertrags gerichtete Willenserklärung ist nicht erforderlich. Dennoch können auch im Umfeld der gesetzlichen Vertragsauflösung Willenserklärungen (etwa Rentenantrag) erforderlich sein, um die Voraussetzungen der Beendigung zu schaffen. Bei zweckbefristeten Verträgen muss der Arbeitgeber dem betroffenen Arbeitnehmer außerdem vorher mitteilen, dass die vertragsauflösende Bedingung eingetreten ist. Dies kann eine Abgrenzung zur Kündigung erschweren. Die von der Kündigung

172 Zu einer dahingehenden Einschränkung der gesetzlichen Vertragsauflösung: *Romano Martinez*, Da Cessação do Contrato, S. 106.

zu unterscheidenden Fälle der gesetzlichen Vertragsauflösung werden unter dem Begriff der „*caducidade*“ zusammengefasst (Art. 343 CT).

1. Fristablauf (Art. 343 lit. a CT)

Im Rahmen der Befristung werden die kalendermäßige (*termo certo* –Art. 344 CT) und die Sachgrundbefristung (*termo incerto* – Art. 345 CT) unterschieden. In beiden Fällen endet das Arbeitsverhältnis nicht automatisch. Um das Arbeitsverhältnis zu beenden, ist vor Ablauf der Befristung eine einseitige, schriftliche und fristgebundene Erklärung (Art 224 CC), dass das Arbeitsverhältnis mit Ende der Frist nicht verlängert werden soll, von einer der Parteien erforderlich (Art. 344 Nr. 1 HS 2 CT). Im Fall der Sachgrundbefristung hat der Arbeitgeber den Wegfall des Befristungsgrundes und somit den Eintritt der Beendigung mitzuteilen (Art. 345 Nr. 1 CT). Unterlässt er die Erklärung den Vertrag nicht zu verlängern:

- wird der Vertrag bei einer kalendermäßigen Befristung mit gleichen Bedingungen um seine ursprüngliche Zeit verlängert (Art. 149 Nr. 2 CT)
- ist der Arbeitnehmer für die Versäumnis der Ankündigungsfrist zu entschädigen (Art. 345 Nr. 3 CT)
- ist die Höchstdauer der Befristung erreicht oder zahlt der Arbeitgeber die Entschädigung nicht, erfolgt eine Umwandlung in einen unbefristeten Vertrag (Art. 147 Nr. 2 lit. b i.V.m. 148 CT)

Geht die Auflösung des Arbeitsverhältnisses von dem Arbeitgeber aus, so hat der Arbeitnehmer einen Abfindungsanspruch[173].

2. Unmöglichkeit (Art. 343 lit. b CT)

Der Arbeitsvertrag endet auch, wenn nach wirksamem Abschluss des Vertrags dem Arbeitnehmer die Arbeitsleistung oder dem Arbeitgeber deren Annahme unmöglich wird. Bei einer anfänglichen Unmöglichkeit entsteht dagegen schon kein wirksamer Arbeitsvertrag[174]. Zu beachten ist, dass auf Seiten des Arbeitgebers eine Unmöglichkeit nur hinsichtlich der Nebenleistungspflichten bestehen kann, da die Hauptleistungspflicht der Lohnzahlung, sofern diese in Geld geschuldet ist, im Rechtssinn nicht unmöglich werden kann[175]. Das Gesetz (Art. 343 lit. b CT) fordert eine

> *„impossibilidade superveniente, absoluta e definitiva (...)“*
>
> Etwa: *„nach Vertragsschluss auftretende, die gesamte Leistung erfassende und dauerhafte Unmöglichkeit (...).“*

---

173 Art. 344 Nr. 2 CT: Die konkrete Berechnung unterlag in letzter Zeit einigen Änderungen. Derzeit erfolgt eine Verweisung auf die Abfindungsregelung der kollektivbetriebsbedingten Kündigung (Art. 366 CT; s. § 10 A I 2).

174 Vgl. *Romano Martinez*, Da Cessação do Contrato, S. 377.

175 Für die Anwendbarkeit dieses Grundsatzes im portugiesischen Recht siehe etwa: *Romano Martinez*, Da Cessação do Contrato, S. 382.

Reine Leistungserschwernisse oder eine nur vorübergehende Leistungsunmöglichkeit führen nicht zur Vertragsauflösung[176]. Liegt ein Leistungserschwernis in Form einer grundlegenden Verschiebung des Leistungsgleichgewichts vor, ist umstritten, ob eine Vertragsbeendigung nach allgemeinen zivilrechtlichen Regeln trotz der bestehenden arbeitsrechtlichen Einschränkung der Privatautonomie zugelassen werden kann[177]. Vorzugswürdig erscheint ein Verweis auf die arbeitsrechtlichen Kündigungsregelungen, da diesen bereits die spezifisch arbeitsrechtliche Interessenabwägung innewohnt. Ein eventuelles Verschulden hindert den Eintritt der Vertragsauflösung nicht, kann jedoch parallel bestehende Schadenersatzansprüche auslösen[178]. Zwei Grundsituationen der Unmöglichkeit können unterschieden werden (Art. 791, 792 CC):

a. Objektive Unmöglichkeit

In diesen Fällen ist die Unmöglichkeit den Parteien nicht vorwerfbar. Der offensichtlichste Fall einer solchen künftigen Unmöglichkeit der Arbeitsleistung ist der des Tods des Arbeitnehmers. Allerdings kann die Unmöglichkeit hier auch anzunehmen sein, wenn die Leistung zwar objektiv noch möglich ist, aber nicht mehr den Interessen des Arbeitsgebers entspricht[179]. Dies kann etwa beim Tod des Arbeitgebers bzw. dem Erlöschen dessen juristischer Person geschehen. Erfolgt keine Weiterführung des Unternehmens durch die Erben bzw. Rechtsnachfolger, wird die Vertragserfüllung unmöglich (Art. 346 Nr. 1 und 2 CT). Die gesetzliche Vertragsauflösung des Arbeitsverhältnisses erfolgt dementsprechend mit der endgültigen Schließung des Unternehmens (Art. 346 Nr. 3 i.V.m. Art. 360 CT). Eine endgültige Unternehmensschließung ist auch aus anderen Gründen denkbar; der Arbeitgeber hat die Intention zur endgültigen Schließung zu erklären, damit eine Auflösung der Arbeitsverhältnisse erfolgt. Diese Fälle der Vertragsbeendigung wegen Erlöschen des Arbeitgebers, sind insbesondere von der kollektiv-betriebsbedingten Kündigung abzugrenzen. Hierbei besteht ein Konflikt zwischen nationalem Abgrenzungsverständnis und den Vorgaben des EuGHs (s. § 11 B IV 1).

Auch im Fall der Insolvenz des Arbeitgebers, ist die Leistungsannahme durch den Arbeitgeber unmöglich. Dennoch werden die Arbeitsverhältnisse nicht mit der Insolvenzerklärung beendet (§ 11 B IV 3).

---

176 In Portugal häufig unter dem lateinischen Begriff „*difficultas praestandi*" zu finden; so auch für psychische Krankheit: Ac. STJ 5.2. 2009 Proc. Nr. 08S2596 (II).

177 *Rosário Palma Ramalho*, Tratado Parte II, S. 768; Für Anwendung des allgemeinen Zivilrechts Art. 437 CC: *Menezes Cordeiro*, RDES 1991, 369–421 (385), *ders.*, Manual Direito do Trabalho, S. 788; ebenso: *Romano Martinez*, Da Cessação do Contrato, S. 377;
kritisch: *Furtado Martins*, Cessação do Contrato, S. 70.

178 *Romano Martinez*, Da Cessação do Contrato, S. 370.

179 So ausdrücklich auch: *Furtado Martins*, Cessação do Contrato, S. 79, 80.

b. Subjektive Unmöglichkeit

Subjektiv, also an das Leistungsvermögen des Arbeitnehmers anknüpfende, Unvermögensgründe beenden das Arbeitsverhältnis ebenfalls. Wichtigste Anwendungsfälle sind nach Vertragsschluss auftretende Krankheiten, welche dem Arbeitnehmer die vertraglich geschuldete Arbeitsleitung nicht nur erschweren, sondern vollständig unmöglich machen[180]. Sie sind von den Fällen der personenbedingten Kündigung (*inadaptação*) abzugrenzen (s. § 7 A II 2). Strittig ist der Umfang der Unmöglichkeit, wenn der Arbeitnehmer grundsätzlich Arbeitsleistungen erbringen kann, jedoch nicht mehr seine vertraglich geschuldete: So verstand das Berufungsgericht Coimbras die Unmöglichkeit der Vertragserfüllung bei Arbeitnehmern restriktiv. Damit liege keine Auflösungssituation vor, wenn die Leistungsfähigkeit lediglich reduziert ist oder die konkrete Tätigkeit entfällt, eine andere Beschäftigung im Unternehmen aber noch möglich erscheint[181]. In der Literatur und teils auch in der Rechtsprechung wird dies vereinzelt liberaler gesehen. Eine Unmöglichkeit bestehe danach schon dann, wenn die Einstellung für eine bestimmte, nun nicht mehr erfüllbare, Aufgabe erfolgt sei und kein alternativer, den Fähigkeiten entsprechender Arbeitsplatz besteht[182]. Hinsichtlich der Reichweite der zur Verfügung zu stellenden Arbeitsplätze scheint die höchstrichterliche Rechtsprechung der Ansicht zu folgen, dass ein alternativer Arbeitsplatz der Vertragsauflösung wegen Unmöglichkeit nur entgegenstehe, wenn sich der alternative Arbeitsplatz an der ursprünglichen vertraglichen Leistungsbeschreibung orientiere und kein völliges „Aliud“ darstelle[183].

Unabhängig von diesem Streit wird sowohl eine physische, als auch eine rechtliche (z.B. Entzug der Berufszulassung Art. 117 Nr. 2 CT oder dem Wegfall der Arbeitserlaubnis von ausländischen Arbeitnehmern) Unmöglichkeit erfasst.

3. Verrentung des Arbeitnehmers (Art. 343 lit. c CT)

Eine Vertragsbeendigung wegen Rente kann sowohl altersbedingt, als auch krankheitsbedingt eintreten. Das Arbeitsverhältnis endet mit behördlicher Genehmigung des Rentenantrags. Diese wird auf Antrag des Arbeitnehmers durch die zuständige

---

180 Z.B.: Ac. TRP 17.1. 2005 Proc. Nr. 0415859 (direito).

181 Ac. TRC 25.11. 2004 Proc. Nr. 3377/04 (direito); so auch schon: Ac. STJ 6.4. 2000 Rechtsmittel Nr. 242/99, CJ – STJ T II, S. 251–255 (252); *Menezes Cordeiro*, Manual Trabalho, S. 793;
Entsprechend dieser Lösung enthalten einige Kollektivvereinbarungen (s.§ 3 C III) die Pflicht, den in seiner Leistung eingeschränkten Arbeitnehmer auf einem anderen Arbeitsplatz weiter zu beschäftigen.

182 Ac. TRP 17.1. 2005 Proc. Nr. 0415859 (direito).

183 Ac. STJ 19.12. 2007 Proc. Nr. 07S3389 (3); *Furtado Martins*, Cessação do Contrato, S. 73.

Behörde gewährt[184]. Ob und wann der begünstigte Arbeitnehmer diesen Rentenantrag stellt, liegt in seiner freien Entscheidung[185].

Demnach erfolgt die Vertragsauflösung grundsätzlich nicht automatisch mit Erreichen der Rentenaltersgrenze[186], sondern erst mit Genehmigung des Rentenantrags. Arbeitet der Arbeitnehmer, nachdem beide Parteien Kenntnis von der Erfüllung der Voraussetzungen der Verrentung haben oder der Arbeitnehmer 70 Jahre wurde, 30 Tage weiter, so wandelt sich das Arbeitsverhältnis lediglich automatisch in einen auf sechs Monate befristeten Vertrag mit erleichterten Vertragsbeendigungsbedingungen um (Art. 348 CT)[187].

Das Arbeitsverhältnis eines kranken Arbeitnehmers bleibt dementsprechend auch nach Auslaufen des Krankengelds (*subsídio de doença*) bis zur Klärung des Rentenantrags bestehen[188]. Allerdings ist die Hauptleistungspflicht suspendiert.

II. Aufhebungsvertrag (acordo de revogação *Art. 340 lit. b CT*)

Eine einvernehmliche Beendigung des Arbeitsverhältnisses ist als Ausprägung der Vertragsfreiheit durch einen schriftlichen, formgebundenen Aufhebungsvertrag der Parteien möglich (Art. 349 CT). Nachdem Aufhebungsverträge häufig im Zusammenhang mit einer geplanten Personalreduzierung, etwa nach Mitteilung der Kündigungsabsicht einer kollektiv-betriebsbedingten Kündigung (s. § 7 B II 1 a), geschlossen werden, findet sich für dieses Rechtsinstitut auch der irreführende Begriff der „verhandelten Kündigung" (*despedimento negociado / pago*). Dies darf nicht darüber täuschen, dass in diesen Fällen keine Kündigung vorliegt und somit kein Kündigungsschutz eingreift.

Der Arbeitsvertrag selbst ist nicht zwingend formgebunden (*contrato formal* – Art. 110 CT). Aus Gründen des Arbeitnehmerschutzes ist der Aufhebungsvertrag eines Arbeitsverhältnisses dagegen immer in doppelter, von beiden Parteien unterzeichneter, schriftlicher Ausfertigung zu schließen[189]. Die Missachtung dieser Form bedingt die Nichtigkeit (*nulo* – Art. 222 CC)[190]. Inhaltlich hat er den Zeitpunkt des Vertragsschlusses und den Zeitpunkt der auflösenden Wirkung, sowie

---

184 Zuständige Behörde: *Centro Nacional de Pensões* (Nationales Rentenzentrum).

185 Ac. TRL 8.2. 2017 Proc. Nr. 3197/15 (III).

186 Derzeit bei ca. 65 Jahren, Eintrittsalter steigt entsprechend steigender mittlerer Lebenserwartung: Art. 20 *Regime Jurídico da Reforma* (RJR) *DL* 187/2007 – DR Série I Nr. 90 vom 10.5. 2007, S. 3100–3116 i.d.F. *DL* 167-E/20013 – DR Série I vom 31.12. 2013, S. 7056(364)–7056(369).
Eine automatische Verrentung mit Erreichen einer bestimmten Altersgrenze besteht für einzelne Berufe spezialgesetzlich. Dort erfolgt die Vertragsauflösung automatisch: z.B. Pilot Ac. STJ 24.1. 2007 Proc. Nr. 06S2710.

187 Art. 348 CT; zu Sonderfall der Kündigung bei befristeten Verträgen s. § 11 B II.

188 So auch: *Furtado Martins*, Cessação do Contrato, S. 123.

189 Spezialvorschrift: Art. 349 Nr. 2 CT, nicht allgemeine Regel des Art. 221 Nr. 2 CC.

190 So ausdrücklich zu Vorgängernorm: Ac. STJ 11.5. 1997 Proc. Nr. 97S098.

seit dem Gesetz *L* 73/2017[191] auch die Widerrufsfrist festzulegen (Art. 349 Nr. 3 CT). Weitere ergänzende Regelungen, wie etwa eine Entschädigungszahlung oder Wettbewerbsverbote (*pacto de não-concorrência* – Art. 136 Nr. 2 lit. a Komma nach „)" CT), sind möglich (Art. 349 Nr. 4 CT). Aufhebungsverträge mit einer Abfindungszahlung, die als Gegenleistung für den Verzicht des Arbeitnehmers auf den Arbeitsplatz anzusehen ist, sind als Reaktion auf die strikten Kündigungsregelungen sehr gebräuchlich. Dabei beeinflusse die Nichtzahlung einer vereinbarten Abfindung auch nicht die Wirksamkeit des Aufhebungsvertrags, da der Arbeitnehmer in Folge der bestehenden Vertragsfreiheit nicht zu einer nicht gewollten Weiterbeschäftigung gezwungen werden könne[192]. In Portugal wird diese Konstruktion häufig als ein Element der Personalreduzierung neben betriebsbedingten Kündigungen genutzt (s. § 7 A II 1; § 7 B II 1)[193]. Ein solcher an eine Kündigung geknüpfter Aufhebungsvertrag ist nicht zwingend rechtswidrig. Der Hinweis auf ein geplantes, rechtlich zulässiges Handeln – die betriebsbedingte Kündigung – sei ohne weitere Druckausübung keine unzulässige Nötigung (*coação moral*) des Arbeitnehmers, solange dieser eine freie Entscheidung treffen kann[194]. Die reine Mitteilung der Kündigungsabsicht ist gesetzlich sogar erforderlich (Art. 360 Nr.1 CT; s. § 7 B II 1). Weiter wird diese Auffassung durch das Gesetz unterstützt, indem es hinsichtlich der Arbeitslosenunterstützung davon ausgeht, dass diese Fälle ebenfalls unter eine „unfreiwillige Beschäftigungslosigkeit" zu fassen seien und damit zum Bezug von Arbeitslosengeld berechtigt[195]. Eine Begründung ist gesetzlich nicht zwingend. Nachdem von dem Anlass des Aufhebungsvertrags jedoch die Gewährung von Arbeitslosengeld und Sozialabgaben abhängt, kann sie für den Arbeitnehmer finanziell relevant sein, da er so darlegen kann, dass die Vertragsaufhebung dem Verantwortungsbereich des Arbeitgebers zuzurechnen ist.

Ein Aufhebungsvertrag ist jederzeit während bestehendem, wirksamen Arbeitsverhältnis möglich, es sei denn, die Parteien haben verbindlich eine Mindestlaufzeit vereinbart (*pacto de permanência* – Art. 137 Nr. 1 CT)[196]. Praktizierte Umgehung des Kündigungsschutzes mittels dieses Vertrags versucht das Arbeitsgesetz einzudämmen: Dem Arbeitgeber ist es ausdrücklich verboten, den Arbeitnehmer unmittelbar nach einer Vertragsauflösung wiedereinzustellen, um dessen gesetzliche Rechte zu

---

191 *L* 73/2017 vom 16.8. 2017 – DR Série I Nr. 157, S. 4715–4717.

192 Ac. STJ 15.5. 1996 Proc. Nr. 96S029 nach *Furtado Martins*, Cessação do Contrato, S. 137; ebenso: *Romano Martinez*, Da Cessação do Contrato, S. 403.

193 *Bernardo Xavier*, Despedimento Colectivo, S. 500, 501; *Furtado Martins*, Cessação do Contrato, S. 131.

194 Ac. STJ 16.4. 1997 Proc. Nr. 96S246 (III-E, III-F); Ac. STJ 26.3. 2008 Proc. Nr. 07S4653 (II 2 und 3 inklusive Formulierungsbeispiel eines Aufhebungsvertrags).

195 Art. 9 Nr. 1 lit. d, 10 Nr. 1 und 4 *Régime Jurídico de protecção social da eventualidade de desemprego dos trabalhadores por conta de outrem* (RJSD) – *DL* 220/2006 – DR Série I Nr. 212 vom 3.11. 2006, S. 7689–7706 zuletzt geändert durch *DL* 53-A/2017 – DR Série I Nr. 105 vom 31.5. 2017, S. 2692 (2).

196 *Abílio Neto*, CT, Art. 349, Rn. 3.

beschränken (Art. 129 Nr. 1 lit. j CT). Eine Zustimmung des Arbeitnehmers heilt diese Praxis nicht (Art. 129 Nr. 1 lit. j CT).

Darüber hinaus wird der Arbeitnehmer dadurch geschützt, dass er den Aufhebungsvertrag nicht nur nach allgemeinen rechtsgeschäftlichen Grundsätzen beseitigen kann, sondern diesen innerhalb von sieben Tagen nach Abschluss einseitig schriftlich widerrufen kann (Art. 350 CT). Diese sehr weitreichende Wirkung einer einseitigen Erklärung stellt im portugiesischen Recht eine Besonderheit dar[197]. Als Schutzmechanismus der schwächeren Partei zur Durchsetzung ihrer Privatautonomie ist dies verfassungsrechtlich gerechtfertigt[198]. Daher entfällt die Widerrufsmöglichkeit, wenn die unterlegene Partei anderweitig geschützt wurde, etwa über die notarielle Beurkundung des Aufhebungsvertrags (Art. 350 Nr. 4 CT und Art. 153 Nr. 5 *Código do Notariado*[199]). Substantielle weitere Formmängel sollten analog behandelt werden[200].

§ 5 Analysierende Zusammenfassung unter Kontrastierung der deutschen Rechtslage

Die historische Analyse zeigt, dass sich das portugiesische Kündigungsschutzrecht von seiner Nichtexistenz in den Anfängen des Arbeitsrechts unter der politischen Strömung des Liberalismus zu einem sehr hohen Schutzstandard gewandelt hat. Auffallend ist, dass die verschiedenen Phasen der Arbeitsrechtsentwicklung vor allem durch die sich ändernden politischen Gedankenströmungen angestoßen worden sind. In anderen Ländern Europas bestand dagegen soweit ersichtlich ein deutlicherer Zusammenhang der wirtschaftlichen Veränderungen mit der Herausbildung des Arbeitsrechts. Ursächlich dafür, dass einige europäische Entwicklungen in Portugal erst deutlich später zu beobachten sind, war auch der weitgehende Stillstand der Arbeitsrechtsentwicklung unter der Herrschaft Salazars. Dieser hat zu dem lange bestehenden hohen Schutzstandard im Bereich der arbeitsrechtlichen Kündigung beigetragen. In jüngster Vergangenheit bestehen Tendenzen einer Lockerung des Kündigungsschutzes. Diese sind insbesondere der Intervention der Troika 2012 geschuldet. Wie dies die geltende Rechtslage beeinflusst, ob und wie die portugiesische Rechtsgemeinschaft diese Änderungen annimmt wird im Folgenden untersucht.

Portugal hat die den Kündigungsschutz betreffende Konvention Nr. 158 IAO ratifiziert. Sonstiges internationales Recht wird in einfaches nationales Recht umgesetzt.

---

197 *Rosário Palma Ramalho*, Tratado Parte II, S. 793; sie stellt jedoch kein neues Rechtsinstitut dar, sondern bestand vorübergehend bereits im Kündigungsgesetz von 1975 (s. § 3 B II, III).

198 Für die Verfassungsmäßigkeit der Regelung: *Romano Martinez*, Da Cessação do Contrato, S. 413.

199 *DL* 207/95 – DR Série I Nr. 187 vom 14.8. 1995, S. 5047–5080 (*Código do Notariado*) i.d.F. *DL* 250/96 – DR Série I Nr. 297 vom 24.12. 1996, S. 4598–4600 (4600).

200 *Joana Vasconcelos*, A revogação do contrato de trabalho, S. 167–172; ebenso: *Romano Martinez*, Direito do Trabalho, S. 950.

Die für das Kündigungsschutzrecht relevante Gesetzgebung erfolgt vorwiegend mittels einfachem Gesetz und den Verordnungen mit Gesetzeskraft. Die Hierarchie der Rechtsquellen folgt der Autorität des Erlassorgans[201]. Zu Gunsten des Arbeitnehmers wird das Hierarchieprinzip durchbrochen, wenn die Regelung niederen Rangs günstiger ist und die Unabdingbarkeit nicht normiert wurde (Art. 3 Nr. 4 CT).

In diesem Bereich der Rechtsetzung erscheint die besondere Stellung und die Berücksichtigung der historischen Auslegung der Verfassung eine, aus deutscher Sicht, ungewohnte Reichweite einzunehmen. So ist es zu erklären, dass das Verständnis des, in der Verfassung verankerten, Grundsatzes des wichtigen Grundes (*justa causa*) in weiten Bereichen extrem rückwärtsgewandt ausgelegt wird. Dies erscheint vor dem Hintergrund der Verfassung nicht zwingend. Die neusten Entscheidungen des Verfassungsgerichts lassen ebenfalls eine weniger eng am historischen Wortlaut fixierte Auslegung zu. Ein Verständnis der verfassungsrechtlichen Beschäftigungssicherheit dahingehend, dass sie lediglich Missbrauch und willkürliche Kündigungen verhindert erscheint vorzugswürdig. Verfassungsrechtlich sind Flexibilisierungen des Kündigungsrechts somit möglich. Zu erörtern bleibt, ob die Maßnahmen des portugiesischen Gesetzgebers sich innerhalb des eröffneten Rahmens halten.

Nach deutschem Verständnis ist unter dem Begriff der „Kündigung" die Erklärung einer Partei zu verstehen, das Vertragsverhältnis zu beenden. Dies entspricht dem allgemeinsprachlichen Gebrauch der Arbeitgeberkündigung (*despedimento*). Juristisch betrachtet differenziert das portugiesische Recht, innerhalb des Kündigungsbegriffs. Diese Formen der Kündigung sind von anderen Arten der Vertragsbeendigung zu unterscheiden, welche nicht Gegenstand dieser Arbeit sind. Systematisch kann dies wie folgt veranschaulicht werden:

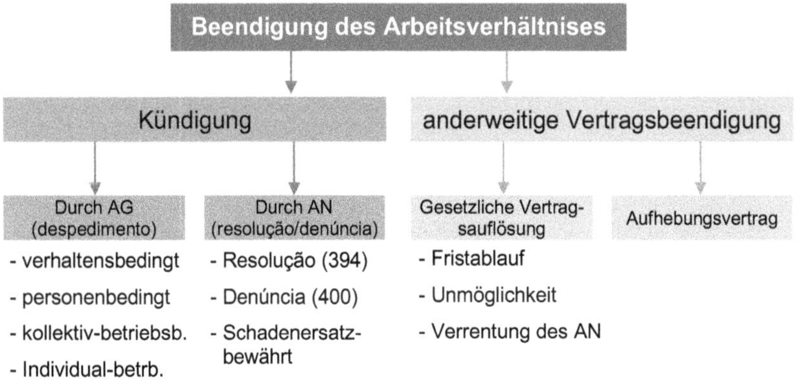

201 *Menezes Leitão,* Direito do Trabalho, S. 86; *Bernardo Xavier*, Manual Trabalho, S. 882.

Für eine, der Realität entsprechende, Einschätzung des Kündigungsschutzes ist zu berücksichtigen, dass die Praxis durch Umgehung des Kündigungsregimes (z.B. Scheinselbstständigkeit, ähnliche Werkvertragskonstruktionen, Befristung) versucht größere Handlungsfreiheit zu erreichen. Letztere bietet einen legalen Rahmen kurzfristiger Arbeitsverträge. Wegen der hohen Kündigungshürden wird die Befristung nicht nur für kurzfristigen Personaleinsatz genutzt. In Portugal wird das Schutzniveau des Kündigungsschutzes nicht so positiv und hoch wahrgenommen. Dies ist dem Umstand geschuldet, dass sich der Arbeitgeber im Rahmen dieser Umgehungen leichter, ohne den strengen Kündigungsschutz aus dem Arbeitsverhältnis lösen kann.

Das deutsche Kündigungsrecht unterscheidet die ordentliche von der außerordentlichen Kündigung. Weitere Kündigungsvarianten, wie die Änderungs-, Verdachts- oder Teilkündigung kennt das portugiesische Recht nicht. Ursprung dieses Fehlens ist die verfassungsrechtliche Beschäftigungssicherheit. Auch ohne diese Rechtsinstitute bestehende vergleichbare Situationen unterfallen den allgemeinen Regeln.

Weiter ist aus deutscher Sicht die „Beendigungsbestätigung“ trotz Befristung ungewöhnlich. Nach § 15 TzBfG endet ein kalendermäßig befristetes Arbeitsverhältnis durch Zeitablauf, soweit keine schädliche Weiterbeschäftigung erfolgt. Ein solcher Automatismus besteht im portugiesischen Recht nicht. Im portugiesischen System ist dies jedoch logische Folge der bestehenden Beschäftigungsgarantie (Art. 53 CRP). Ein Auslaufen eines Vertrages wird erschwert und soll nicht aus Nachlässigkeit geschehen können. Durch die Notwendigkeit der „Beendigungsbestätigung“ wird das bestehende Arbeitsverhältnis (im Fall eines Versäumnisses) geschützt.

Quintessenz Kapitel 2

1. Kündigungsschutz: von Nichtexistenz zu sehr hohem Schutzniveau
2. Entwicklung des Kündigungsschutzes politisch getrieben und dadurch oft später als in anderen europäischen Ländern
3. Seit der Krise von 2012 sind verstärkt Lockerungstendenzen sichtbar
4. Für Kündigungsschutz relevante Gesetzgebung vorwiegend in einfachem Gesetz (*Lei*) und Verordnungen mit Gesetzeskraft (*Decreto-Lei*)
5. Hoher Stellenwert der Verfassung und deren historische Auslegung haben auf Entwicklung des Kündigungsschutzes lange lähmend gewirkt; inzwischen ist in diesem Bereich eine liberalere Denkweise erkennbar
6. Verfassung steht Kündigungsrechtsentwicklung nicht zwingend entgegen.

Kapitel 3: Vorgelagerter Kündigungsschutz

Kündigungsschutz setzt in Portugal bereits vor Ausspruch der Kündigung an:

- grundsätzlich Existenz von Kündigungsgründen nötig
- Verfahrensvoraussetzungen für wirksame Kündigung

Um den Umfang des vorgelagerten Schutzes einordnen zu können, sind einerseits die für beide Parteien geltenden allgemeinen Voraussetzungen einer Kündigung eines Arbeitsverhältnisses näher zu betrachten (§ 6), andererseits sind die spezifischen Schutzmechanismen vor einer Arbeitgeberkündigung (§ 7) und vor einer Arbeitnehmerkündigung (§ 8) zu analysieren. Entgegen der sich aufdrängenden Annahme, dass Kündigungsschutz nur im Rahmen einer arbeitgeberseitigen Kündigung relevant ist, schützen Kündigungsregeln die Arbeitnehmer auch im Rahmen einer Arbeitnehmerkündigung. Dieser Schutz kann etwa in der Verhinderung übereilter oder erzwungener Entscheidungen, jedoch auch darin liegen, dass Arbeitnehmern durch die Möglichkeit der Vertragsbeendigung die Berufsfreiheit garantiert wird.

Die Kündigungsregelungen des Arbeitsgesetzbuchs sind in weiten Teilen zwingend (Art. 339 Nr. 1 CT). Sie können nicht durch Arbeitsvertrag und nur sehr eingeschränkt durch kollektivrechtliche Vereinbarung abbedungen werden[202]. Aus diesem Grund kann der vorgelagerte Kündigungsschutz mittels Gesetzes- und Rechtsprechungsanalyse realistisch abgebildet werden.

§ 6 Allgemeine Voraussetzungen einer wirksamen Kündigung

Der arbeitsrechtliche Kündigungsschutz wird unter dem Stichwort der Beendigung des Arbeitsverhältnisses (Art. 338 ff. CT) geregelt. Er greift nur, wenn dessen Anwendungsbereich eröffnet ist. Dies setzt begriffsnotwendig den Bestand eines Arbeitsverhältnisses voraus[203].

A. Bestand eines Arbeitsverhältnisses

Ein Arbeitsverhältnis wird durch Abschluss eines Arbeitsvertrages begründet. An dieser Stelle ist daher zu klären, was das portugiesische Recht unter dem Begriff des Arbeitsvertrages versteht. Dazu finden sich zwei geltende Normen: Art. 1152

202 Art. 339 Nr. 2 und 3 CT gestatten eine bedingte kollektivrechtliche Regelbarkeit der Entschädigungshöhe und der Verfahrensfristen vor Kündigungsausspruch.

203 So auch: Ac. TRL 8.2. 2017 Proc. Nr. 3197/15 (IV).

CC[204] und Art. 11 CT. Vor der Einführung des Art. 11 CT bestand ein Gleichlauf des Arbeitsvertragsbegriffs im Zivilgesetz und in den arbeitsrechtlichen Spezialregelungen (Art. 10 CT 03, Art. 1 LCT). Die Normierung des Arbeitsgesetzes stellt als speziellere Regelung den Ausgangspunkt der weiteren Betrachtung dar (Art. 1153 CC i.V.m. Art. 11 CT):

> *„Contrato de trabalho é aquele pelo qual uma pessoa singular se obriga, mediante retribuição, a prestar a sua actividade a outra ou outras pessoas, no âmbito de organização e sob a autoridade destas.“*
>
> In Etwa: *„Arbeitsvertrag ist der, in dem sich eine natürliche Person verpflichtet, gegen Bezahlung ihre [Arbeits]leistung einem anderen oder anderen [Personen] unter [dessen /] deren Organisation und Leitung zu erbringen.“*

Abzugrenzen ist der Arbeitsvertrag vom Werkvertrag (*contrato de prestação de serviço*; Art. 1154 CC): Bei diesem liegt im Gegensatz zum Arbeitsvertrag eine Verpflichtung vor, ein Ergebnis handwerklicher oder geistiger Arbeit zu erbringen. Der Leistungserbringer ist im Rahmen des Werkvertrags freier. Er bestimmt weitgehend selbst über Art und Weise der Leistungserbringung. Das Einräumen einer Vertretungsmöglichkeit im Rahmen der Leistungserbringung spricht so für einen Werkvertrag[205]. Beide Parteien können frei kündigen (Art. 1156 i.V.m. Art. 1170 Nr. 1 CC).

Entsprechend ständiger, höchstrichterlicher Rechtsprechung sind so folgende vertraglich begründete Elemente für die Annahme eines Arbeitsvertrags maßgeblich[206]:

- wirtschaftliche Unterordnung (Gehaltszahlung)
- rechtliche Unterordnung (Einbindung in Organisation und Bestehen des Weisungsrechts des Arbeitgebers)

In Zweifelsfällen der Abgrenzung ist aufgrund der Grundsätze der Vertrags- und Handlungsfreiheit auf den tatsächlichen Willen der Parteien im Zeitpunkt des Vertragsschlusses abzustellen[207]. Die Bezeichnung des Vertrags ändert an dessen wahrer

---

204 Alte Regelung in Art. 1152 CC: *„contrato de trabalho é aquele pelo qual uma pessoa se obriga, mediante retribuição, a prestar a sua actividade intelectual ou manual a outra pessoa, sob a autoridade e direcção desta.“*
In Etwa: *„Arbeitsvertrag ist der, in dem sich eine Person verpflichtet gegen Bezahlung ihre geistigen oder körperlichen Dienste einem anderen unter dessen Weisung und Leitung zu erbringen“.*

205 Ac. STJ 20.11. 2013 Proc. Nr. 2867/06 (III 27); Ac. STJ 15.9. 2016 Proc. Nr. 329/08 (II 9.1).

206 Statt vieler: Ac. STJ 14.11. 1986 Proc. Nr. 001430 (Leitsatz I); Ac. STJ 15.9. 2016 Proc. Nr. 329/08 (II 4).

207 Ac. STJ 20.9. 2006 Proc. Nr. 06S694 (II 2. und 3.); so schon: *Romano Martinez*, Direito do Trabalho Vol. II, T. I, S. 41; *Menezes Cordeiro*, Manual Trabalho, S. 536.

Natur nichts; befreit somit nicht von der Auslegungspflicht[208]. Dies macht eine Analyse im konkreten Einzelfall erforderlich.

Weiter bedarf es einer Abgrenzung zu den hier nicht weiter behandelten spezialgesetzlich geregelten Arbeitsverträgen. So unterliegen z.B. Berufssportler eigenen arbeitsrechtlichen Regelungen[209], ebenso der öffentliche Dienst[210].

Besteht ein Arbeitsverhältnis, ist die Möglichkeit der Kündigung, anders als im Rahmen eines Werkvertrags, durch die Notwendigkeit materieller Kündigungsgründe und Kündigungsverfahren eingeschränkt. Für die Annahme eines Arbeitsvertrages sind weiter vorab die Begriffe des Arbeitnehmers und des Arbeitgebers zu klären.

I. Arbeitnehmer

Der Wortlaut des Arbeitsgesetzes spricht eindeutig nur natürlichen Personen die Arbeitnehmerfähigkeit zu[211]. Die Neufassung des Art. 11 CT hat die Differenzierung zwischen geistiger und körperlicher Tätigkeit aufgegeben.

Ein Arbeitnehmer kann niemals Leitungsaufgaben eines Unternehmens wahrnehmen, da die Arbeitnehmerstellung kraft Gesetz mit der Leitung eines Unternehmens unvereinbar ist (Art. 398 CSC)[212]. Ein eventuell bestehender Arbeitsvertrag wird mit Übertragung von Leitungsaufgaben jedoch nicht beendet, sondern lediglich für den Zeitraum der Übertragung suspendiert[213].

II. Arbeitgeber

Der Arbeitgeber muss nicht zwingend eine natürliche Person sein. In Betracht kommt auch eine juristische Person, deren organisatorische Ausgestaltung deswegen für die weitere Betrachtung des Kündigungsrechts zu analysieren ist. Im Bereich des Kündigungsrechts spricht das Gesetz statt von Arbeitgeber meist von Unternehmen (*empresa*). Das portugiesische Recht geht von einem einheitlichen Unternehmensverständnis

---

208 Bezugspunkt ist hier das CT (Stand 11/2017): etwa: Ac. STJ 15.9. 2016 Proc. Nr. 329/08 (II 4).

209 *L* 28/98 – DR Série I Nr. 145 vom 26.6. 1998, S. 2834–2840.

210 Diese sind spezialgesetzlich geregelt: *Lei Geral do Trabalho em Funções Públicas* (LTFP) – *L* 35/2014 – DR Série I Nr. 117 vom 20.6. 2014, S. 3230–3304 zuletzt geändert: *L* 73/2017 – DR Série I Nr. 157 vom 16.8. 2017, S. 4715–4717.

211 Nach der Gesetzesbegründung sollte die in der Literatur vorhandene Diskussion um die Arbeitnehmerfähigkeit juristischer Personen mit Art. 11 CT beendet werden. – *Livro Branco das Relações Laborais* [„Weißbuch Arbeitsbeziehungen“ – Materialien des Arbeitsministeriums zur Begründung der Reform des CT] November 2007, S. 101.

212 Gesetz zur Regelung der Handelsgesellschaften – *Código das Sociedades Comerciais* (CSC): *DL* 262/86 – DR Série I Nr. 201 vom 2.9. 1986, S. 2293–2385 i.d.F. *DL* 89/2017 – DR Série I Nr. 145 vom 28.7. 2017, S. 4267–4271.

213 Ac. STJ 17.11. 2016 Proc. Nr. 394/10 (4.3).

aus (*monolítica empresa societária*)[214]. Daher erfasst der Begriff des Unternehmens alle möglichen Arbeitgebergestaltungen: individuelle natürliche Person, Handelsgenossenschaft oder Handelsgesellschaft[215]. An die Größe des Unternehmens werden für kleine Unternehmen (*microempresa / pequena empresa* – Art. 100 CT) teils Verfahrenserleichterungen geknüpft. Nach dem Gesetz sind folgende Unternehmensgrößen zu unterscheiden (Art. 100 Nr. 1 CT):

- Kleinstunternehmen oder kleines Unternehmen (bis zu 49 Arbeitnehmer)
- mittleres oder großes Unternehmen (ab 50 Arbeitnehmern)

Die maßgebliche Unternehmensgröße bestimmt sich nach der durchschnittlichen Arbeitnehmerzahl des Vorjahrs (Art. 100 Nr. 2 CT). In diese Berechnung sind nur die direkt angestellten Arbeitnehmer und keine Leiharbeitnehmer einzubeziehen (Art. 189 Nr. 2, 293 Nr. 1 CT).

Neben dieser Unterscheidung nach der Größe des Unternehmens ist eine genauere Analyse komplexer Unternehmensstrukturen erforderlich. Insbesondere ist für die Wirksamkeit zahlreicher kollektivrechtlicher Beteiligungsrechte jeweils die maßgebliche Organisationseinheit im Unternehmen zu ermitteln. Besonders ist auf die Problematik hinzuweisen, dass das Gesetz die Begriffe der „*empresa*" und des „*estabelecimento*" nicht konsequent verwendet und darüber hinaus teils mit diesen Begriffen die Organisationseinheit oder auch die juristische Person meint[216]. Die portugiesische Lehre differenziert hier zwei Fälle[217]:

- Das Unternehmen gliedert sich in mehrere autonome Betriebe (*empresa*), die mit eigenem Personal unabhängig produzieren und eigenen Geschäftsfeldern nachgehen.
- Das Unternehmen hat mehrere Betriebsstätten (*establecimentos*), die lediglich die Produktion dezentralisieren. Sie unterliegen einer einheitlichen Leitung. Es besteht keine gesonderte Buchhaltung, das Personal wird zentral eingestellt.

Neben der zentralen Organisationseinheit des Unternehmens bestehen faktisch auch „Betriebe" (*unidade operacional de uma empresa / estabelecimento*), definiert als Organisationseinheiten eines Unternehmens; und Konzerne (*grupo de empresas / consórcio*). Das Kündigungsschutzrecht knüpft daran jedoch keine Rechtsfolgen.

---

214 *Engrácia Antunes*, in FS Bernardo Xavier Vol. II, S. 291–315 (291); *Oliveira Carvalho*, in A reforma do CT, 437–460 (438).

215 *Paula Quintas/Helder Quintas*, Manual de Direito do Trabalho, S. 25; Handelsgenossenschaft (*cooperativa*): Art. 2 *L* 51/96 vom 7.9. 1996 – DR Série I-A Nr. 208, S. 3018–3032; Handelsgesellschaft: Art. 1 Nr. 2 CSC.

216 *Bernardo Xavier*, Despedimento Colectivo, S. 369.

217 Im Ergebnis so schon: *Bernardo Xavier*, Despedimento Colectivo, S. 368–371 (zu Vorgängernorm Art. 16 LCCT, Bezugspunkt der „*empresa*" blieb durch Reformen jedoch unverändert); *Oliveira Carvalho*, Da Dimensão da Empresa, S. 92, 93.

B. Kündigungserklärung

Die Kündigungserklärung sowohl des Arbeitgebers als auch des Arbeitnehmers ist eine einseitige Willenserklärung, welche[218]:

- gebunden (*vinculada*) ist, da der Eintritt der vertragsauflösenden Wirkung vom Vorliegen eines wichtigen Grundes abhängt
- rechtsgestaltend (*constitutiva*) ist, da die Erklärung grundsätzlich ohne weitere behördliche oder gerichtliche Bestätigung wirkt (Ausnahmen hierzu: Kündigung während Schwangerschaft / Elternzeit s. § 11 A II) und
- empfangsbedürftig (*receptícia*) ist.

Ihre Wirksamkeit hängt maßgeblich von der Kündigungsmotivation des Erklärenden (s. § 7 A, § 8) sowie von der Einhaltung der gesetzlichen Kündigungsverfahren ab (s. § 7 B, § 8). Der Grundsatz der beiderseitigen freien Kündbarkeit von Dauerschuldverhältnissen wird im Arbeitsrecht aufgrund des Unterordnungsverhältnisses und der Schutzwürdigkeit der schwächeren Partei nämlich durchbrochen[219]. Im Gegensatz zu einer „normalen" zivilrechtlichen Kündigung (*resolução do contrato*) entfaltet die arbeitsrechtliche daher weiter keine Rückwirkung (Art. 434 Nr. 2 CC).

I. Mündliche oder konkludente Kündigung

Eine Willenserklärung kann nach allgemeinen zivilrechtlichen Regeln ausdrücklich (*declaração negocial expressa*) oder konkludent (*declaração negocial tácita*) erfolgen (Art. 217 Nr. 1 CC). Dies gilt mangels expliziter Formvorschrift grundsätzlich auch im Arbeitsrecht. Die Rechtsprechung fordert hierfür eine konkludente Kündigung (*despedimento de facto / indireto*), dass:

- der Wille der Vertragsbeendigung durch den Arbeitgeber für einen normalen Erklärungsempfänger in der Lage des Arbeitnehmers (verobjektivierende Betrachtung) unmissverständlich zum Ausdruck gebracht wird
- der Arbeitnehmer von der konkludenten Erklärung Kenntnis erlangt[220]

---

218 Allgemeine Auffassung: *Martins Furtado,* Cessação do Contrato, S. 147, 148 und S. 571; *Bernardo Xavier,* Manual Trabalho, S. 725;
ständige Rechtsprechung – siehe etwa: Ac. TRL 8.2. 2017 Proc. Nr. 3197/15 (IV); Ac. TRP 16.1. 2017 Proc. Nr. 2311/14 (3.1); Ac. STJ 17.3. 2016 Proc. Nr. 1274/12 (III II) 2.2); Ac. STJ 13.9. 2006 Proc. Nr. 06S1547 (3);
zu Arbeitnehmerkündigung: Ac. STJ 8.5. 2002 Rechtsmittel Nr. 3662/01, AD XLII (2003) Nr. 493, S. 148–177 (149, 167); grundlegend zu Empfangsbedürftigkeit: Ac. STJ 18.3. 1998 Proc. Nr. 97S215.

219 So auch etwa ausdrücklich: *Cláudia Madaleno,* in FS *Bernardo Xavier* Vol. I, S. 509–563 (516).

220 Ac. STJ 17.3. 2016 Proc. Nr. 1274/12 (III II 2.2); Ac. TRP 16.1. 2017 Proc. Nr. 2311/14 (3.1); im Ergebnis ebenso schon: Ac. STJ 12.9. 2007 Proc. Nr. 07S1261 (3.3.1) oder Ac. STJ 13.9. 2006 Proc. Nr. 06S1547 (3).

Soweit ersichtlich wendet die Rechtsprechung diese Regelung streng an. Meist wird so eine konkludente Kündigung mangels Eindeutigkeit der Erklärung abgelehnt[221].

Die Lektüre der Regelungen der arbeitsrechtlichen Kündigungsverfahren zeigt jedoch, dass der Gesetzgeber für eine arbeitsrechtliche Kündigung jeweils eine schriftliche Erklärung vorgesehen hat[222]:

> *„A decisão deve (...) constar de documento escrito."*
>
> Etwa: *„Die Mitteilung der [Kündigungs]entscheidung muss (...) durch schriftliches Dokument erfolgen".*

Somit ist eine mündlich oder konkludent erklärte Kündigung, trotz Einhaltung der Rechtsprechungsvoraussetzungen, formell rechtswidrig (*ilícito*)[223]. Deren Rechtsfolgen variieren je nach Erklärendem.

1. Kündigungserklärung des Arbeitgebers

Diese formelle Rechtswidrigkeit führt nach portugiesischem Recht nicht zu ihrer Irrelevanz. Das CT wertet die Verletzung der Schriftform jeweils als schweren Verstoß gegen arbeitsgesetzliche Vorgaben[224]. Damit kann die zuständige Behörde ein Bußgeld (*coima*) verhängen[225]. Die allgemeine zivilrechtliche Nichtigkeitsfolge (Art. 219 CC) tritt aufgrund dieser spezielleren Regelung nicht ein. Die konkludente Kündigung entfaltet demnach trotz Formverstoßes rechtliche Wirkungen: Sie löst den Beginn der Klagefrist aus[226]. Folglich muss der Arbeitnehmer gegen eine solche konkludente Kündigung gerichtlich vorgehen, um die Kündigung für unwirksam (*inválido*) erklären zu lassen und seinen Arbeitsplatz zu behalten (s. § 13 B I und II).

---

221 So etwa: Ac. TRP 21.1. 2008 Proc. Nr. 0714796 (IV) – die Aussage des Arbeitgebers „er habe keine Arbeit" an einem Tag, an dem er einen früheren Arbeitsbeginn angeordnet hatte und allen anderen Arbeitnehmern Aufgaben zugewiesen hatte, wurde mangels Eindeutigkeit nicht als mündliche Kündigung akzeptiert;
ebenso zu uneindeutigem Schriftstück: Ac. STJ 22.10. 2008 Proc. Nr. 08S1034 (II 3).

222 So Art. 357 Nr. 5 CT; mit leicht abweichendem Wortlaut ebenso: Art. 371 Nr. 2, 378 Nr. 1 und 2, 363 Nr. 1 CT.

223 Ac. TRP 16.1. 2017 Proc. Nr. 2311/14 (3); *Martins Furtado,* Cessação do Contrato, S. 148.

224 Art. 357 Nr. 8, 371 Nr. 5, 378 Nr. 3, 363 Nr. 6 CT.

225 Zuständig: Behörde der Arbeitsbedingungen (*Autoridade para as condições do Trabalho*);
L 107/2009 – DR Série I Nr. 178 vom 14.9. 2009, S. 6255–6263 zuletzt geändert durch *L* 63/2013 – DR Série I Nr. 164 vom 27.8. 2013, S. 5168–5169.

226 *Martins Furtado,* Cessação do Contrato, S. 149.

2. *Kündigungserklärung des Arbeitnehmers*

Mangels spezieller gesetzlicher Regelung der Folgen eines Formverstoßes müsste die allgemeine zivilrechtliche Nichtigkeitsfolge greifen (Art. 219 CC). Eine mündliche oder konkludente Erklärung beendet das Arbeitsverhältnis folglich nicht.

a. Lösungsvorschläge

Die Literatur zieht dagegen für eine „außerordentliche" Arbeitnehmerkündigung (*resolução*) teils die Regelung der Rechtsfolgen des Fehlens des Kündigungsgrundes analog heran (Art. 399 CT)[227]. Folge ist die Auflösung des Arbeitsverhältnisses i.V.m. einem Entschädigungsanspruch des Arbeitgebers.

Die Lösung der höchstrichterlichen Rechtsprechung zur „ordentlichen" Arbeitnehmerkündigung (*denúncia*) ist erneut eine andere[228]:

> *Eine Analyse der arbeitsrechtlichen Regelungen zeige, dass das Gesetz nur dann die Schriftform fordere, wenn eine Verletzung der verfassungsrechtlichen Beschäftigungsgarantie (Art. 53 CRP) möglich erscheine. Dies könne bei einer freiwilligen einseitigen Kündigung des Arbeitnehmers aber nicht angenommen werden. Vielmehr stehe hier die Vertrags(lösungs)freiheit im Vordergrund. Folglich diene die Schriftform hier lediglich dem Nachweis der Kündigungsfrist.*

b. Wertende Stellungnahme

Die Lösung der Rechtsprechung bindet den Arbeitnehmer nicht weiter gegen seinen Willen an das Arbeitsverhältnis (Ausprägung der negativen Vertragsfreiheit). Ohne Einhaltung der Formvorschriften bleibt ihm jedoch eine eventuelle Abfindung verwehrt. Diese Lösung entspricht dem Willen des Gesetzes, wie ein Vergleich zu der Regelung der Arbeitsniederlegung (*abandono;* s. § 8 C III) zeigt, welche streng genommen nichts anderes als eine Fiktion einer konkludenten Kündigung darstellt.

II. Empfangsbedürftigkeit der Kündigungserklärung

Der Zugang des Kündigungsschreibens kann postalisch oder durch persönliche Übergabe erfolgen. Verweigert bzw. verhindert der Arbeitnehmer bewusst eine Zustellung, so gilt der Zugang bereits mit dem Zustellungsversuch als erfolgt[229].

Die Zulässigkeit eines einseitigen Widerrufs dieser Erklärung durch den Arbeitgeber erscheint fraglich. Die allgemeine an den Zugang anknüpfende Regel bezieht sich nur auf Vertragsangebote (Art. 230 Nr. 1 CC); dagegen knüpft die speziellere

---

227 *Martins Furtado*, Cessação do Contrato, S. 572; (s. § 8 C II).

228 Zusammenfassung gefestigter Rechtsprechung: Ac. STJ 20.2. 2008 Proc. Nr. 07S3529 (II); Ac. STJ 15.9. 2010 Proc. Nr. 293/07 (II 4.2); für CT: Ac. STJ 27.10. 2016 Proc. Nr. 808/09 (4.2.2).

229 Ac. STJ 25.2. 2009 Proc. Nr. 08S2461 (4.3).

Regelung des arbeitsrechtlichen Kündigungsrechts (Art. 357 Nr. 7 CT) an den Zeitpunkt der Wirkungsentfaltung der Kündigungserklärung an:

> *„(...) determina a cessação do contrato logo que chega ao poder do trabalhador ou é dele conhecida ou, ainda, quando só por culpa do trabalhador não foi por ele oportunamente recebida.“*
>
> Etwa: *„(...) verursacht die Vertragsbeendigung in dem Moment, in dem sie in den Machtbereich des Arbeitnehmers gelangt, von diesem zur Kenntnis genommen wird oder wenn allein aufgrund des Verschuldens des Arbeitnehmers dieser Zugang verhindert worden ist.“*

Gestützt auf eine Wortlautauslegung erscheint ein einseitiger Widerruf bis zu dem Zeitpunkt, in dem die Kündigungserklärung ihre Wirkung entfaltet, somit zulässig. Diese Norm des Kündigungsrechts (Art. 357 CT) betrifft jedoch nur die fristlose verhaltensbedingte Kündigung, bei der der Zeitpunkt des Zugangs und der des Wirksamwerdens der Kündigung zusammenfallen. Um eine systematisch überzeugende Regelung für alle Kündigungen zu finden, ist somit richtigerweise auf den Zugang abzustellen. Wegen der Empfangsbedürftigkeit der Kündigungserklärung nimmt die herrschende Lehre und ständige Rechtsprechung an, dass nach Zugang ein einseitiger Widerruf der Kündigung durch den Arbeitgeber nicht möglich ist[230]. Dies folgt aus der allgemeinen Zivilrechtlichen Regelung (Art. 230 Nr. 1 CC), welche im arbeitsrechtlichen Kündigungsschutzrecht mangels umfassender spezieller Regelung anzuwenden ist. Nachdem wie ausgeführt im Sonderfall der fristlosen Kündigung beide Zeitpunkte zusammenfallen, steht dem auch Art. 357 CT nicht entgegen.

Damit die Empfangsbedürftigkeit ihren Zweck erreicht, muss die Kündigungserklärung aus sich selbst heraus verständlich sein. Bei konkludenten Erklärungen darf die Interpretation folglich nur auf Grundlage der konkreten Situation erfolgen[231].

III. Weiterführende rechtsvergleichende Hinweise

Im deutschen Recht verhindert die ausdrückliche Regelung des § 623 BGB eine mündliche oder konkludente Kündigung. Eine solche Kündigung durch schlüssiges Verhalten ist grundsätzlich unwirksam. Schlüssiges Verhalten kann nur dann eine Kündigung darstellen, wenn dieses auch die Formerfordernisse wahrt – dies ist etwa bei Prozesshandlungen (Schriftsätzen) denkbar. Die Regelung des § 623 BGB erfasst ausdrücklich nicht nur die Kündigungen, sondern auch Aufhebungsverträge. Ziel der gesetzlichen Regelung der Schriftform von Kündigung und Aufhebungsvertrag ist einerseits die Rechtssicherheit andererseits der Schutz des strukturell

---

230 H.M.: Ac. STJ 17.3. 2016 Proc. Nr. 1274/12 (III, II 2.2); Ac. STJ 13.9. 2006 Proc. Nr. 06S1547 (3); Ac. TRP 14.3. 2011 Proc. Nr. 763/09 (2.); *Martins Furtado,* Cessação do Contrato, S. 151; so auch: *Martinez Romano,* Direito do Trabalho, S. 971, 972.

231 Ac. STJ 17.3. 2016 Proc. Nr. 216/14 (IV 4).

unterlegenen Arbeitnehmers. Aufhebungsverträge sind auch in Portugal üblich und unterliegen dort ebenfalls der zwingenden Schriftform (Art. 349 CT; s. § 4 C II).

Im Rahmen der kollektiv-betriebsbedingten Kündigung wird vertreten, dass die arbeitsrechtliche Kündigung eine „komplexe verfahrensrechtliche" Willenserklärung sei, da vor Ausspruch dieser Kündigung, den betroffenen Arbeitnehmern oder deren Arbeitnehmervertretung rechtliches Gehör zu gewähren sei (Art. 360 Nr. 1, 3 CT)[232]. Diese Voraussetzung der Gewährung des rechtlichen Gehörs ändert nichts an der Einseitigkeit der Kündigungserklärung. Der Arbeitgeber ist an eine eventuell abweichende Einschätzung der Arbeitnehmerseite nicht gebunden. Nachdem die Arbeitnehmerseite die Kündigung nicht ablehnen kann, ist sie auch im Rahmen der kollektiven Kündigung als einseitig einzuordnen.

§ 7 Kündigung durch den Arbeitgeber

Ausgangspunkt des Kündigungsschutzes ist die verfassungsrechtliche Beschäftigungssicherheit (Art. 53 CRP). Deren Ausprägung ist im gesamten Kündigungsrecht erkennbar (s. § 4 A II). Die Vertragsbeendigung durch den Arbeitgeber ist in Portugal infolgedessen nur in abschließend geregelten Fällen möglich. Bereits vor Ausspruch der Kündigung setzt der Kündigungsschutz auf zwei Ebenen an:

- Wahl der Gründe, unter denen eine Kündigung statthaft ist (materielle Voraussetzungen s. § 7 A)
- durch den Arbeitgeber einzuhaltendes Verfahren vor einem Kündigungsausspruch (formelle Voraussetzungen s. § 7 B)

Dabei kann die subjektive fristlose Kündigung (s. § 7 A I, § 7 B I) von den auf objektiven Gründen beruhenden, der Sphäre des Arbeitgebers zuzuordnenden und somit fristgebundenen Kündigungen unterschieden werden (s. § 7 A II, § 7 B II).

A. Kündigungsgründe (materielle Schranken)

Das portugiesische Recht fordert für jede Kündigung einen wichtigen Grund (*justa causa*). In der Vergangenheit wurden zeitweise nur subjektive Gründe als Rechtfertigung akzeptiert, da die Kündigung als stärkste Sanktion eines Arbeitnehmerfehlverhaltens aufgefasst wurde (s. § 3 B II). Das geltende Gesetz geht weiter. Neben den verhaltensbedingten Gründen sind auch objektive Gründe möglich. Die wichtigen Gründe, welche eine Arbeitgeberkündigung rechtfertigen können, sind weiterhin abschließend normiert[233]:

- verhaltensbedingt (*por facto imputável* – subjektiver Grund s. § 7 A I)
- kollektiv-betriebsbedingt (*coletivo* – objektiver Grund s. § 7 A II 1 b)

---

232 *Bernardo Xavier*, Despedimento Colectivo, S. 706.

233 Art. 340 lit. c-f CT i.V.m. Systematik des Arbeitsgesetzes Kapitel VII Abschnitt IV – Arbeitgeberkündigungen.

- individual-betriebsbedingt (*por extinção de posto de trabalho* – objektiver Grund s. § 7 A II 1 c)
- personenbedingt (*por inadaptação* – objektiver Grund s. § 7 A II 2)

I. Subjektive Kündigungsgründe – die „verhaltensbedingte" Kündigung (facto imputável – *Art. 351 ff. CT*)

Nach der Phase der Unterdrückung von Arbeitnehmerrechten unter Salazar stellte diese Art der Kündigung den Beginn einer anerkannten Kündigungsmöglichkeit des Arbeitgebers im Arbeitsrecht dar (zu historischen Hintergründen: § 3 B I 3). Das portugiesische Arbeitsrecht gestattete lange nur diese Form der Kündigung wegen schuldhaftem Verhalten. Sie ermöglicht es einen konkreten Arbeitnehmer wegen seines schuldhaften Verhaltens ohne Abfindung zu kündigen.

Das Disziplinarrecht und das Kündigungsrecht sind eng miteinander verbunden. Sie knüpfen beide an ein schuldhaftes Verhalten des Arbeitnehmers an. Aufgrund dieser Verknüpfung kann jede disziplinarische Maßnahme des Arbeitgebers erst nach der zwingenden Durchführung des Disziplinarverfahrens (Art. 329 CT) verhängt werden[234]. Mithin ist die verhaltensbedingte Kündigung des Arbeitnehmers gleichzeitig die schwerste bestehende Disziplinarmaßnahme (*sanção disciplinar* – Art. 328 Nr. 1 lit. f CT; s. § 7 B I 1).

Im Rahmen der „verhaltensbedingten" Kündigung hat der Gesetzgeber den insbesondere verfassungsrechtlich (Art. 53 CRP) maßgeblichen unbestimmten Rechtsbegriff des „wichtigen Grundes" bereits durch Art. 9 Nr. 1 LCCT[235] konkretisiert. Diese Definition hat weiterhin Gültigkeit. So formuliert Art. 351 Nr. 1 CT:

> *„(...) comportamento culposo do trabalhador que, pela sua gravidade e consequências, torne imediata e praticamente impossível a subsistência da relação de trabalho."*
>
> Etwa: *„(...) schuldhaftes Verhalten des Arbeitnehmers, welches wegen seiner Schwere und [seinen] Folgen die Aufrechterhaltung des Arbeitsverhältnisses sofort und tatsächlich unmöglich* [hier eher im Sinne von: unzumutbar][236] *macht."*

Neben den zwei aus dem Gesetz (Art. 351 Nr. 1 CT) ausdrücklich folgenden Voraussetzungen hat die Rechtsprechung eine weitere entwickelt, welche aus der grammatikalischen Verbindung *„que, pela – wodurch"* der beiden ersten Voraussetzungen folgt[237]. Die Voraussetzungen müssen kumulativ vorliegen:

---

234 Davon befreit auch ein Strafverfahren nicht: Ac. STJ 4.12. 1991 Proc. Nr. 003152.

235 Zu der Begrifflichkeit des „wichtigen Grundes" siehe auch: § 4 A; *DL* 64-A/89 (s. § 3 B III 1).

236 Ergänzung durch Verfasserin: Statt technischer Unmöglichkeit liegt vielmehr eine Bezugnahme auf sozial anerkannte Verhaltensweisen vor. So auch zu Vorgängernorm: *Menezes Cordeiro,* Manual Trabalho, S. 823.

237 Ständige Rechtsprechung, statt vieler: Ac. STJ 11.5. 1994 Proc. Nr. 003887 BMJ Nr. 437 (1994), S. 335–341(339); Ac. STJ 7.5. 2008 Proc. Nr. 07S4478 (3.2.1 zu CT 03);

- schuldhaftes Verhalten (*comportamento culposo*) des Arbeitnehmers (subjektives Element)
- welches aufgrund seiner Schwere und seinen Folgen eine Vertragsfortführung unmittelbar unzumutbar erscheinen lässt (objektives Element)
- Kausalität beider Elemente

Bevor etwas detaillierter auf diese Merkmale eingegangen wird, sei hier auf die gefestigte einheitliche Rechtsprechung des Obersten Zivilgerichts[238] zur Auslegung des „wichtigen Grundes" hingewiesen[239]:

> *„a determinação em concreto da justa causa resolve-se pela ponderação de todos os interesses em presença (intensidade da culpa, gravidade e consequências do comportamento, grau de lesão dos interesses do empregador, carácter das relações entre as partes), face à situação de facto que a gerou."*

> Etwa: *„die Prüfung des Vorliegens eines konkreten, wichtigen Grundes [der Kündigung] hat mittels einer Abwägung aller bestehender Interessen des Sachverhalts (Verschuldensgrad, Schwere und Folgen des schuldhaften Verhaltens, Grad der Verletzung der Arbeitgeberinteressen, Art der Beziehung zwischen den Parteien) zu erfolgen."*

Im Rahmen der Auslegung des wichtigen Grundes ist demnach eine Interessenabwägung vorzunehmen. Diese hat nach ständiger Rechtsprechung immer fallbezogen anhand objektiver Kriterien nach dem Maßstab eines objektiven dritten Arbeitgebers zu erfolgen[240]. Dabei überwiegt der Vorrang der Vertragsauflösung, wenn ein Vertrauensbruch besteht, der dazu führt, dass objektiv Zweifel an dem ordnungsgemäßen weiteren Verhalten des Arbeitnehmers im Arbeitsverhältnis und bei seiner Pflichterfüllung berechtigt erscheinen[241]. Damit wird klar, dass der Begriff des wichtigen Grundes, wie er in Art. 351 CT enthalten ist, deutlich enger ist, als dessen verfassungsrechtlicher Ursprung (Art. 53 CRP)[242].

Ac. STJ 22.2. 2017 Proc. Nr. 4614/14 (III 1); Ac. TRP 13.3. 2017 Proc. Nr. 1668/16 (IV 3); Ac. STJ 3.10. 2007 Proc. Nr. 07S1796 (IV 4.3 zu CT 03); Ac. STJ 25.2. 2009 Proc. Nr. 08S2461 (4.4 zu CT 03).

238 Das Arbeitsrecht untersteht verfahrensrechtlich der Zivilgerichtsbarkeit; s. § 13.

239 Ac. STJ 12.9. 2012 Proc. Nr. 492/08 (II 3.1); Ac. STJ 5.7. 2012 Proc. Nr. 3309/10 (II 3.1); () Ergänzung aus anderer Stelle dieser Urteile, [] Ergänzung durch Verfasserin; bestätigend: Ac. STJ 18.5. 2017 Proc. Nr. 4305/15 (IV B 3.2); Ac. STJ 15.9. 2016 Proc. Nr. 14633/14 (III II) D 4.2).

240 Ständige Rechtsprechung: Ac. STJ 8.6. 1984 Rechtsmittel Nr. 719, AD XXIII (1984) Nr. 274 S. 1205–1215 (1212, 1213, 1215); Ac. STJ 18.4. 2007 Proc. Nr. 06S4278; Ac. STJ 22.2. 2017 Proc. Nr. 992/15 (IV); Ac. TRL 31.5. 2017 Proc. Nr. 9444/16 (4.2).

241 Ac. STJ 15.9. 2016 Proc. Nr. 14633/14 (III II D 4.2).

242 So bereits: Ac. TC 64/91 vom 4.4. 1991 in DR Série I-A Nr. 84 vom 11.4. 1991, S. 1978(2)-1978(29).

1. *Schuldhaftes Verhalten* (comportamento culposo)

Der unbestimmte Rechtsbegriff des „schuldhaften Verhaltens“ erfasst die rechtswidrige und beanstandungsfähige Verletzung von Rechten und Pflichten, welche in der endgültigen Nichtleistung, dem Verzug oder der Schlechtleistung liegen kann[243]. Das schuldhafte Verhalten kann in einem Tun oder Unterlassen bestehen. Der Begriff der „Schuld“ beinhaltet dabei Vorsatz (*dolo*) und Fahrlässigkeit (*negligência*). Wobei die Beurteilung der Schuld verobjektiviert am Maßstab eines in dieser Situation befindlichen, besonnen handelnden, objektiven Dritten erfolgen muss (Art. 487 Nr. 2 CC)[244].

Die Frage, wann konkret eine Verletzung von Rechten und Pflichten vorliegt, lässt sich nicht abstrakt beantworten. Für die Antwort ist die Situation des konkreten Arbeitsverhältnisses, insbesondere die vertraglich festgelegten Rechte und Pflichten des Arbeitnehmers, zu berücksichtigen. Ein schuldhaftes Verhalten setzt so ein Abweichen des Verhaltens von der, für den konkreten Arbeitnehmer zu erwartenden, üblichen Sorgfalt voraus[245]. Häufig wird diese Sorgfaltspflicht konkretisiert. Diese Konkretisierung der Sorgfalt erfolgt in Portugal in kollektivrechtlichen Regelwerken, welche oft ausdrückliche, detaillierte Bestimmungen für den jeweiligen Arbeitsplatz enthalten (s. § 3 C III)[246].

2. *Schwere des schuldhaften Verhaltens*

Allerdings berechtigt nicht jedes schuldhafte Verhalten zu einer Kündigung. Dies formuliert das Gesetz deutlich, indem es fordert, dass durch die Schwere des Verhaltens an sich oder durch seine Folgen, die Fortführung des Arbeitsverhältnisses unzumutbar wird. Diese Schranke bedarf weiterer Konkretisierung.

Wegen des verfassungsrechtlichen Beschäftigungsschutzes (Art. 53 CRP) ist das Merkmal der „Schwere des schuldhaften Verhaltens“ objektiv-normativ zu verstehen[247]. Nachdem ein rein subjektiver Maßstab willkürliche Kündigungen des Arbeitgebers ermöglichen würde, ist dies zwingend. Die Kündigung muss hier ebenfalls Ultima Ratio sein. Daher ist nach der Rechtsprechung die Schwere des schuldhaften Verhaltens verobjektiviert anhand der Kriterien eines objektiven Dritten (*bonus*

---

243 *Romano Martinez*, Cessação do Contrato, S. 426; *Rosário Palma Ramalho*, Tratado Parte II, S. 805.

244 Ständige Rechtsprechung: Ac. STJ 7.3. 1986 BMJ 355 (1986), S. 260–267 (265); Ac. STJ 25.2. 2009 Proc. Nr. 08S2461 (4.4).
Der „objektive Dritte“ wird in der portugiesischen Lehre als „guter Familienvater“ (*bom pai de família*, häufig auch: *bonus pater familias*) bezeichnet.

245 *Leal Amado*, Contrato de Trabalho, S. 370, 371; ebenso: *Romano Martinez*, Cessação do Contrato, S. 426; Ac. TRL 22.3. 2017 Proc. Nr. 32983/15 (E3).

246 *Rosário Palma Ramalho*, Tratado Parte II, S. 811.

247 Ac. TRL 22.3. 2017 Proc. Nr. 32983/15 unter Verweis auf: *Jorge Leite*, Coletânea de Leis do Trabalho, S. 250; im Ergebnis ebenso: Ac. STJ 22.2. 2017 Proc. Nr. 992/15 (IV).

pater familias) und eines vernünftig handelnden Arbeitgebers (*empregador razoável*) zu beurteilen[248]. Diese Prüfung ist zweistufig vorzunehmen[249]:

- Verhalten des Arbeitnehmers ist an sich als schwer einzustufen (*apreciar globalmente*)
- Kausalität dieses Verhaltens für Unzumutbarkeit der Vertragsfortführung

Wegen der Berücksichtigung aller Begleitumstände des schuldhaften Verhaltens, wie etwa des Maßes der Beeinträchtigung von Arbeitgeberinteressen, kann dieselbe Handlung hinsichtlich ihrer Schwere von Fall zu Fall sehr verschieden zu bewerten sein. Zu berücksichtigende können insbesondere folgende Aspekte sein[250]:

- Bräuche oder moralische Werte (normative)
- tatsächliche Zeit und Umstände der Handlung / Stellung des Arbeitnehmers im Unternehmen
- Auswirkungen auf den Arbeitgeber / das Unternehmen

Unter ausschlaggebender Berücksichtigung der Auswirkungen des schuldhaften Verhaltens auf den Arbeitgeber kippte das Oberste Zivilgericht Portugals eine verhaltensbedingte Kündigung. Der betroffene Arbeitnehmer hatte durch Arbeitseinteilung außerhalb der eigentlichen Arbeitszeiten der Kollegen Ruhezeiten verletzt:

> *Dieses Verhalten sei zwar rechtswidrig und schuldhaft, da es Treuepflichten gegenüber dem Arbeitgeber verletze (Art. 128 Nr. 1 CT) und fehlende Wertschätzung anderer Arbeitnehmer zeige, jedoch nicht hinreichend schwer, um die Fortführung des Arbeitsverhältnisses künftig unzumutbar zu machen*[251].

3. *Kausale Unzumutbarkeit der Vertragsfortführung*

Um Unbilligkeiten zu vermeiden, ist weiter, wie dieses Urteil zeigt, in jedem Einzelfall neben der Schwere des schuldhaften Verhaltens, dessen konkrete Auswirkung auf die Arbeitsbeziehung zu prüfen (Art. 351 Nr. 3, Nr. 1 HS 2 CT). Systematisch liegt eine, auf den Grundsätzen der Beschäftigungsgarantie (Art. 53 CRP) beruhende, Einschränkung des Kündigungsrechts vor[252]. Diese besteht aus zwei Elementen[253]:

- Berücksichtigung der gesetzlich genannten Kriterien der Billigkeit und Erforderlichkeit (*razoabilidade e exigibilidade* – Art. 351 Nr. 3 CT)

---

248 Siehe: Ac. STJ 26.3. 2008 Proc. Nr. 50/07, CJ – STJ XVI 2008 T. I, S. 295–301 (297); zu Schuld § 7 A I 1.

249 *Bernardo Xavier*, Manual Trabalho, S. 742; ebenso jüngst: Ac. STJ 7.4. 2016 Proc. Nr. 1084/13.

250 *Furtado Martins*, Cessação do Contrato, S. 169.

251 Ac. STJ 28.1. 2016 Proc. Nr. 1715/12 (IV 2).

252 So auch: *Romano Martinez*, QL 2011, 107–128 (113).

253 Zur Anwendung dieser Billigkeits- und Verhältnismäßigkeitsprüfung im Rahmen einer Kündigung: Ac. STJ 21.4. 2016 Proc. Nr. 299/14 (III).

- Vornahme der im Disziplinarverfahren vorgesehenen Verhältnismäßigkeitsprüfung (*proporcionalidade* – Art. 330 Nr. 1 CT)

Im Kern wird die Vertragsauflösung durch auf schuldhaftem Verhalten beruhenden Vertrauensverlust, d.h. einer Störung des Arbeitsverhältnisses, gerechtfertigt[254]. Ein solcher absoluter Vertrauensverlust liegt vor, wenn der Arbeitsbeziehung jegliche zwischenmenschliche Grundlage fehlt und der Arbeitgeber berechtigte, ernsthafte Zweifel an der persönlichen Eignung des Arbeitnehmers zur Arbeitserfüllung hat[255]. Fälle eines solchen Vertrauensverlusts können vielfältig sein[256]. Um die Vertragsbeendigung zu rechtfertigen, muss die Schwere des Verhaltens jedenfalls kausal die Unzumutbarkeit der Fortführung des Arbeitsverhältnisses bewirken:

> Art. 351 Nr. 1 CT: *„(...) führt zur sofortigen und tatsächlichen Unzumutbarkeit der Vertragsfortführung."*

Das schuldhafte Verhalten muss so das künftige Vertrauen des Arbeitgebers in den Arbeitnehmer negativ beeinflussen[257]. Strittig ist wann eine solche Unzumutbarkeit der Fortführung des Arbeitsverhältnisses anzunehmen ist. Eine Ansicht legt den Fokus auf das erfolgte schuldhafte Verhalten. Allein dessen Schwere sei maßgeblich für die Beurteilung, ob die Fortführung des Arbeitsverhältnisses unzumutbar ist[258]. Andere halten dagegen die Vornahme einer Prognose für nötig. Über eine Abwägung der Interessen sei festzustellen, ob die Fortführung des Arbeitsverhältnisses objektiv als unzumutbar angesehen werden kann[259]. Letzterer Ansicht hat sich die höchstrichterliche Rechtsprechung angeschlossen, welche ebenfalls eine Prognose der Unzumutbarkeit fordert: Dabei sei die Auswirkung des schuldhaften Verhaltens und des Ergebnisses der Interessenabwägung auf den Fortbestand des Arbeitsverhältnisses zu untersuchen[260].

In einer Entscheidung des Obersten Gerichtshofs aus 2008[261] werden zwei allgemein gültige Aspekte deutlich:

- Feststellung eines schuldhaften Verhaltens genügt zur Rechtfertigung der verhaltensbedingten Kündigung allein nicht

---

254 *Menezes Cordeiro,* Manual Trabalho, S. 826, 828, 829; *Monteiro Fernandes*, Direito do Trabalho, S. 586.
255 Ac. TRP 13.2. 2017 Proc. Nr. 7526/15 (IV 3).
256 *Bernardo Xavier*, Manual de Direito, S. 738.
257 Jüngst etwa: Ac. TRL 22.3. 2017 Proc. Nr. 32983/15 (E3); *Furtado Martins,* Cessação do Contrato, S. 168.
258 *Júlio Gomes*, Direito do Trabalho, Vol. I, S. 953.
259 *Monteiro Fernandes*, Direito do Trabalho, S. 586.
260 Ständige Rechtsprechung: Ac. STJ 5.6. 1991 Rechtsmittel Nr. 2772, AD XXX (1991) Nr. 359, S. 1306–1313 (1312, 1313); im Ergebnis ebenso: Ac. STJ 1.2. 2001 Rechtsmittel Nr. 3317/00, CJ – STJ IX 2000 T. I, S. 286–288 (287); Ac. STJ 28.1. 2016 Proc. Nr. 1715/12 (IV 2).
261 Ac. STJ 12.11. 2008 Proc. Nr. 08S1297 (II 2, 4).

- Annahme der stärksten Sanktion der Vertragsbeendigung erfolgt äußerst restriktiv

„(...) ainda necessário que, apreciado que seja o desrespeito de um ponto de vista objectivo e iluminado por uma perspectiva de proporcionalidade dos interesses em causa (...). A sanção expulsiva deve ser reservada a situações extremas em que não seja razoavelmente equacionável a aplicação de uma qualquer outra sanção conservatória. (...)"

Etwa: *„(...) Das schuldhafte Verhalten müsse unter verhältnismäßiger Abwägung aller betroffenen Interessen von einem objektiven Standpunkt aus beurteilt werden. (...) Die Sanktion der Vertragsbeendigung müsse Extremsituationen vorbehalten bleiben, bei welchen keine anderweitige Sanktion angebracht erscheinen kann. (...)"*

Die Abwägung des Gerichts kam übrigens zu dem Schluss, dass eine dreitägige Unterbringung einer wegen Schwäche bewegungsunfähigen Katze im Umkleideraum eines Lebensmittelladens diese höchste Sanktion nicht rechtfertige. *Leal Amado* zieht aus diesem Urteil den Schluss, dass eine allgemeingültige Aufstellung von, eine Kündigung rechtfertigender Verhaltensweisen des Arbeitnehmers nach aktueller Rechtsanwendung nicht möglich sei; Letztlich nehme die Rechtsprechung immer eine Einzelfallabwägung vor[262]. Trotz erheblicher Verstöße gegen mehrere Regeln ist nach Auffassung des Gerichts stark zugunsten der Arbeitnehmerin zu berücksichtigen, dass sie keine ausdrücklichen Weisungen des Arbeitgebers missachtet hatte.

Dieses Einfallstor einer freien Wertung des Einzelfalls ermöglicht dem Gericht nahezu jedes Ergebnis. Kein vernünftiger Arbeitgeber wird neben strengen Hygieneregeln Hinweise zum Einfangen streunender Katzen durch Arbeitnehmer für erforderlich halten. Dies kann zudem letztlich nicht zu fordern sein. Vielmehr steht dieses Urteil exemplarisch für die häufig anzutreffende „Gesinnungsrechtsprechung". Basierend auf dem Gedanken der „armen Arbeitnehmerin" werden soziale und ethische Aspekte in der Interessenabwägung stärker gewichtet als arbeitsrechtliche Pflichtverstöße.

Dagegen kann schon ein einmaliger Pflichtverstoß die Fortführung der Arbeitsbeziehung unzumutbar machen, etwa, wenn sich der Arbeitnehmer in einer verantwortungsvollen Stellung befindet. Bejaht wurde ein solcher Fall bei einem medizinischen Krankenhausangestellten, welcher sich bewusst weigerte einem gestürzten Patienten zu helfen[263]. Die Vertrauensbeziehung wurde ebenso in einem Fall, in welchem eine Angestellte mit Bankvollmacht zwei unberechtigte Überweisungen doppelten und deutlich zu hohen Gehalts an andere Arbeitnehmer veranlasst hatte, als unwiederbringlich zerstört erachtet[264].

Wegen der globalen Betrachtung der Schwere des schuldhaften Verhaltens und der Maßgeblichkeit des Vertrauensverlusts steht ein geringer Schaden einer

---

262 *Leal Amado*, QL 2008, 259–262 (260).
263 Ac. TRL 11.1 2017 Proc. Nr. 32485/15 (III K).
264 Ac. STJ 22.2. 2017 Proc. Nr. 992/15 (IV).

Kündigung nicht zwingend entgegen. So stellte das Berufungsgericht Portos ausdrücklich fest, dass es im Rahmen einer Unterschlagung von bei einem Busfahrer gezahlten Fahrgeldern durch diesen nicht auf die Höhe des entstandenen Schadens ankomme[265]:

> *„Die spätere Ausgleichung des Schadens stehe einer Kündigung nicht entgegen. Maßgeblich sei der Vertrauensverlust, welcher einen Fortbestand des Arbeitsverhältnisses unzumutbar mache".*

Liegt zwar ein schuldhaftes Verhalten des Arbeitnehmers vor, erreicht dieses aus Gründen der Verhältnismäßigkeit aber nicht die erforderliche Schwere, um eine Kündigung zu rechtfertigen, kann der Arbeitgeber dieses schuldhafte Verhalten mit einer Disziplinarmaßnahme sanktionieren (Art. 330 CT). Eine Verpflichtung zur vorherigen Abmahnung des Arbeitnehmers ist dem portugiesischen Recht unbekannt. Wegen des Ineinandergreifens der Sanktionsmaßnahmen des Disziplinarverfahrens mit der stärksten Sanktion der Kündigung können frühere unterschwellige Sanktionen bei der Beurteilung der Schwere des Verhaltens belastend berücksichtigt werden. Zumindest dann, wenn die Disziplinarmaßnahmen in ähnlich gelagerten Fällen, wie dem Anlass der Kündigung, und in engem zeitlichen Zusammenhang erfolgt sind[266].

Die arbeitsrechtliche Bewertung des schuldhaften Verhaltens ist streng von der strafrechtlichen zu trennen. Rückschlüsse aus einem strafrechtlichen Verfahren auf das Vorliegen eines Kündigungsgrunds sind wegen der verschiedenen Zielsetzung beider Verfahren nicht statthaft[267]. Verursacht eine strafbare Handlung keine Auswirkungen auf den Arbeitsbereich und sind solche künftig nicht zu erwarten, kann sie keine verhaltensbedingte Kündigung rechtfertigen[268]. Umgekehrt kann ein straffreies Verhalten Pflichten des Arbeitsverhältnisses schwerwiegend verletzen und so eine Kündigung rechtfertigen[269].

Weiter ist zu berücksichtigen, dass die Privatsphäre des Arbeitnehmers besonders (Art. 26, 18 CRP, Art. 80 CC) geschützt wird[270]. Sofern keine Verpflichtung des Arbeitnehmers besteht bestimmte Vorbereitungen für die Tätigkeit sicherzustellen

---

265 Ac. TRP 13.3. 2017 Proc. Nr. 1668/16.

266 Wegen zwei früheren Disziplinarverfahren mit ähnlicher Ursache wurde der wichtige Grund bejaht: Ac. STJ 15.9. 2016 Proc. Nr. 14633/14 (III II D 5.2); mildernde Berücksichtigung fehlender Disziplinarverstöße bei langer Betriebszugehörigkeit: Ac. TRL 8.2. 2017 Proc. Nr. 280/14; enger zeitlicher Zusammenhang wurde bei vier und fünf Jahren zurückliegender Disziplinarverfahren abgelehnt: Ac. TRL 22.3. 2017 Proc. Nr. 32983/15.

267 *Abílio Neto*, CT, Art. 351, Rn. L9 unter Verweis auf (nicht nachvollziehbar): Ac. STJ 26.2. 2003 Proc. Nr. 1198/02–4.

268 So etwa im Fall einer Verurteilung wegen Beleidigung: Ac. TRC 15.4. 1993 Proc. Nr. 8/93 BMJ Nr. 426 (1993), S. 536 (Leitsatz).

269 Ac. TRL 17.10. 1990 Rechtsmittel Nr. 6366, CJ 1990 T 4, S. 197–199.

270 *Rosário Palma Ramalho*, QL Nr. 42, 2013, 580–596 (584, 585).

(z.B. Pilot, Berufssportler) wird dies streng gehandhabt[271]. Der Arbeitgeber kann so grundsätzlich keine Kündigung auf außerhalb der Arbeitsleistung liegendes Arbeitnehmerverhalten stützen. Dennoch unterliegt der Arbeitnehmer außerhalb des Kernbereichs der Arbeitsleistung gewissen Loyalitäts- und Rücksichtnahmepflichten gegenüber dem Arbeitgeber (Art. 128 Nr. 1 CT). Bei direkten Auswirkungen des Verhaltens auf das Arbeitsverhältnis kann daher unter besonderem Begründungsaufwand eine disziplinarrechtliche Relevanz bestehen, welche zur kausalen Unzumutbarkeit des Fortbestands des Arbeitsverhältnisses führt[272]. Nach portugiesischem Recht ist unter diesen Auswirkungen auf das Arbeitsverhältnis nicht zwingend eine bezifferbare Schädigung zu verstehen. Diese weite Anknüpfung an einen Vertrauensverlust ist als Ausgleich für den starken Kündigungsschutz zu verstehen. Fällt die Interessenabwägung zu Gunsten des Arbeitgebers aus, wird ihm dadurch in engen Grenzen eine Vertragsbeendigung ermöglicht[273].

Die Effektivität des Rechtsschutzes hängt zudem erheblich von der Beweislast ab. Nach den allgemeinen Beweislastregeln trifft den Arbeitgeber die Beweislast für das Vorliegen der eben dargestellten Voraussetzungen (Beweislastverteilung: § 13 B I 4)[274]. Der Beweis des Vorliegens eines in Nr. 2 aufgezählten Verhaltens indiziert jedoch die *„justa causa“* der Kündigung nach Art. 351 Nr. 1 CT[275]. Der Arbeitnehmer kann dieses Indiz – wenngleich extrem schwer – widerlegen.

4. Regelbeispiele schuldhaften Verhaltens

Über den Grundtatbestand einer verhaltensbedingten Kündigung hinaus sieht das Gesetz nicht abschließende Regelbeispiele schuldhaften Verhaltens vor (Art. 351 Nr. 2 CT)[276]. Der Gesetzgeber geht davon aus, dass in diesen Fällen die Prüfung der Voraussetzungen des Grundtatbestands sehr wahrscheinlich zur Annahme eines wichtigen Grundes führen. Allerdings genügt das Vorliegen eines dieser Beispiele allein nicht. Vielmehr müssen in diesen Fällen gleichermaßen die Voraussetzungen des Grundtatbestandes (schuldhaftes Verhalten, das kausal wegen seiner Schwere zur Unzumutbarkeit der Vertragsfortführung führt) vorliegen[277].

Ein, ein Regelbeispiel erfüllendes Verhalten, des Arbeitnehmers kann die Verletzung einer gesetzlichen respektive einer rechtsgeschäftlichen Haupt- (Art. 351

---

271 *Leote Nobre*, ROA 2008, 924–957 (948).

272 *João Abrantes*, in in Estudos sobre o CT, S. 145–167 (162); *Leote Nobre*, ROA 2008, 924–957 (932, 933); *Rosário Palma Ramalho*, QL Nr. 42, 2013, 580–596 (586).

273 *Leote Nobre*, ROA 2008, 924–957 (930).

274 Ac. STJ 22.2. 2017 Proc. Nr. 992/15 (IV); Ac. STJ 21.2. 2006 Proc. Nr. 05S3738 (II 2.1).

275 *Romano Martinez*, Direito do Trabalho, S. 982, 983.

276 So auch die h.M. m.w.N: *Abílio Neto*, CT, Art. 351, Rn. 3; *Romano Martinez*, Direito do Trabalho, S. 986.

277 Allg. Ansicht: Ac. STJ 25.6. 2008 Proc. Nr. 08S835; Ac. TRL 22.3. 2017 Proc. Nr. 32983/15 (E3); *Monteiro Fernandes*, Direito do Trabalho, S. 587; *Furtado Martins*, Cessação do Contrato, S. 172; *Leal Amado*, Contrato de Trabalho, S. 370; *Júlio Gomes*, Direito do Trabalho Vol. I, S. 958, 959.

Nr. 2 lit. d, 128 Nr. 1 lit. c CT) oder Nebenleistungspflicht (Art. 128 Nr. 1 lit. a, g CT) sein. Das schuldhafte Verhalten kann sowohl in einer Verletzung einer Primärpflicht während der Arbeit als auch in einer, aus dem Grundsatz von Treu und Glauben abzuleitenden, Nebenpflicht außerhalb der vertraglichen Hauptleistung beruhen[278]. Um ein Gefühl für diesen nicht abschließenden („*nomeadamente*" – insbesondere) Regelbeispielkatalog zu bekommen[279], lohnt ein exemplarischer Blick auf einige neuere höchstrichterliche Urteile:

- Weigerung einer Arbeitgeberanweisung Folge zu leisten: Einmaliges, ausdrückliches Verweigern einer berechtigten Arbeitgeberanweisung wurde selbst bei bisher beanstandungslosem Arbeitsverhältnis als Kündigungsgrund akzeptiert; ebenso bei wiederholter unbegründeter Aufgabenverweigerung [280].
- Zahlreiche Entscheidungen ergehen regelmäßig zu der Treuepflichtverletzung (*lealdade*) als arbeitsrechtliche Ausprägung des Grundsatzes von Treu und Glauben (Art. 126 CT, Art. 762 Nr. 2 CC): Verstoß gegen Nutzungsbedingungen von Mitarbeiterflugrabatten, Wettbewerbsverstöße durch Arbeitnehmer[281] oder die Erschleichung von Erleichterungen (Anwesenheitspflicht, Pünktlichkeit) durch das Vortäuschen einer schweren Erkrankung (Krebs)[282].
- Eine große Rolle im Rahmen des schuldhaften Verhaltens spielen unentschuldigte Fehlzeiten: Selbstbeurlaubung wegen fehlerhafter Sonderurlaubsberechnung (z.B. Heirat) rechtfertigt keine Kündigung[283]; dagegen kann sowohl Untersuchungshaft als auch Strafhaft Fehlzeiten begründen, welche eine Kündigung rechtfertigen[284].

---

278 Beispiele aus Rechtsprechung für Bejahung einer Nebenpflichtverletzungen außerhalb der normalen Arbeitszeit, welche die Kündigung rechtfertigt: Ac. TRP. 22.1. 1990 Proc. Nr. 0123601, CJ XV 1990 T. I S. 274–275 (Körperverletzung von Kollege in Freizeit); Ac. STJ 7.12. 1994 Proc. Nr. 004102 und Ac. STJ 11.5. 1994 Proc. Nr. 003887 BMJ Nr. 437 (1994) S. 335–341 (339,340) (betrunkener Pilot); Ac. TRÉ 12.6. 1991 Rechtsmittel Nr. 190, CJ XVI 1991 T. III, S. 315–316 (316) (Nachtwächter wegen Helerei verurteilt); Ac. TRL 15.12. 1999 Rechtsmittel Nr. 6517/4/99 CJ XXIV 1999 T. V S. 169–172 (170) (Flughafenangestellter als Diamantenschmuggler);
Beispiele für fehlgeschlagene Kündigung: Marihuanagärtner neben Betriebsgelände aber kein Nachweis, dass während Arbeitszeit –: Ac. TRL 6.6. 2001 Proc. Nr. 0047524, CJ XXVI 2001, T. III S. 173–175 (174).

279 Ac. STJ 7.5. 2008 Proc. Nr. 07S4478.

280 Z.B. 1: Ac. STJ 27.11. 2007 Proc. Nr. 07S2879; z.B. 2: Ac. STJ 27.4. 2017 Proc. Nr. 2845/13.

281 Z.B. 1: Ac. STJ 13.12. 2007 Proc. Nr. 07S3526; z.B. 2: Ac. STJ 3.10. 2007 Proc. Nr. 07S1796.

282 Ac. TRP 13.2. 2017 Proc. Nr. 7526/15.

283 Ac. STJ 31.10. 2007 Proc. Nr. 07S2885.

284 Ac. STJ 4.6. 2008 Proc. Nr. 08S601; ebenso grundlegend: *Leote Nobre*, ROA 2008, 924–957 (942, 943).

Im Rahmen der Fehlzeiten ist zu beachten, dass die rein auf der Anzahl der Fehltage beruhende Kündigung kalenderjahrbezogen (*ano civil* – Art. 351 Nr. 2 lit. g CT) ist. Damit beginnt die Kündigungsfrist nach Ablauf des maßgeblichen Kalenderjahrs[285].

Die Rechtsfigur des „wichtigen Grundes" bleibt trotz der Regelbeispiele (Art. 351 Nr. 2 CT) schwer greifbar. Dem versucht die portugiesische Rechtsprechung mit weiteren Konkretisierungen, wie dem Vertrauensbruch, bei dessen Vorliegen ein „wichtiger Grund" für die Auflösung des Arbeitsverhältnisses zu bejahen sei, beizukommen. Dabei ist zu beachten, dass der Begriff des wichtigen Grundes im Rahmen der verhaltensbedingten Kündigung eng zu verstehen ist, sodass keine objektiven Kündigungsgründe erfasst werden[286].

II. Objektive Kündigungsgründe

Die Existenz und Zulässigkeit objektiver Kündigungsgründe neben dem Grund der kollektiv-betriebsbedingten Kündigung war lange höchst umstritten. Nach verfassungsgerichtlicher Klärung und entsprechend dem geltenden Arbeitsgesetz sind unter diesen Begriff heute alle Gründe zu fassen, bei denen die Kündigung nicht von einem schuldhaften Verhalten des Arbeitnehmers abhängt[287]. Diese können der Sphäre des Arbeitgebers zuzurechnen sein (betriebsbedingte s. § 7 A II 2) oder in der Person des Arbeitnehmers angelegt sein (personenbedingte s. § 7 A II 1).

1. Betriebsbedingte Kündigung

Das portugiesische Recht kennt zwei Varianten der betriebsbedingten Kündigung:

- die individual-betriebsbedingte (Art. 367 CT; s. § 7 A II 1 c)
- die kollektiv-betriebsbedingte (Art. 359 CT; s. § 7 A II 1 b)

Trotz ihrer systematischen Trennung im Gesetz (Art. 340 lit. d und e, 359 ff., 367 ff. CT) haben beide einen einheitlichen Ursprung, welcher in der Identität der Kündigungsmotive deutlich wird. Beide beruhen auf dem Wegfall des bzw. der Arbeitsplätze aus mit der Organisation des Unternehmens zusammenhängenden Gründen. Weiter sind die aus der Kündigung folgenden Rechte des Arbeitnehmers durch die in diesem Bereich bestehende Vollverweisung der individual-betriebsbedingten Kündigung auf die kollektiv-betriebsbedingte parallel ausgestaltet (Art. 372 CT).

a. Gemeinsame Voraussetzungen der betriebsbedingten Kündigungen

Bezugspunkt beider Kündigungsvarianten ist der Arbeitsplatz (*posto do trabalho*) oder genauer dessen Wegfall (Art. 367 Nr. 1 ff. CT). Dieser bezieht sich wiederum auf das Unternehmen (*empresa*). Wegen des in Portugal bestehenden einheitlichen

---

285 So ausdrücklich: Ac RL 16.11. 2016 Proc. Nr. 13205/15.

286 *Romano Martinez*, Direito do Trabalho, S. 976, 977; *Rosário Palma Ramalho*, Tratado Parte II, S. 801, 802.

287 Ac. TC 107/88 vom 21.6. 1988.

Unternehmensverständnisses kann damit sowohl ein Betrieb als auch eine größere Einheit (Unternehmen, Konzern) in Bezug genommen werden[288]. Ebenfalls erfasst werden nicht unternehmerisch organisierte Arbeitgeber (z.B. Vereine)[289]. Trotz der Bedeutung für die Auswahl der zu kündigenden Arbeitnehmer oder einer möglichen Verweisung auf einen anderen Arbeitsplatz besteht keine gesetzliche Definition. Rechtsprechung und Lehre verstehen unter dem Arbeitsplatz einen bestimmten hierarchisch festgelegten Teil der Unternehmensstruktur innerhalb einer kleineren Organisationseinheit an einem bestimmten Ort, der in der Regel nicht als Gegenstand des Arbeitsvertrags betrachtet werden könne[290]. Dennoch bestehen über die Beschreibung der Aufgaben des Arbeitnehmers einige Verbindungen zwischen Arbeitsplatz und Arbeitsvertrag: etwa bei befristeten Verträgen (Art. 143 Nr. 1 CT) oder eben den betriebsbedingten Kündigungsvarianten[291]. Das Konzept des Arbeitsplatzes im CT ist mit der Summe der in eine Organisationsstruktur auch lokal eingebundenen Aufgaben eines Arbeitnehmers gleichzusetzen[292]. Betriebsbedingten Kündigungen zugrunde zu legende Kündigungsgründe sind dabei (Art. 359 Nr. 1 a.E., Nr. 2, Art. 367 Nr. 1 a.E. CT):

„(...) motivos de mercado, estruturais o tecnológicos."

Etwa: *„(...) wirtschaftliche, strukturelle oder technische"*

Diese Gründe sind dahingehend zu verstehen, dass sie nicht nur der Abwendung der Insolvenz des Unternehmens dienen, sondern bereits die Unternehmenssanierung und damit Abwendung unternehmerischer Krisen verhindern[293]. Das CT gibt für ein extrem restriktives Verständnis nach welchem nur eine Kündigung zur Abwendung der Insolvenz möglich ist keine Anhaltspunkte. Außerdem beruht die portugiesische Wirtschaft auf den Grundsätzen der freien Marktwirtschaft. Neben der Freiheit, eine Niederlassung zu gründen, wird so vertreten, dass das Gesetz auch die Freiheit einer (Teil-)Schließung eröffne, um die Unternehmen rentabel zu erhalten[294]. Somit dienen betriebsbedingte Kündigungen nicht ausschließlich der Abwendung existentieller Notlagen (d.h. Rettung des Unternehmens); sie können

288 *Engrácia Antunes*, in FS Bernardo Xavier Vol. II, S. 291–315 (293).

289 *Silva e Sousa*, in FS Bernardo Xavier Vol. III, S. 479–506 (481); ebenso schon *Bernardo Xavier*, Despedimento Colectivo, S. 366, 367.

290 Ac. STJ 10.3. 2011 Proc. Nr. 539/07 (2.2); *António Carvalho*, in FS Leite, S. 119–141 (128, 129, 136); *Monteiro Fernandes*, Direito do Trabalho, 12. Aufl., S. 588.

291 *Furtado Martins*, Cessação do Contrato, S. 248.

292 *António Carvalho*, in FS Leite, S. 119–141 (121, 122).

293 *Monteiro Fernandes*, Direito do Trabalho, S. 618; *Bernardo Xavier*, EIDT Vol. VI, 2012, S. 155–183 (156, 157); *Cláudia Madaleno*, in FS Xavier Vol. I, S. 509–563 (542); *Furtado Martins*, Cessação do Contrato, S. 276, 277; *Silva e Sousa*, in FS Bernardo Xavier Vol. III, S. 479–506 (483); *Gomes de Sousa*, QL 2010, 159–203 (178); so schon: *Bernardo Xavier*, Despedimento Colectivo, S. 414.; *Leal Amado*, Contrato de Trabalho, S. 386.

294 *Furtado Martins*, Cessação do Contrato, S. 277.

auch aus wirtschaftlichen Überlegungen heraus Ultima Ratio sein[295]. Dies ist etwa dann der Fall, wenn mildere Maßnahmen (Art. 361 Nr. 1 CT) nicht genügen, um die unternehmerischen Ziele zu erreichen. Trotz der Schwierigkeit einer Prognoseentscheidung ist zu fordern, dass die unternehmerische Entscheidung hinsichtlich Betriebsstruktur und Auswirkungen auf das Unternehmen rational getroffen wird und die getroffene Kündigungsentscheidung kausal von den gesetzlich vorgesehenen wirtschaftlichen Gründen abhängt[296]. Liegen tatsächlich derartige Gründe der unternehmerischen Entscheidung zugrunde, ist eine betriebsbedingte Kündigung möglich. Dabei ist es nicht erforderlich eine genaue Einordnung in die verschiedenen Kategorien der unternehmerischen Gründe (Art. 359 Nr. 2 CT) vorzunehmen; um willkürliche Kündigungen zu verhindern, muss der Arbeitgeber jedoch zwingend die Gründe angeben, welche für seinen Entschluss des Arbeitsplatzabbaus maßgeblich waren[297]. Die unternehmerische Entscheidung als solche ist dabei grundsätzlich nicht justiziabel[298]. Sehr wohl aber deren Umsetzung:

> „*(...) (a) verificação objectiva dos motivos estruturais, tecnológicos ou conjunturais; e (b) a existência de um nexo entre tais motivos e o despedimento, por forma a que (....) sejam idóneos a determinar uma diminuição de pessoal operada através do despedimento (...).*"
>
> Etwa: „*(...) (a) Die wirtschaftlichen, strukturellen oder technischen Kündigungsgründe müssen objektiv bestehen und (b) so zu der Kündigung in Verbindung stehen, dass sie die Personalreduzierung durch Kündigung rechtfertigen (...)*"[299].

Diese Praxis, die unternehmerische Entscheidung als solche nur auf Willkür zu überprüfen, wird teils heftig kritisiert: Auf deren Grundlage verkomme der rechtfertigende Grund einer betriebsbedingten Kündigung zu einem reinen Alibi und der Arbeitgeber könne beliebig kündigen[300].

b. Kollektiv-betriebsbedingte Kündigung (*despedimento coletivo* – Art. 359 ff. CT)

Diese Kündigungsart ermöglicht dem Arbeitgeber die personelle Umsetzung seiner unternehmerischen Entscheidung, eine Organisationsstruktur des Unternehmens zu schließen oder zu verkleinern. Die Folge dieser unternehmerischen

---

295 Vgl. *Furtado Martins*, Cessação do Contrato, S. 278.

296 Ac. STJ 21.9. 2000 Rechtsmittel Nr. 24/2000, CJ – STJ 2000, T. III S. 259–261 (260); Ac. STJ 1.2. 2001 Proc. Nr. 00S124 (5); *Bernardo Xavier*, Despedimento Colectivo, S. 530, 531; *Bernardo Xavier*, Manual Trabalho, S. 769.

297 *Furtado Martins*, Cessação do Contrato, S. 286; im Ergebnis so auch: *Cláudia Gomes de Sousa*, QL 2010, 159–203 (177).

298 Vgl. Ac. STJ 24.5. 2006 Proc. Nr. 06S379 (4); *Bernardo Xavier*, Manual Trabalho, S. 769; *Romano Martinez*, Direito do Trabalho, S. 993; *Monteiro Fernandes*, Direito do Trabalho, S. 622.

299 Für die kollektiv-betriebsbedingte Kündigung: Ac. STJ 24.5. 2006 Proc. Nr. 06S379 (4).

300 *Júlio Gomes*, Direito do Trabalho Vol. I, S. 991–993.

Entscheidung wird meist der Wegfall mehrerer Arbeitsplätze sein. Daher kennzeichnet die kollektiv-betriebsbedingte Kündigung das einheitliche Motiv mehrerer zusammenhängend erfolgender Kündigungen[301]. Eine Kumulation mehrerer Elemente der wirtschaftlichen Gründe um die Schwelle der kollektiv-betriebsbedingten Kündigung zu erreichen ist demnach nicht möglich[302]. Der Rückgriff auf die einheitliche Entscheidung der Personalreduktion hilft aus diesem Dilemma, da so verschiedene Gründe des Wegfalls der konkreten Arbeitsplätze verbunden werden können.

Eine zeitlich zusammenhängende Kündigung mehrerer Arbeitnehmer aus objektiven, wirtschaftlich-unternehmensbezogenen Gründen wurde erstmals 1974 gesetzlich geregelt (s. § 4 B II). Die Voraussetzungen dieser Kündigung wurden nur leicht modifiziert. Das CT (Art. 359 CT) formuliert die Voraussetzungen nun wie folgt:

> „*(...) Promovida pelo empregador e operada simultânea ou sucessivamente no período de três meses, abrangendo, pelo menos dois ou cinco trabalhadores, (...) se fundamente em encerramento de uma ou várias secções ou estructura equivalente ou redução do número de trabalhadores determinada por motivos de mercado, estruturais ou tecnológicos.*“
>
> Etwa: „*(...) vom Arbeitgeber veranlasste, mindestens zwei oder fünf Arbeitnehmer umfassende [Kündigung], welche gleichzeitig oder innerhalb von drei Monaten erfolgt und auf der Schließung einer oder mehrerer Abteilungen oder einer Belegschaftsreduzierung aus marktbezogenen, strukturellen oder technischen Gründen beruht.*“

Daraus lassen sich drei grundlegende Voraussetzungen der kollektiv-betriebsbedingten Kündigung ableiten[303]:

- wirtschaftlicher Kündigungsgrund
- quantitative Eingrenzung
- zeitliche Eingrenzung.

Die verfassungsrechtliche Zulässigkeit der kollektiv-betriebsbedingten Kündigung erscheint unstrittig. Umstritten ist dagegen die Begründung dieser Zulässigkeit: nach einer Ansicht betrifft die verfassungsrechtliche Kündigungsbeschränkung nur Individualkündigungen, da die „beachtlichen Motive“, mithin objektive Elemente, bewusst nicht aufgenommen worden seien; die kollektive Kündigung werde nicht von der Beschäftigungssicherheit erfasst[304]. Nachdem jede kollektive Kündigung

---

301 Ac. STJ 13.1. 1993 Rechtsmittel Nr. 3.486, CJ – STJ, 1993 T. I, S. 222–225 (224).

302 Z.B.: Ein Arbeitsplatz entfällt aus technischen -, ein weiterer aus strukturellen Gründen. Es liegt keine einheitliche kollektiv-betriebsbedingte Kündigung vor. So auch ausdrücklich: *Silva Loureiro*, PDT 2011, 107–114 (108).

303 Vgl. diese Unterteilung erstmals durch *Jorge Leite*, Direito do Trabalho, II Secções de textos (zit. nach: *Luís Carvalhão*, PDT 2011, 93–105 (93).

304 *Monteiro Fernandes*, Direito do Trabalho, S. 617; *Canotilho Gomes/Moreira Vital*, CRP Vol. I, S. 710.

letztlich als Individualkündigung ausgesprochen werde, fassen andere die kollektive Kündigung dagegen unter die Beschäftigungssicherheit[305]. Die Notwendigkeit der analogen Anwendung der Voraussetzung des Fehlens eines vergleichbaren alternativen Arbeitsplatzes entsprechend den Regeln der individual-betriebsbedingten Kündigung wird teils aus der Beschäftigungssicherheit abgeleitet[306]. Im Ergebnis ist dem unabhängig einer Einbeziehung in Art. 53 CRP zuzustimmen. Zum einen aus Gründen der Verhältnismäßigkeit (Abwägung der verfassungsrechtlichen Beschäftigungssicherheit und Freiheit unternehmerischer Betätigung), zum anderen wegen der Formulierung des Troikaübereinkommens, nach welchem eine Kündigung ausdrücklich immer dann vermieden werden muss, wenn ein vergleichbarer, freier Arbeitsplatz besteht[307].

Die kollektiv-betriebsbedingte Kündigung (*despedimento coletivo*) kann sich auf eine Schließung einer oder mehrerer Abteilungen (*secções*) sowie auf eine allgemeine Personalreduzierung beziehen (Art. 359 Nr. 1 CT). Sie fordert eine gleichzeitige oder zeitlich innerhalb von drei Monaten erfolgende Kündigung mehrerer Arbeitnehmer wegen aus der Sphäre des Arbeitgebers stammenden Gründen. Auffallend ist die große Reichweite dieser Kündigung (Art. 359 Nr. 1 CT). Die erforderliche Größe der betroffenen Arbeitnehmergruppe ist je nach Unternehmensgröße verschieden[308]:

- Kleinstunternehmen oder kleines Unternehmen (bis zu 49 Arbeitnehmern) – Kündigung von mindestens zwei Arbeitnehmern
- mittleres oder großes Unternehmen (ab 50 Arbeitnehmern) – Kündigung von mindestens fünf Arbeitnehmern

Dabei ist beachtlich, dass entgegen der Assoziation mit einer kollektiven Kündigung in Portugal die meisten dieser Kündigungen in Betrieben mit weniger als 49 schwellenwertrelevanter Arbeitnehmern erfolgen: somit greifen diese Regeln bereits ab zwei zu kündigenden Arbeitnehmern[309]. Die Gesamtzahl der letztlich tatsächlich zu kündigenden Arbeitnehmer kann im Zeitraum zwischen erstem Entschluss der Personalreduzierung und Durchführung einer geplanten betriebsbedingten Kündigung variieren. Der Arbeitgeber kann parallel eine anderweitige Personalreduktion etwa mittels Aufhebungsverträgen betreiben. Die so beendeten Arbeitsverhältnisse unterfallen der betriebsbedingten Kündigung nicht. Verhaltensbedingte Kündigungen sind ebenso nicht mitzurechnen, da deren Grundlage mit der Entschädigung für den Arbeitsplatzverlust unvereinbar ist[310].

---

305 Ausdrücklich: *Bernardo Xavier*, Despedimento Colectivo, S. 279, 280.

306 Art. 368 Nr. 4 CT; *Furtado Martins*, Cessação do Contrato, S. 303, 304.

307 Punkt 4.5. *Memorando de Entendimento* (Maßnahmenplan) vom 17.5. 2011 http://www.portugal.gov.pt (zuletzt abgerufen: 21.11. 2017).

308 Art. 359 Nr. 1 i.V.m. Art. 100 Nr. 1 CT; Erfasst werden für diese Berechnung nur direkt angestellte Arbeitnehmer: § 6 A I; zu Differenzierung der Größe des Unternehmens: § 6 A II.

309 *Martins Carvalho*, in FS Xavier Vol. I, S. 565–615 (580).

310 *Bernardo Xavier*, Despedimento Colectivo, S. 390.

Ob eine kollektiv-betriebsbedingte oder eine individual-betriebsbedingte Kündigung erfolgt, kann somit vom Zeitpunkt der Ermittlung der zu kündigenden Arbeitnehmer abhängen. Maßgeblicher Zeitpunkt hierfür ist der Beginn des Kündigungsverfahrens – konkreter die Information der Arbeitnehmervertretung durch den Arbeitgeber von der Kündigungsabsicht (Art. 360 Nr. 1 CT)[311]. Die Formulierung des Gesetzes *„eine kollektiv-betriebsbedingte Kündigung muss gleichzeitig oder innerhalb von drei Monaten erfolgen“* (Art. 359 Nr. 1 CT) erscheint eindeutig. Dennoch besteht für die Reichweite der zeitlichen Komponente der Kündigung eine vom strikten Gesetzeswortlaut abweichende Auffassung. Neben dem zeitlichen Faktor sei ein einheitlicher unternehmerischer Entschluss maßgeblich. Dieser könne im Fall seines Vorliegens die Dreimonatsfrist erweitern; fehlt er dagegen können auch innerhalb der Frist auf einem späteren Entschluss beruhende Kündigungen nicht in die kollektive Kündigung einzubeziehen sein. Dieser ist grundsätzlich nicht gerichtlich kontrollierbar. Die Rechtsprechung prüft die Unternehmerentscheidung jedoch dahingehend, ob Kausalität zwischen den angegebenen Gründen und der Kündigung besteht[312].Die Dreimonatsfrist wird dementsprechend teilweise ausgeweitet. Wird innerhalb der drei Monate die erforderliche Mindestzahl gekündigt und beruht die spätere Kündigung weiterer Arbeitnehmer auf derselben unternehmerischen Entscheidung, seien für die „verspäteten“ Kündigungen ebenfalls die Regeln der kollektiv-betriebsbedingten Kündigung und nicht die der individual-betriebsbedingten Kündigung anzuwenden[313]. Diese Auslegung widerspricht der Schutzintention der kollektiv-betriebsbedingten Kündigung. Sie verhindert zwar eine willkürliche Aufspaltung der gekündigten Arbeitnehmergruppe durch die Dreimonatsfrist, allerdings wird der Wille des Gesetzgebers, eine Kündigung Mehrerer nur in einem gewissen Zeitraum zuzulassen, missachtet. Eine Ausweitung der Dreimonatsfrist ist nach dem Wortlaut, nach Sinn und Zweck der Regelung sowie wegen der Rechtssicherheit abzulehnen.

Weitere Abgrenzungsprobleme ergeben sich bei komplexen Unternehmensstrukturen. Diese sind umso gravierender, als die Missachtung der kollektiven Anforderungen zur Unwirksamkeit (*invalidade* – Art. 384 lit. a CT) der betriebsbedingten Kündigung führt. Die portugiesische Lehre differenziert hier zwei Fälle[314]:

- Liegt ein in mehrere autonome Betriebe gegliedertes Unternehmen vor, so ist der jeweilige Betrieb maßgeblich;

---

311 Ac STJ 3.3. 2010 Proc. Nr. 674/05 (II 2.1 und 2.2); *Bernardo Xavier*, Despedimento Colectivo, S. 398, 399; so auch für CT: *Furtado Martins*, Cessação do Contrato, S. 264.

312 Ac. STJ 13.1. 2010 Proc. Nr. 15275/09 (II 1); m.w.N. *Silva Loureiro*, PDT 2011, 107–114 (110).

313 *Bernardo Xavier*, Despedimento Colectivo S. 398, 399; ebenso zu CT: *Furtado Martins*, Cessação do Contrato, S. 271.

314 Zu dieser Differenzierung zwischen Betrieb und Betriebsstätte: s. § 6 A II.

- Bestehen nur Betriebsstätten, sind alle Arbeitnehmer des gesamten Unternehmens zu berücksichtigen.

Ein ebenfalls hier einzuordnender Sonderfall stellt die ständige in Portugal befindliche Niederlassung von Handelsunternehmen mit Sitz im Ausland dar (*sucursal de sociedade comerciais*, Art. 4 CSC). Nachdem diese keine eigenständige Gesellschaft darstellen, wäre grundsätzlich die Arbeitnehmerzahl aller Angestellten maßgeblich. Dies wird jedoch abgelehnt, da der Bezugspunkt des Betriebs (*empresa*) der Regelung der kollektiv-betriebsbedingten Kündigung nur in Portugal belegene Unternehmen erfasse und die Zuständigkeit der portugiesischen Gericht keine globale Kontrolle der Kündigungen außerhalb Portugals zulasse[315].

c. Individual-betriebsbedingte Kündigung wegen Arbeitsplatzwegfalls (*por extinção de posto de trabalho* – Art. 367 ff. CT)

Der Ursprung dieser Kündigung liegt bereits im LCCT[316], selbst wenn die Vertragsbeendigung wegen Arbeitsplatzwegfalls dort aus Sorge eines Verfassungsverstoßes (gegen Art. 53 CRP; s. § 4 A II) noch als Vertragsauflösung (*cessação*) und nicht als Kündigung (*despedimento*) bezeichnet worden ist. Das CT bezeichnet sie nun ausdrücklich als Kündigung:

> *„Considera-se despedimento por extinção de posto de trabalho a cessação de contrato de trabalho promovida pelo empregador e fundamentada nessa extinção, quando esta seja devida a motivos de mercado, estruturais ou tecnológicos, relativos à empresa."*
>
> Etwa: *„Eine Kündigung wegen Arbeitsplatzwegfalls ist eine durch den Arbeitgeber veranlasste und auf unternehmensbezogenen wirtschaftlichen, strukturellen oder technischen Gründen beruhende Vertragsauflösung."*

Sie beruht auf zwei grundlegenden Entscheidungen des Arbeitgebers[317]:

- Wegfall eines Arbeitsplatzes aus wirtschaftlichen, strukturellen oder technischen Gründen (Art. 367 Nr. 1 CT)
- Kündigung eines konkreten Arbeitnehmers (Art. 368 Nr. 2 CT).

Die individual-betriebsbedingte Kündigung fordert wie die kollektiv-betriebsbedingte, dass die Kündigung auf einer unternehmerischen Entscheidung beruht, welche einen Arbeitsplatzabbau wegen unternehmensbezogener, wirtschaftlicher Gründe bedingt. Die wirtschaftlichen, strukturellen oder technischen Kündigungsgründe (*mercado, estruturais o tecnológico* – Art. 367 Nr. 1 CT) müssen dabei kausal den Wegfall des konkret zu kündigenden Arbeitsplatzes bewirken[318]. Die Kündigung

---

315 Ac. STJ 7.10.2009 Proc. Nr. 820/05 (4); *Furtado Martins*, Cessação do Contrato, S. 269; *Monteiro Fernandes*, Direito do Trabalho, S. 622.

316 Art. 26 ff. *DL* 64-A/89 vom 27.2. 1989.

317 Ac. TC 602/13, S. 6241–6291.

318 So auch: Ac. STJ 22.4. 2015 Proc. Nr. 822/08 (III 2).

ist weiter nur zulässig, wenn folgende Voraussetzungen kumulativ vorliegen (Art. 368 Nr. 1 CT):

- Kündigungsgründe wurden nicht schuldhaft durch Arbeitgeber oder Arbeitnehmer verursacht (lit. a)
- tatsächliche Unzumutbarkeit der Vertragsfortführung (lit. b)
- Fehlen vergleichbarer befristeter Arbeitsplätze im Unternehmen (lit. c)
- Regeln der kollektiv-betriebsbedingten Kündigung sind nicht anwendbar (lit. d).

Das Kriterium der Unzumutbarkeit der Vertragsfortführung ist dabei anzunehmen, wenn (Art. 368 Nr. 4 a.E. CT):

> „*(...) o empregador não disponha de outro [posto de trabalho] compatível com a categoria profissional do trabalhador.*“
>
> Etwa: „*(...) der Arbeitgeber über keinen mit der Stellung des Arbeitnehmers vergleichbaren [Arbeitsplatz], verfügt.*[319]“

In Abgrenzung zu der verhaltensbedingten Kündigung dürfen die Kündigungsgründe hier nicht schuldhaft durch den Arbeitnehmer verursacht worden sein. Die Unternehmerentscheidung ist grundsätzlich nicht justiziabel. Allerdings würde eine schuldhafte Verursachung der Kündigungsgründe durch den Arbeitgeber einer Kündigung entgegenstehen. Dies ist jedoch nur bei völlig inakzeptablem oder willkürlichem Handeln anzunehmen[320].

Die Reform von 2012, welche die Vorschläge der Troika umsetzen sollte, verzichtete auf die bis dato erforderliche Voraussetzung des Fehlens eines vergleichbaren freien Arbeitsplatzes[321]. Dies wurde 2014 zurückgenommen. Besteht ein anderer vergleichbarer freier Arbeitsplatz, so stelle die Kündigung nicht mehr die Ultima Ratio dar und verstoße so gegen den verfassungsrechtlichen Schutz der Beschäftigung[322]. Ein vergleichbarer freier Arbeitsplatz steht dieser Kündigung entgegen. Eine Pflicht, alternative Arbeitsplätze zu schaffen, lässt sich allerdings nicht ableiten[323].

Darüber hinaus ist die individual-betriebsbedingte Kündigung subsidiär (Art. 368 Nr. 1 lit. c, lit. d CT). Sie kommt nur zur Anwendung, wenn keine befristet Beschäftigten mit vergleichbaren Aufgaben vorhanden sind und die spezielle Voraussetzung

---

319 Art. 368 Nr. 4 CT i.d.F. *L* 27/2014 vom 8.5. 2014.

320 *Bernardo Xavier*, Manual Trabalho, S. 770; sich dieser Ansicht anschließend: *Furtado Martins*, Cessação do Contrato, S. 297, 298;
Im Ergebnis ebenso, indem es betont, dass die Kündigung nicht allein deswegen rechtswidrig wird, weil die getroffene Prognose sich nachträglich als unzutreffend herausgestellt hat: Ac. TRC 13.11. 1996 Rechtsmittel Nr. 72/96, CJ 1996 T. V, S. 66–68 (67).

321 *L* 23/2012 vom 25.6. 2012.

322 Art. 53 CRP; *L* 27/2014 vom 8.5. 2014.

323 Ac. STJ 22.6. 2005 Proc. Nr. 05S923 (3); ebenso: *Furtado Martins*, Cessação do Contrato, S. 300; *David Falcão/Sérgio Tomás*, QL 2015, 311–327 (318).

der kollektiv-betriebsbedingten Kündigung – die Mindestzahl der zu kündigenden Arbeitnehmer – nicht erfüllt ist. In der Regel wird sie als individuelle Kündigung einen Arbeitnehmer erfassen. Im Umkehrschluss zu den Mindestwerten der kollektiv-betriebsbedingten Kündigung können je nach betroffenem Unternehmen maximal ein bis vier Arbeitnehmer in engem zeitlichen Zusammenhang gekündigt werden (e contrario Art. 359 Nr. 1 CT; s. § 7 A II 1 b).

Neben den wirtschaftlichen, strukturellen oder technischen Kündigungsgründen (Art. 367 Nr. 1 CT), welche nach dem Gesetzeswortlaut einen Unternehmensbezug aufweisen müssen, hat das Oberste Zivilgericht 2017 klargestellt, dass die eben dargestellten weiteren Voraussetzungen der Art. 368 Nr. 1 lit. a-d CT kumulativ vorliegen müssen und durch den Arbeitgeber zu beweisen sind[324].

In der Lehre wird teils überlegt, ob ebenso Fälle einer Teilschließung mittels dieser Kündigung durchgesetzt werden können. Sowohl Sinn und Zweck des Gesetzes als auch der höhere verfassungsrechtliche Schutz kleinerer Unternehmen sprechen dafür dies zuzulassen[325]. Die Auslegung des Gesetzeswortlauts geht in dieselbe Richtung. Bezugspunkt dieser individual-betriebsbedingten Kündigung stellt der Wegfall eines konkreten Arbeitsplatzes dar. Sie ist anwendbar, wenn die Schwelle der kollektiv-betriebsbedingten Kündigung nicht überschritten ist. Ist die von einer Teilschließung erfasste Abteilung so klein, dass die betroffenen Arbeitsplätze unterhalb der Schwelle der kollektiv-betriebsbedingten Kündigung liegen, ist damit eine individual-betriebsbedingte Kündigung möglich. Eine ausdrückliche Bezugnahme des Gesetzes auf eine Teilschließung (wie in Art. 359 Nr. 1 CT – kollektiv-betriebsbedingte Kündigung) erscheint dafür nicht erforderlich.

Abschließend ist noch auf zwei Besonderheiten hinzuweisen:

- dreimonatiger nachgelagerter Anspruch des Arbeitnehmers auf Zurückversetzung an seinen bisherigen Arbeitsplatz
- interne Abordnung eines Arbeitnehmers (*comissão de serviço;* Art. 161 CT)

Der Zurückversetzungsanspruch soll Missbrauch der betriebsbedingten Kündigung durch eine bewusste vorübergehende „Gestaltung" eines Arbeitsplatzwegfalls verhindern (Art. 368 Nr. 3 CT). Im Fall einer Abordnung behält der Arbeitnehmer ebenfalls einen Anspruch auf seinen ursprünglichen Arbeitsplatz. Entfällt nun der Arbeitsplatz, auf welchen der Arbeitnehmer abgeordnet worden ist, kann dieser demgemäß nicht wirksam im Weg einer individual-betriebsbedingten Kündigung gekündigt werden[326]. Vielmehr muss eine Rückversetzung auf den ursprünglichen Arbeitsplatz erfolgen. Im Übrigen haben die gekündigten Arbeitnehmer dieselben Rechte, wie nach einer kollektiv-betriebsbedingten Kündigung (Art. 372 CT).

---

324 Ac. STJ 6.4. 2017 Proc. Nr. 1950/14 (direito b); so schon: *Furtado Martins*, Cessação do Contrato (3. Aufl. 2012), S. 286.

325 So auch: *Furtado Martins*, Cessação do Contrato, S. 282.

326 Ac. TRL 15.12. 2016 Proc. Nr.12312/14.

2. *Personenbedingte Kündigung* (por inadaptação)

Soweit ersichtlich wurde und wird diese Art der Kündigung in der Praxis äußerst selten ausgeübt[327]. In Umsetzung der Forderungen der Troika erfuhr sie durch die Reform von 2012 weitreichende Änderungen[328].

Im Zusammenhang mit der personenbedingten Kündigung finden sich insbesondere seit der Reform von 2012 zwei im Portugiesischen sehr ähnliche Begriffe: *inadaptação* und *inaptidão*. Um einer Unschärfe der Analyse durch eine Missinterpretation dieser Begriffe vorzubeugen, wird an dieser Stelle vor der inhaltlichen Auseinandersetzung eine begriffliche Abgrenzung vorgenommen. Unter „*inaptidão*" ist das anfängliche Unvermögen der Leistungserbringung zu verstehen, wohingegen „*inadaptação*" eine nach Vertragsschluss auftretende Leistungsstörung bzw. Leistungsminderung betrifft[329]. Aus diesem Wortlaut (*por inadaptaçã*) folgt, dass die personenbedingte Kündigung lediglich die Fälle einer nach Vertragsschluss auftretenden Leistungsstörung regelt. Bereits früh bestehende Regelungen einer anfänglichen Leistungsstörung sind somit nicht als Vorläuferregelung dieser Kündigungsform anzusehen. Dies folgt auch systematisch aus dem Fortbestand der Möglichkeit der erleichterten Vertragsbeendigung in der Probezeit (s. § 11 B I 1).

Im Rahmen des Wirtschafts- und Sozialpakts von 1991 wurde unter der systematischen Einordnung als „*cessação*" erstmals ein echter Vorläufer der personenbedingten Kündigung eingeführt[330]. Die weiterhin geltende Einordnung als Kündigung besteht seit dem CT 03 (Art. 405 ff. CT 03 – *despedimento*). Vor der grundlegenden Änderung durch die Reform von 2012 bestand eine konzeptionelle Ähnlichkeit der personenbedingten Kündigung zu den betriebsbedingten Kündigungen. Die Rechtfertigung knüpfte ausschließlich an eine Entscheidung des Arbeitgebers, den Arbeitsplatz technisch neu zu gestalten, an. Anfänglich wurde die personenbedingte Kündigung daher auch als „technische Kündigung" bezeichnet[331]. Dies ist unter Geltung des CT i.d.F. der Reform von 2012 nicht mehr treffend.

Die Grundkonstellation einer personenbedingten Kündigung liegt vor, wenn (Art. 373 CT):

---

327 Livro Branco das Relações Laborais (Weißbuch Arbeitsbeziehungen) 2007, S. 113; ebenso: *Joana Neto*, Despedimento por Inadaptação, S. 73; *Furtado Martins*, Cessação do Contrato, S. 402; *Romano Martinez*, Direito do Trabalho, S. 1003.

328 *L* 23/2012 – DR Série I Nr. 121 vom 25.6. 2012, S. 3158–3169; Punkt 4.5. *Memorando de Entendimento* (Maßnahmenplan) vom 17.5. 2011 http://www.portugal.gov.pt (zuletzt abgerufen: 21.11. 2017).

329 So auch etwa: *Joana Neto*, Despedimento por inadaptação, S. 31; *Cláudia Madaleno*, in FS Xavier Vol. I, S. 509–563 (553, 556).

330 *Acordo Económico e Social* – Art. 1, 2 *DL* 400/91 – DR Série I-A Nr. 238 vom 16.10. 1991, S. 5377–5380 (s. § 3 B III 1).

331 *Menezes Cordeiro*, RDES 1991, 369–421 (401, 403); *Leal Amado*, Contrato de Trabalho, S. 395.

„(...) cessação (...) promovida pelo empregador e fundamentada em inadaptação superveniente do trabalhador ao posto de trabalho."

Etwa: *„(...) [die] durch den Arbeitgeber ausgesprochene Kündigung auf einer nachträglich entstandenen Leistungsminderung [wörtlich: Anpassungsschwierigkeit] des Arbeitnehmers hinsichtlich der Anforderungen an seinen Arbeitsplatz beruht."*

Die entstandene Leistungsminderung des Arbeitnehmers rechtfertigt somit die Kündigung. Im Gegensatz zu der verhaltensbedingten Kündigung beruht die Leistungsminderung jedoch nicht auf einem Verschulden des Arbeitnehmers[332]. Eine Leistungsminderung ist bereits nach allgemeinen zivilrechtlichen Regeln qualitativ und quantitativ zu bestimmen, wobei im Rahmen des Arbeitsrechts nicht nur die ursprüngliche Vereinbarung, sondern auch die konkreten Voraussetzungen des Arbeitnehmers als Ausgangspunkt zu berücksichtigen sind[333].

a. Analyse der ersten Fallgruppe: Leistungsminderung nach technischer Modifikation des Arbeitsumfelds

Eine Leistungsminderung kann sich traditionell bei jedem Arbeitnehmer in folgenden Umständen seiner Arbeitsausführung äußern, die den Fortbestand des Arbeitsverhältnisses unzumutbar erscheinen lassen (Art. 374 Nr. 1 lit. a-c CT):

- fortwährende Minderung von Produktivität oder Qualität der Arbeitsleistung
- wiederholte Schädigung der Betriebsmittel
- Gefährdung der Arbeitssicherheit des Arbeitnehmers oder Dritter

Im Gegensatz zur automatischen gesetzlichen Vertragsbeendigung (*caducidade*) liegt demnach im Rahmen der personenbedingten Kündigung kein vollumfassendes Unvermögen der Erbringung der geschuldeten Leistung vor, sondern lediglich eine Leistungsminderung (s. § 4 C 2 b).

Ist der Arbeitnehmer ein hochqualifizierter Facharbeiter oder übt eine leitende Position aus *(trabalhador a cargo de complexidade técnica ou direcção)*, kann auch die Nichterfüllung einer schriftlichen Zielvereinbarung die personenbedingte Kündigung rechtfertigen (Art. 374 Nr. 2 CT). Aus Gründen der Rechtssicherheit ist dies kritisch zu sehen, da der Gesetzgeber die Merkmale des „hochqualifizierten Facharbeiters" oder der „Führungsverantwortung" unbestimmt lässt. Darüber hinaus ist unklar, welche Anforderungen an die vorherige schriftliche Zielvereinbarung zu stellen sind[334]. Diese Häufung unbestimmter Rechtsbegriffe ist gerade wegen des Fehlens von konkretisierender Rechtsprechung problematisch. Aus

332 Ac. TC 602/13 – DR Série I Nr. 206 vom 24.10. 2013, S. 6241–6296 (6273); *Monteiro Fernandes*, QL 2012, 1–48 (45); ebenso: *Cláudia Madaleno*, in FS Bernardo Xavier Vol. I, S. 509–563 (543).

333 So auch: *Cláudia Madaleno* in FS Bernardo Xavier Vol. I, S. 509–563 (510, 511).

334 Hinweis auf Gefahr dieses unbestimmten Rechtsbegriffs, wobei keine Stellungnahme zu Auslegung erfolgt: *Abílio Neto*, CT, Art. 374, Rn. 2.

Rechtfertigungsgesichtspunkten ist ein tatsächlich freiwillig in bestimmte Arbeitsbedingungen einwilligender Arbeitnehmer weniger schutzwürdig. Dieser stellt sich der Situation „sehenden Auges“. In Auslegung des Gesetzeszwecks ist zu fordern, dass die Zielvereinbarung nicht mit unrealistischen Inhalten durch den Arbeitgeber diktiert wird. *Gomes* wies darauf hin, dass das Gesetz nicht dahingehend zu verstehen sei, dass die Nichterfüllung einer solchen Zielvereinbarung automatisch zur Kündigung führt[335]. Missbrauch kann letztlich nur durch kritisches Hinterfragen der Freiwilligkeit verhindert werden. Andernfalls würde diese Kündigung Einfallstor einer willkürlichen Vertragsbeendigung. Dies widerspricht offensichtlich dem Willen des Gesetzgebers. Um die Vorgaben der verfassungsrechtlichen Beschäftigungssicherheit umzusetzen, agiert dieser bei Schaffung von Vertragslösungsmöglichkeiten sehr vorsichtig.

Das Arbeitsgesetz fordert in beiden denkbaren Konstellationen dieser Kündigung die Unzumutbarkeit der Vertragsfortführung. Dies wird in der Literatur als zu streng kritisiert[336], der eindeutige Wortlaut des Gesetzes gibt jedoch keinen Spielraum.

b. Versuch der Behebung der Leistungsminderung

Liegt eine der beiden Situationen der Leistungsminderung des Arbeitnehmers vor, kann der Arbeitgeber den betroffenen Arbeitnehmer nur kündigen, wenn der Versuch, die Leistungsminderung zu beheben, gescheitert ist. Dies ist anzunehmen, falls weitere kumulative Voraussetzungen vorliegen (Art. 375 Nr. 1 lit. a-c CT):

- Änderungen auf dem Arbeitsplatz sind innerhalb der letzten sechs Monate vor dem Entschluss, eine Kündigung anzustreben, erfolgt. Diese können in Einführung neuer Technologie oder neuer Geräte liegen.
- Eine qualifizierte Schulung wurde durchgeführt.
- Der Arbeitnehmer hatte mindestens 30 Tage Einarbeitungszeit.

Die Analyse der Voraussetzungen zeigt, dass die Rechtfertigung dieser Kündigung in der Diskrepanz zwischen den sich verändernden Anforderungen des Arbeitsplatzes an den Arbeitnehmer einerseits und dessen Arbeitsleistung andererseits liegt. Ursprünglich wollte diese Kündigungsvariante technische Neuerungen im Unternehmen ermöglichen. Solange lediglich die Variante der ursächlich auf einer technischen Neuerung beruhenden Leistungsminderung existierte, wurde die personenbedingte Kündigung teils als objektive Kündigung eingeordnet. Andere vertraten bereits zu dieser Konstellation die Ansicht, dass wegen der erforderlichen Wechselwirkung zwischen Arbeitnehmerverhalten und Situation, welche die Leistungsminderung ausgelöst hatte, keine Einordnung der Rechtfertigung in subjektive oder objektive Kündigungsgründe erfolgen könne[337]. Die systematische Einordnung

---

335 *Júlio Gomes*, Direito do Trabalho Vol. I, S. 998, 999.

336 *Bernardo Xavier*, Curso Trabalho, S. 522, 523; *Rosário Palma Ramalho*, Tratado Parte II, S. 923.

337 *Bernardo Xavier*, Manual Trabalho, S. 782; *Bernardo Xavier*, Curso Trabalho, S. 523.

der personenbedingten Kündigung wird durch die zu erörternde, neu eingeführte Kündigungsmöglichkeit zusätzlich erschwert.

c. Zweite Fallgruppe: Leistungsminderung ohne Anlass in der Arbeitsplatzgestaltung

Die nach der Reform von 2012 geltende Fassung der personenbedingten Kündigung geht deutlich über die Variante der Leistungsminderung nach Modifikationen des Arbeitsplatzes hinaus. Seit dieser Reform bestehen zwei Ausprägungen der personenbedingten Kündigung. Neben der gerade dargestellten fordert die zweite Variante keine technischen Änderungen des Arbeitsplatzes als zwingende Voraussetzung. Eine solche personenbedingte Kündigung ist bei Vorliegen folgender, kumulativer Voraussetzungen möglich (Art. 375 Nr. 2 lit. a-d CT):

- Voraussichtlich dauerhafte erhebliche Leistungsminderung, welche sich in der oben beschriebenen Ausprägung einer Reduzierung von Produktivität und Qualität, Fehleranfälligkeit der Arbeitsleistung oder Gefährdung der Arbeitssicherheit äußert (Art. 374 Nr. 1 CT).
- Mitteilung der Beobachtung des Arbeitgebers an den betroffenen Arbeitnehmer. Dabei hat der Arbeitgeber die Dokumente, aus denen die Schlussfolgerung der Leistungsminderung hervorgeht, in Kopie beizulegen. Der Arbeitnehmer kann darauf innerhalb von fünf Werktagen Stellung nehmen.
- Nach Stellungnahme oder Fristablauf hat der Arbeitgeber schriftlich Weisungen zur Verbesserung der Arbeitsleistung zu erteilen.
- Es erfolgte eine Schulung des Arbeitnehmers.
- Der Arbeitnehmer konnte mindestens über einen Zeitraum von 30 Tagen seine Leistung anpassen.

In diesem von einer technischen Veränderung unabhängigem Fall muss der Arbeitgeber außerdem den Betriebsrat über die konkreten Vorwürfe gegen den Arbeitnehmer informieren (Art. 375 Nr. 4 Alt. 1 CT).

Diese Variante der personenbedingten Kündigung knüpft unmittelbar an die Leistung des Arbeitnehmers an. Im Gegensatz zu der verhaltensbedingten Kündigung ist kein pflichtwidriges Verhalten oder Verschulden zu fordern[338]. Weiter ist keine, im Verantwortungsbereich des Arbeitgebers liegende, technische Modifikationen des Arbeitsplatzes erforderlich. Nach der Gesetzessystematik beruht dieser Kündigungsgrund auf einer nach Vertragsschluss entstandenen relativen Unfähigkeit des Arbeitnehmers seine Aufgaben zu erfüllen. Nach der Reform von 2012 stellt die personenbedingte Kündigung somit einen subjektiven Kündigungsgrund dar.

338 So ausdrücklich: *Monteiro Fernandes*, QL 2012, 1–48 (45); *Furtado Martins*, Cessação do Contrato, S. 416; *Cláudia Madaleno*, in FS Bernardo Xavier Vol. I, S. 509–563 (543).

Eine Kündigung kann auch hier nur erfolgen, wenn die weitere Vertragsfortführung dem Arbeitgeber unzumutbar geworden ist[339].

d. Verfassungskonformität

Die verfassungsrechtliche Zulässigkeit kann wegen des verfassungsrechtlichen Verbots einer Kündigung ohne wichtigen Grund (Art. 53 CRP) fraglich erscheinen.

Für den Grundtatbestand wurde angeführt, dass der Arbeitgeber durch diese Regelung wesentlich in seiner Freiheit der unternehmerischen Betätigung (Art. 61 Nr. 1 CRP) beschränkt werde, da die Rechte der Arbeitnehmer dazu führen würden, dass er betriebliche Kündigungen nur aus objektiven Gründen vornehmen könne und die personelle Ausstattung seines Unternehmens nicht beliebig gestalten könne[340].

Das Verfassungsgericht vertritt die Auffassung, dass die Kontrolle außerhalb des objektiven Begriffs des wichtigen Grundes der Verfassung erfolgen muss[341]. Wegen der Erforderlichkeit der Annahme eines endgültigen Charakters der Leistungsminderung sei auch das rein subjektiv an die Leistung des Arbeitnehmers anknüpfende Element eine hinreichende Konkretisierung des wichtigen Kündigungsgrundes. Eine verfassungsrechtliche Abwägung habe nach den Grundsätzen der Konkordanz zwischen Beschäftigungssicherheit (Art. 53 CRP) und Unternehmerfreiheit (Art. 17 CRP) zu erfolgen[342]. Diese ergab nach Ansicht des Verfassungsgerichts keinen Verfassungsverstoß dieser Regelung der personenbedingten Kündigung[343].

Dagegen wird eingewandt, dass Art. 53 CRP zwar Kündigungen aus objektiven Gründen toleriere, nicht jedoch die Ausweitung auf weitere subjektive außerhalb der verhaltensbedingten Kündigung[344].

e. Bewertung der Neufassung der personenbedingten Kündigung

Folgende drastische Quintessenz der Analyse der Neuregelung steht stellvertretend für die Haltung vieler Portugiesen gegen die Erweiterung dieser Kündigung:

> *(...) Die personenbedingte Kündigung ist in der Erweiterung nach der Reform von 2012 Ausprägung eines globalen Prozesses zunehmenden Kapitalismus, welcher den Konkurrenzkampf der Arbeiter fördert und letztlich zu „Sozialdumping" führt. (...)*[345]

---

339 Vgl. *Rosário Palma Ramalho*, in Congresso mediterrânico de direito do trabalho, S. 247–263 (261); *Monteiro Fernandes*, QL 2012, 1–48 (45).

340 *Canotilho Gomes/Moreira Vital*, CRP Vol. I, S. 710.

341 Ac. TC 602/13, S. 6241–6296 (6271).

342 Ac. TC 602/13, S. 6241–6296 (6274); zustimmend: *Pedro Machete*, in A crise Económica, S. 125–138 (135).

343 Ac. TC 602/13, S. 6241–6296.

344 *Amado Leal*, CEJ, S. 61 (75).

345 Vgl. Zusammenfassung der Kernaussagen aus: *Joana Neto*, Despedimento por inadaptação, S. 13 und *Leal Amado*, in CEJ: A cessação do contrato de Trabalho, S. 61–79.

Untermauert wird diese Einschätzung mit dem Argument, dass der Arbeitnehmer seit der Reform keine Tätigkeit (*actividade*), sondern faktisch einen Erfolg schulde[346]. Dies verlagere das wirtschaftliche Risiko auf den Arbeitnehmer.

Dieser Ansicht ist zuzugestehen, dass eine derartige Verlagerung des wirtschaftlichen Risikos von Seiten des Arbeitgebers auf den Arbeitnehmer im Arbeitsverhältnis systemfremd wäre. Allerdings führen die Änderungen dieser Reform nicht zu dieser Verschiebung. Der Arbeitnehmer schuldet eine Leistung mittlerer Art und Güte, wobei sein persönliches Leistungsvermögen durch die Referenzgröße der bisherigen Arbeitsleistung berücksichtigt wird. Folglich wird lediglich das wirtschaftliche Risiko einer wesentlichen Leistungsveränderung auf den Arbeitnehmer „abgeladen". Einen bestimmten Erfolg, wie im Werkvertragsrecht, schuldet er weiterhin nicht.

Fraglich ist, ob dieses düstere Bild zutrifft. Hat diese, von technischen Neuerungen unabhängige, personenbedingte Kündigung zu allgegenwärtigen Konkurrenzkämpfen und einem Herauskündigen schwacher Arbeitnehmer auf breiter Front geführt?

Dies ist zu verneinen. Die tatsächlichen Wirkungen dieser Kündigung stellen sich anders dar: In beiden Fällen der personenbedingten Kündigung beruht die Kündigungsmöglichkeit auf dem objektiv festzustellenden Umstand, dass der Arbeitnehmer die Anforderungen des Arbeitsplatzes nicht erfüllt und auch künftig nicht erfüllen kann. Mit dem Gesetz *L* 23/2012 wurde diese Kündigung auf Fälle erweitert, in denen zwar keine Änderung der Arbeitsbedingungen erfolgte, bei dem Arbeitnehmer aber eine erhebliche Änderung seiner Arbeitsleistung zu verzeichnen ist.

Die Reform der personenbedingten Kündigung eröffnete scheinbar ein weites Anwendungsfeld. Möglich schien eine Produktivitätssteigerung der Unternehmen durch Kündigung von „low performern". Eine genauere Betrachtung verdeutlicht jedoch, warum sich nach wie vor nahezu keine Rechtsprechung zu dieser Kündigung findet. Dabei kann davon ausgegangen werden, dass die fehlende Rechtsprechung nicht durch die Akzeptanz aller Kündigungen der betroffenen Arbeitnehmer erklärt werden kann. Vielmehr werden die Arbeitgeber diese Kündigung wegen der sehr detaillierten, zeit- und kostenintensiven Voraussetzungen nicht anwenden. Im Fall der „low performer" kann weiter davon ausgegangen werden, dass die Voraussetzungen dieser Kündigung letztlich nur sehr selten erfüllt sein werden. Verbessert der Arbeitnehmer nach der Information und den Maßnahmen des Arbeitgebers seine Leistung wieder – wenn auch nur vorübergehend – so werden die eben dargestellten kumulativen Voraussetzungen nicht angenommen werden können. Mangels gerichtlicher Klarstellung bleibt in diesen Fällen offen, wie lange der Arbeitgeber eine Kündigung an das durchgeführte Verfahren anknüpfen kann und ob eine zwischenzeitliche Leistungssteigerung der Wirksamkeit der Kündigung entgegensteht.

---

346 *Joana Neto*, Despedimento por inadaptação, S. 40 unter Verweis auf: *Amado Leal*.

Unklar ist in diesem Zusammenhang weiter, wie lange die „Einarbeitungszeit“ nach Durchführung einer Schulung sein darf. Das Gesetz fordert lediglich mindestens 30 Tage. Eine Grenze der Verfahrenseröffnung ist nicht ersichtlich. Der Arbeitgeber hat die Einleitung des Kündigungsverfahrens demnach entsprechend dem Grundsatz von Treu und Glauben lediglich in angemessener Zeit vorzunehmen.

Auch ein Beheben von Fehleinstellungen ist mittels der personenbedingten Kündigung in der geltenden Ausgestaltung nicht möglich. Im Fall einer irrtümlichen Einstellung eines Arbeitnehmers, welcher die erwarteten, erforderlichen Qualifikationen bzw. Fähigkeiten nicht erfüllt, liegt die Anpassungsproblematik bereits anfänglich vor und tritt nicht erst nachträglich auf, wie vom Gesetz gefordert. Daran ändert auch der Umstand nichts, dass dies dem Arbeitgeber erst später ersichtlich wird[347].

Abschließend lässt sich feststellen, dass die von der Troika geforderte personenbedingte Kündigung ohne vorherige technische Änderungen lediglich auf den ersten Blick den Kündigungsschutz lockert. Die Kombination aus dem langen und schwierigen Verfahren vor Ausspruch der Kündigung und der historisch gewachsenen Einstellung der Portugiesen zur Kündigung eines Arbeitsverhältnisses scheint ursächlich für die fehlende Akzeptanz dieser neuen Kündigungsmöglichkeit. Es ist weiter davon auszugehen, dass viele Arbeitgeber daneben Widerstand in der Belegschaft und eine negative Öffentlichkeitswahrnehmung des Unternehmens fürchten.

B. Kündigungsverfahren (formelle Schranken des Kündigungsausspruchs)

Das portugiesische Kündigungsschutzrecht ist durch eine sehr strenge Kontrolle der Beweggründe des Arbeitgebers für die Kündigung gekennzeichnet[348]. Diese Kontrolle spiegelt sich in einer detaillierten Ausgestaltung der Kündigungsverfahren als formelle Schranken der Kündigung wieder.

I. Fristlose Kündigung wegen subjektiver Kündigungsgründe (facto imputável – *Art. 351 ff. CT*)

Die Möglichkeit einer fristlosen Vertragsbeendigung wird durch subjektive Kündigungsgründe eröffnet. Kern dieser Kündigung ist das schuldhafte Verhalten des Arbeitnehmers als Kündigungsgrund. Das Vorliegen eines schuldhaften Verhaltens ist durch den Arbeitgeber selbst oder einen von diesem benannten Vertreter zu ermitteln. Nachdem die Kündigung ohne Abfindungszahlung oder Entschädigung die strengste durch den Arbeitgeber im Fall eines schuldhaften Verhaltens aussprechbare Sanktion ist (Art. 328 Nr. 1 lit. f CT), erfolgt diese Ermittlung im

347 So auch: *Abílio Neto*, CT, Art. 374 CT, Rn 3.

348 So mit Betonung der strengen Kontrolle kollektiver Kündigungen: *Bernardo Xavier*, Despedimento Colectivo, S. 725.

Wege der Durchführung des „Disziplinarverfahrens" (Art. 329 CT – *procedimento disciplinar*).

1. *Disziplinarverfahren*

Außerhalb der schwersten Disziplinarmaßnahme – der Kündigung – enthält das CT kaum Regelungen des Disziplinarverfahrens. Dennoch war und ist das portugiesische Disziplinarverfahren traditionell äußerst komplex. Dies liegt unter anderem daran, dass die Rechtsprechung überwiegend auch für die anderen Sanktionen ein schriftliches Verfahren verlangt, welches eine verhältnismäßige Sanktionsverhängung gewährleistet und den Eingriff durch privat ausgeübte Strafgewalt abmindert[349]. Der Versuch der formellen Vereinfachung dieses Verfahrens durch das CT scheiterte an der Verfassungswidrigkeit dieser vereinfachenden Normen[350]. Daher besteht wieder ein zwingendes Disziplinarverfahren (Art. 339 Nr. 1 CT), welches insbesondere in der Praxis bei kleineren Unternehmen erhebliche Probleme bereitet[351]. Eine Korrektur nach gerichtlicher Feststellung der Rechtswidrigkeit der Maßnahme ist nicht möglich[352]. Im Rahmen des Disziplinarverfahrens können drei Situationen unterschieden werden:

- soll mildere Sanktion als die Kündigung verhängt werden (Art. 329 CT)
- Arbeitnehmer soll wegen seines Fehlverhaltens gekündigt werden (zusätzlich sind Besonderheiten der Art. 353 ff. CT zu berücksichtigen)
- verhaltensbedingte Kündigung erfolgt in einem kleinen Unternehmen (Besonderheiten des Art. 358 CT müssen beachtet werden)

Die weitere Analyse legt den Schwerpunkt auf die Konstellationen, in welchen die Kündigung als Sanktion des Fehlverhaltens ausgesprochen werden soll.

Erfährt der Arbeitgeber von einem schuldhaften Verhalten und kennt er den zu beschuldigenden Arbeitnehmer, so kann er das Disziplinarverfahren innerhalb von 60 Tagen eröffnen (Art. 329 Nr. 2 CT). Einige betonen, dass für den Fristbeginn die Kenntnis des Verhaltens des Arbeitnehmers nicht ausreichend sein könne, sondern erst der Moment, in dem ein juristisch vorwerfbares Verhalten eines „Beschuldigten" vorliege[353]. Diesen Zeitpunkt sieht eine Ansicht in der Vollendung (*consumo*) der

349 Rückschluss aus Registerpflicht Art. 332 CT; ausdrücklich: Ac. STJ 20.2. 2002 Proc. Nr. 01S3657 (Leitsatz); Ac. STJ 15.9. 2016 Proc. Nr. 14633/14 (III II).

350 Ac. TC 338/2010 vom 22.9. 2010 Proc. Nr. 175/09 (III).

351 *Romano Martinez,* Direito do Trabalho, S. 989.

352 So ausdrücklich auch: Ac. STJ 3.3. 2004 Proc. Nr. 03S2731 (3.2); bestätigend: Ac. STJ 21.2. 2006 Proc. Nr. 05S3738 (II 2.2).

353 So schon: *Carlos Antunes/Amadeu Guerra*, Despedimentos, S. 75, 76; *Bernardo Xavier*, RDES 1989, 399–480 (449); ebenso für CT: *Furtado Martins*, Cessação do Contrato, S. 184.

Verletzungshandlung[354]; nach anderer Ansicht erst in dem Eintritt deren Erfolges[355]. Bei Dauertatbeständen beginnt diese Frist erst mit Beendigung dieses Tatbestands[356]. Im Gegensatz zu einem „normalen“ Disziplinarverfahren unterbricht in einem Disziplinarverfahren mit Kündigungsabsicht zwar nicht schon die Verfahrenseröffnung die Frist, sondern erst der Zugang des Anschuldigungsschreibens (*nota de culpa* – Art. 353 Nr. 3 CT). Hierbei kann der Arbeitgeber wählen, ob er die Ordnungsgewalt selbst ausübt oder einem Vertreter überträgt. Herr des Disziplinarverfahrens ist dabei der Inhaber der Ordnungs- und Einstellungsgewalt. Somit kommt es auf dessen Kenntnis für den Fristbeginn an (Art. 329 Nr. 2 CT). Es liegt eine Präklusionsfrist (*caducidade*) vor[357]. Darüber hinaus tritt unabhängig von der Kenntnis grundsätzlich nach einem Jahr Verjährung ein (Art. 329 Nr. 1 Alt. 1 CT). Erfüllt das schuldhafte Verhalten gleichzeitig einen Straftatbestand, greift für das Kündigungsrecht ebenfalls die Verjährungsfrist des Strafrechts (Art. 329 Nr. 1 Alt. 2 CT i.V.m. Art. 118 CP – *Código Penal*)[358]. Diese Verjährungsfristen laufen jedoch unabhängig von der Kenntnis des Arbeitgebers, beginnend mit dem vorwerfbaren Verhalten. Uneinheitlich wird die Frage beantwortet, ob ein Disziplinarverfahren während eines anhängigen Strafverfahrens ausgesetzt werden kann[359].

Wird das Disziplinarverfahren nach Fristablauf eröffnet, ist eine darauf gestützte Kündigung rechtswidrig (*ilícito* – Art. 382 Nr. 1 CT). Für Berücksichtigung der Rechtswidrigkeit hat der Arbeitnehmer dies im Gerichtsverfahren vorzutragen[360].

Das Disziplinarverfahren kann in drei Hauptphasen und eine eventuell erforderliche Phase der Vorermittlung gegliedert werden.

a. Vorermittlungsverfahren

Die Eröffnung des Disziplinarverfahrens setzt die Benennung des oder der Arbeitnehmer und des, diesen vorgeworfene, konkrete schuldhafte Verhalten voraus[361]. Fehlen

---

354 *Sousa Macedo*, Poder Disciplinar Patronal, S. 116.

355 Art. 119 Nr. 4 Strafgesetzbuch (*Código Penal DL* 48/95 vom 15.3. 1995 – DR Série I-A zuletzt geändert durch *L* 94/2017 vom 23.8. 2017 – DR Série I Nr. 162, S. 4915–4921); *Furtado Martins*, Cessação do Contrato, S. 194, 195 [dortiger weiterführender Verweis unzutreffend].

356 Ac. STJ 24.1. 2007 Proc. Nr. 06S3854 (3.2).

357 Art. 298 CC; Ac. TRC 31.1. 2013 Proc. Nr. 439/11 (II 2.3); Ac. STJ 15.9. 2016 Proc. Nr. 14633/14 (III II).

358 *Código Penal DL* 48/95 vom 15.3. 1995 i.d.F. *L* 94/2017 vom 23.8. 2017: Verjährung zwischen zwei und 15 Jahren; Ac. STJ 13.1. 2010 Proc. Nr. 1321/06 (3) Fristverlängerung entsprechend der strafrechtlichen Frist hängt nicht von Strafverfahren oder Strafrechtlicher Klage ab.

359 Dafür: Ac. TC 423/99 vom 30.6. 1999 Proc. Nr. 1094/98 (3); dagegen: Ac. TRP 8.11. 2010 Proc. Nr. 196/08 (II).

360 Ac. STJ 12.2. 2009 Proc. Nr. 08S3965 (II 4–6).

361 Ac. TRL 5.12. 2001 Proc. Nr. 0081244 (Leitsatz I dgsi); *Abílio Neto*, CT, Art. 352, Rn. 3.

dem Arbeitgeber diesbezügliche Informationen, wird er ein Vorermittlungsverfahren (*inquérito prévio* – Art. 352 CT) zur Klarstellung des vorgeworfenen Sachverhalts einleiten[362]. Die so ermittelten Tatsachen können im Anschuldigungsschreiben verwertet werden. Das Vorermittlungsverfahren dient nach der Rechtsprechung nicht der Gewichtung von Beweisen, sondern lediglich deren Erhebung[363]. Es ist gesetzlich nicht weiter geregelt. Allerdings fordert die Rechtsprechung insbesondere die Feststellung des Verschuldensgrads im Rahmen der Vorermittlung.

Obwohl gesetzlich nicht zwingend, sollte bereits die Eröffnung der Vorermittlung gegen einen bestimmten Arbeitnehmer aus Gründen der Rechtssicherheit dem Betroffenen mitgeteilt werden[364]. Bereits zu diesem Zeitpunkt ist eine vorläufige Freistellung des Arbeitnehmers unter Fortzahlung der Bezüge möglich, sofern dessen weitere Anwesenheit im Unternehmen nachteilig wäre (Art. 329 Nr. 5, 354 CT).

Ist das Vorermittlungsverfahren erforderlich, um den Beschuldigten zu ermitteln, so beginnt die Frist der Einleitung des Disziplinarverfahrens erst mit Identifikation des handelnden Arbeitnehmers (Art. 352 CT). Das Vorermittlungsverfahren ist innerhalb von 30 Tagen nach dem Verdacht des schuldhaften Verhaltens zu beginnen; weiter muss nach Abschluss der Vorermittlung innerhalb von 30 Tagen die schriftliche Anschuldigung (*nota de culpa*) erfolgen (Art. 352 CT). Die Dauer der Vorermittlung als solcher ist, sofern es mit der gebotenen Sorgfalt betrieben wird und nicht vorsätzlich verzögernd erfolgt, gesetzlich nicht eingeschränkt.

b. Anschuldigung (*acusação*)

Der Vorwurf des konkreten, ihm vorgeworfenen Verhaltens ist dem schuldhaft handelnden Arbeitnehmer jedenfalls innerhalb von 30 Tagen nach Beginn der Vorermittlung schriftlich mitzuteilen (Art. 353 Nr. 1 CT). Eine ausführliche Schilderung ohne Vorlage von Dokumenten genügt dem Sinn, dem Arbeitnehmer die Verteidigung zu ermöglichen[365]. Weiter ist der Arbeitnehmer deutlich von der bestehenden potentiellen Kündigungsabsicht zu unterrichten (*comunicação da intenção de despedir*). Dies kann in einem einheitlichen Dokument erfolgen[366]. Diese schriftliche, empfangsbedürftige Mitteilung der verhaltensbedingten Kündigungsabsicht eröffnet das eigentliche Disziplinarverfahren (Art. 353 Nr. 1 CT).

Das vorgeworfene Verhalten ist in dem Anschuldigungsschreiben (*nota de culpa*) so detailliert zu beschreiben, dass dem Arbeitnehmer eine Verteidigung möglich

---

362 Ac. STJ 4.10. 2006 Proc. Nr. 06S573 (II 3).

363 Ac. 11.10. 2001 Proc. Nr. 01S591.

364 *Abílio Neto*, CT, Art. 352 CT, Rn. 4; a.A.: *Furtado Martins*, Cessação do Contrato, S. 199, 200.

365 Ac. STJ 22.3. 2007 Proc. Nr. 06S4609 (3.2).

366 Entgegen erstem Anschein des Wortlautes von Art. 353 Nr. 1 CT so ausdrücklich: Ac. STJ 4.6. 1997 Proc. Nr. 96S247 (Leitsatz dgsi); vgl. auch: Mitteilung der Kündigungsabsicht als wesentliches Element der Anschuldigung: *Monteiro Fernandes*, Direito do Trabalho, S. 590.

ist. Art, Zeit und Ort, aus denen die Anschuldigung folgt, sind ebenso zwingend mitzuteilen, wie der Hinweis auf die Möglichkeit der Verteidigung gegen die geplante Kündigung[367]. Eine Ergänzung der Anschuldigung durch ein weiteres Anschuldigungsschreiben ist für zulässig erachtet worden, da das Gesetz hier keine Präklusion vorsieht[368]. Dies ist umso wichtiger, als ein Nachschieben der Begründung im gerichtlichen Verfahren nicht mehr möglich ist (s. § 13). Der Verschuldensgrad ist dem Arbeitnehmer ebenfalls mitzuteilen[369]. Dieses Schreiben (Art. 353 Nr. 1 CT) ist gleichzeitig der Arbeitnehmervertretung weiterzuleiten (Art. 353 Nr. 2 CT).

Für die Übermittlung dieses Schreibens bestehen verschiedene Möglichkeiten: persönliche Übergabe (*por protocolo*), gegen Quittung (*recibo*), mit Zeugen sowie per Post mittels Einschreiben oder Empfangsbestätigung (*registo / aviso de receção*). Maßgeblich ist jeweils die nachweisbare Dokumentation der Übergabe[370]. Bei vorsätzlicher Zugangsverhinderung erfolgt eine Zugangsfiktion (Art. 357 Nr. 7 CT).

Das Disziplinarverfahren kann entweder durch den Arbeitgeber selbst oder mittels eines von ihm beauftragten Vertreters (Verfahrensleiter) durchgeführt werden (Art. 98, 329 Nr. 4 CT)[371]. Die Kündigungsentscheidung ist jedoch immer durch den Arbeitgeber selbst zu treffen. Erlangt der Arbeitgeber nach der Übermittlung des Anschuldigungsschreibens (*nota de culpa*) Kenntnis von weiteren, eine Kündigung rechtfertigenden Tatsachen, so kann er diese dem Arbeitnehmer in einem weiteren Anschuldigungsschreiben mitteilen, um eine spätere Verwertung dieser Tatsachen zu ermöglichen. Der Arbeitnehmer muss auf dieses Schreiben erwidern können[372].

Die in dem Anschuldigungsschreiben erfolgende Antizipation der Kündigung wird teils kritisch gesehen. Sie stelle eine Entwertung der Verteidigungsmöglichkeit des Arbeitnehmers dar[373]. Andere heben hervor, dass es für den Arbeitnehmer vorteilhaft sei, das Ausmaß seiner Lage bereits früh erkennen zu können[374].

c. Verteidigung des Arbeitnehmers (*defesa*)

Innerhalb von zehn Werktagen nach Zustellung der Anschuldigung kann der Arbeitnehmer seine Verfahrensakte einsehen und zu dem Vorwurf schriftlich Stellung nehmen (Art. 355 Nr. 1 CT). Außerdem kann er Unterlagen beilegen und eine entsprechende Beweiserhebung beantragen. Beantragbare Beweise sind etwa die

---

367 Ac. STJ 19.12. 2007 Proc. Nr. 07S3422 (II 4); ebenso: *Furtado Martins*, Cessação do contrato, S. 209.

368 Ac. STJ 24.1. 2007 Proc. Nr. 06S3854 (3.4).

369 Dieser ist im Rahmen des Vorermittlungsverfahrens festzustellen (s. § 7 B I 1 a); *Alcides Martins*, Direito do Processo Laboral (2014), S. 261.

370 *Alcides Martins*, Direito do Processo Laboral, S. 291.

371 Verfahrensleiter kann dabei jede natürliche Person sein: *Vaz Marecos*, in FS Bernardo Xavier, S. 13–38 (15).

372 *Alcides Martins*, Direito do Processo Laboral, S. 295.

373 *Menezes Cordeiro*, Manual Trabalho, S. 841.

374 *Monteiro Fernandes*, Direito do Trabalho, S. 590.

Vorlage bestimmter Dokumente oder die Anhörung von Zeugen durch den Verfahrensleiter[375].

Eventuelle Verfahrensmängel des Anschuldigungsschreibens des Arbeitgebers werden durch eine Erwiderung des Arbeitnehmers geheilt, da mit der Verteidigung des Arbeitnehmers das Ziel der Formvorschriften erreicht wird[376]. Eine fehlende Begründung der Kündigung ist auf diese Weise nicht heilbar; sie stellt eine zwingende Wirksamkeitsvoraussetzung dar[377]. Legt der Arbeitnehmer kein (bzw. nicht fristgemäßes) Verteidigungsschreiben vor, folgt daraus nicht die Schlussfolgerung eines Geständnisses der vorgeworfenen Umstände[378].

d. Unternehmensinterne Untersuchung (*instrucção*)

Der Verfahrensleiter ist zur Erhebung der beantragten Beweise verpflichtet (Art. 356 Nr. 1 CT). Die, nach der teilweisen Verfassungswidrigkeit der Vorgängerregelung angewandte, systematisch äußerst problematische Herleitung dieser Pflicht durch extensive Auslegung der Ausnahmeregelung für Schwangere, ist damit nicht mehr erforderlich[379].

Offensichtlich verzögernden oder unsachlichen Beweisbegehren muss der Verfahrensleiter allerdings nicht nachgehen. Der Verfahrensleiter kann als Herr des Verfahrens den Ort der Zeugenvernehmung bestimmen, sofern dabei die Verteidigung des Arbeitnehmers nicht unnötig erschwert wird[380]. Bei der Beurteilung einer „unnötigen Erschwerung" ist zu berücksichtigen, dass der Arbeitnehmer selbst für das Erscheinen der von ihm beantragten Zeugen sorgen muss (Art. 356 Nr. 4 CT). Hat der Arbeitnehmer viele Zeugen benannt, so ist der Verfahrensleiter nur zur Anhörung von drei Zeugen je zu beweisender Tatsache und insgesamt zehn Zeugen verpflichtet (Art. 356 Nr. 3 CT). Der Verfahrensleiter hat dabei kein Auswahlermessen; die Zeugen sind gemäß der Reihenfolge der Liste des Arbeitnehmers zu

---

375 Ac. TRL 4.10. 2006 Proc. Nr. 5619/2006-4 (III); *Furtado Martins,* Cessação do Contrato, S. 219; Romano Martinez, QL 2011, 107–128 (108).

376 Noch zu Vorgängernorm LCCT 89: Ac. STJ 11.12. 2002 Proc. Nr. 02S2239; für weitere Anwendbarkeit auch: *Alcides Martins,* Direito do Processo Laboral, S. 290; *Vaz Marecos,* in FS Bernardo Xavier, S. 13–38 (18).

377 *Fraústo da Silva,* in O novo CPC e o CPT, S. 85–101 (92).

378 *Vaz Marecos,* in FS Bernardo Xavier, S. 13–38 (23); *Furtado Martins,* Cessação do Contrato, S. 216.

379 Ac. TC 338/2010 vom 22.9. 2010 Proc. Nr. 175/09 (II, III): ursprüngliche Fassung des Art. 356 Nr. 1 CT verstoße gegen Art. 32 Nr. 10, 53 CRP; dementsprechend durch *L* 23/2012 vom 25.6. 2012 geänderter Art. 356 Nr. 1, 2 CT; bis zu der Klärung durch *L* 23/2012 behalf sich die Praxis mit einer extensiven Anwendung der Ausnahmeregelung für Schwangere, welche einen Beweiserhebungszwang enthielt: *Romano Martinez,* in Urteilsbesprechung Ac. TRL 21.10. 2009, QL 2011, 107–128 (110); *Furtado Martins,* Cessação do Contrato, S. 219.

380 Im Ergebnis so: Ac. STJ 18.1. 2005 Proc. Nr. 04S3040 (3.1).

hören[381]. Darüber hinaus ist zu beachten, dass die Rechtsprechung fordert, dass die durch den Arbeitnehmer beantragten Zeugenaussagen schriftlich einzuholen sind[382].

Leitet der Arbeitgeber die Ermittlungen selbst, so ist für die Zeit einer Parteieinvernahme ein kommissarischer Verfahrensleiter zu bestimmen (Art. 499 CC analog).

Die Beweisaufnahme wird durch das Schlussgutachten des Verfahrensleiters abgeschlossen. Auf dieser Grundlage trifft der Arbeitgeber seine Entscheidung, ob ein schuldhaftes Verhalten vorliegt und wenn ja, welche Sanktion er verhängen wird. Nach Abschluss der Beweisaufnahme legt der Arbeitgeber das Anschuldigungsschreiben oder das Ergebnis der Beweisaufnahme sowie eine Kopie der Unterlagen des Disziplinarverfahrens (*cópia integral do processo*) dem Betriebsrat und, sofern der betroffene Arbeitnehmer Gewerkschaftsmitglied ist, ebenfalls der Gewerkschaft zur Stellungnahme vor (Art. 356 Nr. 5 CT). Diese Arbeitnehmervertretungsorgane können innerhalb von fünf Werktagen eine eigene Stellungnahme abgeben. Im Fall der Kündigung einer Schwangeren oder gleichgestellten Arbeitnehmern muss darüber hinaus eine Stellungnahme der Gleichstellungsbehörde eingeholt werden (s. § 11 A II)[383]. Entscheidet sich der Arbeitgeber gegen eine Kündigung, so ist die Beteiligung der Arbeitnehmervertretungsorgane nicht zwingend[384].

Diese Maßnahmen der Tatbestandsermittlung stellen keine Vorwegnahme eines gerichtlichen Verfahrens dar. Kommt es zu einem solchen, sind die Beweise durch das Gericht (ggf. erneut) unabhängig zu erheben (s. § 13 B I). Im Unterschied zum Ablauf eines gerichtlichen Verfahrens fordert das Gesetz im Rahmen dieses unternehmensinternen Verfahrens keine Anwesenheit oder Stellungnahme des Arbeitnehmers zu der Beweisaufnahme[385]. Offensichtlich rein verfahrensverzögernde oder unsachliche Beweisanträge kann der Arbeitgeber begründet ablehnen. Mängel im Rahmen dieses Untersuchungsverfahrens beeinträchtigen die vertragsauflösende Wirkung der Kündigung nicht, sondern stellen lediglich rügbare Rechtswidrigkeitsgründe dar[386].

2. Kündigung nach schuldhaften Verhaltens des Arbeitnehmers

Nach Erhalt der Stellungnahmen der Arbeitnehmervertretung oder dem erfolglosen Ablauf der Stellungnahmefrist kann der Arbeitgeber innerhalb von 30 Tagen nach Erhalt des Schlussgutachtens der unternehmensinternen Untersuchung die Kündigung wegen schuldhaften Verhalten aussprechen (Art. 357 Nr. 1 CT;

381 *Alcides Martins,* Direito do Processo Laboral, S. 294.

382 Ac. TRL 24.5. 2000 Rechtsmittel Nr. 987/4/99, CJ XXV 2000 T. III, S. 162–163 (m.w.N. S. 163).

383 Gleichstellungsbehörde: CITE (*Comissão para a Igualdade no Trabalho e no Emprego*) *DL* 76/2012 vom 26.3. 2012 – DR Série I Nr. 61 vom 26.3. 2012, S. 1445–1448.

384 *Furtado Martins,* Cessação do Contrato, S. 228.

385 Ac. STJ 8.6. 2006 Proc. Nr. 05S3731 (II, Leitsatz VII).

386 *Furtado Martins,* Cessação do Contrato, S. 222, 224.

s. § 7 A I)[387]. Die 30-tägige Frist beginnt einheitlich mit Abschluss der Beweisaufnahme. Selbst wenn die Ermittlungen des Arbeitgebers über die Anträge des Arbeitnehmers hinausgehen, verneint die Rechtsprechung einen früheren Fristbeginn[388]. Entgegen früherer Rechtsprechung ist dies nach der Regelung des CT eine Verfallsfrist (Art. 357 Nr. 1 CT a.E.)[389]. Dabei fordert das Gesetz („*proferir*" – „*erlassen*") für die Fristwahrung nicht die Kenntnis oder das Kennen-müssen des Arbeitnehmers, sondern lediglich eine Entäußerung der Willenserklärung des Arbeitgebers[390]. Die vertragsauflösende Wirkung tritt dagegen erst mit Kenntnis oder Kennen-müssen des Arbeitnehmers ein (Art. 357 Nr. 7 CT). Neben dieser Frist muss der Arbeitgeber beachten, dass die Zustellung (*notificado*) für eine wirksame Kündigung innerhalb eines Jahres seit Eröffnung des Disziplinarverfahrens zu erfolgen hat (Art. 329 Nr. 3 CT).

Die Kündigungserklärung muss schriftlich erfolgen und ist zu begründen (Art. 357 Nr. 4, 5 CT). Die Kündigungsentscheidung hat auf einer Abwägung aller relevanten Faktoren zu beruhen (Art. 357 Nr. 4 CT). Tatsachen, die nicht Gegenstand des Anschuldigungsschreibens (*nota de culpa;* s. § 7 B I 1 b) waren, dürfen in dieser Phase nicht mehr verwertet werden. Die in Portugal ratifizierte Vorgabe der IAO fordert, dass vor einer verhaltensbedingten Kündigung dem Arbeitnehmer grundsätzlich die Möglichkeit der Verteidigung gewährt werden muss (Art. 7 Konvention Nr. 158 IAO[391]). Dies erfolgt im Rahmen der verhaltensbedingten Kündigung durch das Anschuldigungsschreiben während des Disziplinarverfahrens. Damit wurde dem Arbeitnehmer die Möglichkeit gegeben, sich gegen die Vorwürfe zur Wehr zu setzen.

Das Kündigungsschreiben führt, mit Kenntnis oder Kennen-müssen des Arbeitnehmers, zur Auflösung des Arbeitsvertrags (Art. 357 Nr. 7 CT). Eine Kopie der Kündigung ist der zuständigen Arbeitnehmervertretung mitzuteilen.

3. *Modifikation bei Kleinbetrieben (*microempresa *– Art. 358 CT)*

Verfahrenserleichterungen für Kleinbetriebe (Art. 100 Nr. 1 lit. a CT – bis zu neun Arbeitnehmer) sieht das Gesetz an verschiedenen Stellen vor. Solche sind nach der Entscheidung des Verfassungsgerichts grundsätzlich zulässig[392]. Sie tragen dem Umstand Rechnung, dass die komplexen Anforderungen an das Disziplinar- und

387 *Furtado Martins*, Cessação do Contrato, S. 234, 235; in diese Richtung auch, indem es betont, dass die Fristregelung auf alle erforderlichen Ermittlungsmaßnahmen bezugnehme Ac. TRL 19.1. 2011 Proc. Nr. 673/09, CJ 2011 T. I, S. 168–171 (170).

388 Ac. STJ 14.5. 2008 Proc. Nr. 08S643 (II 4).

389 Siehe z.B. ausdrücklich für frühere Rechtsprechungsansicht: Ac. TRL 18.2. 1998 Rechtsmittel Nr. 6563/97, CJ XXIII 1998, T. I, S. 175–176.

390 Ac. STJ 14.5. 2008 Proc. Nr. 08S643 (II 4); Ac. STJ 7.3. 2012 Proc. Nr. 17/10 (II 1).

391 Resolution des Parlaments (*Resolução da Assembleia da República*) Nr. 55/94 vom 27.8 – DR Série I-A Nr. 198, 4991–4998.

392 Ac. TC 581/95, S. 96–125.

Kündigungsverfahren von kleinen Betrieben nicht oder nur schwer umzusetzen sind. Dennoch scheint die Praxisrelevanz dieser Erleichterungen sehr gering. Im Rahmen des Disziplinarverfahrens sind Kleinbetriebe nämlich lediglich von der Verpflichtung befreit, die Stellungnahme der Arbeitnehmervertretung einzuholen, sofern der betroffene Arbeitnehmer kein Mitglied der Arbeitnehmervertretung ist (*comissão de trabalhadores / representante sindical* – Art. 358 Nr. 1 CT; s. § 7 B I 1 d).

4. Rechtsvergleichende Stellungnahme

Beide in der portugiesischen Diskussion zu findenden Ansichten der Funktion der Anzeigepflicht der Kündigung im Anschuldigungsschreiben heben wahre und wichtige Aspekte hervor. Einerseits besteht die Gefahr, dass der Arbeitgeber gerade dadurch, dass er seine Absicht eine Kündigung auszusprechen „öffentlich" macht, einem höheren Druck unterliegt, diese umzusetzen. Dementsprechend könnten entlastende Momente in den Hintergrund geraten. Verschärfend wirkt dabei, dass es den zu beteiligenden Arbeitnehmervertretern nicht möglich ist, die Kündigung zu verhindern. Andererseits ist zu bedenken, dass der Arbeitgeber nach wie vor der potentiellen gerichtlichen Überprüfung unterliegt und folglich davon ausgehen wird, dass die Kündigung nur Bestand haben wird, wenn sie auf rechtmäßigen Kündigungsgründen beruht. Demnach erscheint das Verfahren eher den Sachverhalt zu klären und so unbegründete Kündigungen zu verhindern. Für den Arbeitnehmer ist es neben der früh ansetzenden Möglichkeit sich zu verteidigen und dadurch den Verfahrensausgang zu beeinflussen ebenfalls vorteilhaft, sich auf eine potentielle Kündigung einzustellen.

Diese Analyse zeigt ein Überwiegen der Vorteile einer Sachverhaltsaufklärung sowie Einbeziehung der Arbeitnehmervertretung. In der Anzeige der Kündigungsabsicht im Anschuldigungsschreiben kann keine Rechtsverkürzung gesehen werden.

Das Verbot des Nachschiebens von Kündigungsgründen, welche nicht bereits in dem Anschuldigungsschreiben aufgeführt worden sind, scheint sehr formalistisch. Aus externer Sicht ist darin einer der Faktoren des sehr strengen Kündigungsschutzes zu sehen. Die dadurch verursachten Verfahrenserschwernisse verursachen auf Seiten der Arbeitgeber und der Gerichte vermeidbare Kosten, wegen eventuell erforderlichen weiterer Gerichtsverfahren nach erneuter Klage bzw. Lohnzahlungen oder Aufhebungsverträge, wenn eine erneute wirksame Kündigung nicht (mehr) möglich ist.

Der Gleichlauf der Ermittlungsfrist des Arbeitgebers für alle Disziplinarmaßnahmen schafft Rechtssicherheit. Im Gegensatz dazu, besteht die strenge zweiwöchige Frist des § 626 II BGB nur für eine Kündigung des Arbeitgebers. Eine Abmahnung ist nicht fristgebunden.

II. Fristgebundene Kündigungen wegen objektiver Kündigungsgründe

Die fristgebundenen Kündigungen beruhen auf objektiven wichtigen Gründen. Das Kündigungsverfahren der objektiven Kündigungsgründe unterscheidet sich von dem Verfahren der verhaltensbedingten subjektiven Kündigung.

Bei objektiven Gründen ist, im Gegensatz zu der fristlos möglichen Kündigung wegen schuldhaftem Verhalten des Arbeitnehmers, jeweils eine Mindestkündigungsfrist (*aviso prévio*) einzuhalten. Nachdem lange eine einheitliche Kündigungsfrist von 60 Tagen galt, richtet sich diese seit dem CT nach der Dauer der Betriebszugehörigkeit des gekündigten Arbeitnehmers und beträgt zwischen 15 Tagen (Betriebszugehörigkeit unter einem Jahr) und 75 Tagen (Betriebszugehörigkeit über zehn Jahre)[393]. Kollektive Regelungen können die gesetzliche Mindestkündigungsfrist verlängern[394]. Die Frist beginnt mit Empfang des Kündigungsschreibens. Hat sich der Zugang dieses Kündigungsschreibens außergewöhnlich verzögert, ist dem Arbeitgeber eine Korrektur dieses, im Kündigungsschreiben als voraussichtlichen Beendigungszeitpunkt angegebenen Termins, zu gestatten[395]. Während der Kündigungsfrist soll dem gekündigten Arbeitnehmer der Übergang in eine neue Beschäftigung erleichtert werden. Daher kann er nach vorheriger Ankündigung einen Zeitraum von bis zu zwei Tagen pro Woche ohne Gehaltseinbußen für Bewerbungen aufwenden und seinerseits den Vertrag mit einer Kündigungsfrist von drei Werktagen vorzeitig beenden, ohne dass er den Abfindungsanspruch verliert (*direito à compensação*)[396].

1. Betriebsbedingte Kündigung

Das interne Verfahren dieser Kündigung, welches zum Entschluss des Arbeitgebers, Arbeitsplätze abzubauen, führt, ist rechtlich nicht geregelt. Die Unternehmensentscheidung ist im Grundsatz nicht überprüfbar[397]. Dem Arbeitgeber ist es sowohl bei der kollektiv-betriebsbedingten als auch bei der individual-betriebsbedingten Kündigung verwehrt, eine Austauschkündigung vorzunehmen[398]. Die Arbeitsplätze der gekündigten Arbeitnehmer können nicht, ebenso wenig mit leicht abgewandelter Aufgabenbeschreibung, durch andere Arbeitnehmer oder Leiharbeitnehmer erneut besetzt werden. Der Arbeitsplatz muss tatsächlich entfallen. Gleichzeitig sieht das Gesetz keine Wartefrist des Arbeitgebers für Neueinstellungen vor.

Nach dem Gesetzeswortlaut ist der Arbeitgeber damit an einer Neueinstellung nach Ausspruch der Kündigung nicht gehindert, sofern er diese für erforderlich hält. Ändern sich im Verhältnis zum Zeitpunkt der Kündigung die objektiven

393 Bei personenbedingter Kündigung: Art. 378 Nr. 2 CT; kollektiv-betriebsbedingte Kündigung: Art. 363 Nr. 1 CT und individual-betriebsbedingte Kündigung: Art. 371 Nr. 3 CT.

394 *Bernardo Xavier*, Despedimento Colectivo, S. 395; s. § 3 C III 1.

395 *Furtado Martins*, Cessação do Contrato, S. 352.

396 Bei personenbedingter Kündigung: Art. 379 Nr. 1 i.V.m. 364, 365 CT; kollektiv-betriebsbedingte Kündigung: Art. 364 und 365 CT und individual-betriebsbedingte Kündigung: Art. 372 i.V.m. 364, 365 CT.

397 So ausdrücklich etwa: Ac. TRL 6.4. 2011 Proc. Nr. 17/08 (Ausführungen zu Leitsatz 3).

398 *Bernardo Xavier*, Despedimento Colectivo, S. 606.

Umstände in einem maßgeblichen Umfang und kann der Arbeitgeber dies darlegen, so kann er, soweit erforderlich, gleiche oder ähnliche Arbeitsplätze wieder schaffen, ohne die Voraussetzungen der Kündigung rückwirkend entfallen zu lassen[399]. Als rein unternehmerische Entscheidung ist die Einstellung neuer Arbeitskräfte nie zu beanstanden. Damit stellt sich lediglich die Frage, ob die enge zeitliche Nähe der Schaffung neuer Arbeitsplätze zu der Annahme führen muss, dass bereits das Entfallen zu verneinen ist und somit die Voraussetzungen des Kündigungsgrundes nicht vorliegen. Ausgehend von praktischen Erwägungen kann es sinnvoll sein die Klagefrist als „Karenzfrist" vor Neueinstellungen abzuwarten, da diese Neueinstellungen ansonsten in einer gerichtlichen Überprüfung der Kündigungen als Indiz für das Fehlen eines Arbeitsplatzwegfalls gewertet werden könnten (Art. 388 Nr. 2 CT; s. § 13 B III). Andererseits hängt die Rechtmäßigkeit der Kündigung der alten Arbeitsverhältnisse ausschließlich von einer Veränderung der Umstände ab, demzufolge ist eine Neueinstellung unschädlich.

Eine Karenzfrist ist mangels gesetzlicher Anhaltspunkte abzulehnen. Zudem erscheint es unbillig, dass über diese Parallele zur Klagefrist entgegen der Konzeption des materiellen Rechts zwei unterschiedliche Fristen für den einheitlichen Umstand des Wegfalls des Arbeitsplatzes bestünden.

Der Zeitpunkt für die Beurteilung der Rechtmäßigkeit der betriebsbedingten Kündigung in Fällen, in denen bereits während des Kündigungsverfahrens erhebliche Änderungen eintreten, scheint noch nicht abschließend geklärt[400]. *Xavier* spricht sich dafür aus, auf den Zeitpunkt des Ausspruchs der Kündigungsentscheidung abzustellen und nicht auf den Zeitpunkt des Ablaufs der Kündigungsfrist oder der Gutachtenphase (*apreciação dos peritos*)[401].

a. Kollektiv-betriebsbedingte Kündigung (*despedimento coletivo*)

Im Gegensatz zu der Situation der materiellen Kündigungsschranken, bei denen sich die individual-betriebsbedingte Kündigung wegen Arbeitsplatzwegfalls kaum von der kollektiv-betriebsbedingten Kündigung unterschieden hat, bestehen Unterschiede im Ablauf des Kündigungsverfahrens.

Die Möglichkeit des Arbeitgebers, den Arbeitsvertrag einseitig zu beenden, ist an verfahrensrechtliche Voraussetzungen und eine Begründungspflicht gekoppelt (Art. 359 ff. CT). Diese Voraussetzungen sollen nach der Konzeption des Gesetzes einen Ausgleich für das verfassungsrechtlich gewährte Recht des Arbeitgebers an der Fortsetzung der Arbeitsbeziehungen darstellen[402]. Das Verfahren bis zur Kündigung ist in folgende Phasen unterteilt:

---

399 *Furtado Martins*, Cessação do Contrato, S. 290, 291.

400 *Bernardo Xavier*, Despedimento Colectivo, S. 605–606.

401 *Bernardo Xavier*, Despedimento Colectivo, S. 605–606.

402 *Bernardo Xavier*, Despedimento Colectivo, S. 726.

- Mitteilung der Kündigungsabsicht an Arbeitnehmervertretung (Art. 360 CT)
- Verhandlung mit Arbeitnehmervertretung mit Ziel einer Vereinbarung über anzuwendende Maßnahmen und Reichweite der Kündigungsfolgen (Art. 361 CT)
- Ausspruch der Kündigung gegenüber den einzelnen Arbeitnehmern (Art. 363 CT)

aa. Mitteilung der Kündigungsabsicht

Nachdem der Arbeitgeber die unternehmerische Entscheidung der Kündigung getroffen hat, muss er diese Kündigungsabsicht der Arbeitnehmervertretung (*comissão de trabalhadores* – Art. 360 Nr. 1 CT) schriftlich mitteilen. Diese Mitteilung hat folgende Angaben zu den Hintergründen seiner Entscheidung und deren Durchführung zu enthalten (Art. 360 Nr. 2 lit. a-f CT):

- Kündigungsgründe
- Personalverteilung im Unternehmen
- Auswahlkriterien der zu kündigenden Arbeitnehmer
- Anzahl und Eingruppierung der zu kündigenden Arbeitnehmer
- Zeitraum der Durchführung der Personalreduzierung
- Methode der Entschädigungsberechnung.

Besteht keine Arbeitnehmervertretung, ist die Kündigungsabsicht hilfsweise jedem einzelnen potentiell betroffenen Arbeitnehmer mitzuteilen (Art. 360 Nr. 3 CT). Die betroffenen Arbeitnehmer können innerhalb von fünf Werktagen maximal fünf von ihnen als ihre „*ad-hoc*-Vertretung" (*comissão ad-hoc*) bestimmen. Diese spontane Vertretung dient dem Arbeitgeber als Empfänger der weiteren in dem Kündigungsverfahren mitzuteilenden Informationen (Art. 360 Nr. 2 CT). Bestimmen die betroffenen Arbeitnehmer trotz fehlender dauerhafter Vertretung keine „*ad-hoc*-Vertretung", so scheint derzeit die Ansicht in der Praxis vorzuherrschen, dass nur dann wirksam kollektiv-betriebsbedingt gekündigt werden kann, wenn der Arbeitgeber alle Informationen jedem betroffenen Arbeitnehmer mitteilt und jeden bei der anschließenden Verhandlung (Art. 361 CT) beteiligt[403]. Dagegen wenden sich das Arbeitsministerium (*Ministério do Trabalho*), ältere Rechtsprechung und Teile der Literatur: Werde keine „*ad-hoc*-Vertretung" gebildet, müsse die Verhandlung entfallen, da sonst die betroffenen Arbeitnehmer das Verfahren dadurch bewusst verzögern könnten[404]. Das Gesetz spricht hier ausdrücklich nur von einer Verhandlung mit der Arbeitnehmervertretung (Art. 361 Nr. 1 CT) und stellt den betroffenen Arbeitnehmern die Bildung einer „*ad-hoc*-Vertretung" frei (Art. 360 Nr. 3 CT „*können bestimmen*"). Gegen diese kritischen Stimmen tendiert die Rechtspraxis in diesen Fällen dazu, alle Arbeitnehmer bei der Verhandlung zu beteiligen. Dies erscheint

---

403 Ac. TRP 21.11. 2011 Proc. Nr. 816/09 (direito); Ac. TRL 13.7. 2010 Proc. Nr. 486/08 (II); Ac. TRÉ 19.2. 2008 Proc. Nr. 3201/07-2 (III).

404 *Bernardo Xavier*, Despedimento Coelctivo, S. 462; ebenso: *Silva e Sousa*, in FS Bernardo Xavier Vol. III, S. 479–506 (491); *Furtado Martins*, Cessação do Contrato, S. 337; Ac. TRP 7.10. 2002 Proc. Nr. 0240596.

vor dem Hintergrund der dies zunehmend fordernden Rechtsprechung und der Durchführung eines ungestörten Kündigungsverfahrens durch Weitergabe aller erforderlichen Informationen sinnvoll.

bb. Verhandlung über Kündigungswirkungen

Die anschließende Verhandlung erfolgt in der Regel zwischen Arbeitgeber und Arbeitnehmervertretung. Ort und Zeit der Verhandlung sind durch den Arbeitgeber zu bestimmen (Art. 361 Nr. 1 CT). Die dafür gesetzlich vorgesehene Frist von fünf Tagen bezieht sich lediglich auf die Festlegung eines Verhandlungstermins, nicht auf die Durchführung der Verhandlung selbst[405]. Fristbeginn ist der Tag der Mitteilung[406]. Sanktionsbewährt ist lediglich das völlige Unterlassen der Verhandlungseinberufung, nicht eine Fristüberschreitung (Art. 383 lit. a CT). Ziel ist es, eine Einigung über den Umfang und die Auswirkungen der anzuwendenden Maßnahmen zur Abwendung der unternehmerischen Krise zu erreichen. Denkbare Maßnahmen zur Abwendung oder Reduzierung der Anzahl der zu kündigenden Arbeitnehmer sind etwa die im portugiesischen Recht erstmals mit der Notfallgesetzgebung 1983 eingeführte und durch die Intervention der Troika wieder sehr aktuelle, zeitweise Reduzierung oder Aussetzung der Arbeitsleistung (Art. 361 Nr. 1 i.V.m. Art. 298 ff. CT)[407]. Mit Zustimmung des jeweiligen Arbeitnehmers ist überdies eine Neueingruppierung oder Verrentung möglich (Art. 361 Nr. 3 CT). Einer betriebsbedingten Kündigung müssen jedoch nicht zwingend mildere Maßnahmen vorausgehen[408]. Hauptgegenstand dieser Verhandlung stellt meist die Ermittlung der zu gewährenden Entschädigung der betroffenen Arbeitnehmer dar[409]. Die Verhandlung wird durch das Arbeitsministerium überwacht (Art. 362 CT). Fehler werden dem Arbeitgeber mitgeteilt und wenn dieser diese nicht beseitigt, in das Verhandlungsprotokoll aufgenommen. Das Ministerium überwacht lediglich den Verfahrensablauf, kann die Kündigung allerdings nicht verbieten[410]. Das Gesetz schreibt nur die Durchführung vor („*promover a negociação*" – Durchführen der Verhandlung – Art. 383 lit. a CT). Es besteht keine Verpflichtung ein bestimmtes Verhandlungsergebnis zu erzielen. Dies hat zur Folge, dass in der Praxis die Entscheidung des Arbeitgebers in der Verhandlung nicht tatsächlich zur Disposition

---

405 Wortlaut Art. 361 Nr. 1 CT „*promove*" – „veranlasst"; für dieses Fristverständnis ausdrücklich: *Furtado Martins*, Cessação do contrato, S. 334; im Ergebnis ebenso: *Bernardo Xavier*, Despedimento Coelctivo, S. 473.

406 „*data do acto*" Art. 361 Nr. 1 CT.

407 *DL* 398/83 vom 2.11. 1983 – DR Série I Nr. 252, S. 3738–3743; *DL* 23/2012 vom 25.6. 2012; weiterführend zu Aussetzung und Reduzierung der Arbeitsleistungspflicht etwa: *António Carvalho*, RDES 2012, 119–161 (insbesondere S. 125 ff.).

408 So auch ausdrücklich allgemeine Meinung: *Furtado Martins*, Cessação do Contrato, S. 280; *Bernardo Xavier*, Despedimento Colectivo, S. 480.

409 *Furtado Martins*, Cessação do Contrato, S. 321.

410 Dies war bis zur Einführung des LCCT anders (s. § 3 B II).

steht[411]. Damit stellt die Verhandlungspflicht kein besonders effektives Mittel zur Einschränkung von Kündigungen dar.

cc. Kündigungsausspruch

Die eigentliche Kündigung ist gegenüber jedem einzelnen Arbeitnehmer gesondert auszusprechen. Die jeweiligen Begründungen müssen nicht übereinstimmen. Die im Rahmen des Gesamtprozesses der betriebsbedingten Arbeitsplatzreduzierung erreichten Vertragsbeendigungen, die nicht auf einer Kündigungserklärung des Arbeitgebers beruhen (z.B. vorzeitige Verrentung s. § 4 C I 3; Aufhebungsvertrag s. § 4 C II) stellen keine betriebsbedingte Kündigung dar.

Die Kündigung muss schriftlich erfolgen und ist empfangsbedürftig (s. § 6 B). Wurde in der Verhandlung eine Einigung erzielt, kann der Arbeitgeber den Betroffenen umgehend die Kündigung erklären (Art. 363 Nr. 1 Alt. 1 CT). Kam keine Einigung zustande, kann der Arbeitgeber die Kündigung erst aussprechen, wenn seit der Mitteilung der Kündigungsabsicht (Art. 360 Nr. 1 CT; s. § 7 B II 1 a. aa.) eine Karenzfrist von mindestens 15 Tagen verstrichen ist (Art. 363 Nr. 1 Alt. 2 CT). Darin ist keine Ausschlussfrist zu sehen, nach deren Ablauf eine Kündigung unzulässig ist, sondern ein zeitweiser Ausschluss der Kündigung, um die Durchführung der Informationsphase sicherzustellen[412]. Im Fall der Zustellung der Mitteilung an alle betroffenen Arbeitnehmer ist von dem zuletzt erfolgten Empfang auszugehen[413]. Nach dem Sinn dieser Karenzfrist als Überlegungsfrist des Arbeitgebers und nicht als Verteidigungsfrist der Arbeitnehmer erscheint dies nicht zwingend. Soweit ersichtlich besteht hierzu keine Rechtsprechung. Selbst wenn das Gesetz dazu schweigt, kann der Arbeitgeber nach Treu und Glauben nicht beliebig lange mit der Kündigungserklärung warten. In diesem Sinn hat das Oberste Zivilgericht zu einer hinsichtlich dieser Fragestellung übereinstimmenden Vorgängernorm ausgeführt, dass eine Kündigung nur zulässig sei, wenn die in den Informationen und der Verhandlung bekannt gegebenen Grundlagen noch unverändert seien; außerdem dürfe kein Rechtsmissbrauch in der Gestalt vorliegen, dass die Arbeitnehmer sich bereits auf den Fortbestand des Arbeitsverhältnisses eingestellt hätten und dann unerwartet doch gekündigt würden[414]. Die Rechtsprechung scheint dies großzügig zu handhaben. So wurden Kündigungen nach über einem Monat noch akzeptiert[415].

Der Arbeitgeber hat die Kündigungsentscheidung zu begründen und den Ausscheidungszeitpunkt sowie Zeitpunkt, Art und Höhe der Abfindungszahlung

---

411 *Fausto Leite*, PDT 2012, 73–85 (76).

412 Ac. TRL 22.2. 2017 Proc. Nr. 3089/15 (unter: fundamentação do direito); Ac. TRL 24.2. 2010 Proc. Nr. 635/09; *Luís Carvalhão*, PDT 2011, 93–105 (95); *Bernardo Xavier*, Despedimento Colectivo, S. 473.

413 *Furtado Martins*, Cessação do Contrato, S. 345.

414 Ac. STJ 30.9. 2009 Proc. Nr. 09S0233 (3.2.3); so schon: *Bernardo Xavier*, Despedimento Colectivo, S. 473.

415 Ac. TRL 24.2. 2010 Proc. Nr. 635/09; Ac. STJ 30.9. 2009 Proc. Nr. 09S0233 (3.2).

mitzuteilen (Art. 363 Nr. 1 CT). Der Umfang der Begründungspflicht ist nicht abschließend geklärt. Notwendig sei[416]:

> „*(...) se exige a indicação de um complexo motivacional, em que o empregador sintetiza as razões que assume como determinantes, de modo suficientemente nítido para dar a conhecer ao trabalhador os fundamentos essenciais(...)*"
>
> Etwa: „*(...) Angabe eines Motivbündels, wobei die für die Entscheidung des Arbeitgebers relevanten Gründe anzugeben seien. Die angegebenen Tatsachen müssten den Arbeitnehmer in die Lage versetzen, die konkrete Kündigungsentscheidung nachzuvollziehen.*"

Dabei ist weiter zu beachten, dass es nicht genügt den wirtschaftlichen Grund der globalen Entscheidung anzuführen. Vielmehr ist der konkrete Grund der Kündigung des einzelnen Arbeitnehmers darzulegen[417]. Der Zeitpunkt des Ausscheidens bemisst sich nach der individuell einzuhaltenden Kündigungsfrist für jeden zu kündigenden Arbeitnehmer gesondert (Art. 363 Nr. 1 lit. a-d CT – *aviso prévio*).

Im Rahmen der kollektiv-betriebsbedingten Kündigung sieht das Gesetz keine zwingenden Vorgaben für die Sozialauswahlkriterien vor (Art. 360 Nr. 2 lit. c CT). Die Sozialauswahl muss lediglich nicht diskriminierend erfolgen und auf objektiven Gründen beruhen[418].

b. Individual-betriebsbedingte Kündigung wegen Arbeitsplatzwegfalls (*por extinção de posto do trabalho*)

Im Rahmen des Kündigungsverfahrens sind zwei Elemente zu differenzieren:

- Festlegung des konkret wegfallenden Arbeitsplatzes bei mehreren vergleichbaren Arbeitsplätzen: Sozialauswahl (Art. 368 Nr. 2 CT)
- das der Kündigung vorgelagerte Verfahren gegenüber dem einzelnen zu kündigenden Arbeitnehmer (Art. 369–371 CT).

aa. Sozialauswahl

Für die Rechtmäßigkeit der konkreten individuellen Kündigung fordert die Rechtsprechung zunächst, dass eine Beziehung zwischen den im Rahmen der Reorganisation angeführten wirtschaftlichen Gründen und dem Wegfall des konkreten Arbeitsplatzes besteht[419]. Existieren mehrere Arbeitsplätze mit der gleichen Tätigkeit und entfällt aus wirtschaftlichen Gründen nur einer, muss der Arbeitgeber außerdem eine Sozialauswahl treffen (Art. 368 Nr. 2 CT). Im Rahmen der durch

---

416 *Bernardo Xavier*, Despedimento Colectivo, S. 525.

417 *Fraústo da Silva*, in FS Carvalho Fernandes, S. 541–558, (551).

418 Beispiele verwendeter Auswahlkriterien: *Sá Esteves*, in Direito do Trabalho + crise, S. 201–214 (207).

419 Ac. STJ 22.4. 2015 Proc. Nr. 822/08 (III 2.2).

die Intervention der Troika 2012 initiierten Reformen[420] wurde die Auswahl der zu kündigenden Arbeitsplätze deutlich liberalisiert. Der Arbeitgeber konnte nun selbst die Auswahlkriterien festlegen, um die für das Unternehmen vorteilhafteste Lösung zu finden (*L* 23/2012). Danach musste der Arbeitgeber lediglich darlegen, dass er bei der Entscheidung des Wegfalls des Arbeitsplatzes nach sachdienlichen und nichtdiskriminierenden Kriterien vorgegangen ist. Diese Modifikation wurde wegen Verstoßes gegen die Beschäftigungsgarantie (Art. 53 CRP) durch das Verfassungsgericht 2013 für verfassungswidrig erklärt[421].

Inzwischen ist der Gesetzgeber zu seiner ursprünglichen Konzeption gesetzlich vorgegebener Auswahlkriterien zurückgekehrt (Art. 368 Nr. 2 lit. a-e CT i.d.F. *L* 27/2014):

- Schlecht- / Nichtleistung entsprechend zuvor festgelegter Kriterien
- geringere akademische und berufliche Qualifikation
- Nutzen des Arbeitnehmers für Unternehmen
- geringere Erfahrung in aktueller Position
- geringere Betriebszugehörigkeit

Anhand dieser Kriterien ist die Auswahl des wegfallenden Arbeitsplatzes nichtdiskriminierend vorzunehmen. Der Rückgriff auf ein später aufgeführtes Kriterium ist erst möglich, wenn das oder die vor diesem stehenden verneint wurden[422]. Neu ist, dass die Auswahl nicht nur nach zeitlichen Faktoren, wie der Dauer der Betriebszugehörigkeit, sondern darüber hinaus nach der Qualifikation der Arbeitnehmer erfolgt[423]. Hinsichtlich des Kriteriums der akademischen und beruflichen Qualifikation (Art. 368 Nr. 2 lit. b CT) ist nicht auf die für den Arbeitsplatz mindestens erforderliche abzustellen, sondern es sind die konkret bestehenden Qualifikationen jedes einzelnen Arbeitnehmers zu ermitteln und zu vergleichen[424].

bb. Kündigungsverfahren

Steht der konkret wegfallende Arbeitsplatz fest, schließt sich das eigentliche Kündigungsverfahren an. Dieses ist dem Verfahren der kollektiv-betriebsbedingten Kündigung ähnlich: Das Verfahren beginnt mit einer Mitteilung an den betroffenen Arbeitnehmer und die zuständige Arbeitnehmervertretung (Art. 369 CT). Darauf

---

420 Insbesondere *L* 23/2012 vom 25.6. 2012.

421 Art. 368 Nr. 2 CT i.d.F. *L* 23/2012 vom 25.6. 2012 für verfassungswidrig erklärt durch: Ac. TC 602/13, S. 6241–6291; ersetzt durch *L* 27/2014 vom 8.5. 2014.

422 So: Art. 368 Nr. 2 CT *„um den erlöschenden Arbeitsplatz zu ermitteln, hat der Arbeitgeber eine Auswahl anhand folgender Kriterien zu treffen. Die Kriterien sind dabei entsprechend ihrer [gesetzlichen] Nennung anzuwenden (...).“*
Ausdrücklich: *Monteiro Fernandes*, Direito do Trabalho, S. 603; Ac. STJ 13.10. 2016 Proc. Nr. 314/15 (4.2.1).

423 Vergleiche Art. 368 Nr. 2 CT i.d.F. *L* 7/2009 vom 12.2. 2009.

424 Ac. STJ 13.10. 2016 Proc. Nr. 314/15 (4.2.1).

kann der betroffene Arbeitnehmer sowie die Arbeitnehmervertretung innerhalb einer Frist von zehn Tagen eine begründete Gegendarstellung (*atraves de parecer fundamentado*) erheben und darüber hinaus innerhalb von drei Werktagen das Eingreifen des Arbeitsministeriums fordern (Art. 370 CT). Ist der betroffene Arbeitnehmer als Gewerkschaftsvertreter (*representante sindical*) besonders geschützt, ist außerdem die entsprechende Gewerkschaft in dieses Verfahren einzubeziehen (Art. 369 Nr. 1 a.E., 370 Nr. 1 CT).

Anschließend kann der Arbeitgeber fünf Tage nach Ablauf dieser Stellungnahmefrist seine finale Kündigungsentscheidung treffen (Art. 371 Nr. 1 CT). Das Arbeitsverhältnis endet je nach Kündigungsfrist 15 bis 75 Tage später. Inhaltlich muss das Kündigungsschreiben folgende Punkte enthalten (Art. 371 Nr. 2 CT):

- Ursache für Wegfall des Arbeitsplatzes
- Vorliegen der Subsidiaritätsvoraussetzungen des Art. 368 Nr. 1 CT
- Beweis der Tatsachen, die den Wegfall des konkreten Arbeitsplatzes begründen, wenn dieser Wegfall angezweifelt wurde
- Angaben zu Höhe, Art- und Auszahlungszeitpunkt der Entschädigung (*compensação*) und offener Forderungen aus dem Arbeitsverhältnis
- Beendigungszeitpunkt

c. Rechtsvergleichende Analyse der Sozialauswahl betriebsbedingter Kündigungen

Im CT i.d.F. *L* 73/2017 vom 16.8. 2017 finden sich zwei sehr unterschiedliche Regelungen der Sozialauswahl. Im Rahmen der kollektiv-betriebsbedingten Kündigung fordert Art. 360 Nr. 2 lit. C CT lediglich die Angabe der durch den Arbeitgeber angewandten Kriterien der Sozialauswahl. Dagegen enthält Art. 368 Nr. 2 CT seit der durch die Verfassungsgerichtsentscheidung von 2013 erforderlich gewordenen Korrektur einen Katalog zwingender Sozialauswahlkriterien[425].

Gerade vor dem Hintergrund der Verfassungsgerichtsentscheidung von TC 602/2013 stellt sich die Frage, wie diese sehr gegensätzlichen Regelungen einzuordnen sind und ob sie nebeneinander Bestand haben können. Der Reformgesetzgeber von 2012 sah für die individual-betriebsbedingte Kündigung die Anwendung von nichtdiskriminierenden, durch den Arbeitgeber zu bestimmenden Auswahlkriterien vor. Dies stellt letztlich eine Angleichung der individual-betriebsbedingten Sozialauswahl an die Regeln der kollektiv-betriebsbedingten Sozialauswahl dar. Diese Regelung erklärte das Verfassungsgericht für verfassungswidrig, da sie gegen den Grundsatz der Rechtssicherheit verstoße. Nun stellt sich die Frage, warum diese Regelung der individual-betriebsbedingten Kündigung gegen die Rechtssicherheit verstößt, die der kollektiv-betriebsbedingten jedoch nicht. Dies lässt sich durch genauere Analyse des Kündigungsverfahrens beider Kündigungen erklären:

425 Ac. TC 602/2013, S. 6241–6291.

- Im Rahmen der kollektiv-betriebsbedingten Kündigung hat der Arbeitgeber diese Auswahlkriterien der Arbeitnehmervertretung mitzuteilen (Art. 360 Nr. 2 CT). Sie stellen somit lediglich die Basis der anschließenden Verhandlungen mit der Arbeitnehmervertretung dar. Eine konkrete, auf den einzelnen Arbeitnehmer zielende, Kündigungsentscheidung ist zumindest nach der Systematik des Gesetzes zu diesem Zeitpunkt noch nicht gefallen.
- Im Rahmen der individual-betriebsbedingten Kündigung trifft der Arbeitgeber die Sozialauswahl dagegen nach der Verfahrenssystematik zur Konkretisierung der konkreten individualisierten Kündigungsentscheidung.

Nachdem der Arbeitgeber unabhängig vom Ausgang der Stellungnahme die Kündigung aussprechen kann, entfaltet die Stellungnahme der Arbeitnehmervertretung bei der individual-betriebsbedingten Kündigung keine die Auswahlentscheidung ernsthaft beeinflussende Wirkung (Art. 371 Nr. 1 CT). Dies rechtfertigt das Bedürfnis nach Transparenz und Vorhersehbarkeit der Auswahlentschiedung. Wegen dieser verfahrensrechtlichen Unterschiede beider betriebsbedingter Kündigungen erscheint es nach der Verfassungsgerichtsentscheidung und Reform der Sozialauswahlkriterien durch *L* 27/2014 vom 8.5. 2014 nicht zwingend, diese reformierten Kriterien analog auf die kollektiv-betriebsbedingte Kündigung anzuwenden. Nachdem die Regelung der kollektiv-betriebsbedingten Kündigung von diesen Änderungen unberührt geblieben ist, würde eine derartige analoge Anwendung auch nicht dem Willen des Gesetzgebers entsprechen.

Die Sozialauswahlkriterien des CT weichen deutlich von denen des KSchG ab:

Art. 368 Nr. 2 CT	**§ 1 III Satz 1 KSchG**
1. Schlecht- / Nichtleistung entsprechend zuvor festgelegter Kriterien	1. Betriebszugehörigkeit
2. geringere akademische und berufliche Qualifikation	2. Lebensalter
3. Beibehaltung vorteilhafter für AG	3. Unterhaltspflichten
4. Nutzen des Arbeitnehmers für Unternehmen	4. Schwerbehinderung
5. geringere Betriebszugehörigkeit	

2. *Personenbedingte Kündigung* (inadaptação)

Nach der Verfassungsgerichtsentscheidung aus 2013 erscheint die Neufassung der personenbedingten Kündigung grundsätzlich genehmigt[426]. Entgegen der Fassung des Reformgesetzes aus 2012 steht ein verfügbarer, vergleichbarer Arbeitsplatz einer

426 Ac. TC 602/13, S. 6241–6296.

Kündigung jedoch wieder entgegen[427]. Eine Kündigung trotz verfügbaren anderen Arbeitsplatzes widerspricht dem Ultima-Ratio-Grundsatz und so der verfassungsrechtlichen Beschäftigungsgarantie (Art. 53 CRP)[428]. Hinsichtlich des weiteren Kündigungsverfahrens sind die Varianten der Leistungsminderung (Art. 374 CT) nicht zu differenzieren (Art. 376 ff. CT).

Der Arbeitgeber hat dem Arbeitnehmer schriftlich seine Kündigungsabsicht einschließlich der diese rechtfertigenden Gründe mitzuteilen (Art. 376 Nr. 1 lit. a CT). Damit der Arbeitnehmer diese Kündigungsentscheidung nachvollziehen kann, sind darüber hinaus bereits in dieser Absichtserklärung folgende Angaben erforderlich:

- eingeführte Arbeitsbedingungsänderungen oder Voraussetzungen einer erheblichen änderungsunabhängigen Leistungsminderung (Art. 375 Nr. 2 CT)
- Ergebnis der Fortbildungs- und Einarbeitungszeit (Art. 376 Nr. 1 CT).

Der Arbeitnehmer kann sich innerhalb von zehn Tagen ab Kenntnis der Kündigungsabsichtserklärung widersetzen (Art. 377 Nr. 1 CT). Eine Begründung ist fakultativ. Nach dieser Stellungnahme oder nach Ablauf der Zehn-Tagesfrist kann der Arbeitgeber innerhalb von 30 Tagen eine begründete, schriftliche Kündigung aussprechen. Dabei hat er die Formvorschriften des Art. 378 Nr. 1 CT einzuhalten.

Der Arbeitgeber muss nach Ablauf von drei Werktagen nach Mitteilung der Kündigungsabsicht gegenüber dem betroffenen Arbeitnehmer dessen angezeigte Gewerkschaft, hilfsweise den Betriebsrat, informieren (Art. 376 Nr. 2 CT; s. § 11 A I).

Arbeitnehmer und Arbeitnehmervertretung stehen ein Zeitraum von zehn Werktagen zur Verfügung, zu der beabsichtigten Kündigung Stellung zu nehmen. Liegen die Stellungnahmen vor oder ist die Stellungnahmefrist verstrichen, so steht es dem Arbeitgeber in einem Zeitraum von 30 Tagen frei, die Kündigung schriftlich auszusprechen (Art. 378 Nr. 1 CT). Inhaltlich muss dieses Kündigungsschreiben folgende Punkte enthalten (Art. 378 Nr. 1 CT):

- Wichtiger Grund der Kündigung entsprechend der zwei Fallgruppen des Art. 375 CT
- Angaben zu Höhe, Art- und Auszahlungszeitpunkt der Entschädigung (*compensação*) und offener Forderungen aus dem Arbeitsverhältnis
- Beendigungszeitpunkt.

C. Zusammenfassung

Die Auswahl der von einer betriebsbedingten Kündigung betroffenen Arbeitnehmer erfolgt nicht einheitlich. Nachdem die Anwendbarkeit einer kollektiven oder individuellen betriebsbedingten Kündigung von externen Faktoren abhängt, stelle dies eine durch die Rechtsprechung im Rahmen ihrer Kompetenz nicht behebbare

---

427 Art. 375 Nr. 1 lit. d CT i.d.F. *L* 27/2014 vom 8.5. 2014.

428 Ac. TC 602/13, S. 6241–6296 (6283, 6284).

ungerechtfertigte Ungleichbehandlung dar[429]. Eine Harmonisierung erscheint nicht zwingend, da die Auswahl bei der kollektiven Kündigung noch im Rahmen der Verhandlungen modifiziert werden kann und so nicht dieselbe Auswahl vorliegt.

Quintessenz: Voraussetzungen der Arbeitgeberkündigung
1. Grundlegende, in Verfassung angelegte Differenzierung in subjektive und objektive Kündigungsgründe.
2. Beschäftigungssicherheit wird durch Einschränkung der Kündigungsgründe und umfangreiche formelle Verfahren sichergestellt.
3. Liegt schuldhaftes Arbeitnehmerverhalten vor, welches wegen seiner Schwere oder der Schwere seiner Auswirkungen kausal die Fortführung des Arbeitsverhältnisses unzumutbar macht, kann der Arbeitgeber nach Durchführung des Disziplinarverfahrens fristlos kündigen.
4. Im Arbeitsgesetz von 2009 sind daneben objektive Kündigungsgründe anerkannt. In Umsetzung des Ultima-Ratio-Gedankens ist auch bei diesen die Unzumutbarkeit der Vertragsfortführung zu fordern.
5. Bereits im Anschuldigungsschreiben sind die Tatbestandselemente der jeweiligen Kündigung umfassend anzugeben.
6. Verfahrensrechtlich ist neben der Information des betroffenen Arbeitnehmers insbesondere auch die Arbeitnehmervertretung zu informieren.
7. Das Kündigungsverfahren der kollektiv-betriebsbedingten Kündigung unterscheidet sich von dem der anderen objektiven Kündigungsgründe. Unterschiede bestehen vor allem im Rahmen der Sozialauswahl.

§ 8 Kündigung durch den Arbeitnehmer

Ein relevanter Kündigungsschutz kann auch im Rahmen der Arbeitnehmerkündigung bestehen. Einerseits wird der Arbeitnehmer vor übereilten Entscheidungen geschützt, andererseits kann nach portugiesischem Verständnis eine durch den Arbeitnehmer ausgesprochene Kündigung als „Arbeitgeberkündigung" zu werten sein, wenn die Kündigungsursache in der Sphäre des Arbeitgebers liegt. Im Gegensatz zur Arbeitgeberkündigung ist es dem Arbeitnehmer relativ formfrei möglich, den Arbeitsvertrag zu beenden. Der allgemeine zivilrechtliche Grundsatz der freien Kündigungsmöglichkeit von Dauerschuldverhältnissen ist im Gegensatz zu der Regelung der Arbeitgeberkündigung weitgehend uneingeschränkt. Das Gesetz sieht eine sofortige Beendigung (*resolução*; s. § 8 A) und eine Beendigung mit Auslauffrist (*denúncia*; s. § B) vor. Die Arbeitnehmerkündigung unterscheidet sich seit dem CT somit wieder von der Arbeitgeberkündigung (s. § 4 B I). Die empfangsbedürftige

429 *Carvalho Martins/Silva*, in FS Leite, S. 509–548 (547).

Kündigungserklärung ist wie die Arbeitgeberkündigung nach den allgemeinen rechtsgeschäftlichen Regeln des Zivilgesetzes auszulegen (s. § 6 B)[430].

A. „Außerordentliche" Arbeitnehmerkündigung (*Resolução*)

Bestehen wichtige Gründe das Vertragsverhältnis aufzulösen, ist dies jeder Partei möglich. Die „außerordentliche" Arbeitnehmerkündigung gestattet es dem Arbeitnehmer, anders als nach den sehr restriktiven Regelungen der Arbeitgeberkündigung, in bestimmten Situationen sich umgehend ohne die Einhaltung einer Kündigungsfrist aus seinen vertraglichen Pflichten zu lösen (Art. 394 Nr. 1 CT):

> *„Ocorrendo justa causa, o trabalhador pode fazer cessar imediatamente o contrato."*
>
> Etwa: *„Besteht ein wichtiger Kündigungsgrund, so kann der Arbeitnehmer den [Arbeits-] vertrag sofort beenden."*

Voraussetzung dafür ist das Vorliegen eines wichtigen Kündigungsgrundes. Entsprechend der nicht abschließenden Aufzählung möglicher wichtiger Gründe können diese in subjektive und objektive Gründe unterschieden werden:

- schuldhaftes Verhalten des Arbeitgebers (Art. 394 Nr. 2 CT – *justa causa subjetiva*; unter I)
- dem Arbeitgeber nicht vorwerfbare Gründe, die die Fortführung des Arbeitsverhältnisses unzumutbar machen (Art. 394 Nr. 3 CT – *justa causa objetiva*; unter II)

Weiter ist Kausalität in der Form zu fordern, dass das Verhalten des Arbeitgebers den Fortbestand des Arbeitsverhältnisses sofort unzumutbar macht[431].

I. *Subjektive Kündigungsgründe*

Die Arbeitnehmerkündigung aus subjektiven Gründen wird wegen ihres Ursprungs in der Arbeitgebersphäre teils auch als „indirekte Arbeitgeberkündigung" (*despedimento indireto*) bezeichnet[432]. Der portugiesische Gesetzgeber geht hier davon aus, dass keine freie Entscheidung des Arbeitnehmers vorliegt, sondern er vielmehr zu diesem Schritt durch den Arbeitgeber „gezwungen" wird. Dabei ist zu berücksichtigen, dass der Arbeitnehmer keine anderen effektiven Mittel einsetzen kann, um rechtmäßige Vertragserfüllung des Arbeitgebers durchzusetzen.

---

430 Bereits: Ac. STJ 11.11. 1997 Rechtsmittel Nr. 32/97, CJ – STJ V 1997 T. III, S. 275–277, ausdrücklich auch: *Furtado Martins*, Cessação do Contrato, S. 570.

431 Ac. STJ 14.7. 2016 Proc. Nr. 1085/15 (II); ebenso: Ac. TRP 12.9. 2016 Proc. Nr. 896/13 (1.1); *Monteiro Fernandes*, Direito do Trabalho (14. Aufl.), S. 644.

432 So etwa: *Paula Quintas/Helder Quintas*, Manual de Direito do Trabalho, S. 168.

1. *Grundlegendes*

Das Gesetz enthält sechs Beispiele subjektiver Gründe (Art. 394 Nr. 2 lit. a-f CT):

- von Arbeitgeber verschuldete unpünktliche Lohnzahlung
- schuldhafte Verletzung gesetzlicher oder vertraglicher Garantien des Arbeitnehmers
- rechtsmissbräuchliche Disziplinarmaßnahmen
- schuldhafte Mängel bei Arbeitsschutzvorschriften
- schuldhafte Verletzung erheblicher vermögensrechtlicher Interessen des Arbeitnehmers
- Verletzung gesetzlich geschützter, strafbewehrter Rechte des Arbeitnehmers (körperliche und seelische Unversehrtheit, Freiheit, Ehre) durch Arbeitgeber bzw. ihm zuzurechnender Person.

Obwohl das Gesetz in Art. 394 Nr. 2 CT wörtlich nur von schuldhaftem Verhalten spricht, welches dem Arbeitnehmer die sofortige Vertragsauflösung ermöglicht, fordert die Rechtsprechung oftmals mehr. Im Rahmen der Anknüpfung an subjektive Gründe werden ähnlich den Voraussetzungen bei der verhaltensbedingten Kündigung (s. § 7 A I) drei Grundvoraussetzungen verlangt:

- Objektive Voraussetzung: schuldhafte Verletzung der gesetzlichen Arbeitnehmerrechte oder seiner Ehre
- Subjektive Voraussetzung: dem Arbeitgeber zurechenbares schuldhaftes Verhalten
- Verhältnismäßigkeit: Schwere und Auswirkungen des Arbeitgeberverhaltens bewirken sofortige Unzumutbarkeit des Fortbestands des Arbeitsverhältnisses[433].

Systematisch ist die sofortige Vertragsbeendigung eine Ausnahme. Somit erfordert deren Rechtfertigung im Rahmen der „außerordentlichen" Arbeitnehmerkündigung die, auf der Schwere des schuldhaften Verhaltens beruhende, Unzumutbarkeit der Vertragsfortführung für den Arbeitnehmer[434]. Die Schwere des schuldhaften Verhaltens ist im Rahmen der Arbeitnehmerkündigung subjektiv zu bestimmen[435]. Damit ist festzustellen, welche Auswirkungen das schuldhafte Verhalten für den konkreten Arbeitnehmer hatte. Anders als im Rahmen der verhaltensbedingten Arbeitgeberkündigung (Art. 351 Nr. 1 CT; s. § 7 A I) ist in dieser Situation keine objektivierte Beurteilung erforderlich, da hier keine Gefahr einer willkürlichen

---

433 Ständige Rechtsprechung: Ac. TRP 4.3. 2013 Proc. Nr. 517/11 (III 4.); Ac. STJ 1.2. 2001 Rechtsmittel Nr. 2369/00, CJ – STJ IX 2000 T. I, S. 288–290 (289); Ac. STJ 11.3. 1999 Proc. Nr. 98S396; Ac. STJ 13.1. 1993 Proc. Nr. 003492.

434 Ständige Rechtsprechung z.B.: Ac. TRP 4.3. 2013 Proc. Nr. 517/11 (III 4.); Ac. STJ 5.11. 1997 Proc. Nr. 105/97.

435 Diese Intention des Gesetzgebers wird insbesondere bei Art. 394 Nr. 2 lit. e CT deutlich; Ac. STJ 31.5. 2016 Proc. Nr. 337/13 (II 2).

unverhältnismäßigen Kündigung durch Anwendung eines unpassenden Maßstabs besteht.

Gleichzeitig sind die durch die Rechtsprechung angelegten Maßstäbe der Überprüfung der Unzumutbarkeit weniger streng als die der Arbeitgeberkündigung (s. § 7 A I 3). Die rechtliche Überprüfung des wichtigen Grundes hat entsprechend den Vorgaben der verhaltensbedingten Arbeitgeberkündigung zu erfolgen. Um der Situation der Arbeitnehmerkündigung Rechnung zu tragen, sind dabei allerdings Anpassungen erforderlich (Art. 394 Nr. 4 i.V.m. 351 Nr. 3 CT)[436]. Dies folgt aus der Stellung der Kündigung als Ultima Ratio. Ein milderer Maßstab für die Überprüfung ist gleichermaßen geboten, da dem Arbeitnehmer, anders als im Rahmen der verhaltensbedingten Arbeitgeberkündigung, kein milderes effektives Mittel zur Verfügung steht[437]. Die Beweislast für die Widerlegung des vorgeworfenen schuldhaften Arbeitgeberverhaltens als wichtigen Grund trägt der Arbeitgeber (Art. 799 CC).

2. *Exkurs: Spezialfall des* „assédio moral“

Neben durch den Arbeitgeber zu vertretender Nichtzahlung des Arbeitslohns (Art. 394 Nr. 2 lit. a CT) findet sich in der Rechtsprechung vor allem ein weiterer subjektiver Kündigungsgrund: die „Belästigung“ (*assédio moral* – Art. 29 Nr. 1 CT). Diese Kategorie wird häufig als „Mobbing“ bezeichnet[438]. Systematisch ist dies unter den Kündigungsgrund der „Verletzung der körperlichen oder psychischen Gesundheit sowie der Ehre oder Würde des Arbeitnehmers“ (Art. 394 Nr. 2 lit. f CT) zu fassen. Wegen seiner Praxisrelevanz einerseits und der schweren Fassbarkeit andererseits wird dieser Grund exemplarisch genauer analysiert.

Der Begriff des „*assédio moral*“ lässt sich im deutschen am ehesten mit „Belästigung“ übersetzen. Inhaltlich ist dieser Begriff der Belästigung mit dem in § 3 III AGG nicht identisch, kommt diesem jedoch teils sehr nah. Unter Belästigung werden zwei Untergruppen zusammengefasst[439]:

- Die diskriminierende Belästigung: Sie beruht direkt oder indirekt auf diskriminierenden Merkmalen, wie beispielsweise dem Geschlecht, Alter oder der Weltanschauung (Art. 29 Nr. 1 i.V.m. 24 Nr. 1 CT).
- Die nichtdiskriminierende Belästigung („Mobbing“): Das unerwünschte Verhalten muss anhaltend und „hinterlistig“, mithin verdeckt und planvoll, erfolgen, wodurch vergleichbare Wirkungen, wie bei einer diskriminierenden Belästigung

---

436 Ac. STJ 31.5. 2016 Proc. Nr. 337/13 (II 2).

437 *Rosário Palma Ramalho*, Tratado Parte II, S. 952; *Júlio Gomes*, in V Congresso nacional, S. 129–166 (152, 153); ebenso für CT 09: *Furtado Martins*, Cessação do Contrato, S. 583.

438 Um vor dem Hintergrund des deutschen Rechts Fehlschlüsse zu vermeiden, wird im Folgenden von "Belästigung" gesprochen.

439 Ac. TRC 14.1. 2016 Proc. Nr. 1565/14 (IV); Ac. TRC 7.3. 2013 Proc. Nr. 236/11 (III B).

entstehen[440]. Nur einmalige oder vereinzelte unangebrachte Verhaltensweisen genügen nicht[441].

Der Verweis von Art. 394 Nr. 4 CT auf die Regeln der verhaltensbedingten Arbeitgeberkündigung (Art. 351 Nr. 3 CT) zeigt, dass nicht jegliches Verhalten einen Kündigungsgrund darstellt. Um den Fortbestand des Arbeitsverhältnisses unzumutbar zu machen ist hier ebenso ein hinreichend schwerwiegendes Verhalten zu fordern[442].

Eine Belästigung im Sinn des Gesetzes ist anzunehmen, wenn kumulativ folgende Voraussetzungen vorliegen:

- unerwünschtes Verhalten, welches beim Opfer Unbehagen oder Schaden verursacht
- Wille dadurch psychischen Druck auf die Person auszuüben
- rechtswidriges oder zumindest ethisch verwerfliches Ziel[443].

Dem Arbeitgeber ist dabei Verhalten anderer, bei ihm beschäftigter Arbeitnehmer zuzurechnen, sofern er dieses nicht verhindert.

II. Objektive Kündigungsgründe

Die Aufzählung der objektiven Gründe ist dagegen abschließend (Art. 394 Nr. 3 lit. a-c CT):

- mit Fortbestand des Arbeitsverhältnisses unvereinbare rechtliche Pflichten
- zulässige wesentliche und dauerhafte Änderung der Arbeitsbedingungen
- nicht schuldhafte Pflichtverletzung des Arbeitgebers (z.B. eine unpünktliche Lohnzahlung)

Die in diesen Situationen vorzufindende Unzumutbarkeit der Vertragsfortführung berechtigt hier ebenfalls zur sofortigen Beendigung. Eine wesentliche und dauerhafte Änderung der Arbeitsbedingungen wird nicht allein durch Änderung der Arbeitszeit oder einen Betriebsübergang impliziert[444]. Im Rahmen der nichtschuldhaften Pflichtverletzung des Arbeitgebers ist darauf hinzuweisen, dass beim Grund der Nichtzahlung des Lohns wegen des auch im Arbeitsrecht geltenden Grundsatzes von Treu und Glauben die Höhe der Nichtzahlung zu berücksichtigen ist[445].

---

440 Ac. TRP 4.2. 2013 Proc. Nr. 1827/11 (III 3.2); Ac. TRC 14.1. 2016 Proc. Nr. 1565/14 (IV).

441 *Júlio Gomes*, Direito do Trabalho Vol. I, S. 428–430.

442 Ausdrücklich: Ac. TRP 5.1. 2017 Proc. Nr. 10796/15 (1.1.2).

443 *Furtado Martins*, Direito do Trabalho, S. 583.

444 *Romano Martinez*, Direito do Trabalho, S. 1040.

445 *Romano Martinez*, Direito do Trabalho, S. 1040.

III. Verfahren

Die Kündigungserklärung des Arbeitnehmers muss schriftlich innerhalb einer Erklärungsfrist von 30 Tagen ab Kenntniserlangung der Kündigungsgründe erfolgen (Art. 395 Nr. 1 CT). Dabei sind die Kündigungsgründe, auf die sich der Arbeitnehmer beruft, substantiiert anzugeben (Art. 395 Nr. 1 a.E. CT). Dem genügt der Arbeitnehmer nicht, wenn er sich auf die Angabe seiner Schlussfolgerungen aus den zugrundeliegenden Tatsachen beschränkt[446]. Ebenso wenig genügt die Wiedergabe des Gesetzestexts[447]. Vielmehr ist es erforderlich die Tatsachen und deren zeitliche Einordnung konkret zu benennen, aus welchen der Arbeitnehmer die Unzumutbarkeit des Fortbestands des Arbeitsverhältnisses folgert[448]. Dadurch wird dem Arbeitgeber eine effektive Verteidigung ermöglicht. Eine eventuelle oder wahrscheinliche Kenntnis des Arbeitgebers von den Tatsachen, welche die Kündigung rechtfertigen, befreit den Arbeitnehmer jedoch nicht von der Darlegungspflicht[449]. Dies ist nach Treu und Glauben zwingend, um den Arbeitgeber nicht potentiell (wegen falscher Annahme der Reichweite der Tatsachenkenntnis) in seinem Verteidigungsrecht zu beschneiden. Weiter ist dies für die Rechtsdurchsetzung maßgeblich, da in einem eventuellen gerichtlichen Verfahren nur die, in diesem Kündigungsschreiben benannten Gründe, berücksichtigt werden dürfen (Art. 398 Nr. 3 CT)[450]. Die Erklärungsfrist selbst stellt eine Verfallsfrist dar, welche sich durch eine eventuelle Suspendierung der Leistungspflicht des Arbeitnehmers nicht verlängert[451]. Bei Dauertatbeständen kann eine Kündigung während dessen Dauer wirksam erklärt werden; ein Verfall erfolgt erst nach Ende des Dauertatbestands[452].

Die Rechtsfolgen der Kündigung treten ex nunc mit Zugang der Kündigungserklärung beim Empfänger ein (Art. 224 Nr. 1 CC; s. § 6 B II). Diese ist wegen Willensmängeln anfechtbar[453]. Darüber hinaus besteht, anders als bei gewöhnlichen empfangsbedürftigen Willenserklärungen, die grundsätzliche Möglichkeit eines siebentägigen Widerrufs der Kündigung (Art. 397 Nr. 1 CT). Der Arbeitgeber kann einen solchen Widerruf verhindern, indem er eine notarielle Beurkundung der

---

446 Ac. TRP 12.9. 2016 Proc. Nr. 896/13 (1.1).

447 Ac. TRP 29.5. 2017 Proc. Nr. 2364/15 (II).

448 Ac. STJ 14.7. 2016 Proc. Nr.1085/15 (II); ebenso: Ac. TRP 12.9. 2016 Proc. Nr. 896/13 (1.1); so bereits zu früherer Regelung, welche vergleichbare Voraussetzung enthielt: Ac. TRL de 19.2. 1997 Rechtsmittel Nr. 119/96, CJ XXII 1997 T. I, S. 186–187; Ac. TRP 12.2. 2001 Rechtsmittel Nr. 903/2000, CJ XXVI 2001 T. I, S. 248–250 (249).

449 Ac. TRP 29.5. 2017 Proc. Nr. 2364/15 (II 2).

450 So auch ausdrückliche Anwendung der Rechtsprechung, etwa: Ac. STJ 5.4. 2006 Proc. Nr. 05S1700 (II).

451 Ständige Rechtsprechung: Ac. STJ 8.11. 2006 Rechtsmittel Nr. 2571/06, CJ-STJ XIV 2006, T. III, S. 282–284; Ac. TRP 25.2. 2013 Proc. Nr. 203/11 (III b 2. Frage).

452 Ac. TRP 14.11. 2005 Proc. Nr. 0542498 (direito).

453 Ac. TRL 5.3. 1997 Rechtsmittel Nr. 576/96, CJ XXII 1997 T. II, S. 160–161.

Unterschrift unter der Kündigungserklärung verlangt (Art. 395 Nr. 4 CT). Dies hat allerdings eine Verlängerung der Erklärungsfrist auf 60 Tage zur Folge.

B. „Ordentliche“ Arbeitnehmerkündigung (*Denúncia*)

Als Reflex der Freiheit seine Arbeit frei zu wählen bzw. aus der positiven und negativen Vertragsfreiheit ist dem Arbeitnehmer im Rahmen des Dauerschuldverhältnisses der Arbeitsbeziehung – d.h. bei unbefristeten Verträgen – traditionell auch dann eine Vertragsauflösung möglich, wenn kein wichtiger Kündigungsgrund vorliegt. Bei befristeten Arbeitsverträgen ist die Bindung des Arbeitnehmers weniger stark ausgeprägt. Dennoch hat der Gesetzgeber bei befristeten Verträgen seit 1976 zusätzlich in bestimmten Fällen eine Arbeitnehmerkündigung ohne wichtigen Grund zugelassen[454]. Folglich kann sich der Arbeitnehmer in jedem Stadium des Arbeitsvertrags einseitig ohne Entschädigungsverpflichtung lösen.

I. Kündigungsfrist

Das CT ermöglicht dem Arbeitnehmer diese lediglich fristgebundene Vertragsbeendigung (*denúncia* – Art. 400 CT). Die einzuhaltende Kündigungsfrist (*aviso prévio*) hängt in ihrer Dauer von der Betriebszugehörigkeit ab. Sie beträgt:

- bei unbefristeten Verträgen bis zu zwei Jahren Betriebszugehörigkeit 30 Tage, danach 60 Tage (Art. 400 Nr. 1 CT);
- bei befristeten Verträgen bis zu sechs Monaten Vertragsdauer 15 Tage, bei längerer Vertragsdauer 30 Tage (Art. 400 Nr. 3 CT).

Diese Kündigungsfrist kann bei unbefristeten Verträgen für Arbeitnehmer in gehobenen Positionen individualvertraglich oder durch kollektivrechtliche Vereinbarungen (s. § 3 C III) auf bis zu sechs Monate verlängert werden (Art. 400 Nr. 2 CT). Eine Reduzierung dieser Frist oder eine Ausweitung der Ausnahmeregelung der Fristverlängerung auf andere Arbeitnehmergruppen wird nicht für zulässig erachtet[455]. Die Verlängerung der Kündigungsfrist würde eine Verschlechterung der Bedingungen des Arbeitnehmers darstellen. Dies verstieße gegen die Grundkonzeption des CT (Art. 3 Nr. 3 CT). Daher ist der Nichtzulassung der Verlängerung zuzustimmen. Ebenso dem Verbot, die Kündigungsfrist zu reduzieren. Dieses lässt sich nämlich aus Art. 401 CT ableiten, welcher der Unterschreitung der gesetzlichen Kündigungsfrist eine andere Rechtsfolge beimisst.

II. Verfahren

Die Kündigungserklärung ist dem Arbeitgeber schriftlich zu übermitteln (Art. 400 Nr. 1 CT). Zwischen Zugang und Ende des Arbeitsverhältnisses muss mindestens die

454 Art. 108 LCT; s. § 3 B I 3.
455 *Abílio Neto*, CT, Art. 400, Rn. 3.

gesetzliche Kündigungsfrist liegen. Eine Verletzung dieser Schriftform führt nach der höchstrichterlichen Rechtsprechung nicht zur Nichtigkeit, da diese lediglich dem Nachweis der Einhaltung der Kündigungsfrist diene (s. § 6 B I)[456]. Folglich tritt die Auflösung des Arbeitsverhältnisses auch bei einem Formverstoß ein.

Diese Kündigungserklärung kann innerhalb von sieben Tagen nach Zugang genauso widerrufen werden, wenn keine notarielle Beurkundung der Unterschrift vorliegt (Art. 402 Nr. 1 CT). Für einen wirksamen Widerruf sind dem Arbeitgeber kündigungsbedingt erhaltene Leistungen umgehend zur Verfügung zu stellen[457].

C. Schadenersatzbewährte Arbeitnehmerkündigungen

Direkte Auswirkung der verfassungsrechtlich geschützten Freiheitsrechte des Arbeitnehmers ist das für den Arbeitnehmer gesetzlich vorgesehene Recht sich jederzeit aus dem Vertragsverhältnis zu lösen. Das Gesetz gewährt dies neben den dargestellten Fällen der Arbeitnehmerkündigung ebenso in Fällen, in welchen eine Vertragsauflösung kein Interessenausgleich darstellt. Diese Kündigungsmöglichkeiten sind daher für den Arbeitnehmer schadenersatzbewährt:

- Arbeitnehmer kündigt ohne wichtigen Grund und ohne Einhaltung der Kündigungsfrist (fristlose Arbeitnehmerkündigung: *denúncia sem aviso prêvio* – Art. 401 CT).
- Angegebener wichtiger Kündigungsgrund liegt nicht vor (rechtswidrige Arbeitnehmerkündigung: *resolução ilícita* – Art. 397 CT).
- Arbeitsniederlegung des Arbeitnehmers erfolgt außerhalb von Streikhandlungen (*abandono* – Art. 403 CT).

I. Fristlose „ordentliche" Arbeitnehmerkündigung

Liegt kein wichtiger Kündigungsgrund vor und hält der Arbeitnehmer die gesetzliche Kündigungsfrist nicht ein, hat er den Arbeitgeber zu entschädigen (Art. 401 CT). Die Entschädigung setzt sich aus zwei unabhängigen Komponenten zusammen: dem Grundgehalt und den regelmäßigen Lohnbezügen für den Zeitraum der nicht eingehaltenen Kündigungsfrist einerseits sowie einem eventuellen Schadenersatzanspruch andererseits (Art. 401 CT). Ein Schadenersatz kann beispielsweise anfallen, wenn die Kündigung unmittelbar nach Ende einer durch den Arbeitgeber bezahlten Ausbildung erfolgt (Art. 71 Nr. 1 CT)[458].

456 Ac. STJ 27.10. 2016 Proc. Nr. 808/09 (4.2.2).
457 Ac. TRL 14.5. 2008 Proc. Nr. 1652/2008-4.
458 *Mendes Baptista*, Rev. do min. público 2002, 141–147 (144).

II. Rechtswidrige „außerordentliche" Arbeitnehmerkündigung

Stellt sich im Nachhinein bei einer durch den Arbeitnehmer erklärten außerordentlichen Kündigung heraus, dass der angegebene wichtige Grund nicht vorlag – oder durch den Arbeitnehmer nicht bewiesen werden kann[459] – so ist diese rechtswidrig. Das Arbeitsverhältnis endet dennoch mit dem Zugang der Kündigungserklärung. Allerdings besteht ein Schadensersatzanspruch des Arbeitgebers gegen den Arbeitnehmer (Art. 399 CT). Dieser Schadensersatz umfasst die, dem Arbeitgeber durch die rechtswidrige sofortige Vertragsauflösung entstandenen Schäden. Er beträgt jedoch maximal die im Fall der Missachtung der Auslauffrist zu zahlende Summe (Art. 399 a.E. i.V.m. 401 CT).

Eine rechtswidrige Arbeitnehmerkündigung liegt ebenfalls vor, wenn der Arbeitnehmer die außerordentliche Kündigung erst nach Ablauf der Kündigungsfrist erklärt oder die Einhaltung dieser Frist nicht beweisen kann. Die Beendigung des Vertrages bleibt bestehen, der Arbeitnehmer wird aber gegenüber dem Arbeitgeber entschädigungspflichtig (Art. 399 CT)[460]. Diese Folge tritt nach Ansicht der Rechtsprechung jedoch nur nach Klage gegen die Kündigung und Rüge des Fristablaufs durch den Arbeitgeber ein[461]. In der Literatur wird dagegen die Ansicht vertreten, dass eine „außerordentliche" Kündigungserklärung nach Ablauf der Kündigungsfrist schon nicht als „außerordentliche" Kündigung zu qualifizieren sei, sondern als „ordentliche"[462]. Dies hat zur Folge, dass kein gerichtliches Verfahren erforderlich ist und die Entschädigungsansprüche des Arbeitgebers direkt aus Art. 401 CT folgen.

Das tatsächliche Vorliegen des wichtigen Grundes stellt keine Wirksamkeitsvoraussetzung der Kündigung dar. Wird im Nachhinein festgestellt, dass kein wichtiger Grund bestand, so ändert dies nichts an der Beendigung des Arbeitsvertrags. Dies folgt im Umkehrschluss aus der gesetzlichen Regelung des Fehlens des angegebenen Kündigungsgrundes (Art. 399 CT). Allerdings hat der Arbeitgeber in diesen Fällen einen Schadenersatzanspruch gegen den Arbeitnehmer (Art. 399 i.V.m. 401 CT). Damit knüpft das Gesetz an das Fehlen des Kündigungsgrundes andere Rechtsfolgen als im Rahmen der Arbeitgeberkündigung: Der wichtige Grund befreit den Arbeitnehmer lediglich von der Einhaltung einer Kündigungsfrist. Eine Wiedereinstellung oder Aufrechterhaltung des Arbeitsverhältnisses findet nicht statt.

III. Arbeitsniederlegung (abandono)

Die im Rahmen der „ordentlichen" Arbeitnehmerkündigung speziell geregelte Arbeitsniederlegung stellt eine Regelung einer konkludenten Arbeitnehmerkündigung dar. Deren Wirkungen treten jedoch nicht unmittelbar durch die gesetzliche Regelung, sondern erst nach empfangsbedürftiger Erklärung des Arbeitgebers ein

---

459 Ac. TRP 9.1. 2012 Proc. Nr. 218/08 (Begründung – Frage 2).

460 Ac. TRL 14.7. 2011 Proc. Nr. 780/09 (III).

461 Ac. TRP 5.3. 2007 Proc. Nr. 0616282 (IV).

462 *Furtado Martins*, Cessação do Contrato, S. 580, 581.

(Art. 403 Nr. 3 CT). Trotz dieser Erklärung des Arbeitgebers ist diese Kündigungsart der Sphäre des Arbeitnehmers zuzurechnen, da dieser die maßgeblichen Ursachen für die Beendigung des Arbeitsverhältnisses gesetzt hat[463]. Die Erklärung des Arbeitgebers ist hier nicht als „Kündigungserklärung" im eigentlichen Sinn aufzufassen, sondern dient lediglich der Wahrung der Transparenz. Diese Erklärung, ein bestimmtes Arbeitnehmerverhalten als Kündigung aufzufassen, schafft Rechtssicherheit, indem es konkludentes Handeln bzw. Unterlassen in eine im Rechtsverkehr anerkannte und beweisbare Form überführt.

Eine Arbeitsniederlegung wird als Vertragsauflösung ausgelegt, wenn zusätzlich zu der Abwesenheit des Arbeitnehmers weitere Anhaltspunkte einer endgültigen Niederlegung ersichtlich sind (Art. 403 Nr. 1 CT). Zu fordern sind zwei kumulative Voraussetzungen[464]:

- freiwilliges, ungerechtfertigtes Nichterscheinen des Arbeitnehmers zu vertraglich geschuldeter Arbeit
- Wille, Arbeitsleistung nicht wiederaufzunehmen

Diese beiden Voraussetzungen werden in der Rechtsprechung auch als objektives (*corpus*) und subjektives (*animus*) Moment bezeichnet[465]. Dabei erfolgt die Nichterfüllung des Vertrages freiwillig; dies ist ebenfalls in Fällen eines Arbeitsunfalls oder einer Erkrankung anzunehmen, wenn der Arbeitnehmer nach Ablauf des Freistellungszeitraums weder zur Arbeit erscheint noch seine weitere Abwesenheit entschuldigt[466]. Sie sind kumulativ erforderlich. Eine Abwesenheit ohne weitere Anhaltspunkte einer Vertragsauflösung wird wegen des Schutzgedankens der Beschäftigungssicherheit (Art. 53 CRP) für eine Vertragsauflösung nicht genügen. Allerdings werden entsprechende Anhaltspunkte häufig nicht sicher nachweisbar sein. Daher ist die Vermutung einer Arbeitsniederlegung bei einer unentschuldigten Abwesenheit von mehr als zehn zusammenhängenden Werktagen (Art. 403 Nr. 2 CT) für die Praxis sehr hilfreich. Eine Widerlegung dieser Vermutung ist dem Arbeitnehmer zwar möglich, rechtlich jedoch schwer, da diese qualifizierte Vermutung lediglich mit dem Nachweis höherer Gewalt, welche eine Information über die Abwesenheitsdauer verhindert hatte, gelingen kann[467]. Der Arbeitnehmer muss daher insbesondere im Fall einer Krankheit, die länger dauert als zunächst angekündigt bzw. ärztlich bescheinigt[468], den Arbeitgeber erneut informieren.

463 So auch: Ac. TRL 15.12. 2016 Proc. Nr. 34052/15 (II).

464 Ac. STJ 6.12. 2016 Proc. Nr. 592/11 (V a).

465 Ac. TRP 25.2. 2013 Proc. Nr. 870/10 (Begründung).

466 Ac. STJ 28.11. 2012 Proc. Nr. 499/10 (II 2 B2).

467 Allgemeine Regel der Widerlegung einer Vermutung durch Beweis des Gegenteils (Art. 350 Nr. 2 CC) kommt wegen ausdrücklicher speziellerer Regelung nicht zur Anwendung: Art. 403 Nr. 4 CT.

468 Ärztliche Bescheinigung „*boletim de baixa*" Art. 14 *DL* 28/2004 – DR Série I-A Nr. 29 vom 4.2. 2004, S. 596.

Zum Schutz des Arbeitnehmers ist der Zugang der Arbeitgebererklärung, die Arbeitsniederlegung als Kündigungsfiktion aufzufassen, erforderlich (Art. 403 Nr. 3 CT). Da die Arbeitsniederlegung eine konkludente Kündigung darstellt, treten die Wirkungen dieser Kündigung allerdings nicht ex nunc mit Zugang der Mitteilung der Kündigungsfiktion wegen Arbeitsniederlegung des Arbeitgebers ein. Der Zugang dieser Mitteilung löst die beendigende Wirkung vielmehr rückwirkend ab dem Zeitpunkt der tatsächlichen Arbeitsniederlegung aus[469].

In den Fällen einer Arbeitsniederlegung liegt nach Zugang der schriftlichen Erklärung des Arbeitgebers, dieses Verhalten als Arbeitsniederlegung anzusehen, eine (konkludente) ordentliche Arbeitnehmerkündigung ohne Auslauffrist vor. Die Arbeitsniederlegung ist damit ein Spezialfall dieser fristverletzenden Kündigung. Die Kündigung wird wegen längerer zusammenhängender Fehlzeit vermutet. Um dennoch der Beschäftigungsgarantie und dem Arbeitnehmerschutz zu genügen, tritt die vertragsauflösende Wirkung erst ein, wenn der Arbeitgeber dem Arbeitnehmer den vorliegenden Tatbestand formgerecht mitteilt. Die Wirkungen treten dann jedoch rückwirkend zu dem Zeitpunkt der Arbeitsniederlegung ein[470].

D. Zusammenfassung

Quintessenz: Voraussetzungen der Arbeitnehmerkündigung
1. Die fristlose (außerordentliche) Arbeitnehmerkündigung wird durch eine Pflichtverletzung des Arbeitgebers, welche dem Arbeitnehmer die Vertragsfortführung unzumutbar macht, gerechtfertigt.
2. Die Kündigungserklärung des Arbeitnehmers muss schriftlich erfolgen und die Gründe der Kündigung substantiiert darlegen.
3. Die Rechtsprechung hat die gesetzlichen Voraussetzungen dieser fristlosen Kündigung in Anlehnung an die Arbeitgeberkündigung erweitert. Allerdings bestimmt sie hier die Schwere des schuldhaften Verhaltens nur subjektiv.
4. Im Gegensatz zum Arbeitgeber hat der Arbeitnehmer keine wirksame Handlungsalternative. Daher erfolgt die Kontrolle der Kündigung nach einem milderen Maßstab.
5. Daneben ist dem Arbeitnehmer immer eine fristgebundene Kündigung möglich. Trotz der geringeren Bindungsdauer gilt dies auch für befristete Arbeitsverhältnisse.
6. Obwohl die Arbeitnehmerkündigung eine einseitige, empfangsbedürftige Willenserklärung ist, gestattet das Arbeitsgesetz dem Arbeitnehmer einen Widerruf.

469 *Romano Martinez,* Da Cessação do Contrato, S. 419.

470 *Romano Martinez,* Direito do Trabalho, S. 970.

§ 9 Analyse und rechtsvergleichender Ausblick

Systematisch differenziert das deutsche Kündigungsrecht zwischen der ordentlichen, d.h. regelmäßig fristgebundenen, und der außerordentlichen Kündigung. Anders als die Grundkonzeption des portugiesischen Kündigungsrechts ist systematisch für die ordentliche Kündigung deutschen Rechts im Grundsatz kein Kündigungsgrund nötig. In der Praxis ist wegen dem Erfordernis der sozialen Rechtfertigung des in seinem Anwendungsbereich vorrangigen KSchG (§§ 1 I, 23 I KSchG) oder dem Vorliegen besonderen Kündigungsschutzes (z.B. bei Schwerbehinderten, Müttern) jedoch meist ein Kündigungsgrund zu fordern. Folglich bestehen trotz systematisch anderer Herangehensweise im Ergebnis weitreichende Ähnlichkeiten beider Kündigungsschutzregelungen. Systematisch führt diese Differenz der Regelung der Begründungspflicht jedoch zu weiteren Unterschieden, wie etwa im Rahmen der Umsetzung von unionsrechtlichen Kündigungsbeschränkungen durch behördliche Kontrolle (s. § 11 A II 3).

Die außerordentliche Kündigung (§ 626 I BGB) fordert dagegen als Ausnahmeregelung bereits systematisch immer einen Kündigungsgrund. Wird eine freiwillige Auslauffrist vereinbart, ist darauf zu achten, dass aus dem Kündigungsschreiben eindeutig hervorgeht, dass eine außerordentliche Kündigung vorliegt[471].

Ein grundlegender Unterschied beider Rechtsordnungen besteht bereits in der Eröffnung des Kündigungsschutzes. Der arbeitsrechtliche Kündigungsschutz portugiesischen Rechts greift unmittelbar mit Abschluss eines wirksamen Arbeitsverhältnisses ungeachtet der Betriebsgröße (s. § 6)[472]. Dagegen unterscheidet das deutsche Recht den Kündigungsschutz nach KSchG und einen subsidiären Schutz vor willkürlichen oder sittenwidrigen Kündigungen (§§ 242, 138 I BGB). Damit der Schutz des KSchG greift muss dessen Anwendungsbereich in persönlicher (d.h. Arbeitnehmereigenschaft, Ablauf der Wartefrist) und betrieblicher Hinsicht (d.h. Mindestgröße von fünf oder zehn Arbeitnehmern) eröffnet sein (§§ 1 I, 23 I KSchG)[473]. Außerhalb des Anwendungsbereichs des KSchG besteht nur der allgemeine Schutz vor willkürlichen Kündigungen. Das Kündigungsschutzrecht ist wie in Portugal einseitig zwingendes Recht. Daraus folgt nach deutschem Recht, dass der Arbeitnehmer auf den Kündigungsschutz wirksam erst nach Zugang der Kündigung verzichten kann[474]. Dies ist in Portugal ebenso zu sehen, wie etwa das Vorgehen gegen Blankokündigungen des Arbeitnehmers bei Vertragsschluss zeigt[475].

---

471 BAG 16.7. 1959 – 1 AZR 193/57, AP BGB § 626 Nr. 31.

472 Vgl. Funktion der Probezeit ähnelt jedoch Wartefrist nach KSchG (s. § 11 B I); außerdem bestehen leichte Modifikationen des Kündigungsverfahrens, welche an die Betriebsgröße anknüpfen (s. § 6 A II).

473 Vgl. m.w.N. *Junker*, Grundkurs Arbeitsrecht, Rn. 357–360.

474 APS/*Vossen* KSchG § 1, Rn. 6.

475 *Rosário Palma Ramalho*, in Congresso mediterrânico de direito do trabalho, S. 247–263 (252).

Im Rahmen der ordentlichen Kündigung erfolgt eine Prüfung der sozialen Rechtfertigung der Kündigung (§ 1 KSchG). Diese kann auf verhaltensbedingten, personenbedingten (Arbeitnehmersphäre) oder betriebsbedingten Gründen (Arbeitgebersphäre) beruhen (§ 1 II 1 KSchG), sofern kein die Rechtfertigung ausschließender Grund des § 1 II 2 KSchG entgegensteht. Dabei entsprechen die personen- und betriebsbedingten Gründe in etwa denen der objektiven Kündigungsgründe nach portugiesischem Recht (s. § 7 A II). Die systematische Zuordnung der verhaltensbedingten Kündigung ist problematisch. Nach deutschem Recht stellt sie eine ordentliche Kündigung dar und ist damit fristgebunden. Sie setzt ein schuldhaftes Verhalten des Arbeitnehmers voraus. Dagegen regelt das portugiesische Kündigungsschutzrecht die verhaltensbedingte Kündigung als fristlose Kündigung nach schuldhaftem Arbeitnehmerverhalten, wodurch sie in die Nähe der außerordentlichen Kündigung nach deutschem Recht gerückt wird. Eine Gleichsetzung der fristlosen portugiesischen Kündigung mit der fristlosen deutschen (§ 626 BGB) ist jedoch nicht zutreffend. Der „wichtige Grund" der deutschen außerordentlichen Kündigung kann als unbestimmter Rechtsbegriff sehr verschieden gelagert sein. Ihm können auch personenbedingte Gründe zugrunde liegen. Ein schuldhaftes Verhalten ist anders als bei der portugiesischen fristlosen Kündigung nicht zwingend. Kern der Rechtfertigung einer außerordentlichen Kündigung deutschen Rechts, d.h. des Verzichts auf das Einhalten einer Kündigungsfrist, ist die „Unzumutbarkeit der Aufrechterhaltung des Arbeitsverhältnisses bis zum Ablauf der Kündigungsfrist".

Die Prüfung der Rechtfertigungsgründe des § 1 KSchG erfolgt anhand der durch die Rechtsprechung entwickelten Grundsätze des Prognoseprinzips, des Verhältnismäßigkeitsgrundsatzes (Ultima Ratio) und der Interessenabwägung.

Diese drei Prinzipien spiegeln sich in ähnlicher Weise auch in der portugiesischen Rechtsanwendung, werden allerdings nicht derart scharf unterschieden: Das portugiesisches Kündigungsschutzrecht fordert innerhalb der Prüfung der Rechtfertigung einer Kündigung immer das Element der „Unzumutbarkeit der Fortführung des Arbeitsverhältnisses". Dies ist Ausfluss der verfassungsrechtlichen Beschäftigungssicherheit, wonach eine Kündigung nur dann wirksam ist, wenn sie die Ultima-Ratio darstellt. Dabei sind ebenfalls die Interessen der Parteien zu berücksichtigen und gegebenenfalls eine Prognose dahingehend vorzunehmen, ob das Vertrauensverhältnis künftig noch in hinreichendem Maß besteht. Ein Maßstab der „einfachen" Unzumutbarkeit der Vertragsfortführung findet sich im deutschen Recht auch im Rahmen der Prüfung einer Abfindung statt der Weiterbeschäftigung (§ 9 KSchG); im Rahmen der außerordentlichen Kündigung ist dagegen eine gesteigerte Unzumutbarkeit zu fordern.

Die Rechtsprechung geht in den, in der Praxis vorkommenden, durch die Gesetze beider Rechtsordnungen aber nicht vorgesehenen Fälle, in denen verschiedene Gründe (nach § 1 KschG bzw. Art. 340 lit. c-f CT) durch einen einheitlichen Sachverhalt berührt werden, unterschiedliche Wege. Die portugiesische Rechtsprechung prüft lediglich das Vorliegen des im Kündigungsschreiben angegebenen wichtigen Grundes sowie die Einhaltung des entsprechenden Verfahrens (vgl. Kapitel 5), wohingegen das BAG unter Anwendung der Sphärentheorie nur den Rechtfertigungsgrund prüft, der der „Störquelle“ zugrunde liegt[476].

Differenzen sind weiter bei der Beurteilung der Zulässigkeit eines „Nachschiebens“ im Rahmen einer Kündigung vorzufinden. Das portugiesische Kündigungsschutzrecht formuliert klar, dass sich der Arbeitgeber nur auf die Gründe und Tatsachen berufen kann, die er im Anschuldigungsschreiben benannt hat. Erlangt er später von im Zeitpunkt der Kündigung bestehenden wichtigen Gründen Kenntnis, kann er diese in das laufende Kündigungsverfahren nicht einbeziehen. So lange das Arbeitsverhältnis noch besteht (z.B.: Kündigungsverfahren durchgeführt und Kündigungsentscheidung noch nicht ausgesprochen oder während Kündigungsfrist), kann er jedoch eine weitere Vertragsbeendigung (Kündigung, Entfristung) „nachschieben“, sofern deren Voraussetzungen vorliegen[477]. Diese zweite Beendigung kann ggf. die erste Kündigung zeitlich überholen oder den Arbeitgeber in den Beendigungsfolgekosten (Schadenersatz / Abfindung) begünstigen. Bestehen Zweifel hinsichtlich der Wirksamkeit der ersten Kündigung ist dieses Nachschieben ebenfalls zu empfehlen um keine Fristen der Geltendmachung des zweiten Beendigungsgrundes zu versäumen.

Im Gegensatz zu dieser restriktiven Handhabung gestattet die deutsche Rechtslage ein Nachschieben von Gründen solange dadurch keine Veränderung des Charakters der Kündigung eintritt und die nachgeschobenen Gründe bereits im Zeitpunkt des Kündigungsausspruchs vorlagen. Nachdem die Kündigung grundsätzlich nicht zu begründen ist, ist es dabei auch unerheblich, ob die Kündigung tatsächlich auf den ergänzten Gründen beruht. Maßgeblich ist lediglich, dass die angeführten Gründe bereits im Zeitpunkt der Kündigungserklärung bestanden und tauglich sind die ausgesprochene Kündigung zu rechtfertigen[478]. Eine Einschränkung dieser Nachschiebebefugnis erfolgt nicht durch die Frist des § 626 BGB; jedoch über § 102 BetrVG, da der Betriebsrat entsprechend weitgehend zu informieren ist.

In Portugal besteht damit ein höherer Schutz durch ein stärker formalisiertes Verfahren. Ist die erklärte Kündigung ohne den nachzuschiebenden Grund nicht gerechtfertigt, verliert er die Möglichkeit der Kündigung, wenn zwischenzeitlich etwa Verjährung der Möglichkeit ein Vergehen zu ahnden eingetreten ist. Jedenfalls muss ein erneutes Verfahren durchgeführt werden.

Der Umstand, dass das portugiesische Kündigungsschutzrecht keine Abmahnung kennt scheint dagegen den Schutz des Arbeitnehmers deutlich einzuschränken. Das auf den ersten Blick für den Arbeitnehmerschutz negativ zu bewertende Fehlen einer Abmahnung wird im Ergebnis jedoch abgemildert. Das Vorverhalten des Arbeitnehmers ist nämlich auch im Rahmen des portugiesischen Kündigungsschutzes relevant. Die Rechtsprechung berücksichtigt dieses

---

476 BAG 18.9. 2008 – 2 AZR 976/06, NZA 2009, 425–428 (426); so schon: BAG 29.1. 1997 – 2 AZR 9/96, NZA 1997, 709–711 (710).

477 Ac. TRP 14.3. 2011 Proc. Nr. 763/09 (2).

478 Vgl. *Zöllner/Loritz*, Arbeitsrecht, S. 346.

im Rahmen der Interessenabwägung bei der Frage, ob eine Vertragsfortführung unzumutbar ist. Dadurch wird der konkreten Situation jedes Arbeitnehmers vergleichbar Rechnung getragen. Somit entfällt letztlich lediglich die Warnfunktion der Abmahnung. Diese ist allerdings durchaus bedeutsam, da eine Verhaltensänderung des Arbeitnehmers nach ausdrücklichem Hinweis auf die drohenden Folgen des grundsätzlich kündigungsrelevanten Verhaltens eine Kündigungssituation verhindern kann.

Auf Bestreben der Troika wurde weiter eine verfassungsrechtlich akzeptierte personenbedingte, von arbeitgeberseitigen Änderungen unabhängige Kündigung eingeführt. Diese setzt die Ziele der Troika jedoch nicht vollumfänglich um. Es besteht somit weiterer Reformbedarf. Dabei erscheint es angebracht, den Fokus auf die deutliche Beschleunigung und Vereinfachung des Verfahrens zu legen.

Quintessenz Kapitel 3
1. Die Kündigungs(schutz)regeln des CT sind weitgehend zwingend
2. Jede Kündigung setzt Bestand eines Arbeitsverhältnisses voraus: kein arbeitsrechtlicher Kündigungsschutz bei Werkverträgen
3. Arbeitgeber kann als einfachgesetzliche Ausstrahlung des Art. 53 CRP nur in abschließend geregelten Fällen von Kündigungsgründen unter Einhaltung eines formellen Verfahrens wirksam kündigen.
4. Arbeitnehmer ist hinsichtlich Kündigung deutlich freier. Teils besteht trotz Initiative des Arbeitnehmers Abfindungsanspruch.

Kapitel 4: Rechtsfolgen der Kündigung

Die erste Ebene des Kündigungsschutzes soll eine Kündigung verhindern. Gelang dies nicht, greift der Kündigungsschutz auf der zweiten Ebene durch eine entsprechende Gestaltung der zu erwartenden Rechtsfolgen. Diese können verschiedene Ziele verfolgen:

- abschrecken
- durch Entschädigung des Gekündigten ihm einen Neustart erleichtern
- Beseitigung der Kündigungswirkungen

Ausgehend von der Regelsituation einer Arbeitgeber- oder Arbeitnehmerkündigung werden die Ziele des portugiesischen Gesetzgebers sowie die Auswirkungen dieser Regelungen in der Praxis erörtert (s. § 10). Anschließend erfolgt die Darstellung des Einflusses besonderer Situationen auf diese Rechtsfolgen (s. § 11).

§ 10 Rechtsfolgen einer Kündigung im Regelfall

Auf der zweiten Ebene des Kündigungsschutzes sind verschiedene Varianten denkbar: Die Extrempositionen reichen von einer vollständigen Beseitigung der Kündigung mit der Folge der Weiterbeschäftigung im Unternehmen bis hin zu einer reinen Entschädigung in Form einer Abfindung. Weiter ist zu untersuchen, wie sich die Rechtsfolgen nach dem Gesetzgeber, je nachdem, ob eine Arbeitgeber- oder eine Arbeitnehmerkündigung Ausgangspunkt der Vertragsbeendigung war, unterscheiden.

A. Rechtsfolgen der Arbeitgeberkündigung

Die Kündigungserklärung stellt wie bereits gesehen eine rechtsgestaltende Willenserklärung dar (*constitutiva*; s. § 6 B). Der Eintritt der Kündigungswirkungen richtet sich grundsätzlich nach der jeweiligen Kündigung, er kann weiter entweder mit Ablauf der Klagefrist oder mit gerichtlich vollstreckbarem Urteil erfolgen (s. § 13). Damit sind drei Szenarien denkbar, welche sich hinsichtlich ihrer Rechtsfolgen in zwei Fälle differenzieren lassen:

- Fallgruppe 1: Kündigung ist rechtmäßig bzw. wird so behandelt.
  - Arbeitnehmer geht nicht (fristgemäß) gegen Kündigung vor.
  - Klage gegen die Kündigung wird abgewiesen.
- Fallgruppe 2: Kündigung ist (im Rechtssinn) rechtsunwirksam.
  - Gericht erklärt Kündigung für rechtswidrig (*ilícito*).

I. Rechtmäßige Kündigung

Die Rechtsfolgen dieser ersten Fallgruppe können nach zwei Szenarien eintreten: Geht der Arbeitnehmer gerichtlich nicht gegen die Kündigung vor, so gilt sie ohne rechtliche Prüfung als rechtmäßig. Die Rechtsfolgen der Kündigung treten bei einer verhaltensbedingten Kündigung mit Kenntnis oder kennen-müssen der Kündigung, bei einer Kündigung aus objektiven Gründen mit Ablauf der im Kündigungsschreiben angegebenen Kündigungsfrist ein.

Ebenso liegt eine rechtmäßige Kündigung vor, wenn eine Klage erfolgte, jedoch abgewiesen worden ist. Damit wurde dem Antrag die Rechtswidrigkeit zu erklären nicht entsprochen. Die Kündigung ist als rechtmäßig zu behandeln. Dies wird mangels entsprechendem Klageantrag jedoch nicht direkt ausgesprochen. Das Gericht weist die Klage lediglich ab.

In beiden Konstellationen besteht eine rechtlich rechtmäßige Kündigung. Diese hat folgende gesetzliche Rechtsfolgen:

- Beendigung des Arbeitsverhältnisses (unter 1.)
- Abfindung (unter 2.)
- Anspruch des Arbeitnehmers auf bezahlte Bewerbungszeiten (unter 3.)
- Erleichterte Kündigungsmöglichkeit des Arbeitnehmers (unter 3.)

1. Beendigung des Arbeitsverhältnisses

Originäre Folge der rechtmäßigen Kündigung ist die Auflösung des Arbeitsverhältnisses. Der Zeitpunkt des Eintritts dieser Beendigung richtet sich nach der jeweiligen Kündigung. Ausgehend von der Existenz einer Mindestkündigungsfrist ist die verhaltensbedingte Kündigung (s. § 7 A I, B I) von den objektiven Kündigungen zu unterscheiden:

- verhaltensbedingte Kündigung: Nach Durchführung des entsprechenden Verfahrens tritt Wirkung der Vertragsbeendigung sofort, also mit Kenntnis oder Kennenmüssen der Kündigungserklärung ein (Art. 357 Nr. 7 CT).
- objektive Kündigungsvarianten: Nach Durchführung der entsprechenden, dem Kündigungsausspruch vorgelagerten, Verfahren muss der Arbeitgeber eine Kündigungsfrist von mindestens 15 bis 75 Tagen, je nach Dauer der Betriebszugehörigkeit des betreffenden Arbeitnehmers, einhalten (Art. 371 Nr. 2 lit. e i.V.m. Nr. 3; 378 Nr. 1 lit. d i.V.m. Nr. 2 und Art. 363 Nr. 1 CT). Diese Kündigungsfrist kann der Arbeitgeber durch Angabe eines späteren Datums der Vertragsauflösung in dem Kündigungsschreiben verlängern.

Maßgeblich ist die im Kündigungsschreiben angegebene Frist, solange sie der gesetzlichen Mindestfrist genügt[479]. Dies ist zwingend, da die gesetzliche Min-

479 Ist die Frist unverschuldet, etwa wegen eines ungewöhnlich langen Postlaufs, unzulässig, ist eine Fristverlängerung möglich s. § 7 B II.

destkündigungsfrist verlängert werden kann. Das Arbeitsverhältnis endet mit Ablauf dieser Frist. Eine Klageerhebung beeinflusst den Beendigungszeitpunkt nicht[480].

2. *Abfindung (compensação)*

Die Abfindung ist monetärer Ausdruck der praktischen Konkordanz zwischen dem verfassungsrechtlich geschützten Recht des Arbeitgebers sich frei unternehmerisch zu betätigen, einschließlich der Kündigung von Arbeitsplätzen und dem ebenfalls verfassungsrechtlich geschützten Recht des Arbeitnehmers auf eine sichere Beschäftigung. Die Abfindung mildert den Rechtsverlust des Arbeitnehmers. Dafür muss der verfassungsrechtlichen Beschäftigungssicherheit ein weites Verständnis zugrunde gelegt werden[481]. Dies greift nur, soweit die Kündigung nicht auf einem Verschulden des Arbeitnehmers beruht. Hat dieser selbst den Grund für die Aufgabe der Beschäftigungssicherheit gesetzt, ist er nicht wegen des Rechtsverlusts zu entschädigen. Ein verhaltensbedingt gekündigter Arbeitnehmer hat somit keinen Abfindungsanspruch.

Liegt eine Kündigung aus objektiven Gründen vor, besteht ein Abfindungsanspruch. Dieser gilt durch Verweisung der personenbedingten und individualbetriebsbedingten Kündigungen auf die Regelung der kollektiv-betriebsbedingten Kündigung einheitlich[482]. Die Abfindung muss dem gekündigten Arbeitnehmer vollständig spätestens mit Ablauf der Kündigungsfrist zur Verfügung gestellt werden (Art. 383 lit. c, 384 lit. d, 385 lit. c CT). Stimmt der Arbeitnehmer ausdrücklich zu, ist eine Zahlung in mehreren Einheiten zuzulassen[483].

a. Voraussetzungen des Art. 366 CT

Die Höhe der Abfindung wurde seit der Geltung des CT mehrfach nach unten korrigiert – von dem Berechnungsfaktor von einem Monat auf inzwischen zwölf Tage[484]. Diese Kürzungen führten dazu, dass 2012 die relevante Bezugsgröße vom monatlichen Grundgehalt[485] auf Tagessätze geändert wurde. Ein Tagessatz entspricht pauschal einem Dreißigstel des monatlichen Grundgehalts (Art. 366 Nr. 2 lit. c CT). Eine Mindesthöhe der Abfindung sieht das geltende Recht nicht mehr

---

480 Anders: bei Erhebung eines einstweiligen Rechtsschutzantrags; s. § 13 D.

481 *Bernardo Xavier*, RDES 2012, 65–100 (66).

482 Personenbedingte Kündigung: Art. 379 i.V.m. 366 CT; kollektiv-betriebsbedingte Kündigung: Art. 366 CT und individual-betriebsbedingte Kündigung: Art. 372 i.V.m. 366 CT.

483 *Furtado Martins*, Cessação do Contrato, S. 389.

484 Gesetzesänderung durch *L* 23/2012 vom 25.6. 2012 und *L* 69/2013 vom 30.8. 2013.

485 Monatliches Grundgehalt: Lohnzuschläge für Nacht- oder Schichtarbeit, sowie Urlaubs- oder Weihnachtsgeld sind nicht einzubeziehen (so etwa: *Furtado Martins*, Cessação do Contrato, 355).

vor[486]. Neben diesen Gesetzesänderungen hängt die Höhe maßgeblich von der Dauer der Betriebszugehörigkeit ab. Um diese zu ermitteln, ist die Dauer der Kündigungsfrist miteinzubeziehen, da in diesem Zeitraum noch ein wirksames Arbeitsverhältnis besteht[487]. Die Berechnungsformel kann wie folgt dargestellt werden (Art. 366 Nr. 1 CT):

Abfindung = zwölf Tagessätze des regelmäßigen Grundgehalts × Anzahl der Jahre der Betriebszugehörigkeit ≥ drei Monatsgrundgehälter

Mit der Reform 2013 wurden weitere Beschränkungen eingeführt:

- Das dieser Berechnung zugrunde gelegte monatliche Grundgehalt darf nicht das Zwanzigfache des monatlichen Mindestlohns übersteigen (Art. 366 Nr. 2 lit. a CT). Dies entspricht derzeit einem maximalen monatlichen Grundgehalt von 11.140 €[488].
- Die Gesamtsumme der Abfindung ist außerdem auf das Zwölffache des monatlichen Grundgehalts oder das 240-Fache des monatlichen Mindestlohns gedeckelt (Art. 366 Nr. 2 lit. b CT).

Für unvollständige Jahre der Betriebszugehörigkeit ist eine anteilige Abfindung zu zahlen (Art. 366 Nr. 2 lit. d CT). Diese Abfindungsregelung kann nicht individualvertraglich zugunsten eines Arbeitnehmers geändert werden, da diese Norm nicht nur die wirtschaftliche Existenz eines Einzelnen sichert, sondern ein transparentes und gerechtes Verfahren aller potentiell Gekündigten sicherstellen soll[489]. Eine Modifizierung der Abfindungsberechnung durch kollektivrechtliche Regelungsinstrumente ist dagegen möglich (s. § 3 C III). Daher ist die angewandte Berechnungsmethode im Rahmen der Kündigungsabsichtserklärung offenzulegen (Art. 360 Nr. 2 lit. f CT)[490].

Neben der entschädigenden Wirkung der Abfindung (*ressarcitório*) spricht die portugiesische Rechtspraxis auch von einer daneben bestehenden absichernden Wirkung (*garantístico*)[491]. Letztere ist in der Fiktion der Akzeptanz der Kündigung zu sehen. Dadurch erlangt der Arbeitgeber relativ schnell Planungssicherheit. Der Arbeitnehmer verliert durch Akzeptanz dieser Abfindung sein Klagerecht gegen die Kündigung. Will der Arbeitnehmer gegen die Kündigung vorgehen, muss er den

---

486 Eine Mindestabfindung von drei Monatsgrundgehältern sah etwa Art. 366 Nr. 3 CT i.d.F. *L* 7/2009 vom 12.2. 2009 vor.

487 So ausdrücklich: *Furtado Martins*, Cessação do Contrato, S. 352, 380.

488 Monatliches Mindestgehalt seit 1.1. 2017: 557 €, Art. 273 Nr. 1 CT i.V.m. *DL* 86-B/2016 – DR Série I Nr. 249 vom 29.12. 2017, S. 5142(40)-5142(41); es erfolgt eine jährliche Anpassung.

489 Ac. TRP 29.4. 2013 Proc. Nr. 440/10 (III B a).

490 So ausdrücklich auch trotz der vorübergehenden Aufhebung einzelner kollektivrechtlicher Regelungen, die über die Gesetze hinausgehen: *Bernardo Xavier*, RDES 2012, 65–100 (79, 80).

491 *Bernardo Xavier*, RDES 2012, 65–100 (69, 70); *Abílio Neto*, CT, Art. 366, Rn. 6.

Eintritt der Fiktion verhindern. Dies bedeutet, dass er die durch den Arbeitgeber erhaltene Abfindung umgehend vollständig zurückerstatten muss[492]; nur so bleibt die Möglichkeit einer Kündigungsschutzklage erhalten.

Das Gesetz lässt offen wie die Rückerstattung vorzunehmen ist (Art. 366 Nr. 5 CT). Fraglich ist insbesondere ob eine Erklärung, die Kündigung nicht zu akzeptieren, erforderlich ist. In der Literatur wird vertreten, dass bereits die kommentarlose Rückerstattung genügen müsse; andere fordern eine ausdrückliche Erklärung[493]. Höchstrichterliche Entscheidungen haben weiter festgestellt, dass für eine wirksame Rückerstattung eine vor Auszahlung erfolgte, Ankündigung die Kündigung nicht zu akzeptieren, jedenfalls nicht genügt[494].

b. Wertende Stellungnahme

Äußerst problematisch erscheint, dass der Zeitraum, der dem Arbeitnehmer für die Rückerstattung zugestanden wird, gesetzlich unbestimmt erscheint. Das CT formuliert (Art. 366 Nr. 5 CT):

> *„A presunção (...) pode ser ilidida desde que, em simultâneo, o trabalhador entregue ou ponha, (...) a totalidade da compensação paga pelo empregador à disposição deste (...).“*
>
> Etwa: *„Die Vermutung der Akzeptanz der Kündigung [Art. 366 Nr. 4] kann dadurch widerlegt werden, dass der Arbeitnehmer gleichzeitig die geleistete Abfindung dem Arbeitgeber wieder vollständig zur Verfügung stellt (...).“*

Diese Regelung wirft zahlreiche Fragen auf. Die Abfindung ist bis zum Ablauf der Kündigungsfrist auszuzahlen (zwischen 15 und 75 Tagen, Art. 363 Nr. 5 CT). Im Kündigungsschreiben hat der Arbeitgeber die Höhe, die Art und den Termin der Auszahlung anzugeben. Der Arbeitnehmer ist somit auf die Auszahlung vorbereitet. Die Rechtsprechung versteht unter dem Begriff der „Gleichzeitigkeit“ eine „unverzügliche oder zumindest innerhalb einer kurzen Frist“ erfolgende Zurückweisung[495]. Diese Formel bringt ebenso wenig eine rechtssichere Fristbestimmung. Sowohl die Wortwahl des Gesetzes als auch die der Rechtsprechung gewähren dem Arbeitnehmer nach Ablauf der Kündigungsfrist und Abfindungsauszahlung keine Bedenkzeit hinsichtlich der Annahme der Abfindung. Eine Zurücküberweisung

---

492 Personenbedingte Kündigung: Art. 379 i.V.m. 366 Nr. 4, 5 CT; kollektiv-betriebsbedingte Kündigung: Art. 366 Nr. 4, 5 CT und individual-betriebsbedingte Kündigung: Art. 372 i.V.m. 366 Nr. 4, 5 CT umgehende Zurückweisung ohne „Karenzfrist“: *Ferreira Roberto*, PDT 2011, 115–123 (119).

493 *Furtado Martins*, Cessação do Contrato, S. 393, 394; a.A.: *Silva e Sousa*, in FS Bernardo Xavier Vol. III, S. 479–506 (497); Ac. STJ 17.6. 2010 Proc. Nr. 527/06 (II).

494 Ac. STJ 3.4. 2013 Proc. Nr. 1777/08 (III); Ac. TRL 11.10. 2017 Proc. Nr. 3817/16 (4).

495 Ac. TRL 1.9. 2016 Proc. Nr. 25029/15 (III F); Ac. TRL 21.9. 2011 Proc. Nr. 4983/07 (direito).

erst nach zwei Monaten wurde etwa als Annahme gewertet[496]. Ein Antrag auf gerichtliche Überprüfung der Abfindungshöhe bleibe trotz Akzeptanz der Kündigung möglich[497].

Der Umstand, dass der gekündigte Arbeitnehmer spätestens mit Ablauf der Kündigungsfrist mit Eingang der Abfindung rechnen muss (Art. 383 lit. c, 384 lit. d, 385 lit. c CT), rechtfertigt den kurzen Handlungsspielraum. Schließlich konnte er bereits zuvor entscheiden, ob er diese annimmt oder nicht.

Soweit ersichtlich wendet die Rechtsprechung diese Regelung streng an. Sie geht davon aus, dass diese Fiktion die Anzahl der Kündigungsschutzverfahren verringern soll; daher sei eine strenge Anwendung geboten[498]. Allerdings kann nur eine vollständige Leistung der Abfindung den durch das Gesetz intendierten Interessenausgleich herstellen; nur diese rechtfertigt daher die Vermutung der Akzeptanz der Kündigung. Dies folgt aus der Entscheidung des Obersten Gerichtshofs, in welcher er zur Erfüllung der geforderten Zurückweisung fordert[499]:

> *(...) não (...) basta (...) quaisquer tomadas de posição no sentido da não-aceitação pelo trabalhador do despedimento ou com a mera impugnação do despedimento por este. [a lei] Impõe ao trabalhador um comportamento activo, de facere, e não omissivo. De expressão e manifestação de uma vontade, concretizada pela devolução ou não aceitação dessa compensação, (...).*

> Etwa: *(...) weder die Stellungnahmen des Arbeitnehmers, die Kündigung nicht zu akzeptieren, noch die Erhebung der Kündigungsschutzklage genügen. Das Gesetz fordert von dem Arbeitnehmer ein aktives Handeln, welches sich in einer, durch die Rückgabe oder Nichtakzeptanz der Abfindung konkretisierten Willensäußerung manifestiert. (...)*

Nachdem der Oberste Gerichtshof 2016 ausdrücklich bestätigt hat, dass aktives Handeln des Arbeitnehmers erforderlich ist, um die gesetzlich vorgesehene Vermutung zu widerlegen, muss der Arbeitnehmer dafür sorgen, dass die Abfindung nicht mehr in seinem, sondern wieder im Machtbereich des Arbeitgebers vorliegt. Reine Erklärungen genügen nicht.

Die Vermutung der Akzeptanz der Kündigung entspricht in ihrer Wirkung einem Klageverzicht. Die Klagefrist beginnt in den hier relevanten Fällen der objektiven Kündigungsgründe mit Vertragsbeendigung, mithin dem Ablauf der Klagefrist und somit Zeitpunkt der Abfindungszahlung (s. § 13 B I 1, III). Der, die Abfindung annehmende, Arbeitnehmer kann damit gegen die Kündigung unabhängig von deren Rechtmäßigkeit nicht mehr vorgehen. In der Zurückweisung der Abfindung ist allerdings kein Verzicht auf diese zu sehen. Zum einen würde dies nicht dem Willen des Arbeitnehmers entsprechen, welcher zur Zurückweisung zum Erhalt der Klagebefugnis gezwungen ist, zum anderen kann schon verfassungsrechtlich

---

496 Ac. TRP 14.5. 2012 Proc. Nr. 739/09 (Frage 3).
497 Ac. TRC 16.6. 2011 Proc. Nr. 150/09 (3.2).
498 Ac. TRL 11.10. 2017 Proc. Nr. 3817/16 (4).
499 Ac. STJ 17.3. 2016 Proc. Nr. 04S3160 (3).

an eine Wahrnehmung des Klagerechts keine Benachteiligung geknüpft werden. Die Abfindung des Art. 366 CT stellt somit eine Mindestabfindung dar:

- Im Fall einer erfolglosen Kündigungsschutzklage hat der Arbeitnehmer Anspruch auf deren Auszahlung.
- Bei erfolgreicher Klage übersteigen die zu leistenden Zahlungen diese Summe.

Die Regelung verfolgt sichtlich den Zweck der Entlastung der Gerichte und nicht den des effektiven Arbeitnehmerschutzes. Zur Entlastung der Gerichte erscheint die Maßnahme sehr wirksam: Nicht allen Arbeitnehmern wird die Reichweite ihrer Annahmeentscheidung bewusst sein und weiter fällt es den Arbeitnehmern psychologisch schwerer eine bereits greifbare Abfindung wieder aufzugeben. Nachdem Menschen nach wirtschaftswissenschaftlichen Erkenntnissen nicht rational handeln, ändert der Umstand, dass der Arbeitnehmer in jedem Fall nach Verfahrensabschluss Anspruch auf mindestens diese Abfindung hat, nichts[500].

Problematisch erscheint, zum einen, dass der Arbeitnehmer im Kündigungsschreiben nicht auf diese Folge der Annahme der Abfindung hinzuweisen ist, zum anderen, dass die Folge des Klageverzichts nicht im Zusammenhang mit der Frist der Klageerhebung geregelt wird. Ein rechtsunkundiger Arbeitnehmer kann diese Folge damit leicht übersehen.

3. *Weitere Kündigungsfolgen*

Neben diesen primären Folgen der Beendigung und der Abfindung haben das CT und die Rechtspraxis noch weitere Folgen an die Kündigungserklärung geknüpft.

a. Bezahltes freiverfügbares Zeitkontigent

Nach einer objektiven Kündigung hat der Arbeitnehmer während der Kündigungsfrist Anspruch auf einen Zeitraum von insgesamt zwei Tagen pro Woche zu seiner freien Verfügung (Art. 364 Nr. 1 CT). In diesem wird er von seiner Arbeitsleistungspflicht befreit. Das bezahlte Zeitkontigent (*crédito de horas*) besteht nur, wenn die Arbeitsleistungspflicht des Arbeitnehmers nicht aus anderen Gründen (z.B. Urlaub, Freistellung) suspendiert ist[501]. Aufteilung und Nutzung steht dem Arbeitnehmer frei. Er muss die Ausübung lediglich drei Tage vorher anzeigen. Mangels gesetzlicher Anweisung der Verwendung steht dem Arbeitnehmer die Nutzung völlig frei[502]. Lediglich in den Fällen, in denen er die Anzeigefrist von drei Tagen nicht einhalten

500 Vgl. etwa: *Lukas Koschnitzke*, Richard H. Thaler – der Grenzgänger in Zeit vom 9.10. 2017.

501 *Furtado Martins*, Cessação do Contrato, S. 397.

502 *Rosário Palma Ramalho*, Tratado Parte II, S. 934; *Furtado Martins*, Cessação do Contrato, S. 396.

kann, muss er einen beachtlichen Grund (*motivo atendível*) angeben[503]. Dieser kann etwa ein Bewerbungsgespräch oder Probearbeit sein[504].

b. Urlaub

Grundsätzlich ist der Urlaub zwischen Arbeitgeber und Arbeitnehmer auszuhandeln (Art. 241 Nr. 1 CT). Kommt es zu keiner Einigung, kann der Arbeitgeber den Urlaub unter bestimmten Umständen nach Anhörung der Arbeitnehmervertretung einseitig festlegen (Art. 241 Nr. 2 CT). Bei allgemeinen Konflikten über die Urlaubsgewährung muss der Arbeitgeber die Urlaubsplanung für das Unternehmen bis zum 15.4. fertigstellen und aushängen (Art. 241 Nr. 9 CT). Bei der Erstellung dieses Plans ist der Grundsatz der zusammenhängenden Urlaubsgewährung zu berücksichtigen.

Während laufender Kündigungsfrist, kann der Arbeitgeber den gekündigten Arbeitnehmer unabhängig von der Urlaubsvereinbarung oder dem Urlaubsplan verpflichten, bestehenden Urlaub vor Beendigung des Arbeitsverhältnisses, d.h. dem Ende der Kündigungsfrist, zu nehmen (Art. 241 Nr. 5 CT). Ohne Anordnung der außerordentlichen Beurlaubung ist nicht genommener Urlaub abzugelten (Art. 245 CT).

Diese Regelung ist im portugiesischen Recht weniger überraschend, als aus deutscher Perspektive. Das portugiesische Recht gewährt dem Arbeitgeber gegen Entschädigung des Arbeitnehmers nämlich grundsätzlich das Recht eine erteilte Urlaubsgewährung bei Vorliegen erheblicher Gründe für die Funktionsfähigkeit des Unternehmens einseitig zu ändern (Art. 243 Nr. 1 CT).

c. Bezahlte Freistellung

Darüber hinaus werden die gekündigten Arbeitnehmer in der Praxis häufig während der Zeit der Kündigungsfrist von der Pflicht der Arbeitsleistung unter Fortzahlung des Gehalts freigestellt. Allerdings verpflichtet das CT den Arbeitgeber, die Arbeitsleistung des Arbeitnehmers nicht zu behindern (Art. 129 Nr. 1 lit. b CT). Es besteht mithin die Pflicht zur tatsächlichen Beschäftigung. Eine Freistellung ist demzufolge zu rechtfertigen. Diese Rechtfertigung wird meist gelingen, da während der Kündigungsfrist kein schutzwürdiges Interesse am Fortbestand des Arbeitsverhältnisses besteht, der Schutz des Betriebsklimas anzuerkennen ist und durch die Möglichkeit der Nutzung des Zeitkontigents (Art. 364 CT) bereits eine starke Reduzierung der Verwendbarkeit der Arbeitsleistung besteht[505]. Bei betriebsbedingten Kündigungen kann eine Freistellung weiter durch einen deutlichen, während der Kündigungs-

---

503 Art. 364 Nr. 3 CT: der Vergleich mit dem Wortlaut von Art. 365 CT zeigt, dass es sich hier um „normale" Tage und nicht um Werktage handelt, da diese besondere Frist im Gesetz jeweils ausdrücklich angegeben wird.

504 *Furtado Martins*, Cessação do Contrato, S. 396.

505 *Furtado Martins*, Cessação do Contrato, S. 356–358; a.A. unter Betonung des Gewichts der Pflicht zur tatsächlichen Beschäftigung: *Ferreira Roberto*, PDT 2011, 115–123 (117).

frist erfolgenden, Rückgang der vorhandenen Arbeit auf den wegfallenden Arbeitsplätzen gerechtfertigt werden[506].

d. Vorzeitige Vertragsauflösung durch Arbeitnehmer

Letztlich kann der gekündigte Arbeitnehmer das Arbeitsverhältnis bereits während der Kündigungsfrist durch Anzeige gegenüber dem Arbeitgeber mit einer Frist von drei Werktagen einseitig beenden (Art. 365 CT)[507]. Der Abfindungsanspruch bleibt dabei erhalten. Diese Erklärung der Vorzeitigen Beendigung ist keine Arbeitnehmerkündigung im eigentlichen Sinn (s. § 8 A, s. § 8 B). Der durch den Arbeitgeber gesetzte Beendigungsgrund bleibt mit allen Rechtsfolgen bestehen; lediglich der Beendigungszeitpunkt wird einseitig durch den Arbeitnehmer verschoben[508].

II. Rechtswidrige Kündigung (ilicitude – *Art. 389 CT*)

Nach portugiesischem Verständnis ist eine Kündigung nicht schlicht als rechtswidrig zu bezeichnen. Die Rechtswidrigkeit (*ilicitude*) der Kündigung kann nur gerichtlich festgestellt werden. Sie entfaltet folglich ihre spezifischen Rechtswirkungen nur nach ausdrücklicher gerichtlicher Erklärung (Art. 389 Nr. 1 CT):

> *„Sendo o despedimento declarado ilícito, o (...)"*
>
> Etwa: *„Wird die Kündigung für rechtswidrig erklärt, (...)"*

Bevor auf die Rechtsfolgen einer gerichtlich für rechtswidrig erklärten Kündigung eingegangen wird (s. § 10 A II 2), ist zu untersuchen, unter welchen Voraussetzungen eine solche Rechtswidrigerklärung erfolgen kann, mithin wann die Kündigung rechtswidrig ist (s. § 10 A II 1). Erscheint nach schuldhaftem Verhalten des Arbeitnehmers die schwerste Sanktion der Kündigung nicht angemessen, so ist diese rechtswidrig. Eine geltungserhaltende Reduktion darf nicht erfolgen[509].

1. Voraussetzungen der Rechtswidrigkeit

Die Rechtswidrigkeit einer Kündigung kann sich aus allgemeinen oder spezifisch auf die jeweilige Kündigungsvariante bezogenen Gründen ergeben. Allgemeine, für alle Arbeitgeberkündigungen geltende Rechtswidrigkeitsgründe sind (Art. 381 CT):

---

506 *Furtado Martins*, Cessação do Contrato, S. 357.

507 Personenbedingte Kündigung: Art. 379 i.V.m. 365 CT; kollektiv-betriebsbedingte Kündigung: Art. 365 CT und individual-betriebsbedingte Kündigung: Art. 372 i.V.m. 365 CT.

508 So auch unter Änderung der ursprünglich vertretenen Ansicht (so zuletzt: *Furtado Martins*, Cessação do Contrato 2012, S. 367) als Sonderfall der Arbeitnehmerkündigung jetzt: *Furtado Martins*, Cessação do Contrato, S. 398.

509 Kritisch: *Martins Alcides*, Direito do Processo Laboral, S. 265, 266.

- Die Kündigung beruht auf politischen, religiösen, weltanschaulichen oder ideologischen Gründen (Art. 381 lit. a CT).
- Der angegebene Kündigungsgrund wurde für nicht statthaft erklärt (*improcedente* – Art. 381 lit. b CT).
- Das Kündigungsverfahren wurde vor Kündigungsausspruch nicht durchgeführt (Art. 381 lit. c CT).
- Die bei Schwangeren und gleichgestellt geschützten Personen erforderliche behördliche Stellungnahme wurde nicht eingeholt (Art. 381 lit. d CT).

Um eine gerichtliche Überprüfung des wahren Kündigungsgrundes zu ermöglichen obliegt es dem Arbeitgeber, die Tatsachen darzulegen, welche zur Annahme des angegebenen Kündigungsgrundes führten (Art. 342 Nr. 2 CC).

Daneben bestehen weitere spezifische Rechtswidrigkeitsursachen für die jeweiligen Kündigungsgründe. Diese konkretisieren verallgemeinernd Verstöße im jeweiligen Kündigungsverfahren, welche zur Rechtswidrigkeit der Kündigung führen (Art. 382 – 385 CT). Die verhaltensbedingte Kündigung (*facto imputável* – Art. 382 CT) ist danach gleichfalls rechtswidrig, wenn das dieser vorgelagerte Disziplinarverfahren nicht ordnungsgemäß durchgeführt worden ist (Art. 382 Nr. 1 i.V.m. Art. 329 Nr. 1, 2 CT; s. § 7 B I 1). Dies ist einerseits anzunehmen, wenn die Frist zur Einleitung des Disziplinarverfahrens (60 Tage – Art. 329 Nr. 2 CT) oder die der Ausübung der Disziplinarsanktion (ein Jahr – Art. 329 Nr. 1 CT) nicht eingehalten wurde. Ebenso verursachen erhebliche Formfehler dieses Verfahrens die Rechtswidrigkeit der Kündigung. Solche Formfehler sind etwa:

- Anschuldigungsschreiben fehlt vollständig (Art. 382 Nr. 2 lit. a CT).
- Anschuldigungsschreiben liegt nicht in der gesetzlich vorgesehenen Schriftform vor (Art. 382 Nr. 2 lit. a CT).
- Kündigungserklärung wurden nicht alle erforderlichen Dokumente beigelegt (Art. 382 Nr. 2 lit. b CT).
- Kündigungserklärung verletzt Schriftform (Art. 382 Nr. 2 lit. d CT).

Nur erhebliche Verfahrensfehler führen zur Rechtswidrigkeit der Kündigung. Maßgeblich ist, ob der Verfahrensfehler die Verteidigungsrechte des Arbeitnehmers verkürzt hat. Dementsprechend nimmt die Rechtsprechung eine Rechtswidrigkeit fehlerhafter Kündigungsschreiben oder Disziplinarverfahren nur an, wenn der Arbeitnehmer wegen der fehlenden Angaben die Kündigung nicht vollständig nachvollziehen konnte und so in seiner Verteidigung eingeschränkt war[510]. Geringe Verstöße führen dagegen nur zur Unwirksamkeit sofern dennoch der Zweck der Anschuldigung erfüllt wird (Art. 382 Nr. 2 lit. b CT)[511].

---

510 Bereits: Ac. STJ 24.1. 2007 Proc. Nr. 06S3854 (3.3); ebenso zu geltender Rechtslage: Ac. TRÉ 28.6. 2012 Proc. Nr. 825/09 (II): zu Maßgeblichkeit der Verteidigungsmöglichkeit auch: Ac. TRP 14.11. 2011 Proc. Nr. 37/10 (III a).

511 *Vaz Marecos*, in FS Bernardo Xavier, S. 13–38 (18).

Im Gegensatz zu der als subjektiven Kündigungsgrund einzuordnenden verhaltensbedingten Kündigung beruhen die weiteren Kündigungsgründe (personenbedingte, individual-, kollektiv-betriebsbedingte) auf objektiven Ursachen. Dies führt zu teils ähnlichen Kündigungsverfahren (s. § 7 B II), deren Ähnlichkeit sich bei der Rechtswidrigkeit widerspiegelt. Alle objektiven Kündigungen sind rechtswidrig, wenn:

- die im jeweiligen Verfahren vorgeschriebenen Mitteilungen der Kündigungsabsicht unterlassen wurden (*comunicações* – Art. 383 lit. a, 384 lit. c, 385 lit. b CT) oder
- die Abfindung und andere fällige Forderungen aus dem Arbeitsverhältnis nicht bis zum Ablauf der jeweiligen Kündigungsfrist dem Arbeitnehmer zur Verfügung gestellt wurden (Art. 383 lit. c, 384 lit. d, 385 lit. c CT).

Darüber hinaus kann eine objektive Kündigung rechtswidrig sein, wenn deren spezifische Voraussetzungen für die Verfahrenseröffnung nicht vorlagen oder das Auswahlverfahren der zu kündigenden Arbeitnehmer nicht ordnungsgemäß durchgeführt worden ist[512]. Nach der Rechtsprechung sind die Kündigungs- und Auswahlkriterien so darzulegen, dass jeder gekündigte Arbeitnehmer den Wegfall seines Arbeitsplatzes nachvollziehen kann[513]. Beschränkt sich der Arbeitgeber auf pauschale Formulierungen, ist die Kündigung rechtswidrig.

Mangels Nennung in den spezifischen Rechtswidrigkeitsgründen führt ein Verstoß gegen das Auswahlverfahren der zu kündigenden Arbeitnehmer im Rahmen einer kollektiv-betriebsbedingten Kündigung, sofern darin keine Diskriminierung liegt (Art. 381 lit. a CT), nicht zur Unwirksamkeit der Kündigung, sondern lediglich zu Schadenersatzanspruch, welcher mittels der allgemeinen Feststellungsklage (s. § 13 B II) einzuklagen ist[514].

2. *Folgen der Rechtswidrigerklärung*

Die gerichtliche Erklärung der Rechtswidrigkeit der Kündigung löst verschiedene Rechtsfolgen aus:

- Schadenersatz für alle, dem Arbeitnehmer durch die Kündigung entstandenen Schäden (*indemnização* – Art. 389 Nr. 1 lit. a CT)
- Wiedereinstellung des Arbeitnehmers im gleichen Betrieb (*reintegração* – Art. 389 Nr. 1 lit. b CT)

---

512 Personenbedingte Kündigung: Art. 385 lit. a CT; individual-betriebsbedingte Kündigung: Art. 384 lit. a, b CT; kollektiv-betriebsbedingte Kündigung: Art. 383 lit. b CT.

513 Ac. STJ 25.3. 2010 Proc. Nr. 469/09 (3.4); dies bestätigend etwa: Ac. TRÉ 17.5. 2012 Proc. Nr. 391/07 (IV 2ii).

514 *Bernardo Xavier*, EIDT Vol. VI, 2012, S. 155–183 (166); *Bernardo Xavier*, Despedimento Colectivo, S. 515.

- Entschädigung für die erlittenen Gehaltseinbußen im Zeitraum zwischen Kündigungsausspruch und positivem Urteil im Kündigungsschutzverfahren (*compensação* – Art. 390 CT)

Der Schadenersatz- und der Wiedereinstellungsanspruch sind bereits im Kündigungsschutzurteil auszusprechen.

Es sind zwei Formen der Rechtswidrigkeit zu unterscheiden:

- „normale" Rechtswidrigkeit (Art. 389 Nr. 1 CT):
  Verstoß führt zur Unwirksamkeit der Kündigung (*invalidade*). Dies ist etwa bei Fristversäumnissen (Art. 329 Nr. 1,3; 357 Nr. 1 CT), in Anschuldigungsschreiben nicht mitgeteilter Kündigungsabsicht (Art. 353 Nr. 1 CT) oder Verstoß gegen das verfassungsrechtliche Verbot der Kündigung ohne wichtigen Grund anzunehmen.
- rein formelle Rechtswidrigkeit (Art. 389 Nr. 2 CT):
  Verstoß stellt nur Unregelmäßigkeit dar, das heißt, dass die Kündigung wirksam bleibt. Dies ist etwa dann der Fall, wenn die Erhebung beantragter Beweise unterlassen wurde (Art. 356 Nr. 1, 3 CT), die angegebenen Kündigungsgründe allerdings gerichtlich anerkannt werden.

Im Rahmen der rein formellen Rechtswidrigkeit besteht nur ein reduzierter Schadenersatzanspruch (Art. 389 Nr. 2 CT). Eine Wiedereinstellung bleibt diesem Arbeitnehmer verwehrt. Der Anspruch auf Kompensation des entgangenen Lohns besteht unverändert. Solange die Fristen des innerbetrieblichen Verfahrens vor Ausspruch der Kündigung (insbesondere Jahresfrist) noch nicht abgelaufen sind, steht es dem Arbeitgeber in diesen Fällen außerdem frei ein erneutes Kündigungsverfahren einzuleiten, welches die begangenen Mängel behebt[515].

Fälle, in denen das vorliegende schuldhafte Verhalten, z.B. eine beleidigende Formulierung von berechtigten Forderungen gegenüber dem Arbeitgeber, eine Kündigung nicht rechtfertigt, unterliegen keiner besonderen Bewertung. Eine auf diesem schuldhaften Verhalten beruhende Kündigung des Arbeitgebers wird nicht mit gerichtlicher Entscheidung in eine mildere Disziplinarsanktion umgedeutet[516]:

> *„A sanção disciplinar de despedimento (...) mostra-se excessiva e como tal é ilícito o despedimento (...)"*
>
> Etwa: *„Die disziplinarische Strafe der Kündigung (...) ist unverhältnismäßig. Daher ist die Kündigung rechtswidrig (...)."*

Vielmehr hat der Arbeitnehmer die normalen Ansprüche nach einer rechtswidrig erfolgten Kündigung. Dem Arbeitgeber wird wegen Fristablaufs zur Einleitung eines

---

515 *Furtado Martins*, Cessação do Contrato, S. 246; s. § 7 B I 4.

516 Ac. TRL 31.5. 2017 Proc. Nr. 9444/16 (4.2.); Ac. TRL 8.2. 2017 Proc. Nr. 280/14 (de direito).

Disziplinarverfahrens außerdem die Verhängung einer milderen Sanktion statt der Kündigung wegen dieses schuldhaften Verhaltens verwehrt sein.

a. Schadenersatz für kündigungsbedingte Schäden

Durch den im Urteil auszuweisenden Schadenersatz werden alle dem Arbeitnehmer durch die rechtswidrige Kündigung verursachten Schäden, ausgeglichen (Art. 389 Nr. 1 lit. a CT). Um auch nichtvermögensrechtliche Schäden geltend zu machen, muss der gekündigte Arbeitnehmer einen konkreten schwerwiegenden Schaden wegen schuldhafter Verletzung seiner Rechte durch den Arbeitgeber darlegen[517]. Der Situation einer unerwünschten Kündigung innewohnende Schäden, wie etwa Existenzängste, können keinen immateriellen Schadenersatzes begründen[518]. Dennoch finden sich in der Rechtsprechung Fälle, in denen den gekündigten Arbeitnehmern ein Schadenersatz wegen immaterieller Schäden zugesprochen wurde: etwa in einem Fall, in dem die Kündigung eine bestehende Krankheit derart verschlechterte, dass eine normale Teilnahme am alltäglichen Leben nicht mehr möglich war, oder wenn die Existenzängste ein pathologisches Maß in Gestalt von Schlafstörungen, Panikattacken und Depressionen erreichen[519]. Die Berechnung eines solchen immateriellen Schadenersatzanspruchs erfolgt nach den allgemeinen zivilrechtlichen Regeln (Art. 496 CC). Danach sei eine Gesamtbetrachtung, insbesondere unter Berücksichtigung der Schuld, sowie der wirtschaftlichen Verhältnisse von Schädiger und Geschädigtem vorzunehmen[520].

Zu beachten ist, dass dieser Anspruch in den Fällen einer reinen Unregelmäßigkeit stark modifiziert ist (Art. 389 Nr. 2 CT). In diesen Fällen erfolgt eine gedeckelte Berechnung entsprechend der Entschädigung wegen Unterlassens der Wiedereinstellung (Art. 391 Nr. 1 CT).

b. Wiedereinstellungsanspruch

Wörtlich spricht der portugiesische Gesetzgeber von „*reintegração*“, d.h. der „Wiedereingliederung“ in das Unternehmen. Eine Unterscheidung zwischen Weiterbeschäftigung, bei der das Arbeitsverhältnis zuvor noch nicht beendet ist, und Wiedereinstellung findet nicht statt[521]. Nachdem dieser Anspruch jedoch erst nach gerichtlicher Feststellung der Rechtswidrigkeit der Kündigung besteht und die Kündigungsfristen sehr kurz sind (s. § 7 B II), handelt es sich nahezu ausschließlich um einen Wiedereinstellungsanspruch[522]. Das Urteil, welches die Kündigung

517 Ac. STJ 19.4. 2012 Proc. Nr. 1210/06 (decidiendo).

518 Ac. STJ 25.1. 2012 Proc. Nr. 4212/07 (III).

519 Ac. STJ 26.3. 2008 Proc. Nr. 50/07, CJ – STJ XVI 2008 T. I, S. 295–301 (300); ebenso schon: Ac. TRÉ 15.5. 2007 Proc. Nr. 603/07-2.

520 Ac. STJ 26.3. 2008 Proc. Nr. 50/07, CJ – STJ XVI 2008 T. I, S. 295–301 (300).

521 Zum deutschen Begriff der Weiterbeschäftigung: BAG 15.8. 2001, NZA 2002, 569.

522 Aus Gründen der besseren Lesbarkeit wird im Folgenden daher auch nur von Wiedereinstellung gesprochen.

für rechtswidrig erklärt und den Arbeitgeber zur Wiedereinstellung verpflichtet ist kein Feststellungs-, sondern bereits ein Vollstreckungsurteil[523]. Folglich kann der Arbeitnehmer bei Nichterfüllung dieses Urteils durch den Arbeitgeber ohne weitere Klage die Vollstreckung beantragen (Art. 74-A Nr. 2 CPT).

aa. Ausgestaltung der Wiedereinstellung

Im Gegensatz zu der früheren Regelung richtet sich der Wiedereinstellungsanspruch seit dem CT lediglich auf den Betrieb (*estabelecimento*) und nicht auf denselben Arbeitsplatz[524]. Der Wiedereinstellungsanspruch ist nur erfüllt, wenn der gekündigte Arbeitnehmer durch Zuweisung des neuen Arbeitsplatzes keine Nachteile hinsichtlich seiner Betriebszugehörigkeit und Eingruppierung im Unternehmen erleidet (Art. 389 Nr. 1 lit. b CT). Weiter setzt dieser Wiedereinstellungsanspruch nach der Rechtsprechung voraus, dass der Arbeitgeber den erneut zu beschäftigenden Arbeitnehmer zur Arbeitsaufnahme entsprechend seiner ursprünglichen Beschäftigung auffordert (Handlungspflicht des Arbeitgebers – *„obrigação de facere"*) und diesem mitteilt, wann er erneut zur Arbeit erscheinen muss[525]. Dem wiedereinzustellenden Arbeitnehmer ist seine zuvor ausgeübte Tätigkeit zuzuweisen. Dieser Anforderung genügt der Arbeitgeber mithin nicht, wie das Berufungsgericht Portos ausdrücklich feststellte, wenn er dem Arbeitnehmer wieder seinen Platz zuweise, ihm aber keine Aufgaben zuteile[526]. Der Arbeitnehmer muss nicht allein wegen des positiven Urteils tätig werden und seine Arbeitsleistung anbieten. Diesen Grundsätzen folgend urteilte jüngst auch der Oberste Gerichtshof[527]:

> *„Não existe abandono do trabalho quando (...) não se [efectuava] a reintegração (...)"*
>
> Etwa: *Der Arbeitgeber könne nicht wegen Arbeitsniederlegung kündigen, wenn er die Wiedereinstellung nicht aktiv betrieben hatte.*

In dem zu entscheidenden Fall war der wiedereinzustellende Arbeitnehmer nach dem Gerichtsurteil am nächsten Tag „normal" zur Arbeit erschienen. Nachdem ihm jedoch weder sein früherer Arbeitsplatz noch seiner Tätigkeit entsprechende Aufgaben zugewiesen worden waren, teilte er dem Arbeitgeber mit, bis auf Weiteres nicht mehr zu erscheinen und ein Tätigwerden des Arbeitgebers hinsichtlich seiner Wiedereinstellung abzuwarten. Hier hatte der Arbeitnehmer klar deutlich gemacht, dass es an der erforderlichen subjektiven Komponente des Willens, künftig nicht mehr zur Arbeit zu erscheinen, fehlt. Eine Arbeitsniederlegung ist zu verneinen.

---

523 Ac. STJ 3.5. 2000 Proc. Nr. 00S005; zu Verfahren: s. § 13 B I 4.
524 Art. 389 Nr. 1 CT; Art. 436 CT 2003; so auch: *Abílio Neto*, CT, Art. 389, Rn. 2.
525 Ac. TRP 29.11. 2010 Proc. Nr. 431/08, CJ XXXV 2010 T. V, S. 242–244 (243); Ac. TRC 16.2. 2012 Proc. Nr. 550/08 (2).
526 Ac. TRP 12.9. 2011 Proc. Nr. 1282/06, CJ XXXVI 2011 T. IV, S. 228–230 (229).
527 Ac. STJ 6.12. 2016 Proc. Nr. 592/11 (V a, b).

bb. Entschädigung statt Wiedereinstellung

Die Rückkehr in den Betrieb ist nicht zwingend. Der Wiedereinstellungsanspruch kann auf Initiative des Arbeitnehmers sowie in einigen Fällen auf Antrag des Arbeitgebers durch eine Entschädigung ersetzt werden (Art. 391, 392 CT). Dies wird in der Praxis als „*jus variandi*“ bezeichnet[528]. Die Entschädigung des Arbeitgebers kompensiert den Arbeitnehmer für die Benachteiligung durch den Verlust des Arbeitsplatzes (z.B. Verlust von Betriebszugehörigkeitszeiten).

Der Antrag des Arbeitnehmers auf Substitution der Wiedereinstellung kann bis zum Ende der Hauptverhandlung gestellt werden (Art. 391 Nr. 1 CT; s. § 13 B I 3). Der Arbeitgeber kann diesen Antrag dagegen nur stellen, wenn es sich um ein Kleinunternehmen mit weniger als zehn Arbeitnehmern handelt (*microempresa* – Art. 100 Nr. 1 lit. a CT) oder der betroffene Arbeitnehmer Verwaltungs- oder Führungsaufgaben ausübt (*cargo de administração ou direcção*) und gleichzeitig die Kündigung nicht auf diskriminierenden (politisch, religiös) oder durch den Arbeitgeber selbst geschaffenen Merkmalen beruht (Art. 392 Nr. 1, 2 CT). Damit das Gericht dem Arbeitgeberantrag stattgibt, muss die Wiedereinstellung außerdem den Arbeitgeber schwerwiegend beeinträchtigen (*prejudicial e pertrurbador* – Art. 392 Nr. 1 a.E. CT; zur gerichtlichen Durchsetzung s. § 13 B I 3). Darunter wird teils eine erhebliche Beeinträchtigung des Geschäftsbetriebs des Unternehmens verstanden, weswegen reine Unannehmlichkeiten nicht genügen um den Grundsatz der Naturalrestitution zu durchbrechen[529]. Andere verlangen deutlich weniger: ausreichend ist, dass wegen des durch das schuldhafte Verhalten entstandenen Vertrauensverlusts der weitere Betriebsablauf des Unternehmens gestört wird[530]. Die Rechtsprechung ermittelt durch Abwägung aller Umstände das Vorliegen einer „schwerwiegenden Beeinträchtigung“. Eine Beeinträchtigung des Betriebsablaufs muss danach nicht auf organisatorischen Tatsachen beruhen, sondern kann durch den Vertrauensverlust oder das zu erwartende Verhalten gegenüber anderen Arbeitnehmern begründet werden[531].

Die Höhe der Entschädigung für den Verlust der Wiedereinstellung ist gerichtlich festzulegen. Ihre Berechnung erfolgt nach Art. 391 Nr. 1; 392 Nr. 3 CT:

> **Entschädigung** = Tagessätze des regelmäßigen Grundgehalts × Anzahl der Jahre der Betriebszugehörigkeit ≥ drei (AN-Antrag) oder sechs (AG-Antrag) Monatsgrundgehälter

Dabei kann das Gericht die Anzahl der Tagessätze bei einem Arbeitnehmerantrag zwischen 15 und 45 und bei einem Arbeitgeberantrag zwischen 30 und 60 festlegen. Das Gericht ist bei dieser Festlegung nicht völlig frei. Das oberste Zivilgericht hat

---

528 Z.B. Ac. TRC 17.7. 2008 Proc. Nr. 1172/06 (III).

529 Ac. STJ 28.1. 2016 Proc. Nr. 1715/12 (V 4); *Júlio Gomes*, Direito do Trabalho Vol. I, S. 1031.

530 *Romano Martinez*, Direito do Trabalho, S. 1025.

531 Ac. STJ 28.1. 2016 Proc. Nr. 1715/12 (V 4).

zur Ermessensausübung ausgeführt, dass bei dieser Abwägung der Wert der Vergütung und der Verschuldensgrad entsprechend Art. 381 CT zu berücksichtigen seien, wobei die Wertung dieser Parameter gegenläufig sei[532]. Das heißt, dass ein umso höheres Verschulden zu fordern ist, je geringer die Vergütung ausfällt. Dagegen steigt die Entschädigungssumme mit dem Verschuldensgrad. Die Gerichte wählen dementsprechend eine höhere Tagesanzahl je geringer die Vergütung ausfällt[533]. Weiter bemisst die Rechtsprechung die Betriebszugehörigkeit bis zur Rechtskraft des Endurteils der Kündigungsschutzklage abzüglich eventueller klägerbedingter Verfahrensverzögerungen[534].

Eine Entschädigung für den Verlust des Wiedereinstellungsanspruchs kann nur zugesprochen werden, wenn im Zeitpunkt des Urteils das Arbeitsverhältnis nicht bereits aus anderen Gründen, wie etwa der Verrentung, beendet ist[535]. Ist der Arbeitgeber gemäß Urteil zu Wiedereinstellung verpflichtet, erfüllt diese jedoch nicht, besteht das Arbeitsverhältnis fort und kann nicht durch erneute einseitige Willenserklärung des Arbeitgebers beendet werden (z.B. Kündigung, Erklärung der Annahme einer Arbeitsniederlegung; s § 7, § 8 C III)[536]. Der Arbeitnehmer hat in diesem Fall ohne Arbeitsleistung Anspruch auf das volle Gehalt. Nachdem in dem Nichtbetreiben der Wiedereinstellung eine Pflichtverletzung des Arbeitgebers liegt, steht es ihm weiter frei sich jederzeit fristlos mittels außerordentlicher Arbeitnehmerkündigung aus dem Vertragsverhältnis zu lösen und die entsprechenden Ansprüche geltend zu machen (s. § 10 B I).

c. Kompensation entgangenen Lohns (*compensação*)

Etwas unglücklich erscheint es, dass das Gesetz an verschiedenen Stellen von „*compensação*“ spricht. Trotz des gleichlautenden Begriffs liegen zwei zu unterscheidende Kündigungsfolgen vor: einerseits die Abfindung im Fall einer rechtmäßigen Kündigung, welche, wie bereits gesehen, dem Arbeitnehmer für den Verlust des Arbeitsplatzes eine auf seinem Gehalt beruhende Entschädigung gewährt und andererseits im Fall einer rechtswidrigen Kündigung die hier näher zu betrachtende Kompensation entgangenen Lohns.

Der Arbeitnehmer hat nach Rechtskraft des Kündigungsschutzurteils Anspruch auf die Auszahlung des seit Kündigungsausspruchs nicht mehr gezahlten Lohns (Art. 390 CT). Umfasst ist der Zeitraum von Eintritt der beendigenden Wirkung

---

532 Ac. STJ 26.5. 2015 Proc. Nr. 373/10 (II 2.2.4.; Leitsatz VIII); bestätigend: Ac. STJ 12.1. 2017 Proc. Nr. 1368/15 (4.2.).

533 Ac. TRP 16.1. 2017 Proc. Nr. 2311/14 (III B 4).

534 Ac. TRP 9.3. 2015 Proc. Nr. 384/12 (III); Ac. TRP 16.1. 2017 Proc. Nr. 2311/14 (III B 4).

535 Ac. TRL 19.10. 2011 Proc. Nr. 140/08 (III).

536 Ac. TRP 12.9. 2011 Proc. Nr. 1282/06, CJ XXXVI 2011 T. IV, S. 228–230 (229); Arbeitsniederlegung: Ac. TRC 16.6. 2011 Proc. Nr. 684/07, CJ XXXVI 2011 T. III, S. 82–84 (83, 84).

der Kündigung bis zur Rechtskraft des Kündigungsschutzurteils. Dieser Anspruch besteht neben dem Anspruch auf Schadenersatz. Ebenso wenig steht der Antrag des gekündigten Arbeitnehmers statt einer Wiedereinstellung eine Entschädigung für den Arbeitsplatzverlust zu erhalten der Kompensation entgangenen Lohns entgegen[537]. Die Kompensation entgangenen Lohns entspricht dem regelmäßigen Arbeitslohn des Arbeitnehmers abzüglich solcher Leistungen, die er nur wegen der Kündigung erhalten hatte (Art. 390 Nr. 2 CT). Mithin beispielsweise der Abfindungszahlungen bei objektiven Kündigungsgründen oder Arbeitslosengeld. Anderweitiger Verdienst ist dagegen nicht anzurechnen, da dies den Arbeitnehmer, der schnell eine neue Stelle findet, unbillig belaste und kein Grund einer Entlastung des rechtswidrig kündigenden Arbeitgebers bestehe[538].

Beachtenswert ist ein in dieser Kompensation versteckter Anreiz für eine rasche Klageerhebung des Arbeitnehmers. Legt dieser die Klage nämlich nicht innerhalb der ersten 30 Tage nach Ausspruch der Kündigung ein, so verliert er weitere 30 Tage dieses Kompensationsanspruchs (Art. 390 Nr. 2 lit. b CT).

B. Rechtsfolgen der Arbeitnehmerkündigung

Eine Arbeitnehmerkündigung kann je nach konkreter Situation sehr verschiedene Rechtsfolgen auslösen. Diese reichen von einem Abfindungsanspruch des Arbeitnehmers bis hin zu einer Verpflichtung dieses kündigenden Arbeitnehmers, den Arbeitgeber für erlittene Einbußen zu entschädigen.

I. Außerordentliche Arbeitnehmerkündigung (resolução)

Die Rechtsfolgen einer rechtmäßigen und einer rechtswidrigen Arbeitnehmerkündigung sind zu unterscheiden. Letztere liegt vor, wenn das Gericht das Fehlen des angegebenen wichtigen Grundes feststellt (Art. 398 CT).

1. Rechtmäßige außerordentliche Arbeitnehmerkündigung

Der Arbeitnehmer hat Anspruch auf eine Abfindung. Dies ist konsequent, da diese Kündigung dem Verantwortungsbereich des Arbeitgebers zuzurechnen ist. Trotz der Kündigungserklärung des Arbeitnehmers liegt ein für diesen unfreiwilliger Verlust des Arbeitsplatzes vor. Das Gesetz spricht hier jedoch nicht von Abfindung (*compensação*), sondern von Entschädigung (*indemnização*). Weiter unterscheidet sich die Berechnung von der der Arbeitgeberkündigung (Art. 366 Nr. 1 CT). Im Gegensatz zu dieser hat das Gericht im Rahmen der Abfindung nach einer außerordentlichen Arbeitnehmerkündigung den Grad des Verschuldens des Arbeitgebers zu berücksichtigen (Art. 396 Nr. 1 CT).

---

537 So ausdrücklich: Ac. STJ 19.2. 2013 Proc. Nr. 73/08 (II).

538 *José Morais*, in A reforma do CT, S. 503–512 (506).

Auf den ersten Blick verwundert es, dass der wichtige Grund der Nichtzahlung des Arbeitslohns sowohl als subjektiver als auch als objektiver Kündigungsgrund einzuordnen sein kann. Die Einordnung erfolgt je nachdem ob der Arbeitgeber die Nichtzahlung zu verantworten hat, wobei das Gesetz eine Nichtzahlung über einen Zeitraum von mehr als 60 Tagen automatisch als schuldhaft ansieht (Art. 394 Nr. 2 lit. a / Nr. 3 lit. c i.V.m. Nr. 5 CT). Diese doppelte Regelung der Nichtzahlung kann als Ausdruck der Interessenabwägung zwischen Arbeitgeber und Arbeitnehmer gesehen werden. Der Arbeitnehmer hat nur dann einen Abfindungsanspruch, wenn ein subjektiver, wichtiger Grund (Art. 394 Nr. 2, 396 Nr. 1 CT) vorliegt. Hat der Arbeitgeber den wichtigen Grund dagegen nicht zu vertreten, ist zwar eine sofortige fristlose Vertragsbeendigung möglich, es besteht aber kein Abfindungsanspruch.

Beruht die außerordentliche Arbeitnehmerkündigung auf subjektiven, wichtigen Gründen des Art. 394 Nr. 2 CT, hat der Arbeitnehmer zusätzlich zu der sofortigen Vertragsauflösungsmöglichkeit als Kompensation des Arbeitgeberverschuldens einen Abfindungsanspruch. Diese Abfindung ist zwischen 15 und 45 Grundgehältern zuzüglich regelmäßiger Gehaltszahlung (*retribuição base e diuturnidades*) je Jahr der Betriebszugehörigkeit festzulegen, wobei sie mindestens drei Grundgehälter beträgt (Art. 396 Nr. 1 CT). Dies begünstigt den betroffenen Arbeitnehmer, da er nicht zwingend seinen Schaden darlegen und beweisen muss[539]. Unklar ist, ob dieser pauschale Abfindungsanspruch auch immaterielle Schäden erfasst[540]. Weißt der Arbeitnehmer jedoch nach, dass er einen höheren materiellen Schaden erlitten hat, so kann seit dem CT eine höhere Abfindung zugesprochen werden (Art. 396 Nr. 3 CT).

Anders als bei der Arbeitgeberkündigung ist das Schriftformerfordernis nach der Rechtsprechung keine Wirksamkeitsvoraussetzung (*ad substantiam*), sondern dient lediglich Beweiszwecken (*probatória*)[541]. Die vertragsbeendigende Wirkung tritt somit auch bei Verstoß gegen die Schriftform ein. Ist die Arbeitnehmerkündigung rechtswidrig (*ilícito*), weil der Arbeitnehmer die Kündigungserklärung nicht hinreichend begründet hat (s. § 8 A III), so beendet diese Erklärung dennoch das Arbeitsverhältnis[542]. Beruht die Rechtswidrigkeit lediglich auf der Nichterfüllung der verfahrensrechtlichen Voraussetzungen der Arbeitnehmerkündigung (Art. 395 Nr. 1 CT), so kann der Arbeitnehmer bis zum Ablauf der Erwiderungsfrist einmal versuchen diesen Mangel zu heilen (Art. 398 Nr. 4 CT; s. § 13 B II 2).

---

539 So ausdrücklich für Abweichung von normalem zivilrechtlichen Schadenersatzrecht: *Cláudia Madaleno*, in FS Xavier Vol. I, S. 509–563 (514).

540 Für Erfassung immaterieller Schäden: *José Almeida*, CEJ A reforma do CT, S. 551–570 (560).

541 Ac. TRP 26.3. 2012 Proc. Nr. 1282/10 (III 2); Ac. TRP 29.5. 2017 Proc. Nr. 2364/15 (II).

542 E contrario Art. 399 CT; so auch: Ac. TRP 29.5. 2017 Proc. Nr. 2364/15 (II); (s. § 8 C II).

2. *Rechtswidrige außerordentliche Arbeitnehmerkündigung*

Hätte der Arbeitnehmer nicht fristlos kündigen dürfen, so wird diese Situation nach gerichtlicher Feststellung des Nichtbestands eines wichtigen Grundes der der ordentlichen Kündigung angenähert (Art. 399 CT). Der Arbeitnehmer muss den Arbeitgeber für die, durch die fristlose Kündigung verursachten, Schäden entschädigen. Zum Schutz des Arbeitnehmers wird die Schadenersatzpflicht auf den Umfang einer fristlos ausgeübten ordentlichen Kündigung beschränkt (Art. 399 i.V.m. 401 CT). Folglich entspricht die maximale Schadensersatzhöhe dem Gehalt, welches der Arbeitnehmer während der missachteten Kündigungsfrist erhalten hätte.

II. Ordentliche Arbeitnehmerkündigung (denúncia)

Im Rahmen der ordentlichen Arbeitnehmerkündigung ist hinsichtlich der Rechtsfolgen eine weitere Differenzierung erforderlich.

1. *Kündigungsfrist eingehalten*

Während der Kündigungsfrist bleibt das Arbeitsverhältnis trotz Kündigungserklärung des Arbeitnehmers unverändert. Liegen die Voraussetzungen vor, ist somit z.B. eine Arbeitgeberkündigung denkbar[543]. Ebenso kann der Arbeitnehmer erneut kündigen sofern deren Voraussetzungen vorliegen; sei es eine außerordentliche Arbeitnehmerkündigung oder eine Arbeitsniederlegung (s. § 8 C III)[544].

Der Arbeitgeber kann den Arbeitnehmer verpflichten, bestehenden Urlaub während der Kündigungsfrist zu nehmen (Art. 241 Nr. 5 CT). Eine darüber hinausgehende Freistellung für den Zeitraum der Kündigungsfrist – welche der Arbeitgeber häufig nutzen wird – ist nur unter Gehaltsfortzahlung möglich solange kein eine sofortige Beendigung rechtfertigender Grund zu Gunsten des Arbeitgebers hinzutritt[545].

Bestehen erhebliche Fortbildungsaufwendungen des Arbeitgebers kann die Arbeitnehmerkündigung ohne wichtigen Grund vertraglich für maximal drei Jahre ausgeschlossen werden (*pacto de permanência* – Art. 137 Nr. 1 CT). Dieses vertragliche Kündigungsverbot kann der Arbeitnehmer einseitig durch Zahlung der angefallenen Ausbildungskosten beseitigen (Art. 137 Nr. 2 CT).

2. *Kündigungsfrist missachtet*

Missachtet der Arbeitnehmer die Kündigungsfrist ganz oder teilweise, so ist er verpflichtet den Arbeitgeber für den Arbeitsausfall sowie für weitere dadurch

---

543 *Abílio Neto*, CT, Art. 400, Rn. 4.

544 So auch ausdrücklich: Ac. TRP 14.6. 2004 Proc. Nr. 0410068 (6.2); Ac. TRP 14.1. 2008 Proc. Nr. 0715363 (o direito).

545 *Leal Amado*, Contrato de Trabalho, S. 439, 440; *Furtado Martins*, Cessação do Contrato, S. 598.

verursachte Schäden zu entschädigen (Art. 401 CT). Die Entschädigung für den Arbeitsausfall ist auf Grundlage des Grundgehalts und der Dauer der Verkürzung der Kündigungsfrist zu bemessen. Nachdem die Arbeitsniederlegung ein Spezialfall der ordentlichen Kündigung ist, bei welcher die Kündigungsfrist vollumfänglich missachtet wird, gilt hier ebenfalls die Entschädigungspflicht (Art. 403 i.V.m. 401 CT).

C. Ausblick und vergleichende Analyse

Neben einer Übersicht über die Kündigungsfolgen erfolgt ein kurzer Blick auf die Kündigungsfolgen des deutschen Rechts.

I. Kündigungsfolgen im portugiesischen Recht

Die Rechtsfolgen einer Kündigung hängen einerseits von der Rechtmäßigkeit der Kündigung, andererseits von der Reaktion des Arbeitnehmers ab:

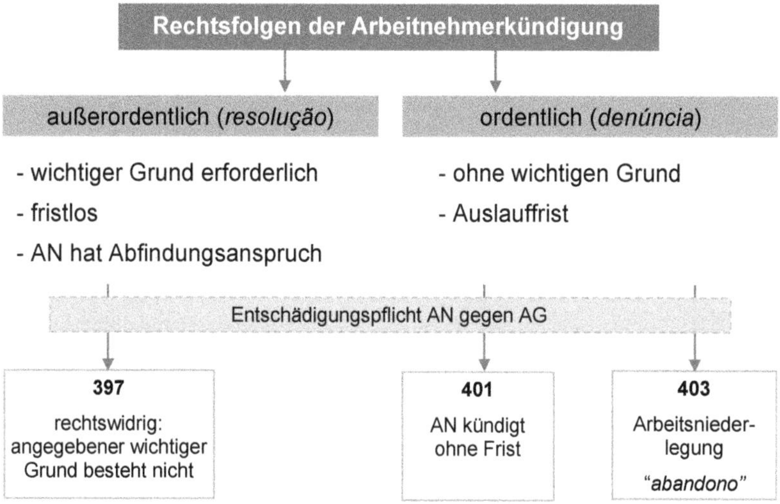

Ein weiterer Schutz der von einer Kündigung betroffenen Arbeitnehmer ist steuerlicher Natur. Alle Zahlungen, die der Arbeitnehmer wegen der Vertragsbeendigung erhält, sind bis zu einem situationsabhängigen Höchstbetrag zunächst von der Einkommenssteuer befreit[546]. Dieser Höchstbetrag berechnet sich aus dem, in den letzten zwölf Monaten der ordnungsgemäßen Lohnzahlung durchschnittlich erhaltenen Gehalts multipliziert mit der Anzahl der Jahre der Betriebszugehörigkeit. Zu beachten ist jedoch, dass diese Steuerbegünstigung entfällt, wenn innerhalb von 24 Monaten nach Vertragsbeendigung eine neue Arbeit eingegangen wird.

II. Vergleichende Analyse

Bei der Analyse des in beiden Ländern bestehenden Spannungsverhältnisses zwischen Bestandsschutz und Abfindung, dürfen die ausgehend von der Intention des jeweiligen Gesetzgebers differenziert ausgestalteten Abfindungsfunktionen nicht unberücksichtigt bleiben. Die deutsche Abfindung entschädigt für den Arbeitsplatzverlust trotz einer unwirksamen Kündigung (§§ 9, 10 KSchG). Die portugiesische Abfindung entschädigt zwar auch für den Verlust des Arbeitsplatzes, bewusst jedoch unabhängig von der Rechtmäßigkeit der Kündigung.

---

546 Art. 2 Nr. 4 lit. b Einkommenssteuergesetz – *Código de Imposto sobre o Rendimento das Pessoas Singulares* i.d.F. *L* 82-E/2014 vom 31.12. 2014 – DR Série I Nr. 252, S. 6546-(339)-6546-(418); Tendenz der letzten Änderungen ist die immer weitergehende Besteuerung.

Die Abfindung nach portugiesischem Recht ist nicht von der Rechtswidrigkeit der Kündigung abhängig. Sie besteht unabhängig von der materiellrechtlichen Bewertung der Kündigung. Vordergründig ist sie damit eine Entschädigung für die Möglichkeit der Klageerhebung. Tatsächlich ist die Wirkung der Abfindung jedoch vielschichtiger. Neben der entschädigenden und der absichernden Wirkung bestehen weitere. Von besonderer Relevanz sind darunter die Herstellung praktischer Konkordanz verfassungsrechtlich geschützter Rechte der Parteien, Planungssicherheit des Arbeitgebers und Verhinderung rein finanziell motivierter Kündigungsschutzklagen. Die pauschale Entschädigung für den Arbeitsplatzverlust macht Klagen mit dem eigentlichen Ziel einer Abfindung uninteressant. Anders als bei der in Deutschland gelebten Abfindungspraxis „durch die Hintertür“, bei der viele den Rechtsstreit mit dem Ziel einer Abfindung suchen, entsprechen die Zahlungen nach einer erfolgreichen Kündigungsschutzklage in Portugal tatsächlich nur einer Entschädigung für erlittene Verluste. Außerdem ist die Berechnung der Entschädigung für den Verzicht auf Wiedereinstellung gesetzlich genau geregelt. Der Richter hat bei der Berechnung der Entschädigung für den Wiedereinstellungsverzicht nur wenig Spielraum. Eine Kündigungsschutzklage aus rein finanziellen Interessen wird durch die portugiesische Regelung weitgehend verhindert.

Im deutschen Recht hat die Abfindung nach dem Gesetz keinen so hohen Stellenwert. Eine Abfindung entsprechend dem portugiesischen Modell, dass der Arbeitnehmer lediglich auf eine Klage gegen die Kündigung verzichten muss, besteht nur im Rahmen der betriebsbedingten Kündigung (§ 1a KSchG). Die Abfindungshöhe ergibt sich dabei aus der Addition von je 0,5 Monatsverdiensten je Jahr des Bestands des Arbeitsverhältnisses. In anderen Fällen ist eine Abfindung erst auf Antrag des Arbeitnehmers nach gerichtlicher Feststellung der Unwirksamkeit der Kündigung bei gleichzeitiger Unzumutbarkeit der Fortführung des Arbeitsverhältnisses möglich (§ 9, 10 KSchG). Danach wird die Abfindung selbst in Fällen einer gerichtlichen Auflösung des Arbeitsverhältnisses eingeschränkt. Sie besteht nur bei sozial ungerechtfertigten oder sittenwidrigen Kündigungen (§§ 1, 13 KSchG), jedoch nicht bei alleinigen Verstößen gegen besonderen Kündigungsschutz. Dies entspricht damit eher der Entschädigung für den Verzicht auf die Wiedereinstellung nach positivem Kündigungsschutzurteil portugiesischen Rechts. Im Gegensatz zu der Abfindung im Rahmen einer betriebsbedingten Kündigung ist die Abfindung nach gerichtlicher Auflösung auf maximal zwölf bzw. bei älteren Arbeitnehmern über 50 Jahren unter Umständen auf bis zu 18 Monatsverdienste gedeckelt (§ 10 I, II KSchG).

Darüber hinaus besteht ein Abfindungsanspruch im Rahmen einer Kündigung nach Betriebsänderung. Nach Wahl des Arbeitnehmers kann diese auf gerichtlicher Auflösung des Arbeitsverhältnisses wegen sozial ungerechtfertigter Kündigung (§ 9, 10 KSchG) oder auf Nachteilsausgleich beruhen (§ 113 I, III BetrVG i.V.m. § 10 KSchG)[547].

547 MüKoBGB/*Hergenröder* KSchG § 9 Rn. 85, 86; APS/*Biebl* KSchG § 9 Rn. 110.

Neben diesen offiziellen gesetzlichen Abfindungsansprüchen wird in Deutschland faktisch häufig eine Abfindung durch Prozessvergleich gewährt. Es besteht so die Gefahr, dass sich durch diese Abfindungspraxis das Kündigungsschutzrecht von einem Bestandsschutz in einen Entschädigungsschutz wandelt. Der Gedanke des Bestandsschutzes ist im portugiesischen Recht gerade durch die verfassungsrechtliche Verankerung sehr ausgeprägt. Dennoch besteht traditionell ein Abfindungsanspruch.

Der Schadenersatzanspruch für kündigungsbedingte Schäden bei rechtswidriger Kündigung ist nach Systematik des CT eine normale Kündigungsfolge. Es liegt keine Ausnahmeregelung vor. Fragen dieses Schadenersatzes sind häufig vor Gericht.

Im Gegensatz dazu besteht nach deutschem Recht ein Schadenersatzanspruch nach § 280 BGB nur, wenn im Fall einer außerordentlichen Kündigung (§ 626 BGB) der Kündigende die Unwirksamkeit der Kündigung kannte oder kennen musste[548]. Dann kann nämlich eine Vertragsverletzung anzunehmen sein.

§ 11 Rechtsfolgen einer Kündigung in besonderen Fällen

Nachdem bisher der Fokus auf dem Normalfall einer Kündigung eines „normalen" Arbeitnehmers lag, sind im Folgenden Abweichungen hiervon zu untersuchen. Diese können in der Person des zu kündigenden Arbeitnehmers liegen (s. § 11 A) oder in anderer Weise das Arbeitsverhältnis beeinflussen, sodass eine Kündigung aus diesen Gründen rechtlich verhindert werden soll (s. § 11 B).

A. Besonderer personenbedingter Kündigungsschutz

Das allgemeine Kündigungsrecht ist zu Gunsten einzelner besonders schutzwürdiger Arbeitnehmergruppen modifiziert.

I. Arbeitnehmervertreter

Der besondere Schutz dieser Arbeitnehmer besteht zum einen bereits im Rahmen des der Kündigung vorgelagerten Verfahrens (s. § 11 A I 1), zum anderen in Modifizierungen des gerichtlichen Verfahrens (s. § 11 A I 2).

1. Materielles Verfahren

Ein Arbeitnehmer, welcher Mitglied einer Arbeitnehmervertretung ist oder sich um diese Stellung bewirbt (Art. 331 Nr. 1 lit. c CT), unterliegt besonderem Kündigungsschutz. Dieser Schutz umfasst Arbeitgeberkündigungen, welche während oder nachgelagert bis zu sechs Monaten nach einer dieser Situationen erfolgen. Damit besteht

548 MüKoBGB/*Henssler* BGB § 626 Rn. 339; BAG 24.10. 1974 – 3 AZR 488/73, AP BGB § 276 Vertragsverletzung Nr. 2; vgl. zu allg. Zivilrecht: BGH 11.1. 1984 – VIII ZR 255/82, NJW 1984, 1028–1031 (1030).

ein kündigungsrechtlicher Schutz der verfassungsrechtlich gewährleisteten Rechte der Arbeitnehmervertretung.

Eine dennoch in diesem Schutzzeitraum ausgesprochene Kündigung unterliegt der Vermutung der Rechtsmissbräuchlichkeit (Art. 331 Nr. 2 lit. a CT). Der Arbeitgeber muss den durch die Kündigung geschädigten Arbeitnehmer daher entschädigen. Außerdem hat der Arbeitnehmer Anspruch auf eine höhere Entschädigung für den Fall, dass er auf seinen Wiedereinstellungsanspruch verzichtet (s. § 10 A II 2 b bb).

Im Rahmen eines Disziplinarverfahrens oder einer verhaltensbedingten Kündigung ist es dem Arbeitgeber möglich den Arbeitnehmer vorläufig freizustellen. Genießt der betroffene Arbeitnehmer den Schutz eines Arbeitnehmervertreters, so ist als Reflex des verfassungsrechtlichen Schutzes der Rechte der Arbeitnehmervertretung diesem weiterhin der Zugang zu dem Unternehmen für die Ausübung seiner Arbeitnehmervertretertätigkeit zu gewähren (Art. 329 Nr. 5, 354 Art. 410 Nr. 1 CT).

Ist der zu kündigende Arbeitnehmer im Rahmen einer personenbedingten Kündigung (*inadaptação*) gleichzeitig ein Gewerkschaftsvertreter (*representante sindical*), so muss bereits die Kündigungsabsichtserklärung zusätzlich dieser Gewerkschaft übermittelt werden (Art. 376 Nr. 1 CT). Die dem Arbeitgeber ansonsten zustehende Dreitagesfrist der Gewerkschaftsinformation entfällt (s. § 7 B II 2).

Im Rahmen einer personenbedingten Kündigung in der mit der Reform durch *L* 23/2012 eingeführten, von Änderungen des Arbeitsplatzes unabhängigen, Variante werden Gewerkschaftsmitglieder dadurch besonders geschützt, dass der Arbeitgeber seine Vorwürfe nicht nur dem Arbeitnehmer, sondern zusätzlich der zuständigen Gewerkschaft (*associação sindical*) mitteilen muss (Art. 375 Nr. 4 2. Alt. CT).

2. *Prozessuales Verfahren*

Verfahrensrechtlich besteht ein besonderer Schutz von Arbeitnehmern, die zugleich Amtsträger in einer Arbeitnehmervertretung oder im europäischen Betriebsrat sind (*representante sindical, membro da comissão de trabalhadores, membro do conselho de empresa europeu* – Art. 410 Nr. 4 CT)[549]. Das Regel-Ausnahme-Verhältnis im Rahmen des einstweiligen Verfahrens zur Außerkraftsetzung der Kündigung ist hier gesetzlich umgekehrt. Folglich kann das Gericht bei Anträgen dieser besonders geschützten Arbeitnehmer die beantragte einstweilige Außerkraftsetzung der Kündigungsfolgen nur dann nicht anordnen, wenn es die Bestätigung des vorgetragenen wichtigen Grundes der Kündigung für sehr wahrscheinlich hält. Liegt eine rechtswidrige Kündigung vor, so kann der Arbeitnehmer, der Mitglied einer Arbeitnehmervertretung ist, außerdem selbst zwischen der Entschädigung und der Weiterbeschäftigung wählen (Art. 410 Nr. 6 CT).

---

549 Für Ausweitung des Schutzes auf europäische Arbeitnehmervertreter: *Romano Martinez*, Cessação do Contrato, S. 454; *Fernandes Tapadinhas*, EIDT Vol. VI, 2012, S. 61–80 (73, 74).

Es wird zwar vermutet, dass die Kündigung ohne wichtigen Grund erfolgt ist, wenn der betroffene Arbeitnehmer im Betriebsrat aktiv war; für den Erhalt der Arbeitslosenhilfe kann dennoch eine Klageerhebung wichtig sein[550]. Im Rahmen der Arbeitslosenhilfe kommt es auf die gerichtliche Feststellung an.

3. Ausblick auf die deutsche Schutzregelung

Das deutsche Recht schützt Funktionsträger nach dem BetrVG besonders, da diese in Ausübung ihres Amtes in einen Interessenkonflikt mit dem Arbeitgeber geraten können. Nach § 15 I, II KSchG ist daher eine ordentliche Kündigung von Betriebsrats-, Personalratsmitgliedern oder Mitgliedern der Jugend- und Auszubildendenvertretung während ihrer Amtszeit und nachgelagert bis zu einem Jahr unzulässig. Hinsichtlich des Schutzes gleichgestellt sind Schwerbehindertenvertreter (§ 96 III SGB IX).

Schutzzweck ist auch hier die Verhinderung diskriminierender Kündigungen wegen der Amtsausübung. Daher bleiben andere Beendigungen wie etwa ein Fristauslauf möglich.

II. Schutz Schwangerer und gleichgestellter Arbeitnehmer

Nach portugiesischem Recht genießen Arbeitnehmer in bestimmten Familiensituationen besonderen Schutz. Dieser ist bereits verfassungsrechtlich verankert (Art. 59 Nr. 2; Art. 68 Nr. 1 und Nr. 3 CRP). Die Verfassung betont die für die Gesellschaft wichtige Stellung von Schwangeren und Eltern und ordnet eine angemessene bezahlte Freistellung an. Diese Freistellung wird hinsichtlich des Kündigungsrechts einfachgesetzlich weiter konkretisiert. Der Gesetzgeber erachtet folgende Situationen für kündigungsrechtlich besonders schutzbedürftig (Art. 63 Nr. 1, 36 CT):

- Schwangere
- Gebärende bzw. Wöchnerin[551] oder Stillende
- in Elternzeit befindliche Arbeitnehmer

Dieser besondere Schutz wird nach schriftlicher, durch ärztliches Attest bestätigter, Information des Arbeitgebers oder ab dessen Kenntnis gewährt (Art. 36 CT). Bereits ab 30 Tagen vor der errechneten Geburt besteht Mutterschutz. Die Elternzeit nach der Geburt beträgt je nach konkreter Ausgestaltung zwischen 120 und 150 Tagen (Art. 40 Nr. 1 CT)[552]. Soll die Elternzeit unter den Eltern aufgeteilt

550 *Alcides Martins,* Direito do Processo Laboral, S. 299.

551 Hinweis zu Terminologie: *puérpera* (in etwa Wöchnerin) erfasst nach portugiesischem Verständnis Gebärende unmittelbar vor errechnetem Geburtstermin bis zu 120 Tage nach der Geburt.

552 Dauer ist abhängig von Umstand, ob ein Elternteil Elternzeit allein nimmt oder Aufteilung erfolgt und wird bei Mehrlingsgeburten erhöht.

werden, so ist der Arbeitgeber innerhalb von sieben Tagen nach der Geburt über den Zeitraum der jeweils beanspruchten Elternzeit zu informieren (Art. 40 Nr. 4 CT). Unterbleibt diese Information wird die volle Elternzeit der Mutter zugordnet (Art. 40 Nr. 6 CT).

1. Besonderer Schutz im Kündigungsverfahren

Eine rechtmäßige Kündigung dieser Arbeitnehmergruppe setzt eine Stellungnahme der zuständigen Gleichstellungsbehörde (CITE) voraus (Art. 381 lit. d CT)[553]. Damit bleibt eine Kündigung möglich. Entsprechend den Vorgaben der Mutterschutzrichtlinie (RL 92/85/EWG) ordnet der portugiesische Gesetzgeber nicht ein umfassendes Kündigungsverbot dieser Arbeitnehmer an, sondern nur ein Verbot von diskriminierenden Kündigungen (d.h. auf z.B. der Schwangerschaft beruhend). Diese Kündigung unterliegt jedoch weiteren Voraussetzungen. Der Gesetzgeber vermutet, dass eine verhaltensbedingte Kündigung dieser Arbeitnehmer ohne wichtigen Grund erfolgt ist (Art. 63 Nr. 2 CT). Darüber hinaus besteht ein zentral ausgestalteter, über die normalen Anforderungen einer Kündigung hinausgehender Kündigungsschutz (Art. 63 CT): Der Arbeitgeber muss vor Ausspruch der Kündigung eine Stellungnahme der Gleichstellungsbehörde einholen (Art. 63 Nr. 1 CT). Dafür hat er dieser eine Kopie der Dokumente des Kündigungsverfahrens vorzulegen. Den Vorlagezeitpunkt hat der Gesetzgeber abhängig von der jeweiligen Kündigungsart bestimmt (Art. 63 Nr. 3 CT):

- Verhaltensbedingt: nach Beweisaufnahme des Art. 356 Nr. 1 CT
- kollektiv-betriebsbedingt: nach Informations-/Verhandlungsphase des Art. 361 CT
- individual-betriebsbedingt: nach Stellungnahmen des Art. 370 Nr. 1 CT
- personenbedingt: nach Stellungnahmen des Art. 377 CT

Auf dieser Grundlage hat die CITE innerhalb einer Frist von 30 Tagen Arbeitgeber und Arbeitnehmer ihre Stellungnahme mitzuteilen (Art. 63 Nr. 4 CT). Diese 30-tägige Frist beginnt erst mit der Übermittlung der Dokumente des Kündigungsverfahrens. Dabei ist lediglich zu prüfen, ob eine Diskriminierung wegen des Geschlechts erfolgt ist, da nur die Gerichte die Befugnis haben, die Rechtmäßigkeit einer Kündigung zu überprüfen[554]. Die Gleichstellungsbehörde selbst geht allerdings über diesen Prüfungsrahmen hinaus und prüft das Vorliegen aller erdenklichen diskriminierenden Situationen[555]. Das Gesetz vermutet im Fall einer unterlassenen oder verspäteten Stellungnahme die Zustimmung zur Kündigung. Spricht sich die Gleichstellungsbehörde dagegen ausdrücklich gegen eine Kündigung aus, kann der Arbeitgeber nur wirksam kündigen, wenn gerichtlich die

553 CITE *DL* 76/2012 vom 26.3. 2012.

554 Ac. TRC 7.4. 2016 Proc. Nr. 737/15 (V); Ac. STJ 25.6. 2009 Proc. Nr. 09S0090 (II 5), *Bernardo Xavier/Nunes de Carvalho*, RDES 2013, 7–55 (50, 51); *Furtado Martins*, Cessação do Contrato, S. 230 (ebenso bereits in Vorauflage S. 229).

555 *Furtado Martins*, Cessação do Contrato, S. 230.

Existenz eines rechtfertigenden Kündigungsgrundes festgestellt wird (Art. 63 Nr. 6 CT). Der Antrag auf gerichtliche Feststellung des Kündigungsgrundes kann innerhalb einer Frist von 30 Tagen nach Zustellung der Stellungnahme der Gleichstellungsbehörde an den Arbeitgeber erfolgen (Art. 63 Nr. 6 CT). Dieses Urteil ersetzt nicht die Arbeitgeberkündigung:

> *„(...) o empregador só o [despedimento] pode efectuar após decisão judicial que reconheça a existência de motivo justificativo (...)"*
>
> Etwa: *„(...) der Arbeitgeber kann [die Kündigung] nur nach gerichtlicher Entscheidung, welche die Existenz eines rechtfertigenden Grundes anerkennt, erlassen (...)"*

Die Kündigung muss trotz Urteil durch den Arbeitgeber erklärt werden.

2. Gerichtlicher Schutz

Neben dem besseren verfassungsrechtlichen Schutz Schwangerer und Personen in Elternzeit sieht das CT eine Umkehrung des Regel-Ausnahme-Verhältnisses vor:

- Bei normalen Kündigungen muss der Richter für den Erlass einer einstweiligen Außerkraftsetzung der Kündigungsfolgen von der erheblichen Wahrscheinlichkeit der Rechtswidrigkeit der Kündigung überzeugt sein. Der Erlass der einstweiligen Außerkraftsetzung stellt systematisch somit die Ausnahme dar.
- Im Fall Schwangerer oder gleichgestellter Personen kann der Richter die einstweilige Außerkraftsetzung nur verweigern, wenn die Gleichstellungsbehörde der Kündigung zugestimmt hatte und er ernsthaft vom Bestand eines wichtigen Grundes der Kündigung ausgeht. In diesen Fällen ist damit der Erlass einer einstweiligen Außerkraftsetzung die Regel.

Des Weiteren sind die Rechtsfolgen nach einem die Rechtswidrigkeit der Kündigung feststellenden Urteil zu Gunsten dieser Arbeitnehmergruppe modifiziert (Art. 63 Nr. 8 CT). Der Arbeitgeber kann sich einer Wiedereinstellung des Arbeitnehmers nicht widersetzen. Eine eventuelle Entschädigung wegen Verzicht auf diese Wiedereinstellung hat das Gericht nach der erhöhten Berechnung von 30 bis 60 Tagen (Art.392 Nr. 3 CT) auszusprechen.

3. Rechtsvergleichende Stellungnahme

Sowohl die portugiesische, als auch die deutsche Rechtsordnung gewähren diesen Arbeitnehmern besonderen Kündigungsschutz. Der Schutz Schwangerer ist ähnlich ausgestaltet: Geschützt ist in beiden Rechtsordnungen die gesamte Dauer der Schwangerschaft; Eine Kündigung kann in dieser Zeit nur nach vorheriger Stellungnahme bzw. Genehmigung der zuständigen Behörde ausgesprochen werden. Nach deutscher Regel ist eine Kündigung darüber hinaus unzulässig, wenn dem Arbeitgeber innerhalb von zwei Wochen nach Zugang der Kündigung die den besonderen Kündigungsschutz begründenden Umstände mitgeteilt werden[556]. Nach portugiesischem Recht stellt die Mitteilung oder Kenntnis des Arbeitgebers von den Umständen, welche den besonderen Schutz der Schwangeren begründen, eine zwingende rechtsbegründende Voraussetzung des Schutzstatus dar (Art. 36 CT). Eine Nachwirkung des Kündigungsschutzes besteht nicht.

Auffallend ist, dass trotz des in Portugal bestehenden hohen Schutzes gerade im Bereich des Kündigungsrechts die CITE die Tendenz zeigt ihre Kompetenzen hin zu einem stärkeren Schutz im Bereich des Kündigungsschutzes dieser Arbeitnehmergruppe auszuweiten. Dies steht mit der festzustellenden gesetzlichen Erweiterung der Kompetenzen der CITE in Einklang[557]. Es besteht eine Tendenz der langsamen Verschärfung des speziellen Kündigungsschutzes Schwangerer. Es erscheint dennoch fraglich, ob die Möglichkeit einer Stellungnahme der CITE den Anforderungen des Art. 10 RL 92/85/EWG genügt, oder ob die Mutterschutzrichtlinie nicht eine vorgelagerte Kontrolle der Kündigung fordert, wie dies durch das deutsche Verbot mit Erlaubnisvorbehalt geregelt ist (§ 9 III 1 MuSchG i.d.F. bis 31.12. 2017, § 17 I 1 MuSchG n.F.). In Verbindung mit der in Portugal grundsätzlich bei jeder Kündigung bestehenden Begründungspflicht genügt eine reine Stellungnahme ohne Einflussnahmemöglichkeit den Richtlinienvorgaben.

Eltern genießen ebenfalls in beiden Rechtsordnungen in der Zeit, in der sie zur Kindesbetreuung freigestellt sind, Kündigungsschutz. Hinsichtlich der Reichweite dieses Kündigungsschutzes von Eltern nach der Geburt bestehen große Unterschiede. Der Schutzzeitraum der Elternzeit unterscheidet sich von drei bis vier Monaten in Portugal zu einer Maximalsschutzfrist von drei Jahren in Deutschland. In Portugal kann die Elternzeit nicht teilweise später genommen werden.

Der Schutz des Elternzeit beantragenden Arbeitnehmers ist nach deutschem Recht weiter, da er bereits in gewissem zeitlichem Umfang ab Antragsstellung den Kündigungsschutz genießt. Nach deutscher Regelung besteht der Kündigungsschutz nur solange der Zugang der Kündigung in den Zeitraum der Elternzeit fällt, er entfaltet keine Nachwirkung[558]. Somit ist eine Kündigung am ersten Tag der Rückkehr möglich.

Im Gegensatz dazu stellte das Berufungsgericht Lissabons in einer Entscheidung nicht auf den Zugang der Kündigung, sondern auf den Zeitpunkt der Kündigungsentscheidung ab[559]. Dies ist der Zeitpunkt, in welchem die Verfahrensunterlagen an die Gleichstellungsbehörde für ihre Stellungnahme zu übermitteln sind (Art. 63 Nr. 3 CT). Die ohne die Einholung der vorherigen Stellungnahme der Gleichstellungsbehörde ausgesprochene Kündigung war damit rechtswidrig (Art. 381 CT).

556 § 9 I 1 MuSchG i.d.F. bis 31.12. 2017; § 17 I 1 MuSchG i.d.F. ab 1.1. 2018.

557 *Bernardo Xavier/Nunes de Carvalho*, RDES 2013, 7–55 (7, 11, 12).

558 BAG 26.6. 2008 – 2 AZR 23/07 [Rn. 23], NZA 2008, 1241.

559 Ac. TRL 13.9. 2017 Proc. Nr. 26175/15 (direito).

Das portugiesische Gesetz trifft im Gegensatz zu § 9 III MuSchG[560] keine Regelung darüber, aus welchen Gründen die Gleichstellungsbehörde der Kündigung zustimmen kann. Das Gesetz spricht dort lediglich von rechtfertigenden Gründen. Die deutsche Regel fordert dagegen für die rechtfertigenden Gründe, dass kein Zusammenhang zu der Situation der Schwangerschaft besteht.

III. Behinderte

Behinderte Arbeitnehmer unterliegen zu verschiedenen Zeitpunkten des Arbeitsverhältnisses besonderem Schutz. Ihnen sind chronisch Kranke gleichgestellt (Art. 85 Nr. 1 Alt. 2 CT). Nachdem allerdings der Kündigungsschutzstandard bereits allgemein sehr hoch ist, erscheint es fraglich, wie deren Schutz im Rahmen der Vertragsbeendigung ausgestaltet ist und ob Behinderte Arbeitnehmer im portugiesischen Kündigungsschutzrecht Privilegierungen erhalten.

1. Gesetzliche Verankerung

Ein besonderer Schutz behinderter Arbeitnehmer ist bereits in der Verfassung angelegt. Dieser folgt aus dem allgemeinen Gleichbehandlungsgrundsatz (Art. 13 Nr. 1 CRP) und dem Recht aller auf Arbeit (Art. 58 Nr. 1 CRP). Darüber hinaus besteht ein ausdrücklicher Schutz Behinderter: Ihnen stehen gleichberechtigt alle Rechte zu (Art. 71 Nr. 1 CRP). Weiter verpflichtet die Verfassung den Staat ihre Integration in die Gesellschaft zu fördern (Art. 71 Nr. 2 CRP) und behinderte Arbeitnehmer besonders zu schützen (Art. 59 Nr. 2 lit. c CRP):

> *„Incumbe au Estado assegurar as condições de trabalho, retribuição e repouso a que os trabalhadores têm direito, nomeadamente:*
>
> *c) a especial protecção do trabalho (...) dos diminuídos (...)“*
>
> Etwa: *„Es obliegt dem Staat die Arbeitsbedingungen, Vergütung und Erholung der Arbeitnehmer sicherzustellen, insbesondere:*
>
> *c) den besonderen Schutz der Arbeit (...) Behinderter“*

Auf einfachgesetzlicher Ebene wird dieser Schutz weiter konkretisiert. Dabei unterscheidet das CT Arbeitnehmer mit reduzierter Arbeitsfähigkeit (Art. 84 CT), welche lediglich im Rahmen ihrer Berufsausübung zu unterstützen sind und behinderte oder chronisch Kranke Arbeitnehmer (Art. 85 CT). Zu der besonderen Stellung behinderter Arbeitnehmer führt das Gesetz aus (Art. 85 Nr.1 und 2 CT)[561]:

560 I.d.F. bis 31.12. 2017 / § 17 II 1 MuSchuG 2018.

561 Die geforderte berufliche Unterstützung und Eingliederung erfolgt etwa über *DL* 290/2009 vom 12.10. 2009 i.d.F. *DL* 131/2013 vom 9.11. 2013 – DR Série I Nr. 175, S. 5670–5686.

„O trabalhador com deficiência (...) é titular dos mesmos direitos e está adstrito aos mesmos deveres (...) sem prejuízo das especificidades inerentes à sua situação"; „O Estado deve estimular e apoiar (...) na contratação (...) e na sua readaptação profissional."

Etwa: *„(...) unter Berücksichtigung ihrer besonderen Situation unterliegen behinderte Arbeitnehmer den selben Rechten und Pflichten (...)"; „Der Staat ist verpflichtet, die Einstellung und berufliche Umschulung behinderter Arbeitnehmer zu fördern."*

Eine ausdrückliche Regelung der Beendigung von Arbeitsverhältnissen fehlt hingegen. Daher ist im Folgenden zu analysieren, wie sich dieser besondere Schutzauftrag des Staats im Bereich des arbeitsrechtlichen Kündigungsschutzes auswirkt. Dabei sind die Fälle einer Erwähnung behinderter Arbeitnehmer im Rahmen der Kündigungsregeln (s. § 11 A III 2) von denen ohne besondere Erwähnung (s. § 11 A III 3) zu unterscheiden.

2. Kündigungsregelung mit spezifischer Erwähnung Behinderter

Eine spezielle Erwähnung behinderter Arbeitnehmer im Rahmen der Kündigungsregelung findet sich ausschließlich bei der personenbedingten Kündigung (Art. 374 Nr. 3 CT). Vorab ist darauf hinzuweisen, dass der Umstand, dass der Arbeitgeber bei behinderten Arbeitnehmern verpflichtet ist den Arbeitsplatz leidensgerecht anzupassen in gewissem Umfang ebenfalls kündigungshemmend wirkt, da dem Arbeitnehmer so trotz Beeinträchtigung eine Arbeitsleistung erleichtert wird[562].

Die Möglichkeit der personenbedingten Kündigung (*por inadaptação*) stellte im portugiesischen Kündigungsschutzsystem schon immer die Kündigungsmöglichkeit dar, bei der eine Diskriminierung behinderter Arbeitnehmer am wahrscheinlichsten war. Durch die Reform von 2012, welche die Möglichkeit einer Kündigung wegen erheblicher Leistungsminderung unabhängig einer vorherigen technischen Modifikation des Arbeitsplatzes einführte (s. allgemein: § 7 A II 2), könnte der Schutz behinderter Arbeitnehmer erheblich gesunken sein. Eine Kündigung wegen der behinderungsbedingten geringeren Leistungsfähigkeit als solcher ist jedoch weiterhin nicht möglich. Die personenbedingte Kündigung fordert in beiden Varianten, dass die Leistungsstörung in Form einer erheblichen Reduzierung der Produktivität oder Qualität der Arbeitsleistung nach Vertragsschluss eintritt. Eine behindertengerechte – im Vergleich zu anderen Arbeitnehmern geringere – Arbeitsleistung ist so kein Kündigungsgrund, da nach wie vor kein Fremdvergleich der Arbeitsleistung erfolgt. Sie beruht auf verschuldensunabhängigen Leistungsstörungen. Das fehlende Verschulden bei behinderungsbedingten Leistungsminderungen steht allerdings nicht entgegen[563].

Die Gefahr einer hieran anknüpfenden Diskriminierung behinderter Arbeitnehmer hat der Gesetzgeber gesehen. Seit der Erweiterung dieser Kündigung auf Fälle

562 *Joana Neto*, Despedimento por inadaptação, S. 57; ebenso: *Cláudia Madaleno*, in FS Xavier Vol. I, S. 509–563.

563 *Cláudia Madaleno*, in FS Xavier Vol. I, S. 509–563 (543).

einer rein in der Person des Arbeitnehmers liegenden Leistungsminderung stellt das Gesetz klar, dass dadurch die Rechte Behinderter oder chronisch Kranker nicht beeinträchtigt werden dürfen (Art. 374 Nr. 3 CT). Nach dem Wortlaut dieser Norm besteht dieser Schutz unabhängig von dem Grund der Leistungsminderung[564]. Eine Prüfung, ob deren Ursache in der Behinderung liegt ist nicht erforderlich. Soweit ersichtlich besteht seitens der Rechtsprechung bislang keine Konkretisierung dieses Verbots. Systematisch stellt dieses Beeinträchtigungsverbot lediglich einen Verweis auf die bereits zuvor bestehenden Diskriminierungsverbote dar[565]. Eine wesentliche Erhöhung des Schutzniveaus behinderter Arbeitnehmer durch diese Regelung liegt nicht vor. Art. 374 Nr. 3 CT garantiert lediglich eine restriktivere und genauere Prüfung der kündigungseinschränkenden Voraussetzungen bei behinderten Arbeitnehmern.

Auch in diesem Zusammenhang ist aber darauf hinzuweisen, dass sich nach wie vor kaum Anwendungsfälle der personenbedingten Kündigung finden. Der personenbedingten Kündigung scheint der höchste Schutz bereits innezuwohnen – durch deren langes und kompliziertes Verfahren wird letztendlich nur selten eine rechtmäßige Kündigungsmöglichkeit vorliegen. Die Regelung darf damit in ihrer Wirkung nicht überbewertet werden.

3. Kündigungsregelungen ohne spezifische Erwähnung Behinderter

Traditionell hat der portugiesische Arbeitsgesetzgeber keine Regelungen eines besonderen Kündigungsschutzes behinderter Arbeitnehmer getroffen. Somit finden behinderte Arbeitnehmer bei der verhaltensbedingten und den betriebsbedingten Kündigungen keine Erwähnung. Ihr Schutz beruht bei diesen Kündigungen damit lediglich auf den allgemeinen Regeln, welche behinderten Arbeitnehmern gleiche Rechte wie Arbeitnehmern ohne Beeinträchtigung gewähren. Eine weitere Bevorzugung im Rahmen der Vertragsbeendigung ist nicht vorgesehen.

Dies ist mit den unionsrechtlichen Antidiskriminierungsvorgaben vereinbar[566]. Problematisch erscheint jedoch die Möglichkeit einer indirekten Diskriminierung im Rahmen der Sozialauswahl individual-betriebsbedingter Kündigungen (*extinção de posto*). Da diese Sozialauswahl unter anderem nach dem Grad der beruflichen Qualifikation des Arbeitnehmers erfolgt (Art. 368 Nr. 2 lit. b CT). Diese ist bei behinderten Arbeitnehmern häufig geringer als bei vergleichbaren Arbeitnehmern. Die Regelung benachteiligt damit indirekt diese Arbeitnehmer. Eine Rechtfertigung hiervon ist fraglich, da das Gesetz mehrfach von deren Gleichbehandlung ausgeht.

Hinzuweisen ist noch auf unionsrechtliche Ausstrahlungen: Fehlzeiten infolge einer durch den Arbeitgeber nicht erfolgten Anpassung des Arbeitsplatzes an die Bedürfnisse des beeinträchtigten Arbeitnehmers sind nicht dem Arbeitnehmer,

---

564 So ausdrücklich auch: *Cláudia Madaleno*, in FS Xavier Vol. I, S. 509–563 (560).

565 So auch ausdrücklich: *Rosário Palma Ramalho*, Tratado Parte II, S. 1075.

566 RL 2000/78 EG vom 27.11. 2000 und RL 2000/43 EG vom 29.6. 2000.

sondern dem Arbeitgeber zuzurechnen[567]. Eine auf diese Fehlzeiten gestützte verhaltensbedingte Kündigung (s. § 7 A I) ist damit wegen Verstoßes gegen Unionsrecht rechtswidrig. Eingeschränkt wird diese Anforderung durch die Zumutbarkeit einer Anpassung des Arbeitsplatzes für den Arbeitgeber (Art. 86 Nr. 1 CT). Weiter ist gerade wegen der hohen Beliebtheit kollektiv-betriebsbedingter Kündigungen darauf hinzuweisen, dass eine Rechtfertigung einer diskriminierenden Kündigung mit rein wirtschaftlichen Erwägungen unionsrechtlich gegen Art. 2 I, 3 I RL-2000/78 verstoßen kann und somit unwirksam ist[568].

4. Rechtsvergleichende Analyse

Der besondere Kündigungsschutz anerkannt schwerbehinderter Personen ist eine zentrale Regelung des deutschen Kündigungsschutzrechts. Wegen der Regelungen des SGB IX ist es nach deutschem Kündigungsschutzrecht erheblich schwerer einen anerkannt behinderten Arbeitnehmer zu kündigen.

Dieser besondere Kündigungsschutz behinderter Arbeitnehmer besteht in Portugal nicht. Der portugiesische Gesetzgeber beschränkt sich darauf in ihrer Leistungsfähigkeit eingeschränkte und behinderte Personen hinsichtlich ihrer Berufsbildung und Eingliederung in den Arbeitsmarkt zu unterstützen. Im Rahmen der Vertragsbeendigung greifen lediglich die allgemeinen und spezifisch arbeitsrechtlichen Diskriminierungsverbote. Damit genügt er den unionsrechtlichen Vorgaben der RL 2000/78 EG, welche Deutschland durch die positive Maßnahme der erforderlichen vorherigen Genehmigung einer Kündigung behinderter Arbeitnehmer überschießend umgesetzt hat. Eine erhebliche Unterscheidung des Schutzniveaus „normaler" und behinderter Arbeitnehmer erscheint wegen dem bereits allgemein geltenden hohen Kündigungsschutzniveau in Portugal nicht zwingend erforderlich. Eine Kündigung behinderter Arbeitnehmer wird grundsätzlich auch ohne speziellere Schutzbestimmungen nur in Fällen möglich sein, in denen dies auch nach deutschem Recht möglich wäre.

IV. Krankheit

Im Folgenden wird sich auf derartige Krankheiten beschränkt, welche die Arbeitsleistung des Arbeitnehmers beeinträchtigen oder verhindern. Das CT stellt chronisch Kranke mit behinderten Arbeitnehmern gleich (Art. 85 Nr. 1 Alt. 2 CT). Hier erfolgt eine weiter gefasste Analyse der Krankheit bei Arbeitnehmern. Denn nur diese sind grundsätzlich geeignet eine Kündigung wegen Krankheit zu begründen.

1. Fehlen der Voraussetzungen einer rechtmäßigen Kündigung

Das Arbeitsgesetz führt sowohl Fehlzeiten als auch extreme Produktionsminderung als Fälle auf, in denen bei Vorliegen weiterer Voraussetzungen in der Regel eine

---

567 EuGH C-335/11 und 337/11 vom 11.4. 2013 – HK Dinamarca / Jette Ring.

568 EuGH C-13/05 vom 11.7. 2006 – Chacón Navas.

Kündigung gerechtfertigt werden kann (Art. 351 Nr. 2 lit. g, m CT). Beides ist im Rahmen einer Krankheit denkbar. Daher kommt nach der portugiesischen Systematik der Kündigungsregeln eine verhaltensbedingte Kündigung in Betracht (s. § 7 A I).

Der betroffene Arbeitnehmer ist in den meisten Fällen zunächst dennoch vor einer Kündigung geschützt, da eine verhaltensbedingte Kündigung auf einem schuldhaften Verhalten des Arbeitnehmers beruhen muss (Art. 351 Nr. 1 CT). Dementsprechend erfasst die Konkretisierung des wichtigen Grundes einer verhaltensbedingten Kündigung nur ungerechtfertigte Fehlzeiten (Art. 351 Nr. 2 lit. g CT). Welche Fehlzeiten als gerechtfertigt anzusehen sind, regelt das CT abschließend (Art. 249 Nr. 2, Nr. 3 CT). Darunter fallen ausdrücklich (Art. 249 Nr. 2 lit. d CT):

> *„a motivada por impossibilidade de prestar trabalho devido a facto não imputável ao trabalhador, nomeadamente observância de prescrição médica no seguimento de recurso a técnica de procriação medicamente assistida, doença, accidente (...)"*
>
> Etwa: *„[die] auf der durch den Arbeitnehmer unverschuldeten Unmöglichkeit der Arbeitsleistung beruhende [Fehlzeit], insbesondere wegen ärztlicher Verordnung in Folge einer künstlichen Befruchtung, Krankheit, Unfall (...)"*

Diese Regelung schreibt einen verpflichtenden Mindestschutz fest. Mittels kollektivrechtlicher Regelungen ist so ein Abweichen nur zugunsten des Arbeitnehmers möglich (Art. 250 CT, s. § 3 C III 1). Die tatsächliche Rechtfertigung dieser Fehlzeiten steht jedoch unter zwei Bedingungen (Art. 253 Nr. 5, 254 Nr. 5 CT):

- vorherige, bzw. wenn diese nicht möglich ist, schnellstmögliche Anzeige gegenüber dem Arbeitgeber (Art. 253 Nr. 1, 2 CT)
- Beweis des Rechtfertigungsgrundes durch den Arbeitnehmer, wenn dies der Arbeitgeber innerhalb von 15 Tagen nach Anzeige der Fehlzeit fordert (Art. 254 Nr. 1–3 CT)

Liegt nun eine gerechtfertigte Fehlzeit vor, beeinträchtigt diese die Rechte des Arbeitnehmers im Grundsatz nicht (Art. 255 Nr. 1 CT). Allerdings sieht das Gesetz das Entfallen der Gehaltsfortzahlung durch den Arbeitgeber vor, wenn der Arbeitnehmer Ansprüche aus einer anderweitigen Absicherung (etwa durch Kranken- oder Unfallversicherung) hat (Art. 255 Nr. 1, 2 lit. a, b CT). Dies kann der Arbeitnehmer durch einen Verzicht auf, den gesetzlichen Mindesturlaub übersteigende, Urlaubstage oder Verzicht auf Überstundenvergütung ersetzen (Art. 257 Nr. 1 CT).

Diese Regelungen der Fehlzeiten rechtfertigen unverschuldete Fehlzeiten wegen Krankheit oder Unfall unabhängig von ihrer Dauer (Art. 249 CT). Besteht die Unmöglichkeit der Arbeitsleistung wegen Krankheit oder Unfall jedoch länger als einen Monat, so ordnet das CT das Ruhen des Arbeitsvertrags an (*suspensão*)[569]. Dies hat eine deutliche Reduzierung der Lohnzahlungen zur Folge (Art. 305 CT). Während

569 Ab Überschreitung der Monatsfrist oder bereits in dem Moment, in dem die längere Dauer vorhersehbar ist – Art. 296 Nr. 1, Nr. 3 CT.

eines ruhenden Arbeitsvertrags ist der Arbeitgeber weiterhin zur Grundsicherung des Arbeitnehmers verpflichtet. Dies bedeutet konkret (Art. 305 Nr. 1 lit. a, b CT):

- 2/3 des monatlichen Bruttolohns oder, wenn höher, monatlicher Mindestlohn
- Arbeitgeberbeiträge zu Sozialversicherung auf Grundlage des ursprünglichen Gehalts

Die „Fehlzeit" während des ruhenden Arbeitsverhältnisses berechtigt den Arbeitgeber nicht zur Kündigung. Dies lässt sich damit begründen, dass diese Fehlzeiten unbefristet als gerechtfertigt gelten und somit keinen wichtigen Kündigungsgrund darstellen können. Dies hat der Oberste Zivilgerichtshof in einer Entscheidung aus 2008 ausdrücklich klargestellt[570]:

> *„Encontrando-se a autora de baixa por doença, (...) e tendo justificada as correspondentes faltas, não se encontrava obrigada a justificar as faltas subsequentes (...) uma vez que o contrato de trabalho se encontrava suspenso (...). Não constituindo tal fundamento justa causa de despedimento."*
>
> Etwa: *„Die Klägerin war krankheitsbedingt an ihrer Arbeitsleistung verhindert. Nachdem sie die Rechtfertigung dieser Fehlzeiten bewiesen hatte und ihr Vertrag [nach Ablauf der 30-tägigen Gehaltsfortzahlung] ruhte, war sie nicht verpflichtet eine Verlängerung der Arbeitsunfähigkeit anzuzeigen. Diese Fehlzeiten stellen keinen wichtigen Grund der Kündigung dar."*

In diesem Fall konnte die Kündigung nicht auf die durch die Arbeitnehmerin nicht unmittelbar angezeigte Fehlzeiten gestützt werden. Die Rechtsprechung geht davon aus, dass eine Verlängerung der Fehlzeiten wegen einer bereits dargelegten Krankheit ohne umgehende Anzeige zwar ein schuldhaftes Verhalten darstellt, dieses jedoch nicht derart schwer wiegt, dass der Fortbestand des Arbeitsverhältnisses sofort unzumutbar wird. Eine Kündigung ist somit nicht gerechtfertigt. Den Arbeitnehmer trifft während eines ruhenden Arbeitsverhältnisses außerdem nicht die Pflicht, seine Fehlzeiten gegenüber dem Arbeitgeber regelmäßig zu rechtfertigen[571]. Er muss lediglich den geplanten Arbeitsbeginn nach Wegfall des Verhinderungsgrundes anzeigen.

Weiterhin wurde gerichtlich festgestellt, dass ein untauglicher Arbeitsversuch keine Unterbrechung der rechtlichen Situation darstelle und der Arbeitnehmer daher anschließend keine erneute Rechtfertigung seiner weiteren Fehlzeit vornehmen müsse[572]. Dies führte dazu, dass der Arbeitgeber das Arbeitsverhältnis nicht wirksam wegen Arbeitsniederlegung für gekündigt erklären konnte.

---

570 Ac. STJ 26.3. 2008 Proc. Nr. 50/07, CJ – STJ XVI 2008 T. I, S. 295–301.

571 Ac. TRP 10.2. 2003 Proc. Nr. 0212158 (3); Ac. TRC 12.2. 2009 Proc. Nr. 28/08 (II B); *Abílio Neto*, CT, Art. 296, Rn. 17, 21.

572 Ac. TRC 12.2. 2009 Proc. Nr. 28/08 (II B).

Die Sozialversicherung leistet für einen Maximalzeitraum von 1095 Tagen Krankengeld[573]. In die Arbeitsunfähigkeitsphase fallende Zeiten des Mutterschutzes oder der Elternzeit zählen dabei nicht für diesen Maximalzeitraum. Liegen zwischen dem ersten und einem weiteren Arbeitsausfall jedoch weniger als 60 Tage, zählen beide als einheitlicher Maximalzeitraum (Art. 23 Nr. 2 *DL* 28/2004). Bei länger andauernder Krankheit kann der Arbeitnehmer eine vorläufige Invalidenrente beantragen (Art. 25 *DL* 28/2004). Diese führt allein nicht zu einer automatischen gesetzlichen Vertragsauflösung (*caducidade*; s. § 4 C I). Sie verhindert lediglich Schutzlücken. Begründet allerdings nicht ohne Weiteres die Beendigung des Arbeitsverhältnisses[574]. Nachdem diese den Beweis der dauerhaften Unmöglichkeit der Arbeitsleistung voraussetzt.

Dies schützt den Arbeitgeber wiederum vor einer unbegrenzten Verpflichtung zur Grundsicherung eines kranken Arbeitnehmers. Trotz Wegfalls der Arbeitsleistung bleibt der Arbeitgeber wie gesehen nach Art. 305 CT zu Lohnzahlungen verpflichtet. Der portugiesische Gesetzgeber mutet dem Arbeitgeber diese Belastung jedoch nicht unbegrenzt zu. Stellt sich heraus, dass die Unmöglichkeit der Arbeitsleistung dauerhaft ist, unterfällt das Arbeitsverhältnis der automatischen gesetzlichen Beendigung (*caducidade*; s. § 4 C I). Eine Kündigung wird damit überflüssig. Diese wäre systematisch wegen der unbegrenzten Rechtfertigung krankheitsbedingter Fehlzeiten nicht begründbar. Mit der gesetzlichen Vertragsauflösung erlangt der Arbeitnehmer Anspruch auf eine, der betriebsbedingten Kündigung entsprechenden, Entschädigung (Art. 245 Nr. 4 CT).

Das Arbeitsverhältnis endet jedoch nicht automatisch Kraft Gesetz (*caducidade*), wenn nur eine Verhinderung der bisherigen Tätigkeit vorliegt. Leistungserschwernisse dürfen wegen der Beschäftigungssicherheit in diesem Zusammenhang keinesfalls mit der Unmöglichkeit der Leistungserbringung gleichgesetzt werden[575]. In diesen Fällen besteht eine Weiterbeschäftigungspflicht, sofern die noch ausführbaren Handlungen von der bisherigen beruflichen Einordnung des Arbeitnehmers erfasst sind. Entsprechend dieser Lösung enthalten einige Kollektivvereinbarungen (s. § 3 C III) die Pflicht, den in seiner Leistung eingeschränkten Arbeitnehmer auf einem anderen Arbeitsplatz weiter zu beschäftigen.

Seit der Reform von 2012 ist bei erheblichen Produktivitätsminderungen darüber hinaus an eine personenbedingte Kündigung (*despedimento por inadaptação*) in ihrer zweiten, von Änderungen des Arbeitsplatzes unabhängigen, Ausprägung zu denken (s. § 7 A II 2 c). Das Gesetz bleibt hierbei in seiner Formulierung allgemein und schließt krankheitsbedingte Produktivitätsminderungen grundsätzlich nicht aus. Der Regelung ist dennoch ein gewisser Kündigungsschutz kranker

573 *DL* 28/2004 vom 4.2. 2004 – DR Série I-A Nr. 29 zuletzt geändert durch *DL* 133/2012 vom 27.6. 2012 – DR Série I Nr. 123, S. 3270–3304.

574 Ac. STJ 6.4. 2000 Rechtsmittel Nr. 242/99, CJ – STJ 2000 T II S. 251–255 (252, 253).

575 Ac. TRL 18.6. 2014 Proc. Nr. 403/12 (direito); *Silva Rouxinol*, PDT 2016, 131–152 (137, 138).

Arbeitnehmer immanent: aus den Grundsätzen der Beschäftigungssicherheit und von Treu und Glauben folgt nämlich die Zulässigkeit dieser Kündigung nur bei einer Reduzierung wegen der Tätigkeit des Arbeitnehmers (ist bei Problematik der krankheitsbedingten Kündigung zu bejahen) und einem endgültigen Charakter der Leistungsminderung. Zutreffend wird daher angemerkt, dass damit auch nach der Reform aus 2012 beispielsweise behandelbare psychische Erkrankungen mangels Dauerhaftigkeit der Beeinträchtigung der Leistungsminderung keine personenbedingte Kündigung ermöglichen[576].

2. *Wertende rechtsvergleichende Stellungnahme*

Ein kranker Arbeitnehmer ist sowohl nach deutschem als auch nach portugiesischem Recht vor einer umgehenden krankheitsbedingten Kündigung geschützt.

Entgegen der Lage in Deutschland steht diese Problematik in Portugal jedoch nicht im Fokus von Rechtsprechung und Lehre. Aus dem Arbeitsgesetzbuch und der vorliegenden Rechtsprechung lassen sich aber einige Schlussfolgerungen ziehen. Ausgehend von der Regelung des Arbeitsgesetzes, welches Fehlzeiten wegen Krankheit als gerechtfertigte Fehlzeiten einordnet, stellen diese keine taugliche Grundlage einer wirksamen Kündigung dar. Neben dem direkten Kündigungsschutz wird der Arbeitnehmer durch die gesetzlich vorgesehene Gehaltsfortzahlung geschützt. Aufgrund der arbeitnehmerfreundlichen Anwendung dieser Regeln durch die Rechtsprechung wird dieser Schutz wie gesehen weiter verstärkt.

Der in Deutschland getroffene Interessenausgleich zwischen mehrfach begrenzter Entgeltfortzahlungspflicht und von der Krankenkasse geleistetem Krankengeld wird im portugiesischen Recht weniger differenziert betrieben. Es ist eine vergleichsweise höhere und hinsichtlich ihrer Dauer weniger konkret abschätzbare Belastung des Arbeitgebers festzustellen. Die volle Gehaltszahlung wird zwar auf je 30 Tage jährlich begrenzt (Art. 255 Nr. 2 lit. d CT); den Arbeitgeber trifft jedoch eine darüber hinausgehende reduzierte Lohnzahlungspflicht. Eine Diskussion über Folgeerkrankung oder erneute Erkrankung besteht nicht. Die Regelung des Art. 23 Nr. 2 *DL* 28/2004 hinsichtlich der Berechnung der maximalen Leistungsdauer der Krankengelder der Sozialversicherung erinnert den deutschen Juristen jedoch an diese Thematik indem bei engem zeitlichen Zusammenhang zwei Verhinderungszeiträume hinsichtlich der maximalen Leistungszeit zu einem zusammengefasst werden.

Eine Kündigung wegen gehäufter Kurzerkrankungen oder „Krankheitsneigung“ schließt das portugiesische Recht so bislang aus. Nachdem häufige Kurzerkrankungen die Produktivität des Arbeitnehmers beeinträchtigen werden, ist künftig ein Lösungsversuch über die neu eingeführte und kaum genutzte personenbedingte Kündigung denkbar.

---

576 *Cláudia Madaleno*, in FS Bernardo Xavier Vol. I, S. 509–563 (559).

V. Diskriminierungs- und Benachteiligungsverbot

Ein besonderer Schutz der Arbeitnehmer besteht vor diskriminierenden oder diese benachteiligenden Handlungen des Arbeitgebers.

1. Verbot politischer oder ideologischer Kündigungen

Die gesonderte verfassungsrechtliche Erwähnung des Verbots politisch oder ideologisch begründeter Kündigungen (Art. 53 a.E CRP) ist keine reine Konkretisierung des allgemeinen Verbots nicht gerechtfertigter Kündigungen, sondern enthält einen besonderen Diskriminierungsschutz[577].

Das CT weitet dies auf weitere Gründe aus: Eine Kündigung ist unabhängig von dem in dem Kündigungsschreiben angegebenen Grund rechtswidrig, wenn sie tatsächlich auf politischen, religiösen, ethnischen oder ideologischen Gründen beruht (Art. 381 lit. a CT). Das tatsächliche Vorliegen einer solchen Kündigungsmotivation ist unabhängig von dem vordergründig angegebenen Kündigungsgrund zu ermitteln.

In Umsetzung des verfassungsrechtlichen Diskriminierungsverbots (Art. 53, 54, 56 CRP) sind Arbeitnehmer so insbesondere vor Diskriminierung aufgrund gewerkschaftlicher Betätigung geschützt. Diese ist unter den Begriff „politisch" zu fassen[578].

Rechtsfolge ist ein umfassendes Kündigungsverbot, welches von Amts wegen im Rahmen jeder Klage gegen eine Kündigung zu prüfen ist.

2. Rechtsmissbräuchliche Kündigung

Neben diesem umfassenden Kündigungsverbot sieht das CT für weitere Diskriminierungs- und Benachteiligungstatbestände einen unterschwelligeren Schutz vor. Eine Kündigung bleibt grundsätzlich möglich. Allerdings ist die Feststellung deren Rechtswidrigkeit erleichtert und dem Arbeitnehmer steht ein – gegenüber einer normalen Kündigung – höherer Entschädigungsanspruch zu. Das CT spricht hier nicht von Kündigungsschutz, sondern von einer rechtsmissbräuchlichen (*abuso de direito*) Kündigung. Die Wirkungen dieser rechtsmissbräuchlichen Kündigung stellen jedoch einen besonderen Kündigungsschutz dieser Arbeitnehmergruppe dar. Neben der Aufzählung von bestimmten missbilligten Kündigungssituationen wird weiter eine Vermutung der Rechtsmissbräuchlichkeit einer Kündigung innerhalb eines bestimmten Zeitraums zu diesen missbilligten Kündigungssituationen und eine Abfindung der betroffenen Arbeitnehmer geregelt.

Eine Arbeitgebersanktion, mithin insbesondere eine Kündigung, ist in folgenden Fällen rechtsmissbräuchlich (Art. 331 Nr. 1 CT):

- Beschwerde des Arbeitnehmers über Arbeitsbedingungen,

577 *Gomes Canotilho/Vital Moreira*, CRP Vol. I, S. 711
578 *Gomes Canotilho/Vital Moreira*, CRP Vol. I, S. 711.

- Widersetzung des Arbeitnehmers gegenüber rechtswidrigen Arbeitgeberweisungen,
- Wahrnehmung von Arbeitnehmerrechten
- Ausübung bzw. Kandidatur als Arbeitnehmervertreter

Die Vermutung der Rechtsmissbräuchlichkeit einer Kündigung greift, wenn die Kündigung bis zu sechs Monaten nach einer der eben beschriebenen Umstände oder bis zu einem Jahr nach Geltendmachung von Ansprüchen aus Diskriminierung oder Belästigung (*assédio*) erfolgt (Art. 331 Nr. 2 CT).

Nach einer rechtlich als rechtsmissbräuchlich einzuordnenden Kündigung muss der Arbeitgeber den betroffenen Arbeitnehmer für entstandene Schäden nach den allgemeinen Regeln entschädigen (Art. 331 Nr. 3 CT; s. § 10 A II 2 a). Außerdem hat der Arbeitnehmer das Wahlrecht zwischen einer Wiedereinstellung und einer Entschädigung für den Verzicht auf diese. Dabei ist bei der Höhe dieser Entschädigung zu berücksichtigen, dass aus der Perspektive des betroffenen Arbeitnehmers meist eine Zerrüttung vorliegen wird. Eine Rückkehr an den Arbeitsplatz wird zumindest bei kleinen Unternehmen für den Arbeitnehmer oft ausscheiden. Dem trägt das Gesetz dadurch Rechnung, dass die Entschädigung für den Verzicht auf die Wiedereinstellung deutlich höher ist (Art. 331 Nr. 4 i.V.m. 392 Nr. 3 CT). Mit einer Reichweite der festsetzbaren Tagessätze zwischen 30 und 60 Tagen entspricht sie der Entschädigung nach einer Verweigerung der Wiedereinstellung durch den Arbeitgeber.

3. Ausblick auf die deutsche Schutzgestaltung

Aufgrund der Bereichsausnahme des § 2 IV AGG gelten für Kündigungen ausschließlich die Regelungen des allgemeinen und besonderen Kündigungsschutzes. Damit kann aus einem Verstoß gegen § 7 I AGG i.V.m. § 134 BGB keine Unwirksamkeit der Kündigung abgeleitet werden. Die unionsrechtlichen Diskriminierungsrichtlinien sind dennoch hinreichend umgesetzt, da im Rahmen von § 1 I KSchG die soziale Rechtfertigung durch die Diskriminierungsverbote des AGG zu konkretisieren ist[579]. Trotz der Bereichsausnahme gewährt § 15 II AGG neben den Ansprüchen aus Kündigungsschutz bei schweren Diskriminierungen einen Anspruch auf Ersatz immaterieller Schäden[580].

VI. Opfer häuslicher Gewalt

Unter dem Begriff der „Opfer häuslicher Gewalt“ (*vitima de violência doméstica*) wird jegliche Gewaltausübung physischer, psychischer, wirtschaftlicher oder insbesondere sexueller Art gegen Frauen erfasst[581]. Eine explizite Regelung der

579 BAG 8.9. 2011 – 2 AZR 543/10 (Rn. 18), NZA 2012, 443–448 (445); BAG 25.4. 2013 – 2 AZR 579/12 (Rn. 40), NZA 2013, 1131–1137 (1135).

580 BAG 12.12. 2013 – 8 AZR 838/12 (Rn. 19), NZA 2014, 722–725 (723).

581 Beschluss der Regierung 100/2010 – DR Série I Nr. 243 vom 17.12. 2010, S. 5763; *L* 112/2009 vom 16.9. 2009 – DR Série I Nr. 180, S. 6550–6561; Art. 3 Übereinkommen

Rechtsstellung dieser Arbeitnehmergruppe findet sich im CT nicht. Erreichen die Auswirkungen häuslicher Gewalt Krankheitswert, unterfallen sie bereits den allgemeinen arbeitsrechtlichen Regelungen zur Krankheit eines Arbeitnehmers. Für den Kündigungsschutz bedeutet das, dass die Fehlzeiten auf Grund der Genesung von den Folgen der durch die häusliche Gewalt verursachten Gesundheitsschädigung gerechtfertigt sind; Sie rechtfertigen keine Arbeitgeberkündigung (s. § 11 A IV).

Die Problematik der häuslichen Gewalt ist jedoch meist vielschichtiger. Viele Opfer ziehen sich zurück oder sehen sich zu einem Wechsel ihres Aufenthaltsortes gezwungen, letzteres etwa um das Angebot der Schutzhäuser zu nutzen. Dies kann dazu führen, dass den betroffenen Arbeitnehmern in diesen Phasen ihre geschuldete Arbeitsleistung unmöglich ist. Ungerechtfertigte Fehlzeiten berechtigen den Arbeitgeber zu einer Kündigung, wenn sie das Unternehmen erheblich schädigen oder mehr als fünf Tage in Folge beziehungsweise zehn Tage je Kalenderjahr überschreiten (Art. 351 Nr. 2 lit. g CT; s. § 7 A I 4). Der Verlust des Arbeitsverhältnisses kann die Situation des Gewaltopfers jedoch weiter verschlechtern, indem es einen Teil seiner Unabhängigkeit verliert. Diese Arbeitnehmergruppe ist daher besonders schutzbedürftig.

1. Gesetzlicher Schutz vor Vertragsbeendigung?

Im Rahmen verschiedener Maßnahmen zur Bekämpfung häuslicher Gewalt wird ein solcher besonderer Schutz betroffener Arbeitnehmer seit 2009 gesetzlich geregelt[582]. Der Gesetzgeber geht dabei von einer weiten Definition häuslicher Gewalt aus, welche nicht nur auf physische Gewalt beschränkt ist, sondern insbesondere auch psychische und sexuelle Gewalt erfasst und an die Begrifflichkeit des Strafgesetzes angelehnt wurde[583]. Betroffene Arbeitnehmer fallen damit unproblematisch in den Anwendungsbereich der Schutznormen, Hierbei werden alle Opfer häuslicher Gewalt unabhängig von ihrem Geschlecht erfasst[584].

Das Schutzgesetz *L* 112/2009 greift in die bei jeder Fehlzeit eines Arbeitnehmers vorzunehmende Differenzierung in gerechtfertigt oder ungerechtfertigt (Art. 248 Nr. 1, 249 CT) ein. Gemäß Art. 43 *L* 112/2009 gelten durch häusliche Gewalt verursachte Fehlzeiten ohne Ermessensentscheidung als gerechtfertigt. Mangels schuldhaftem Verhalten des Arbeitnehmers ist dem Arbeitgeber damit eine

des Europarats vom 11.5. 2011 zur Verhütung und Bekämpfung von Gewalt gegen Frauen und häusliche Gewalt.

582 *L* 112/2009 vom 16.9. 2009 zuletzt geändert durch *L* 24/2017 vom 24.5. 2017 – DR Série I Nr. 100, S. 2520–2521 (setzen insbesondere eine Konvention des Europarates vom 11.5. 2011 um).

583 Art. 2 lit. a *L* 112/2009 i.V.m. Art. 152 Strafgesetzbuch (*Código Penal DL* 48/95 vom 15.3. 1995 –zuletzt geändert durch *L* 94/2017 vom 23.8. 2017).

584 Art. 5 *L* 112/2009 vom 16.9. 2009.

verhaltensbedingte Kündigung verwehrt. Weiter hat der Arbeitnehmer Anspruch auf bis zu 30 Tage Lohnfortzahlung pro Jahr (Art. 255 Nr. 1, Nr. 2 lit. d CT).

Es ist jedoch noch ungeklärt, wie konkret diese Schutzregel durchgreift. *Diogo Ravara* geht in seiner Analyse der Fehlzeiten wegen häuslicher Gewalt davon aus, dass eine Kündigung des Arbeitgebers dann rechtswidrig ist, wenn neben den Fehlzeiten kein anderer wichtiger Grund, welcher eine Kündigung rechtfertige, vorliege und die Kündigung nach Offenbarung der Opferstellung ausgesprochen wird[585]. Werde dennoch eine Kündigung ausgesprochen, kann diese auf die Klage des Arbeitnehmers hin für rechtswidrig und rechtsmissbräuchlich erklärt werden (Art. 381 lit. b, lit. d, 331 Nr. 1 lit. d CT). Dementsprechend hat der Arbeitnehmer Anspruch auf eine höhere Entschädigung im Fall des Verzichts auf eine Wiedereinstellung (Art. 392 Nr. 3, 331 Nr. 4 CT). Als rechtsmissbräuchlich kann eine Kündigung bis zu sechs Monaten nach der Offenlegung der Opferstellung angesehen werden[586].

Eine Vertragsbeendigung kann allerdings nach den Regeln der gesetzlichen Vertragsbeendigung (*caducidade*) eintreten, wenn sich herausstellt, dass die Unmöglichkeit der Arbeitsleistung nicht nur vorübergehend, sondern dauerhaft sein wird[587].

Ein weiterer Schutz der betroffenen Arbeitnehmer besteht in verschiedenen Einzelmaßnahmen. Diese entfalten indirekt einen kündigungsrechtlichen Schutz, da den Arbeitnehmern mittels dieser Maßnahmen eine vertragsgerechte Arbeitsleistung ermöglicht wird. Das Entstehen potentieller Kündigungsgründe des Arbeitgebers wird somit verhindert. Konkret sieht das Gesetz vor:

- Arbeitgeber ist verpflichtet, soweit mit Größe und Ausgestaltung des Unternehmens vereinbar, ein Verlangen auf Arbeitszeiterhöhung oder -reduzierung eines Gewaltopfers bevorzugt zu genehmigen (Art. 41 *L* 112/2009).
- Arbeitgeber kann den Antrag des Arbeitnehmers auf befristete oder dauerhafte Versetzung an einen anderen Standort nur aus gewichtigen Gründen der Funktionsfähigkeit des Unternehmens oder bis zu dem Zeitpunkt der Verfügbarkeit eines adäquaten Arbeitsplatzes aufschieben (Art. 195 Nr. 1, 2 CT; Art. 42 *L* 112/2009).
- Arbeitnehmer hat, sofern mit seiner Tätigkeit vereinbar, Anspruch auf Ausübung der Tätigkeit in Heimarbeit (Art. 166 Nr. 2 i.V.m. Art. 195 Nr. 1 CT).
- Arbeitnehmer wird absolute Vertraulichkeit über seine Situation und Vertragsänderungen zugesichert (Art. 42 Nr. 4 *L* 112/2009).

---

585 *Oliveira Carvalho*, in FS Leite, S. 143–169 (167); *Diogo Ravara*, Rev. do CEJ II-2014, 179–199 (197).

586 *Diogo Ravara*, Rev. do CEJ II-2014, 179–199 (197).

587 In diesem Fall wandelt sich die Suspendierung des Arbeitsverhältnisses (Art. 294 CT) in gesetzliche Beendigung wegen Unmöglichkeit (Art. 343 lit. b CT).

Die Versetzungsansprüche knüpft das CT jedoch an die weiteren Voraussetzungen einer Strafanzeige und eines Auszugs aus dem gemeinsamen Haushalt mit dem Täter (Art. 195 Nr. 1 CT).

Helfen dem Arbeitnehmer die Umstände, welche eine Kündigung verhindern sollen nicht, steht es ihm weiter frei unter Einhaltung der Kündigungsfrist zu kündigen (Art. 400 ff. CT; s. § 8 B) oder sich mit entsprechendem Nachweis auf eine sofortige Unmöglichkeit der Arbeitsleistung zu berufen und somit die automatische gesetzliche Vertragsbeendigung auszulösen (*caducidade* Art. 343 CT). Nachdem letztere eine sofortige Beendigung ohne Schadenersatzzahlungen an den Arbeitgeber ermöglicht, kann dies situationsabhängig für den Arbeitnehmer günstiger sein.

2. Analysierende Stellungnahme

Der Forderung, dass eine auf die Fehlzeiten gestützte Kündigung des Arbeitgebers nur dann nach den Opferschutzregeln als rechtswidrig einzustufen ist, wenn der Arbeitnehmer vor Ausspruch der Kündigung seine Opferstellung offengelegt habe, ist zuzustimmen. Einerseits kann der Arbeitgeber nicht immer ohne entsprechende Information von der Opferstellung wissen, andererseits führt dies zu keiner Rechtsverkürzung. Wie gesehen ist eine verhaltensbedingte Kündigung ohne vorheriges Disziplinarverfahren nicht wirksam. Die innerhalb der in diesem Verfahren vorgesehenen Stellungnahme erfolgte Offenlegung der Opferstellung genügt der Anforderung der Offenlegung vor der Kündigung. Dies ist dem Arbeitnehmer zumutbar.

Da das Übereinkommen des Europarats in Art. 18 IV fordert, dass die Bereitstellung von Diensten nicht von der Bereitschaft des Opfers zur Anzeige abhängig gemacht werden darf, erscheint es problematisch, dass der portugiesische Gesetzgeber für die Versetzungsanträge weitere Voraussetzungen fordert (Art. 195 Nr. 1 CT). Bei genauerer Betrachtung des Übereinkommens muss man jedoch zu dem Schluss kommen, dass mit diesen „Diensten" nicht eine Versetzungsoption innerhalb des beschäftigenden Unternehmens gemeint ist. „Dienste" stellen vielmehr beispielsweise Schutzeinrichtungen dar. Die an die Aufforderung des Übereinkommens zur Stärkung der wirtschaftlichen Unabhängigkeit der Opfer anknüpfende überschießende Umsetzung im Arbeitsrecht ist daher vollumfänglich von dem Übereinkommen gedeckt.

Durch die Wahlmöglichkeit sein Arbeitsverhältnis normal oder ohne Schlechterstellung sofort zu beenden, wird die Privatautonomie des Arbeitnehmers geschützt. Mit der Umsetzung des Übereinkommens des Europarats auch in einer arbeitsrechtlichen Schutzvorschrift geht Portugal weiter als die meisten anderen Länder[588]. Gerade die wirtschaftliche Unabhängigkeit stellt ein wesentliches Element dar, welches den Opfern häuslicher Gewalt ein sicheres, selbstbestimmtes Leben ermöglicht. Diese durch Sicherung des Arbeitsplatzes zu gewähren, stellt einen interessanten

---

588 Soweit im Zeitpunkt der Arbeit ersichtlich, enthält lediglich die spanische Umsetzung eine vergleichbare Regelungstendenz.

Ansatz dar. Außerdem wird mittels dieser Regelung eine gesamtgesellschaftliche Verantwortung eingefordert.

Abschließend lässt sich ein begrüßenswerter Schutz dieser Arbeitnehmer auf dem Papier feststellen. Kaum ein normaler Arbeitnehmer wird diesen Schutz jedoch kennen und daher ausüben. Insoweit ist *Ravara* 2017 immer noch zuzustimmen[589].

B. Rechtsfolgen der Kündigung in besonderen Situationen

Neben Ursachen in der Person des Arbeitnehmers können ebenfalls externe Umstände den Kündigungsschutz beeinflussen.

I. Beendigung während der Probezeit

Nach seiner Konzeption als Dauerschuldverhältnis bindet das Arbeitsverhältnis die Parteien nach der Intention des Gesetzgebers für einen langen Zeitraum. Die Komplexität der Arbeitsbeziehung bedingt außerdem, dass die tatsächliche Eignung und Einfügung in die Organisation schwer im Vorhinein feststellbar ist. Als Ausgleich dieser langen und schwer zu lösenden Bindung sieht das Gesetz zu Beginn des Arbeitsvertrags eine Probezeit (*período experimental*) vor[590]. Diese stellt den Regelfall dar, kann jedoch mittels schriftlicher Vereinbarung ausgeschlossen oder durch kollektivrechtliche Vereinbarung verkürzt werden (Art. 111 Nr. 3, 112 Nr. 5 CT). Die Regelung der Probezeit erfasst unbefristete und befristete Arbeitsverhältnisse. Die Berechnung der Dauer der Probezeit orientiert sich eng am Zweck der Erprobung. So führen vorherige Arbeitsverhältnisse für dieselbe Tätigkeit oder auf demselben Arbeitsplatz zu deren Reduktion oder Ausschluss (Art. 112 Nr. 4 CT).

1. Grundlegendes

In der Probezeit ist beiden Parteien eine begründungs- und entschädigungslose Beendigung des Arbeitsverhältnisses möglich (Art. 114 Nr. 1 CT). Damit genügt im Rahmen einer gerichtlichen Geltendmachung die Darlegung der Beendigung während einer nicht abbedungenen Probezeit[591]. Eine Abbedingung der Probezeit ist mittels schriftlicher Vereinbarung möglich. Das Gesetz spricht hier von „*denúncia*". Dieser Begriff der Kündigung wird auch im Rahmen der Arbeitnehmerkündigung verwendet. Dies ist jedoch irreführend. Es liegen zwei unabhängige Institute der

---

589 *Diogo Ravara*, Rev. do CEJ II-2014, 179–199 (198).

590 Diese beträgt für unbefristete Verträge zwischen in der Regel 90 Tagen und 240 Tagen bei besonderen Führungsaufgaben für befristete Verträge beträgt sie zwischen 15 und 30 Tagen – Art. 112 Nr. 1, Nr. 2 CT;
Für den Zweck der Probezeit als beidseitige Prüfung zum Ausgleich der langen Bindung etwa auch: *Jorge Leite*, Direito do Trabalho Vol. II, S. 75; *Guerra de Almeida*, Período experimental, S. 153.

591 *Irene Gomes*, in FS Leite, S. 349–366 (352).

Vertragsbeendigung vor. Dies folgt aus der Systematik des Arbeitsgesetzes. Nach der Gesetzessystematik ist diese Beendigungsmöglichkeit unabhängig von den Regeln der Kündigung eines Arbeitsvertrags ausgestaltet[592]. Da das CT die Kündigung nicht von einer Mindestdauer des Arbeitsverhältnisses abhängig macht, bleibt daneben das strengere allgemeine Kündigungsrecht erhalten[593]. Aufgrund der deutlich höheren Voraussetzungen wird dies in der Praxis in dieser Phase aber kaum genutzt werden.

Die Vertragsbeendigung in der Probezeit ist für den Arbeitnehmer zudem immer fristlos. Der Arbeitgeber hat dagegen ab einer gewissen Mindestdauer des Arbeitsverhältnisses eine an der bisherigen Vertragsdauer orientierte Kündigungsfrist einzuhalten[594]. Damit die Vertragsbeendigung nach den Regeln der Probezeit bevorzugt wird, muss nicht nur die Beendigungserklärung, sondern auch die Beendigung selbst in die Probezeit fallen[595].

2. Rechtsvergleichende Analyse

Nach der deutschen Rechtslage wird ein Arbeitsverhältnis ohne Probezeit geschlossen. Eine abweichende Vereinbarung ist möglich. Diese vereinbarte Probezeit kann maximal sechs Monate betragen. Sie ermöglicht beiden Parteien eine Vertragsauflösung mit einer zweiwöchigen Kündigungsfrist (§ 622 III BGB). Außerdem ist die Vereinbarung einer Befristung zur Erprobung möglich (§ 15 I Satz 1 Nr. 5 TzBfG). Das Gesetz schweigt zu deren zulässiger Dauer. Der Schwebezustand durch die Probezeit beeinträchtigt den Arbeitnehmer. Daher ist die zulässige Höchstdauer an den Kriterien des Zwecks der Erprobung und der Eigenheiten in der Person des Arbeitnehmers verhältnismäßig zu begrenzen. Die Rechtsprechung orientiert sich hierbei insbesondere auch an der aus § 1 I KSchG und § 622 III BGB folgenden zeitlichen Grenze von sechs Monaten[596].

Das portugiesische Arbeitsgesetz geht dagegen von dem Regelfall einer Probezeit aus. Dies verwundert zunächst vor dem Hintergrund der strengen verfassungsrechtlichen Beschäftigungssicherheit (Art. 53 CRP). Dieses verfassungsrechtliche Verbot einer Kündigung ohne wichtigen Grund erklärt auch, warum das portugiesische Arbeitsrecht die Beendigung in der Probezeit nicht im Rahmen der „normalen" Kündigung regelt, sondern systematisch unabhängig. Verfassungsrechtlich ist diese

---

592 So unter Verweis auf die terminologische Differenzierung: *Guerra de Almeida*, Do Período Experimental no Contrato de Trabalho, S. 159.

593 *Guerra de Almeida*, Do Período Experimental no Contrato de Trabalho, S. 154.

594 Art. 114 Nr. 2 CT: ab einem Bestand des Arbeitsverhältnisses von 60 Tagen: sieben Tage;
Art. 114 Nr. 3 CT: ab einem Bestand des Arbeitsverhältnisses von 120 Tagen: 15 Tage.

595 *Guerra de Almeida*, Do Período Experimental no Contrato de Trabalho, S. 163.

596 Siehe etwa: BAG 2.6. 2010 – 7 AZR 85/09 [Rn. 16], NZA 2010, 1293; ebenso: Staudinger/*Preis* BGB 620 (Bd. 4) Rn. 129.

Umgehung höchst fraglich. Sie wurde bislang jedoch nicht beanstandet. Im Ergebnis erfolgt dies zu Recht: Die räumliche Trennung der Probezeitkündigung von normalen Kündigungen und eine andere Begrifflichkeit können nicht das Nichteingreifen von Art. 53 CRP begründen. Dies ist jedoch auch nicht erforderlich. Die gegenseitige Erprobung sowohl der Kenntnisse als auch der zwischenmenschlichen Kompatibilität stellt nämlich einen wichtigen Grund dar. Dieser kann eine Kündigung zumindest für einen eng begrenzten Zeitraum als Ausgleich der dauerhaften Bindung rechtfertigen.

Die Zulassung einer Probezeit erscheint auf den ersten Blick für den Interessenausgleich der Parteien, welche sich gerade nach portugiesischem Arbeitsrecht besonders schwer lösbar binden, sinnvoll. Allerdings darf die Gefahr nicht übersehen werden, dass bei Zweifeln zu schnell noch in der Frist gekündigt wird. Dies besteht jedoch bei jeder Erleichterung der Kündigung in einem bestimmten Zeitraum.

Diese Gefahr wird im portugiesischen Kündigungsschutzrecht etwas abgemildert. Eine Kündigung des Arbeitnehmers in der Probezeit ist dann nicht möglich, wenn er keine Möglichkeit hatte seine Leistung zu zeigen[597]. Diesem Gedanken entspricht auch die Regelung, dass Fehlzeiten nicht für die Dauer der Probezeit zu berücksichtigen sind (Art. 113 CT). Dies kann etwa im Fall einer Erkrankung in der Probezeit relevant werden oder bei mangelnder Aufgabenzuweisung. Dies entspricht der Idee der engen Anknüpfung an den Zweck der Erprobung, welcher bei entsprechender Vorbeschäftigung zu einer Reduzierung der Probezeit führt. Weiter kann darin auch eine Ausprägung des Ultima-Ratio-Grundsatzes der Kündigung bzw. deren Erleichterung gesehen werden.

Die Dauer der Probezeit stellt letztlich eine politische Entscheidung dar. Deren Umfang erscheint gerade vor dem Hintergrund des nach dieser Probezeit strengen Kündigungsschutzes nicht überhöht. Auch die lang erscheinende Probezeit von Führungskräften ist angemessen, da deren Eignung häufig nicht so schnell eingeschätzt werden kann. Auch nach deutschem Recht ist in diesen Fällen über die Vereinbarung einer Befristung zur Probe (§ 14 I Nr. 5 TzBfG) eine die sechs Monate übersteigende „Probezeit“ möglich.

Im Gegensatz zu der Regelung des portugiesischen Arbeitsgesetzes eine Probezeit auch auf befristete Arbeitsverhältnisse anzuwenden, ist die Vereinbarung einer Probezeit bei befristeten Verträgen nach deutschem Recht strittig. Eine Anwendung des § 622 III BGB kommt auf befristete Verträge nicht in Betracht. Dies folgt zum einen aus der Systematik des BGB, welche davon ausgeht, dass das Arbeitsverhältnis ein Dauerschuldverhältnis darstellt, zum anderen aus der Zielsetzung des Gesetzgebers, welcher dadurch den Abschluss von unbefristeten Arbeitsverhältnissen erleichtern wollte[598]. Auch die Anwendbarkeit von § 14 I Nr. 5 TzBfG auf befristete

597 Vgl. *Paula Quintas/Helder Quintas*, Manual de Direito do Trabalho, S. 70.
598 BT-Drs. 12/4902, 7.

Arbeitsverhältnisse ist strittig[599]. Teils wird diese mit dem Argument abgelehnt, dass der Erprobung der Wille immanent sei ein langfristiges Arbeitsverhältnis einzugehen[600].

II. Vorzeitige Beendigung befristeter Verträge

Befristeten Verträgen ist bereits die Möglichkeit einer gesetzlichen Vertragsbeendigung immanent. Damit stellt sich die Frage, ob ein darüberhinausgehendes Kündigungsrecht überhaupt besteht.

1. Portugiesische Regelung

Das Arbeitsgesetz ordnet ausdrücklich die Anwendbarkeit der Kündigungsregelungen auf befristete Verträge an (Art. 393 Nr. 1 CT). Die Regelungen einer Begründung einer Kündigung bleiben unverändert. Lediglich im Rahmen der Rechtsfolgen einer für rechtswidrig erklärten Kündigung begrenzt der Gesetzgeber die Entschädigungszahlungen entsprechend der Dauer des befristeten Vertrages (Art. 393 Nr. 2 CT). Grundsätzlich treten die normalen Rechtsfolgen einer rechtswidrigen Kündigung ein. Ist die Befristung im Zeitpunkt des rechtskräftigen Urteils noch nicht abgelaufen, so kann der betroffene Arbeitnehmer auch Wiedereinstellung oder entsprechende Entschädigung für deren Verzicht verlangen[601].

Nach gerichtlicher Entfristung eines befristeten Vertrags wegen Missachtung der formellen Voraussetzungen liegt nur ein (unbefristeter) Vertrag vor. Eine vor der Entfristungsentscheidung getroffene Parteivereinbarung nach welcher der befristete Vertrag vorzeitig enden soll, ist jedoch dahingehend auszulegen, dass der nach gerichtlicher Entscheidung bestehende unbefristete Vertrag aufgelöst ist[602].

2. Ausblick auf die deutsche Rechtslage

Der deutsche Gesetzgeber geht im Vergleich zu dem Portugiesischen von einem umgekehrten Grundsatz der Kündbarkeit aus. § 15 III TzBfG gestattet eine ordentliche (vorzeitige) Kündigung befristeter Verträge nur, wenn diese ausdrücklich vertraglich vereinbart worden ist (d.h. durch Individual- oder anwendbaren Tarifvertrag). Eine außerordentliche Kündigung nach § 623 BGB bleibt möglich. Eine gegen § 15 III TzBfG verstoßende ordentliche Kündigung ist unwirksam[603].

---

599 Für Anwendbarkeit, sofern unmissverständlich im Vertrag formuliert: BAG 4.7. 2001 – 2 AZR 88/00, NJOZ 2002, 596–599 (598).
600 *Bachhaus* in KündigungsR TzBfG § 14 Rn. 157.
601 So ausdrücklich: Ac. TRÉ 21.2. 2013 Proc. Nr. 435/11 (VI).
602 Ac. TRP 7.7. 2016 Proc. Nr. 817/15 (III 3.2).
603 BAG 8.6. 1972 – 2 AZR 336/71, AP KSchG 1969 § 13 Nr. 1.

III. Streik

Im Rahmen rechtmäßiger Streikhandlungen kann der Arbeitnehmer nicht gekündigt werden. Dies folgt aus der Suspendierung der Hauptleistungspflichten durch den rechtmäßigen Streik (Art. 536 Nr. 1, 2 CT). Dadurch ist die streikbedingte Abwesenheit nicht als Fehlzeit oder Schlechtleistung im Sinne des Kündigungsrechts zu werten[604]. Außerdem verbietet das Gesetz jede Schädigung oder Diskriminierung wegen Ausübung des Streikrechts (Art. 540 Nr. 1 CT).

Dagegen werden Fehlzeiten wegen der Beteiligung an rechtswidrigen Streiks ausdrücklich durch das Gesetz als ungerechtfertigt angesehen. So ist dem Arbeitgeber eine verhaltensbedingte Kündigung möglich (Art. 351 CT).

IV. Kündigung im Umfeld von Krisen des Arbeitgebers

Die Finanz- und Wirtschaftskrise von 2012 hat gezeigt, dass wirtschaftliche Krisen auch Einfluss auf die Grundhaltung der Arbeitgeber hatten. Umstrukturierungen oder Schließungen von Unternehmens(teilen) waren unumgänglich. Damit sind Kündigungen und der Schutz der betroffenen Arbeitnehmer in diesen unternehmerischen Krisen in den Fokus gerückt.

1. Massenentlassungen

Die Regelung der Massenentlassung steht im Spannungsfeld von traditionell nationalen und unionsrechtlichen Regelungen. Dabei differiert das national portugiesische Verständnis der Massenentlassung von dem unionsrechtlichen. Nach rein nationalem Verständnis unterfallen einige Situationen des unionsrechtlichen Massenentlassungsbegriffs nicht dem Kündigungsrecht, sondern dem Recht der gesetzlichen Vertragsauflösung (*caducidade*). Die Abgrenzung wird weiter dadurch erschwert, dass die gesetzliche Vertragsauflösung und die objektive Kündigung in keinem lex-specialis-Verhältnis zueinander stehen[605]. Eine genauere Analyse des Schutzes im Rahmen von Massenentlassungen ist damit geboten.

Nach unionsrechtlichem Verständnis ist unter einer Massenentlassung die Arbeitgeberkündigung aus nicht in der Person des Arbeitnehmers liegenden Gründen von mindestens zehn bzw. 20 Arbeitnehmern zu verstehen, welche gleichzeitig oder innerhalb eines kurzen Zeitraums (30 bis 90 Tage) erfolgt. Trotz des Schutzziels des Bestands des Arbeitsverhältnisses wirkt der Schutz der Rl 98/59/EG rein verfahrensrechtlich mittels bestimmter Mindestanforderungen an das einzuhaltende Kündigungsverfahren[606].

---

604 So etwa: Ac. TRP 19.12. 2012 Proc. Nr. 123/12 (III b, IV).

605 *Romano Martinez*, Da Cessação do Contrato, S. 371, 372.

606 *Weber*, in Systembildung im Europäischen Arbeitsrecht, S. 131–152 (137); *Junker*, EuZA 2016, 428–444 (432).

Das portugiesische Kündigungsschutzrecht sieht traditionell besondere Regeln einer gleichzeitigen oder zeitlich in engem Zusammenhang stehenden Kündigung Mehrerer Arbeitnehmer vor (*despedimento coletivo*; s. § 4 B II; 7 A II 1 b, 7 B II 1 a). Infolgedessen sah und sieht der Gesetzgeber keinen weitergehenden Umsetzungsbedarf der Massenentlassungsrichtlinie (RL 98/59/EG). Die portugiesischen Regeln der kollektiv-betriebsbedingten Kündigung (Art. 359 ff. CT; s. § 7 A II 1 b) greifen bei einer Arbeitgeberkündigung aus wirtschaftlichen Gründen von, je nach Betriebsgröße, bereits zwei Arbeitnehmern innerhalb eines Zeitraums von drei Monaten.

a. Status Quo

Nach einer Analyse des Istzustands der Ausgestaltung dieses nationalen Kündigungsschutzes Mehrerer muss sich nun eine kritische Analyse vor dem Hintergrund der Massenentlassungsrichtlinie und der bereits erfolgten EuGH-Rechtsprechung anschließen. Dies ist umso dringender geboten, da in letzter Zeit die kollektiv-betriebsbedingte Kündigung verstärkt angewandt wird[607]. Die Gründe für die Beliebtheit dieser Kündigung werden unter anderem gerade in der starken Einschränkung von Individualkündigungen sowie der Arbeitslosengeldsperre nach außergerichtlichen Vergleichen gesehen[608]. Nachdem der Gesetzgeber davon ausgeht, dass eine Vertragsauflösung im Zusammenhang einer kollektiv-betriebsbedingten Kündigung nicht freiwillig erfolgt, tritt auch die Rechtsfolge der Arbeitslosengeldsperre nicht ein. Die tatsächliche Anzahl der Vertragsbeendigungen nach Absichtserklärung einer betriebsbedingten Kündigung ist folglich deutlich höher anzusetzen, als es die gerichtlichen Verfahrenszahlen vermuten lassen.

Die Massenentlassungsrichtlinie (RL 98/59/EG) fordert für eine bestimmte Anzahl gleichzeitig oder in engem zeitlichen Zusammenhang erfolgende Kündigungen eine Konsultationspflicht der Arbeitnehmervertretung sowie eine Anzeige bei der zuständigen Behörde (Art. 1, 2, 4 RL 98/59/EG). Unter einer „Entlassung" versteht die Richtlinie dabei (Art. 1 Abs. 1 RL 98/59/EG):

> *„(...) ein Arbeitgeber aus einem oder mehreren Gründen, die nicht in der Person des Arbeitnehmers liegen, vornimmt (...) gleichgestellt, die auf Veranlassung des Arbeitgebers und aus einem oder mehreren Gründen, die nicht in der Person der Arbeitnehmer liegen, erfolgen. (...)"*

Dies konkretisierte der EuGH dahingehend, dass unter Entlassung eine[609]:

> *„(...) vom Arbeitnehmer nicht gewollte, also ohne seine Zustimmung erfolgte, Beendigung des Arbeitsvertrags"*

607 *Sá Esteves*, in Direito do Trabalho + crise, S. 201–214 (202); *Bernardo Xavier*, EIDT Vol. VI, 2012, S. 155–183 (157).

608 *DL* 220/2006 vom 3.11. 2006; *Sá Esteves*, in Direito do Trabalho + crise, S. 201–214 (202).

609 EuGH C-55/02 vom 12.10. 2004 – Portugal.

zu verstehen ist.

Damit genügt die Umsetzung der Richtlinie in einer Vorschrift nicht, welche lediglich „strukturelle, technische oder konjunkturelle Gründe“ der Entlassung erfasst. Dies hat der EuGH 2004 zu der Umsetzung im LCCT ausdrücklich festgestellt. Die Verwendung von „wirtschaftlichen Gründen“ statt „konjunkturellen Gründen“ im CT ändert daran nichts. Der Kreis der von der Richtlinie erfassten Entlassungen bleibt weiter, als der der portugiesischen Umsetzung.

Nach portugiesischem Verständnis fallen Unternehmensschließungen, welche ihre Grundlage außerhalb des Willens des Arbeitgebers haben, unter die gesetzlich vorgesehene Vertragsauflösung (*caducidade*) und stellen keine Arbeitgeberkündigung dar[610]. Der EuGH fasst dagegen Fälle der Unternehmensschließung unabhängig vom Willen des Arbeitgebers unter den Kündigungsbegriff der Richtlinie[611].

Eine, diesen Vorgaben des EuGHs gerecht werdende Umsetzung der Richtlinienvorgaben ist durch das CT und dessen Änderungen weiter nicht erfolgt. Allerdings hat sich der Gesetzgeber einer vollständigen Umsetzung angenähert, indem er die Rechtsfolgen einer gesetzlichen Vertragsbeendigung, welche ohne den Willen des Arbeitnehmers erfolgt, denen der kollektiv-betriebsbedingten Kündigung gleichstellt und seit CT 03 auch die Arbeitgeberstellung von juristischen Personen akzeptiert (s. § 4 C I 2 a). In richtlinienkonformer Auslegung des CT sind die Regeln der kollektiv-betriebsbedingten Kündigung ebenfalls in diesen Fällen der, nationalrechtlich als Auflösung (nicht als Kündigung) eingeordneten, Unternehmensaufgabe einzuhalten (Art. 346 Nr. 3 i.V.m. 360 CT; verfahrensrechtliche Ausgestaltung s. § 7 B II 1). Aufgrund des im Rahmen einer gesetzlichen Vertragsauflösung nicht vorhandenen Verfahrens besteht dennoch weiterhin ein Umsetzungsdefizit. Dies wiegt umso mehr, als die Massenentlassungs-Rl den Kündigungsschutz auf verfahrensrechtlicher Ebene gewährleistet. Daher wird teils gefordert, dass als Kompensation des fehlenden Verfahrens die Voraussetzungen der gesetzlichen Auflösung besonders streng zu prüfen seien[612]. Eine vollumfängliche Flucht in die gesetzliche Vertragsauflösung ist damit nicht mehr möglich[613].

Aufgrund des Verweises der Regelung der gesetzlichen Vertragsauflösung auf die Verfahrens- sowie die Abfindungsregelungen der kollektiv-betriebsbedingten Kündigung in Folge einer vollständigen Schließung des Unternehmens (Art. 346 Nr. 3, 5 CT) scheinen die Rechtsfolgen den europarechtlichen Vorgaben zu entsprechen. Dennoch stellt die Abgrenzung kein rein akademisches Problem dar. Die Unterschiede zeigen sich allerdings erst im Verfahrensrecht (s. § 13 B III). Dem Arbeitnehmer ist im Fall einer gesetzlichen Vertragsauflösung die spezielle Kündigungsschutzklage verwehrt. Außerdem besteht kein Anspruch auf Wiederein-

---

610 *Furtado Martins*, Cessação do Contrato, S. 88 ff..

611 EuGH C-55/02 vom 12.10. 2004 – Portugal (Rn. 43 ff.).

612 *Silva Rouxinol*, PDT 2016, S. 131–152 (134); ebenso bereits: *Júlio Gomes*, Direito do Trabalho Vol. I, S. 917.

613 So etwa ausdrücklich: *Rosário Palma Ramalho*, Tratado Parte II (4. Aufl.), S. 794.

stellung oder entsprechende Entschädigung. Maßgeblich ist damit die Auslegung des EuGHs, dieser widersprechende Normen des Arbeitsgesetzes sind unionsrechtskonform zu korrigieren. Konkret bedeutet dies hier, dass der Anwendungsbereich der Art. 359 ff. CT im Sinne von Art. 1 Abs. 1 Rl 98/59/EG erweitert werden muss.

Die verfahrensrechtlichen Vorgaben der Richtlinie, wie die Notwendigkeit der Beteiligung der Arbeitnehmervertreter mit dem Ziel einer Verhandlung über Umfang und Folgen dieser Massenentlassung sowie der Anzeige der staatlichen Behörde sind umgesetzt (s. § 7 B II 2 a). Die Entlassungssperre des Art. 4 I Rl 98/59/EG ist eingehalten. Es besteht zwar keine ausdrückliche Regelung des CT, allerdings wird eine kollektiv-betriebsbedingte Kündigung nach Addition der geltenden Mindestfristen des Verfahrens ab Anzeige gegenüber der staatlichen Behörde in dem Fall einer fehlenden Einigung frühestens nach Ablauf von 30 Tagen wirksam; bei bestehender Einigung kann zwar eine frühere Wirksamkeit eintreten, allerdings ist in der Einigung eine Genehmigung der Fristverkürzung (Art. 4 Abs.1 2. UA RL 98/59/EG) der Behörde zu sehen, da diese den ordnungsgemäßen Ablauf der Verhandlungen überwacht.

b. Kritische Analyse

Nach der Erörterung der Rechtslage in Portugal ist festzustellen, dass Massenentlassungen nach portugiesischem Recht keinen höheren Schutz genießen als solche Kündigungen Mehrerer, welche nicht in den Anwendungsbereich der Richtlinie fallen. Ursächlich dafür ist der sehr weit gefasste personelle Anwendungsbereich der Regeln der kollektiv-betriebsbedingten Kündigung. Nachdem die Richtlinie lediglich einen Mindestschutzstandard sicherstellen will, ist dies grundsätzlich unproblematisch solange der Schutzstandard den Richlinienvorgaben entspricht.

Im Rahmen der Anwendung der kollektiv-betriebsbedingten Kündigung ist jedoch wegen des überschneidenden Anwendungsbereichs der Richtlinie beachtlich, dass Arbeitnehmer- und Betriebsbegriff zumindest insoweit unionsrechtskonform auszulegen sind, als der Anwendungsbereich der Rl 98/59/EG eröffnet ist. Soweit ersichtlich erfolgt im portugiesischen Recht bislang keine diesbezügliche Diskussion. Dies deckt sich mit dem Umstand, dass die portugiesische Rechtspraxis im Vergleich zu der deutschen deutlich weniger sensibel auf unionsrechtliche Vorgaben reagiert. Statt eines vorauseilenden Umsetzungsgehorsams lässt sich in Portugal eher eine abwartende Haltung feststellen, welche sehr ungern von der traditionell nationalrechtlichen Anwendung abweicht. Statt einer gerichtlichen unionsrechtskonformen Korrektur wird deswegen häufig eine ausdrückliche gesetzliche Umsetzung erforderlich um die Rechtsprechung zu einer unionsrechtskonformen Rechtsanwendung zu bewegen.

Als zwingend anzuwendendes Recht, ist zu beachten, dass der Anwendungsbereich der RL in Portugal nach dem Wortlaut des Gesetzes nicht vollumfänglich umgesetzt ist. Demzufolge ist eine richtlinienkonforme Gesetzesanwendung erforderlich. Diese wird soweit ersichtlich inzwischen durch eine strengere Anwendung der Voraussetzungen der gesetzlichen Vertragsauflösung im Vergleich zur Kündigung versucht.

Kritisch ist weiter zu sehen, dass das CT ausdrücklich die Anwendung der nationalen Kündigungsschutzregeln (s. § 7) auf die Beendigung befristeter Arbeitsverhältnisse anordnet (Art. 393 CT). Nachdem der nationale Gesetzgeber die Ansicht vertritt, dass die RL 98/59/EG durch die Regeln der kollektiv-betriebsbedingten Kündigung umgesetzt ist, erstreckt sich diese Anordnung auch auf Massenentlassungen. Dagegen erfasst der Anwendungsbereich der RL 98/59/EG befristete Arbeitsverträge nicht[614]. Diese werden durch die vorrangige Befristungsrichtlinie (RL 99/70/EG) und die RL 02/14/EG geregelt.

Folglich ist zu beachten, dass befristete Arbeitsverträge unter die nationale Regelung der kollektiv-betriebsbedingten Kündigung fallen und dort für die Berechnung der Grenzwerte zu berücksichtigen sind. Für die Frage, ob der Schutz der Richtlinie eröffnet ist, sind dagegen Beendigungen befristeter Verträge nicht zu berücksichtigen.

2. Betriebsübergang

In Umsetzung der Betriebsübergangsrichtlinie (RL 2001/23/EG vom 12.3. 2001) sind Kündigungen wegen eines Betriebsübergangs unzulässig. Die Arbeitsverhältnisse der betroffenen Arbeitnehmer gehen auf den Erwerber über (Art. 285 CT). Ein über die Anforderungen der Richtlinie hinausgehender besonderer Kündigungsschutz besteht nicht. Nach erfolgtem Betriebsübergang tritt der Erwerber in die vollen Rechte der Arbeitgeberstellung ein. Demnach ist ihm nach portugiesischem Recht eine Kündigung nach allgemeinen Regeln dann möglich, wenn der Grund der Kündigung nicht in dem erfolgten Betriebsübergang liegt. Dies wird in der Literatur teils als Verstoß gegen den verfassungsrechtlichen Grundsatz der Beschäftigungssicherheit und gegen die Richtlinienziele gewertet: folglich sei eine in engem zeitlichen Zusammenhang zu dem Betriebsübergang erfolgte Kündigung grundsätzlich unzulässig[615]. Dem ist nicht zuzustimmen. Ziel der Richtlinie ist es zu verhindern, dass Strukturveränderungen zu Lasten der Arbeitnehmer wirken[616]. Damit steht die Richtlinie auf anderen Kündigungsgründen beruhenden Kündigungen auch in zeitlicher Nähe eines Betriebsübergangs nicht entgegen.

An dieser Stelle ist festzustellen, dass sich die portugiesischen Gerichte teils gegen die Anwendung des Unionsrechts und der Rechtsprechung des EuGHs sträuben, wenn diese mit ihren bisherigen Grundsätzen schlecht oder nicht vereinbar ist[617].

---

614 EuGH 13.5. 2015 – C-392/13 Rn. 65–67 – Rabal Cañas.

615 *Júlio Gomes*, QL 2008, 141–167 (166); *Gomes Sousa*, QL 2010, 159–202 (188).

616 So schon: EuGH 7.2. 1985 – C-135/83 Rn. 18 – Abels.

617 Z.B.: STJ 25.2. 2009 Proc Nr. 08S2309 (3.); fehlerhafte Anwendung der Richtlinie und Verstoß gegen Vorlagepflicht: EuGH 9.9. 2015 – C-160/14 – Ferreira da Silva e Brito geg. Portugal.

3. *Insolvenz des Arbeitgebers*

Im Fall der Insolvenz des Arbeitgebers ist die Leistungsannahme durch den Arbeitgeber unmöglich. Dennoch werden die Arbeitsverhältnisse nicht mit der Insolvenzerklärung beendet. Es bestehen jedoch Änderungen der allgemeinen Kündigungsregelung. So können beide Parteien nach gerichtlich festgestellter Insolvenz kündigen. Zusätzlich kann der Insolvenzverwalter die Arbeitsverhältnisse kündigen, deren Arbeitsleistung für die Abwicklung des Unternehmens nicht erforderlich ist. In diesen Fällen ist ausdrücklich eine Abfindung entsprechend den Regeln der kollektiv-betriebsbedingten Kündigung zu zahlen (CIRE[618] i.V.m. Art. 347 Nr. 5, Nr. 2 i.V.m. 366 CT). Dabei sind die Regelungen der kollektiv-betriebsbedingten Kündigung an die Situation der Insolvenz anzupassen. Dies erfolgt durch ein Modifizieren der Abfindungszahlung hinsichtlich Auszahlungszeitpunkt und ggf. der Höhe.

Trotz dieser Regelung besteht bei Insolvenz die Möglichkeit einer gesetzlich vorgesehenen Beendigung des Arbeitsverhältnisses (*caducidade*), wenn eine vollständige und dauerhafte Schließung des Unternehmens erfolgt (s. § 4 C II).

Sofern die Abfindungszahlung tatsächlich geleistet wird, ist er zumindest finanziell einer normalen kollektiv-betriebsbedingten Kündigung gleichgestellt. In Umsetzung der Rl 80/987 besteht ein Gewährleistungsfonds für die Abfindungsansprüche aus Art. 366 CT[619].

4. *Ausblick auf die Rechtslage der Kündigung in Fällen unternehmerischer Krisen in Deutschland*

Die Umsetzung der Massenentlassungsrichtlinie erfolgte in §§ 17–22 KSchG. Durch die Integration in ein ebenfalls schon vor der Richtlinie bestehendes Schutzsystem der Kündigung Mehrerer, wurde der Anwendungsbereich des Massenentlassungsschutzes auch in Deutschland deutlich ausgeweitet[620]. Arbeitnehmer- und Betriebsbegriff sind im Rahmen der §§ 17–22 KSchG ebenfalls unionsautonom auszulegen.

Eine Kündigung wegen eines Betriebsübergangs ist aufgrund eines ausdrücklichen Kündigungsverbots sowohl durch den Betriebsveräußerer, als auch durch den Betriebserwerber unwirksam (§ 13 III KSchG i.V.m. § 613a IV Satz 1 BGB). Eine Kündigung erfolgt dabei „wegen" des Betriebsübergangs, wenn dieser das überwiegende Motiv der Kündigung darstellt[621]. Eine Kündigung aus vorliegenden anderen Gründen bleibt weiter möglich (§ 613a IV Satz 2 BGB).

---

618 *Código da Insolvência e da Recuperação da Empresa*: *DL* 53/2004 – DR Série I Nr. 66 vom 18.3. 2004 i.d.F. von *DL* 79/2017 – DR Série I Nr. 125 vom 30.6. 2017, S. 3299–3314.

619 Art. 2 Nr. 6 *Regime material do Fundo de Garantia Salarial* in Umsetzung von RL 80/987 vom 20.10. 1980 geändert durch RL 2002/74/EU vom 23.9. 2002.

620 Vgl. *Spelge* in EuArbR RL 98/59/EG Rn. 9.

621 BAG 28.10. 2004 – 8 AZR 391/03, NZA 2005, 285–289.

Für Fälle der Insolvenz sieht § 113 InsO eine Sonderregelung der Kündigung vor. Zum einen begründet diese die Kündigungsbefugnis des Insolvenzverwalters, zum anderen die Möglichkeit einer Kündigung trotz vereinbarter fester Vertragsdauer oder einem Ausschluss der ordentlichen Kündigung. § 113 InsO begründet jedoch keinen Kündigungsgrund der Insolvenz[622]. Soweit der Anwendungsbereich eröffnet ist bleiben allgemeiner und besonderer Kündigungsschutz anwendbar.

§ 12 Rechtsvergleichende Zusammenfassung

Die bisherige Analyse zeigte, dass ein hohes Schutzniveau besteht. Dementsprechend besteht im Vergleich zu Deutschland deutlich weniger Bedarf eines ausgeprägteren Kündigungsschutzes benachteiligter Arbeitnehmergruppen. Folglich sind die Erhöhungen des portugiesischen Kündigungsschutzes überwiegend moderat.

Vor dem Hintergrund des sehr hohen Schutzniveaus erstaunt im Vergleich zu der deutschen Regelung, dass die Schutzzeiten für Mütter und Eltern in Portugal deutlich kürzer sind als in Deutschland. Zu dem grundsätzlich bereits hohen Kündigungsschutz Portugals kommen für Arbeitnehmer in Mutterschutz und Elternzeit zwar weitere Schutzverschärfungen hinzu: diese jedoch nur für einen sehr kurzen Zeitraum.

Ein dem in Portugal inzwischen bestehenden Schutz Opfern häuslicher Gewalt vergleichbarer Schutz im Arbeitsverhältnis besteht im deutschen Recht nicht.

Grundlegend anders ist der gesetzgeberische Ausgangspunkt weiterhin im Rahmen der Probezeit. Eine Probezeit ist nach deutschem Recht möglich, muss jedoch gesondert vereinbart werden. Dagegen ist die Probezeit in Portugal der gesetzliche Regelfall (bei unbefristeten und befristeten Arbeitsverhältnissen). Sie ist jedoch abdingbar. Der Kündigungsschutz wird für die Dauer der Probezeit suspendiert. Dies ist im Ergebnis der Reduzierung während der Wartefrist des KSchG wiederum sehr ähnlich.

Anders als die deutsche Umsetzung der Massenentlassungs-Rl unterschreitet die durch das CT geforderte Mindestgröße der betroffenen Arbeitnehmergruppe die Mindestkündigungszahlen der Rl deutlich (Art. 359 Nr. 1 CT). *Xavier* arbeitet zutreffend heraus, dass eine Entlassung einer Arbeitnehmergruppe in Portugal leichter sei als eine Individualkündigung[623]. Dies steht nicht in Widerspruch zu den Zielen der Rl, welche lediglich einen Mindestschutz (Art. 5 RL 98/59/EG) der von einer Massenentlassung betroffenen Arbeitnehmer beinhaltet. Nachdem diese Anforderungen an den Schutz umgesetzt sind, ist der Entschluss des portugiesischen Gesetzgebers nicht zu beanstanden die Schwelle der Eröffnung dieses Schutzes niedriger festzulegen. Dies stellt eine zulässige Begünstigung der betroffenen Arbeitnehmer dar.

---

622 BAG 29.9. 2005 – 8 AZR 647/04 (Rn. 22), NZA 2006, 720–723 (722).
623 *Bernardo Xavier*, EIDT Vol. VI, 2012, S. 155–183 (157); vgl. § 7.

Quintessenz Kapitel 4

1. Rechtsfolgen einer rechtmäßigen bzw. so zu behandelnden Arbeitgeberkündigung sind die Beendigung des Arbeitsverhältnisses, in Fällen objektiver Kündigungsgründe eine Abfindung des Arbeitnehmers und Sonderregeln hinsichtlich der Freistellung des Arbeitnehmers.
2. Rechtsfolgen einer rechtswidrigen Arbeitgeberkündigung treten nur nach ausdrücklicher gerichtlicher Feststellung der Rechtswidrigkeit der Kündigung ein. Arbeitnehmer muss dafür zwingend Klage erheben.
3. Nach einer gerichtlich rechtswidrig erklärten Kündigung hat der Arbeitnehmer Anspruch auf Schadenersatz für alle kündigungsbedingten Schäden, Kompensation des bis zur Rechtskraft des Urteils entgangenen Lohns und auf Wiedereinstellung bzw. entsprechende Substitution.
4. Infolge einer Arbeitnehmerkündigung mit wichtigem Grund besteht für den Arbeitnehmer weiter ein Abfindungsanspruch.
5. Dem Arbeitnehmer ist immer eine Vertragsbeendigung (ggf. gegen Entschädigung des Arbeitgebers) möglich. Er kann nach der Rechtsprechung nicht zur Aufrechterhaltung des Arbeitsverhältnisses gezwungen werden.
6. Die Höhe des durch den Arbeitnehmer zu zahlenden Schadenersatzes ist begrenzt.

Kapitel 5: Durchsetzung des Kündigungsschutzes

Gesetzlicher Kündigungsschutz ohne wirksame Durchsetzung hilft dem Arbeitnehmer wenig. Für eine umfassende Analyse des tatsächlich bestehenden Kündigungsschutzes ist daher die Durchsetzung des gesetzlichen Kündigungsschutzes zu erörtern. Die portugiesische Verfassung garantiert den Zugang zu Gericht zur Durchsetzung gesetzmäßiger Rechte und Interessen (Art. 20 Nr. 1 CRP). Ausprägung davon ist der Anspruch auf ein gerechtes, in angemessener Frist erfolgendes, gerichtliches Verfahren (Art. 20 Nr. 4, 5 CRP, Art. 2 CPC Art. 6 Abs. 1 EMRK). In Portugal bestehen auf das Arbeitsrecht spezialisierte Spruchkörper der staatlichen Gerichte vor welchen kündigungs-schutzrechtliche Streitigkeiten verhandelt werden (s. § 13). Neben diesem gerichtlichen Rechtsschutz ist fraglich, ob im Bereich des Kündigungsschutzes alternative Streitbeilegungsverfahren anwendbar sind (s. § 14).

§ 13 Gerichtlicher Rechtsschutz

Erste Ansätze einer Arbeitsgerichtsbarkeit finden sich in Portugal seit 1889 (s. § 3 B I 1). Auch wenn sich viel getan hat, ist das Verfahrensrecht noch nicht in seiner Entwicklung abgeschlossen[624]. Dies zeigt sich zum einen an den zahlreichen Gesetzesreformen, zum anderen an den häufigen Wechseln der Begrifflichkeiten[625]. So wechselte beispielsweise zwischen 1999 und 2017 die Gerichtsbezeichnung der Arbeitsgerichte mehrfach (*Tribunais do Trabalho – Juizos do Trabalho – Secções do Trabalho*), um seit 2016 wieder als „*Juizos*" bezeichnet zu werden[626]. Diese noch andauernde Suche des Gesetzgebers nach der Identität des arbeitsgerichtlichen Verfahrensrechts bereitet durchaus praktische Probleme: z.B. durch unsaubere Verweise.

Die Verfassung differenziert das Prozessrecht in Zivil- und Verwaltungsverfahren (Art. 209 CRP). Seit 1977 werden die Arbeitsgerichte der Zivilgerichtsbarkeit zugeordnet (s. § 3 B I 3; § 3 B II)[627]. Wegen dieser Zuordnung stellen die Arbeitsgerichte in Portugal streng genommen keine eigenständigen Gerichte dar, sondern

624 So auch: *Sousa Pinheiro*, Direito Processual do Trabalho, S. 15.

625 Zum besseren Verständnis werden im Rahmen der Rechtsausführungen die geltenden Begrifflichkeiten verwendet. Sofern erforderlich, erfolgen Hinweise auf abweichende ältere Begrifflichkeiten.

626 *L* 3/99 – DR Série I Nr. 10 vom 13.1. 1999, S. 208–227 (Art. 85); *L* 52/2008 – DR Série I Nr. 166 vom 28.8. 2008, S. 6088–6124 (Art. 118); *L* 62/2013 - DR Série I Nr. 163 vom 26.8. 2013, S. 5114–5145 (Art. 126); *L* 40-A/2016 – DR Série I Nr. 244 vom 22.12. 2016, S. 4780(2)-4780(45).

627 Art. 1 Nr. 2 *DL* 45:497 vom 30.12. 1963; Art. 22 *L* 82/77 vom 6.12. 1977.

„Kammern für Arbeitssachen“[628]. Kündigungsschutzverfahren werden vor allem durch das Arbeitsgerichtsverfassungsgesetz (*Código de Processo do Trabalho* – CPT) geregelt (s. § 3 C). Das Arbeitsprozessrecht ist systematisch eine besondere Ausprägung des Zivilprozesses; daher werden Regelungslücken soweit mit den Grundsätzen des Arbeitsprozesses vereinbar (Art. 1 Nr. 2, Nr. 3 CPT), subsidiär durch die Zivilprozessordnung geschlossen (*Código de Processo Civil* – CPC)[629]. Einige Verweisungen der CPT auf die CPC bereiten Probleme, da die CPC nach Erlass des CPT mit grundlegenden Änderungen neu erlassen worden ist. Die Bezugnahmen des CPT betreffen somit die CPC 1961[630]. Eine Anpassung des CPT an die Neufassung der CPC ist nicht erfolgt. Der Umgang mit diesen „fehlgehenden“ Verweisungen ist fraglich. Denkbar ist eine Fortgeltung der von den Verweisen betroffenen Normen der Zivilprozessordnung aus 1961. Vorzugswürdig erscheint dagegen, dass sich die Verweisungen den materiellen Inhalt der Regelungen zu eigen gemacht haben und somit die Normen des CPC 2013, welche inhaltlich denen des CPC 1961 entsprechen, anzuwenden sind[631]. Dafür spricht der Grundsatz, dass mangels Übergangsregelung Neuregelungen des Zivil- und Arbeitsverfahrens unmittelbar mit Inkrafttreten anzuwenden sind[632]. Weiter wird dem Willen des Gesetzgebers so bestmöglich zur Geltung verholfen.

Die Rechtsnatur des Arbeitsprozesses ist trotz der Rechtswegzuordnung zu den Zivilgerichten öffentlich-rechtlich[633]. Da sich die Rechtsnatur davon systematisch unabhängig nach den Theorien der Abgrenzung von öffentlichem und privatem Recht (Interessen-, Subordinations- und Subjekts- oder Sonderrechtstheorie) bestimmt[634].

A. Allgemeines

Die häufigen Änderungen von materiellem Recht und allgemeinem Zivilprozessrecht führten zu Anpassungen im Arbeitsgerichtsverfahren. Letzte grundlegende Reform des arbeitsgerichtlichen Verfahrens erfolgte 2009, veranlasst durch das

---

628 Für eine leichtere Lesbarkeit wird im Folgenden dennoch der Begriff der „Arbeitsgerichte“ verwendet.

629 CPC: *L* 41/2013 – DR Série I Nr. 121 vom 26.6. 2013, S. 3518–3665 zuletzt geändert durch *DL* 68/2017 – DR Série I Nr. 115 vom 16.6. 2017, S. 3034–3036;
Zu subsidiärer Anwendung schon: Ac. STJ 11.10. 1994 Proc. Nr. 004076 (Leitsätze im Internet), außerdem: BMJ Nr. 440 (1994), S. 358.

630 CPC 1961: *DL* 44:129 – DG Série I Nr. 299 vom 28.12. 1961, S. 1783–1962.

631 *Eduardo Sapateiro*, in CEJ 2013, S. 65–95 (79).

632 *Abrantes Geraldes*, Recursos no processo do Trabalho, S. 14.

633 *Sousa Pinheiro*, Direito Processual do Trabalho (2014), S. 13; *Alcides Martins*, Direito do Processo Laboral, S. 62.

634 BeckOK/ VwGO/ *Reimer* VwGO § 40 Rn. 45–46; MüKoZPO/*Zimmermann* GVG § 13 Rn. 8. Zu Portugal: *Sousa Pinheiro*, Direito Processual do Trabalho S. 13/14.

CT 03[635]. Zunehmend wird auch das Arbeitsprozessrecht dogmatisch als unabhängiges Rechtsgebiet angesehen[636]. Diese Entwicklung steht jedoch noch am Anfang.

Das Arbeitsverfahren gliedert sich in Erkenntnis- (*processo declarativo*) und Vollstreckungsverfahren (*processo executivo* – Art. 88 ff., 98-A CPT i.V.m. Art. 703 ff. CPC). Im Folgenden wird der Schwerpunkt auf das Erkenntnisverfahren gelegt. Bei diesem bestehen neben den ausdrücklich gesetzlich geregelten besonderen Verfahren (*processos especiais*) auch Auffangtatbestände in Form der allgemeinen Feststellungsklage (*processo [declarativo] comum* – Art. 48 Nr. 2 CPT). Dem Erkenntnisverfahren folgt nicht zwingend die Vollstreckung. Diese muss, soweit ein vollstreckbarer Titel vorliegt (z.B. gerichtliches Urteil), gesondert beantragt werden.

Grundsätzlich besteht bei allen gerichtlichen Verfahren eine Kostentragungspflicht der Parteien (Art. 529 CPC). Diese umfasst neben den Gerichtskosten die Ausgaben der Parteien (Art. 529 Nr. 1 CPC). Die Gerichtskostenhilfe (*regime do apoio judiciário*) ermöglicht allen Bürgern den Zugang zu Gericht. Darüber hinaus gewährt im Arbeitsverfahren die Offizialvertretung durch die Staatsanwaltschaft (*Patrocinio do Ministério Público* – s. § 13 A III 2 b) den Schutz von Arbeitnehmerrechten.

I. Verfahrensgrundsätze

Neben den zivilrechtlichen Verfahrensgrundsätzen gelten besondere arbeitsrechtliche. Die arbeitsrechtlichen erleichtern insbesondere den Zugang der Arbeitnehmer zu der Arbeitsgerichtsbarkeit. Weiter betonen sie den Beschleunigungsgrundsatz (*celeridade processual*). Gegenüber dem Zivilprozess sind die Verfahrensformen somit vereinfacht und die Fristen verkürzt. Im Arbeitsprozess gelten modifiziert ebenfalls der zivilrechtliche Unmittelbarkeitsgrundsatz (*imediação*) und das Mündlichkeitsprinzip (*oralidade*). Weitere Grundsätze sind[637]:

- hohe Bedeutung des gütlichen Einigungsversuchs
- geringe Prozesskosten
- Fehlen eines erstinstanzlichen Vertretungszwangs

Einige dieser Verfahrensgrundsätze werden im Folgenden näher analysiert, da deren Besonderheiten das weitere arbeitsgerichtliche Verfahren prägen.

---

635 Letzte Änderung des CPT 480/99 durch *L* 63/2013 vom 27.8. 2013 betraf nur wenige Normen; die Reform durch *DL* 295/2009 vom 13.10. 2009 war dagegen weitreichend.

636 Vertreter der Eigenständigkeit des Arbeitsprozessrechts: *Abrantes Geraldes*, Recursos no processo do Trabalho, S. 9, 10; *Rosário Palma Ramalho*, in Novo CPC e o Processo do Trabalho, S. 13–22 (17, 22).

637 Vgl. vertiefend zu Verfahrensgrundsätzen: *Raúl Ventura*, in Curso de direito processual do trabalho, S. 34 ff.; *Isabel Alexandre*, in FS Raúl Ventura, S. 849–897.

1. *Mündlichkeitsprinzip*

Die Parteien sind im portugiesischen Arbeitsprozess verpflichtet persönlich zu erscheinen (*Comparência pessoal das partes* – Art. 54 Nr. 3, 71 CPT). Seit der Reform 2009 wird in Ausnahmefällen eine Vertretung durch einen besonders weitreichend bevollmächtigten Vertreter zugelassen. Dies gilt sowohl für die erste Gerichtsverhandlung (*audiência preliminar*) als auch bei Urteilsfällung (*julgamento*). Diese Vertretungsbefugnis gilt jedoch nicht innerhalb einer juristischen Person[638]. Auf Seite des Arbeitgebers müssen nach wie vor alle Vertretungsberechtigten erscheinen.

Auch bei bestehender anwaltlicher Vertretung treffen die Parteien besondere Erklärungspflichten, da die normale anwaltliche Vertretungsvollmacht lediglich zur Anerkenntnis des Klageanspruchs berechtigt. Tatsachengeständnisse/-anerkenntnisse können nur von der Partei selbst vorgenommen werden[639].

2. *Dispositionsmaxime und Verurteilung „extra vel ultra petitum"*

Im Zivilverfahrensrecht gilt die Dispositionsmaxime, welche einem über die Parteianträge hinausgehenden oder abweichenden Urteil entgegensteht (Art. 3 Nr. 1, 608 Nr. 2, 609 Nr. 1 CPC). Grundsätzlich gilt diese auch im Arbeitsverfahren (Art. 1 Nr. 2 lit. a CPT i.V.m. Art. 3 Nr. 1 CPC). Davon besteht im Arbeitsprozess seit 1963 eine wichtige Ausnahme. Das materielle Arbeitsrecht ist als in seinem Kern nicht disponibles Schutzrecht ausgestaltet. Daher muss ein materiellrechtlich vollständiges Urteil ergehen und nicht nur eines welches den, eventuell hinter dem Gesetz zurückbleibenden, Anträgen entspricht[640]. Dies gewährleistet eine Verurteilung „*extra vel ultra petitum*" (Art. 74 CPT):Der Richter muss (*deve*) in bestimmten Fällen ein von dem Beantragten abweichendes oder über dieses hinausgehendes Urteil erlassen. Dieses Urteil kann sowohl quantitativ als auch qualitativ abweichen, wenn:

> Art. 74 HS 2 CPT: „*(...) resulte da aplicação à matéria provada, ou aos factos de que possa servir-se [o juiz] (...)*"

> Art. 74 HS 2 CPT Etwa: „*(...) die rechtliche Würdigung des bewiesenen Tatbestands oder der anderen [dem Richter] zur Urteilsfindung zur Verfügung stehenden Tatsachen (...)*"

ein abweichendes Urteil erforderlich machen. Zwingende Gesetze und Tarifverträge sind so von Amts wegen anzuwenden[641]. Andernfalls ist das Urteil nichtig[642].

---

638 *Viriato Reis/Diogo Ravara*, PDT 2012, 173–220 (212, 213).

639 *Romano Martinez*, Direito do Trabalho, S. 1289 dort: *Lopes-Cardoso*, Código de Processo do Trabalho Anotado Art. 70 S. 124.

640 *Raúl Ventura*, in Curso de direito processual do trabalho 1964, S. 31–50 (49, 50); auch *Isabel Alexandre*, in FS Raúl Ventura, S. 849–897 (857).

641 Disponible Rechte, wie der Anspruch des Arbeitnehmers auf Kündigungsentschädigung werden mithin von überschießender Verurteilungsbefugnis nicht erfasst: Ac. STJ 31.10. 2007 Proc. Nr. 07S2091 (II 4).

642 *Abílio Neto*, CPT, Art. 74, Rn. 2.

Ebenso muss der Richter auch bei fehlendem Parteivortrag maßgebliche Tatsachen berücksichtigen, die sich aus der mündlichen Verhandlung ergeben haben[643]. Vor Erlass eines überschießenden Urteils müssen die Beteiligten zu dieser Verurteilung angehört werden und die Möglichkeit der Verteidigung erhalten[644].

Diese „überschießende" Verurteilung ist prozessualer Reflex der materiellrechtlich bestehenden doppelten – juristisch und wirtschaftlichen – Unterordnung des Arbeitnehmers[645]. Das Verfassungsgericht hat die Regelung gebilligt. Es liege kein Verfassungsverstoß vor, da das Abweichen von den Anträgen zu Gunsten und zu Lasten beider Parteien gleichermaßen möglich sei und die Begünstigung aus rein materiellen Normen folge[646]. Teils wird kritisch angemerkt, dass dadurch die verfahrensrechtliche Stellung des Arbeitnehmers im Arbeitsprozess geschwächt wird[647]. Andererseits kann auch wegen der materiellen unverzichtbaren Arbeitnehmerrechte diese Verurteilung gerade als erforderlich erachtet werden[648]. Als Ausnahmeregel ist sie jedenfalls eng auszulegen und nur bei Bestehen zwingenden Rechts anzuwenden.

So kann hinsichtlich der Schadenersatzansprüche nach rechtswidriger Kündigung keine überschießende Verurteilung erfolgen, da diese Entschädigungsansprüche nicht unabdingbar sind[649]. Mithin ist für eine Verurteilung zwingend ein entsprechender Antrag erforderlich. Da der Klagegegenstand entsprechend der Dispositionsmaxime ausschließlich durch den Kläger bestimmt wird, kann die überschießende Verurteilung auch keine Erweiterung oder Änderung des Klagegegenstandes bewirken[650].

II. Instanzenzug der ordentlichen Gerichtsbarkeit

Die portugiesischen „Arbeitsgerichte" sind Teil der ordentlichen Gerichtsbarkeit. Innerhalb der ordentlichen Gerichtsbarkeit besteht teils die Möglichkeit eine Kammer für arbeitsrechtliche Streitigkeiten zu bilden[651].

---

643 Ac. TRP 16.1. 2017 Proc. Nr. 2311/14 (III B 2).

644 Zu inhaltsgleicher Vorgängernorm: Ac. TC 605/95 vom 8.11. 1995 Proc. Nr. 90–0155.

645 *Sousa Pinheiro,* Direito Processual do Trabalho (2014), S. 55.

646 Zu inhaltsgleicher Vorgängernorm: Ac. TC 644/94 vom 13.12. 1994 Proc. Nr. 29–279 zitiert nach *Abílio Neto,* CPT, Art. 74, Rn. 12.

647 *Isabel Alexandre,* EIDT Vol. III (2002), S. 389–442 (436, 440).

648 Z.B.: Urlaubsanspruch (Art. 237 Nr. 3 CT); *Romano Martinez,* EIDT Vol. VI, 2012, S. 11–20 (15); eingeschränkt auch: *Joana Vasconcelos,* EIDT Vol. VI, 2012, S. 191–204 (204).

649 Ac. STJ 31.10. 2007 Proc. Nr. 07S2091 (II 4).

650 Ac. STJ 23.4. 2008 Proc. Nr. 07S3905 (II 2.1); Ac. TRP 16.1. 2017 Proc. Nr. 2311/14 (III B 2).

651 Diese ist systematisch in etwa den deutschen Handelskammern vergleichbar. Aus Gründen der besseren Lesbarkeit und Verständlichkeit wird im Folgenden dennoch von "Arbeitsgericht" und nicht jeweils von "arbeitsgerichtlicher Kammer der

Die gerichtliche Zuständigkeit wird durch das Gerichtsorganisationsgesetz (*Lei da Organização do Sistema Judiciário* – LOSJ)[652] geregelt. Die Gerichtsorganisation wurde seit 2008 mehrfach, jüngst Ende 2016, reformiert[653]. Für die Arbeitsgerichtsbarkeit ist insbesondere die Änderung der Bezeichnungen und Kompetenzzuschnitte der Gerichte und Kammern relevant: z.B. *secções* werden *juízos*. Vor 2016 bestand eine Zweiteilung der Amtsgerichtsbarkeit in ein lokales und ein zentrales Amtsgericht mit für deutsche Landgerichte vergleichbaren Kompetenzschranken. Seit LOSJ bestehen nur die zentralen Amtsgerichte. Arbeitsrechtliche Streitigkeiten werden von dieser systematischen Änderung wegen der Spezialzuweisung an die fortbestehenden zentralen Amtsgerichte nicht betroffen[654].

Neben der Sonderstellung des Verfassungsgerichts (*Tribunal Constitucional*) besteht in Arbeitsverfahren ein dreistufiger Aufbau (Art. 29 Nr. 1, Nr. 2 lit. a LOSJ).

1. *Gerichte erster Instanz*

Arbeitsrechtliche Streitigkeiten werden in erster Instanz (*Primeira Instância*) von den erstinstanzlichen Zivilgerichten (*tribunais de comarca*) entschieden. Innerhalb dieser können Spezialkammern für Arbeitssachen gebildet werden (*juízos do Trabalho* – Art. 33, 81 Nr. 1, 3 lit. h, 126 LOSJ). Sie sind sachlich sowohl für individual- als auch für kollektivrechtliche Arbeitsstreitigkeiten zuständig (Art. 126 LOSJ). Zivilgerichte entscheiden sei 2013 erstinstanzlich durch Einzelrichter (Art. 599 CPC). Anders die Arbeitsgerichte: Eine Entscheidung erfolgt zwar ebenfalls grundsätzlich durch den Einzelrichter; subsidiär weiterhin durch ein Kollegialgericht, wenn der Streitwert die Rechtsmittelsumme übersteigt[655]. Das Kollegialgericht setzt sich aus drei Berufs- und zwei Laienrichtern zusammen (Art. 133 Nr. 1, 127 LOSJ). Die erste Instanz endet mit einem Endurteil (*sentença* – Art. 73 Nr. 1 CPT).

Nach der Vorstellung des Gesetzgebers soll die erste Instanz maximal ein Jahr betragen. Dies folgt aus der Haftungsbeschränkung des Arbeitgebers für nichtgezahlten Lohn bei rechtswidriger Kündigung auf ein Jahr (s. § 10 A II 2). Darüberhinausgehender Lohnausfall wird von der Sozialversicherung übernommen (Art. 98-N CPT).

Zivilgerichte" gesprochen. Dies entspricht auch dem Sprachgebrauch der portugiesischen Lehre.

652 *L* 62/2013 – DR Série I Nr. 163 vom 26.8. 2013, S. 5114–5145 geändert durch *L* 40-A/2016 – DR Série I Nr. 244 vom 22.12. 2016, S. 4780(2)-4780(45) [LOSJ ohne Zusatz i.d.F. von 2016].

653 *L* 40-A/2016 vom 22.12. 2016.

654 Art. 81 Nr. 1, 117 LOSJ (2013) ersetzt durch Art. 81 Nr. 1 LOSJ.

655 Art. 127, 132 LOSJ; Art. 68 Nr. 1, 3 i.V.m. 98-M Nr. 1, 161 CPT.

2. *Gerichte zweiter Instanz*

Die zweite Instanz (*Segunda Instância / Tribunais da Relação*) liegt bei den Bezirksgerichten Porto, Coimbra, Lissabon und Èvora[656]. Auch hier können Spezialkammern gebildet werden (Art. 32 Nr. 3 LOSJ), wobei eine rein arbeitsrechtliche Kammer nicht vorgesehen ist. Die zweite Instanz entscheidet als Kollegialgericht mittels Berufungsurteil (*acórdão*)[657]. Seit der Prozessrechtsreform übt die zweite Instanz die Letztentscheidungsbefugnis hinsichtlich der Feststellung und Überprüfung der Tatsachengrundlage aus (s. § 13 C I)[658].

3. *Oberster Gerichtshof*

Die dritte Instanz ist Teil des Obersten Zivilgerichtshofs (*Supremo Tribunal de Justiça* [STJ], Art. 31 LOSJ). Dessen Fallbelastung sollte durch die Reformen des Verfahrensrechts seit 2007 reduziert werden (s. § 13 C II)[659]. Der Oberste Zivilgerichtshof entscheidet durch seine Sozialabteilung. Grundsätzlich erfolgt dabei nur eine Neubewertung bzw. Überprüfung der Rechtsfragen (Art. 682 Nr. 1 CPC)[660]. Diese ist auf der Grundlage des durch die Vorinstanzen als bewiesen festgestellten Sachverhalts zu treffen. Eine Beweiserhebung durch dieses Gericht ist nur möglich, wenn das Gesetz für eine Tatsache einen bestimmten Beweis ausdrücklich vorsieht und diese Beweiserhebung durch die Vorinstanzen nicht erfolgt ist[661]. So kann etwa eine als Beweismittel gesetzlich vorgesehene Urkunde nicht durch Zeugenaussagen ersetzt werden (Art. 394 Nr. 1 i.V.m. 373–379 CC).

III. *Allgemeine Verfahrensfragen*

Das Arbeitsgerichtsverfahren gliedert sich in einen prozessualen (Zulässigkeit) und einen materiellen (Begründetheit) Teil. Liegen zwingende prozessuale Voraussetzungen nicht vor, so stellt ein Prozessurteil ohne Sachprüfung die Unzulässigkeit fest. Vor der Vertiefung der einzelnen Kündigungsschutzklagen werden die für alle Verfahren geltenden prozessualen Voraussetzungen und Besonderheiten dargestellt.

---

656 Art. 67 Nr. 1, 32 Nr. 1, Annex i LOSJ.

657 *Abílio Neto*, CPT, Art. 77 Nr. 1 CPT.

658 Reform durch: *L* 41/2013 – DR Série I Nr. 121 vom 26.6. 2013, S. 3518–3665; Ac. STJ 30.6. 2016 Proc. Nr. 506/12 (II 1.3).

659 Einleitung zu *DL* 303/2007 – DR Série I Nr. 163 vom 24.8. 2007, S. 5689–5722; Art. 627 ff. CPC (*L* 41/2013 vom 26.6. 2013).

660 Grundsatz: Art. 682 Nr. 1 CPC; Ausnahme, in der Neubewertung der Tatsachen möglich: Art. 682 Nr. 2 i.V.m. 674 Nr. 3 CPC;
dazu auch: Ac. STJ 29.4. 2015 Proc. Nr. 306/12 (II B 1.); Ac. STJ 30.6. 2016 Proc. Nr. 506/12 (II 1.2).

661 Ac. STJ 7.2. 2017 Proc. Nr. 3071/13 (4 conclușões).

1. Örtliche Zuständigkeit (Gerichtsstand)

Neben dem allgemeinen Gerichtsstand am Wohnort des Beklagten (*domicílio do réu* – Art. 13 Nr. 1 CPT) besteht für Klagen des Arbeitnehmers aus dem Arbeitsverhältnis ein besonderer Gerichtsstand am Ort der Arbeitsleistung[662]. Für Klagen wegen kollektiv-betriebsbedingten Kündigungen (*despedimento coletivo*) besteht außerdem ein ausschließlicher Gerichtsstand am Ort der Arbeitsleistung bzw. an dem Ort des Betriebs mit der größten Anzahl gekündigter Arbeitnehmer[663]. Diese Gerichtsstandsregelungen sind zum Schutz des Arbeitnehmers zwingend (Art. 19 CPT).

2. Parteien

Erforderlich sind Partei- und Prozessfähigkeit, sowie Klagebefugnis (Art. 2 – 20 CPT). Weiter sind in diesem Zusammenhang Vertretungsfragen zu beachten.

a. Partei-, Prozessfähigkeit und Klagebefugnis

Die Kündigungsschutzklage ist im portugiesischen Recht eine Individualklage. Nur der betroffene Arbeitnehmer selbst kann sich auf ein direktes Recht berufen und so die Unwirksamkeit der Kündigung geltend machen (Art. 30 Nr. 1 CPC). Streitgenossenschaften sind durch diese Regelung, z.B. bei gemeinsam betroffenen Arbeitnehmergruppen, nicht ausgeschlossen (Art. 3 CPT). Auch Arbeitgeber- oder Arbeitnehmervereinigungen können im Arbeitsrecht nach Übertragung kollektivrechtlicher Interessen klagebefugt sein (Art. 2-A, 5 Nr. 1–3 CPT). Diese Klagebefugnis besteht wegen des Charakters als Individualklage nicht für Kündigungsschutzklagen (Art. 387 Nr. 2 CT). Die Kündigungsschutzklage verteidigt den konkret gekündigten Arbeitsplatz, keine kollektivrechtlichen Interessen.

In arbeitsrechtlichen Angelegenheiten besteht die Prozessfähigkeit für minderjährige Arbeitnehmer entsprechend dem materiellen Arbeitsrecht bereits mit 16 Jahren (Art. 2 Nr. 1 CPT, Art. 68 Nr. 2, 69 Nr. 1 CT). Unter 16 Jahren ist eine Vertretung durch den gesetzlichen Vertreter oder hilfsweise durch die Staatsanwaltschaft (*Ministério Público*) erforderlich (Art. 2 Nr. 2 CPT).

Auf der Seite des Arbeitgebers ist zu beachten, dass im Fall einer juristischen Person diese zwar parteifähig ist, jedoch ihr gesamtes Vertretungsorgan vor Gericht erscheinen muss (s. § 6 A II; § 13 A I 1). Dies widerspreche den Verfahrenserleichterungen: eine Vertretung durch einfache Vollmacht müsse zugelassen werden[664].

b. Offizialvertretung *(patrocinio judiciário)*

Im Arbeitsprozess wird die Offizialvertretung durch die Staatsanwaltschaft (*Ministério Público*) und nicht durch die Anwaltskammer ausgeübt (Art. 7 CPT). Die

---

662 „[Klagen] können bei dem Gericht des Arbeitsorts eingelegt werden"– („*podem ser propostas no tribunal do lugar da prestação de trabalho*") – Art. 14 CPT.

663 „(...) müssen eingelegt werden" – („*devem ser propostos*") – Art. 16 CPT.

664 Art. 131 Nr. 1 CPC; *Alcides Martins*, Direito do Processo Laboral, S. 134.

Offizialvertretung dient der Gewährleistung und Verbesserung der Rechtsausübung der Arbeitnehmer. Neben der Vertretung des Staats und seiner Körperschaften kann die Staatsanwaltschaft die Vertretung von bedürftigen Arbeitnehmern oder deren Familien übernehmen, sofern dies gesetzlich bestimmt ist oder von den Parteien beantragt wurde (Art. 9 ff. LOSJ). Diese Sondervertretung wird abgelehnt, wenn die Voraussetzungen der Anträge des betroffenen Arbeitnehmers nicht vorliegen, nicht gerechtfertigt sind, eine Vertretung durch die Gewerkschaft möglich ist oder der Arbeitnehmer einen Anwalt beauftragt (Art. 8 Nr. 1 CPT). Im Gegensatz zur anwaltlichen Vertretung, die rechtsgeschäftlich begründet wird, wird die Offizialvertretung gesetzlich begründet. Sie darf jedoch nicht das Recht der freien Anwaltswahl beschränken[665]. Wird die Partei durch die Staatsanwaltschaft vertreten, ist sie von den Gerichtsgebühren befreit (Art. 4 Nr. 1 lit. h *Regulamento das Custas Processuais* – RCP)[666]. Nach der Intention des Gesetzes nimmt die Offizialvertretung den primären Schutz der Arbeitnehmer wahr. In der Praxis ist die Schutzdimension jedoch nicht derart weitreichend. Dies kann an der „Systemwidrigkeit" der Offizialvertretung durch die Staatsanwaltschaft in der Zivilgerichtsbarkeit und damit fehlender Akzeptanz dieser liegen[667].

B. Hauptsacheverfahren zur Durchsetzung des Kündigungsschutzes

Gegen eine Kündigung kann in verschiedenen Verfahren vorgegangen werden. Neben der allgemeinen Feststellungsklage (*processo declarativo comum*) bestehen für den Kündigungsschutz besondere Kündigungsschutzverfahren (*processos especiais* – Art. 48 Nr. 2 CPT). Um besonders schwere oder unumkehrbare Schäden zu vermeiden besteht daneben die Möglichkeit Eilrechtsschutz zu beantragen (s. § 13 D).

Die allgemeine Feststellungsklage stellt die normale Klage in arbeitsrechtlichen Streitigkeiten dar. Diese ist systematisch eine Weiterentwicklung des ordentlichen Zivilverfahrens, gleichzeitig die Grundlage speziellerer arbeitsrechtlicher Klagearten. Bis 2009 war im Fall einer Klage gegen eine Kündigung eine allgemeine Feststellungsklage zu erheben. Das ordentliche Arbeitsgerichtsverfahren des CPT unterscheidet bei Klagen gegen eine Kündigung nun drei Klagearten:

- Kündigungsschutzklage (*acção especial de impugnação da regularidade e licitude do despedimento*; s. § 13 B I)
- allgemeine Feststellungsklage (*processo declarativo comun*; s. § 13 B II)
- spezielle Kündigungsschutzklage bei kollektiv-betriebsbedingter Kündigung (*acção especial de impugnação de despedimento coletivo*; s. § 13 B III)

665 Ac. TC 190/92 – DR Série II Nr. 189 vom 18.8. 1992, S. 7679; so auch: *Isabel Alexandre*, in FS Raúl Ventura, S. 849–897 (881).

666 *DL* 34/2008 – DR Série I Nr. 40 vom 26.2. 2008, S. 1261–1288 *L* 42/2016 – DR Série I Nr. 248 vom 28.12. 2016, S. 4875–5107.

667 *Paula Quintas/Helder Quintas*, Manual de Direito do Trabalho, S. 311.

Seit Geltung des CPT ist die allgemeine Feststellungsklage nur noch selten einschlägige Klageart, da ein spezielles, beschleunigtes Verfahren besteht, wenn eine schriftliche Kündigung unstrittig vorliegt (s. § 13 B I). Dem Kläger steht kein Wahlrecht zwischen den Verfahren zu. Erfolgt die Klage in einem unzutreffenden Verfahren, so ist dieses in das einschlägige Verfahren umzudeuten, wenn die Klageschrift die Voraussetzungen dieses Verfahrens erfüllt (Art. 193 Nr. 1 CPC)[668]. Sind die Voraussetzungen der zutreffenden Klage mit der Klageschrift nicht erfüllt, wird die Klage nach richterlichem Hinweis auf die Klagefrist der zutreffenden Klage abgewiesen.

I. *Kündigungsschutzklage* (Acção especial de Impugnação da regularidade e licitude do Despedimento)

> Art. 387 Nr. 1 CT: „*A regularidade e licitude do despedimento só pode ser apreciada por tribunal judicial.*"
>
> Etwa Art. 387 Nr. 1 CT: „*Die formelle und materielle Rechtmäßigkeit einer Kündigung kann nur durch das Gericht beurteilt werden*"

Die auf dieser Norm beruhende Kündigungsschutzklage (*acção especial de impugnação da regularidade e licitude do despedimento* – Art. 98-B ff. CPT) besteht seit CPT 09. Sie erleichtert das Vorgehen gegen eine schriftliche Individualkündigung[669] des Arbeitnehmers, bei der der Bestand eines Arbeitsvertrags unstrittig ist (Art. 387 CT, Art. 98-C CPT). Diese Klageart ist auf Verfahren anzuwenden, in denen die Kündigung nach dem 1.1. 2010 ausgesprochen worden ist oder nach diesem Datum das Disziplinarverfahren eingeleitet wurde[670]. „*Regularidade e licitude*" könnte als Bezugnahme auf die formelle und materielle Rechtmäßigkeit verstanden werden. Als Argument für eine Differenzierung wird die Unterscheidung von Nr. 2 (Unregelmäßigkeit) zu Nr. 1 (Rechtswidrigkeit) des Art. 389 CT angeführt (s. § 10 A II)[671]. Dagegen spricht, dass das CT die „materielle Rechtswidrigkeit" auch aus formellen Fehlern folgert (Art. 381 lit. c, 385 CT). Es gelang bisher nicht die zwei Elemente systematisch zu differenzieren. Daher sind beide Elemente als Einheit zu verstehen.

Die Feststellung ob ein als Kündigung vorgelegtes Schreiben ein Kündigungsschreiben im Sinne dieses Verfahrens ist, ist im Rahmen der Kündigungsschutzklage zu klären. Dafür lässt es die Rechtsprechung genügen, dass der Kündigungswille eindeutig aus dem Schriftstück zu entnehmen ist, selbst wenn der Begriff der „Kündigung" nicht wörtlich verwendet wird[672]. Da das Gesetz ein Kündigungsverfahren fordert, dessen Einhaltung mit der Klage angegriffen werden kann, sind mangels

---

668 Ac. STJ 16.11. 2011 Proc. Nr. 799/10 (III).

669 Siehe § 7 A I, II 2: verhaltensbedingte oder personenbedingte Kündigung sowie Kündigung wegen Arbeitsplatzwegfall.

670 Ac. STJ 19.12. 2012 Proc. Nr. 1115/10 (III).

671 So etwa: *Alcides Martins*, Direito do Processo Laboral, S. 174.

672 Ac. TRL 19.4. 2017 Proc. Nr. 32017/16 (direito).

Kündigungsverfahren solche atypischen Individualkündigungen nicht erfasst, die etwa in der Probezeit erfolgen, der Arbeitgeber statt eines Arbeitsvertrags von einem Dienstleistungsvertrag ausgeht oder wenn gesetzeswidrig der Verfall (*caducidade*) des Arbeitsvertrags erklärt wird[673]. Die Kündigungsschutzklage setzt weiter den unstrittigen Bestand eines Arbeitsverhältnisses im Zeitpunkt der Kündigung voraus. Ist bereits der Zeitpunkt oder Bestand einer Kündigung im Rechtssinn strittig, ist so die allgemeine arbeitsrechtliche Feststellungsklage einschlägig (s. § 13 B II)[674].

Die Parteien der Kündigungsschutzklage sind als Arbeitnehmer (*trabalhador*) und Arbeitgeber (*empregador*) und nicht wie sonst auch im CPT üblich als Kläger (*autor / requerente*) und Beklagter (*réu / requerido*) zu bezeichnen[675]. Teils wird hierin die Gefahr gesehen, dass das Gericht vergessen könnte, dass ein offizielles Verfahren vorliege, in welchem die Parteien gleich zu behandeln seien (Art. 4 CPC)[676]. Die Objektivität des Gerichts ist nicht an Begriffen, sondern an dem steten Bemühen und der Umsetzung der Gleichbehandlung zu messen. Bestehende Unterschiede in Beweiszugang und Abhängigkeit von Zeugen lassen sich nicht durch Begriffe beheben. Vielmehr muss das Gericht bewusst eine Gleichbehandlung anstreben.

1. Klageerhebung / Verfahrenseröffnung

Der Arbeitnehmer kann gegen die kündigungsbedingte Vertragsbeendigung innerhalb von 60 Tagen mittels Antragsformular bei der Geschäftsstelle des Gerichts (*secretaria*) Klage erheben[677]. Eine Antragsstellung durch hinreichend bevollmächtigten Vertreter wird vereinzelt für zulässig erachtet[678]. Das Formular kann elektronisch oder in Papierform eingereicht werden (Art. 98-C Nr. 1 CPT i.V.m. Art. 131 CPC). Neben dem beizulegenden Kündigungsschreiben sind lediglich wenige Angaben zu den Personalien von Arbeitnehmer und Arbeitgeber, welcher die Kündigung

---

673 *Bento Fialho*, EIDT Vol. VI, 2012, S, 139–154 (142, 143); *Alcides Martins,* Direito do Processo Laboral, S. 175; *Mendes Baptista,* A nova acção, S. 74; *Viriato Reis/Diogo Ravara,* PDT 2012, 173–220 (182, 183);
zu Anwendung der allgemeinen Feststellungsklage s § 13 B II; zu Abgrenzung dieser Beendigungstatbestände von der Kündigung: s. § 4 C.

674 Ac. TRC 18.10. 2012 Proc. Nr. 315/11.

675 Bezeichnung als Kläger z.B.: Art. 54 CPT – besondere Bezeichnung z.B.: Art. 98-C ff. CPT.

676 *Mendes Baptista,* A nova acção, S. 98;
die gesetzlich angelegte Bevorzugung der schwachen Partei angreifend und für eine absolute Gleichbehandlung plädierend: *Palma Carlos,* as partes no processo do trabalho, S. 16, 17.

677 Klageformular Art. 98-C CPT: *Portaria* 1460-C/2009 DR Série I Nr. 252 vom 31.12. 2009, S. 8920(22), siehe zu Fristverkürzung bei einstweiligem Verfahren: § 13 D I 2.

678 *Eusébio Almeida,* A Reforma do código de processo do Trabalho e, em especial, a acção de impugnação da regularidade e licitude do despedimento Gedächtnisprotokoll eines gemeinsamen Vortrags mit Albino Mendes Baptista 2010 (abrufbar: http://www.csm.org.pt; zuletzt besucht: 4.12. 2017).

ausgesprochen hat erforderlich. Ein Anwaltszwang besteht in diesem Verfahrensstadium nicht. Dem Arbeitnehmer steht es frei, einen Rechtsanwalt hinzuzuziehen[679].

Die 60-Tagesfrist beginnt mit Vertragsbeendigung (Art. 387 Nr. 2 CT). Dies kann der Zugang der schriftlichen Kündigungserklärung sein oder der Ablauf einer Kündigungsfrist, wenn eine solche einzuhalten ist. Die Klagefrist ist wegen ihrer systematischen Stellung eine materielle Präklusionsfrist[680]. Anders als bei prozessualen Fristen erfolgt so keine Unterbrechung in den Gerichtsferien (Art. 26 Nr. 1 lit. a CPT, Art. 138 Nr. 1 CPC). Beantragt der Arbeitnehmer zusätzlich einstweiligen Rechtsschutz beeinflusst dies auch die Einlegung des Hauptsacheverfahrens (s. § 13 D I). Eine Entscheidung im einstweiligen Rechtsschutz erfolgt nur, wenn auch die Klageerhebung der Hauptsache innerhalb von fünf Werktagen erfolgt (Art. 34 Nr. 4 CPT). Dafür ist im Fall der gleichzeitigen Erhebung einstweiligen Rechtsschutzes die Verwendung des Formulars zur Klageerhebung entbehrlich (Art 98-C Nr. 2 CPT).

Das eigentliche Verfahren beginnt mit dem Eingang des Klageformulars bei Gericht (Art. 26 Nr. 5 CPT) und gliedert sich in zwei große Phasen[681]:

- den Versuch einer gütlichen Einigung (*conciliação*)
- Vorlage des Klageformulars (*apresentação de formulário*)
- Güteverhandlung (*audiência de partes*)

} Fokus: Einigung der Parteien

und

- das streitige Verfahren (*fase contenciosa*)
- Schriftsätze und Erwiderungen
- Entscheidungsfindung (*julgamento*)
- Urteil (*sentença*).

} Fokus: Gerichtliche Entscheidung

Ist die Klage eindeutig unzulässig, kann bereits die Geschäftsstelle die Klage abweisen (Art. 98-E CPT). Diese Möglichkeit besteht in folgenden Fällen:

- Antragsstellung ohne Formular,
- fehlende Angaben zu den Parteien,
- Kündigung wurde nicht beigelegt oder Unterschrift fehlt.

---

679 Ac. TRP 10.1. 2011 Proc. Nr. 652/10 (II Nr. 18); ebenso e contrario Zeitpunkt der Fristbestimmung für Anwaltsbestellung: *Viriato Reis/Diogo Ravara*, PDT 2012, 173–220 (199).

680 *Prazo de caducidad*: Art. 26 Nr. 1 lit. a CPT, Art. 138 Nr. 1 CPC, Art. 298 Nr. 2, 328 CC;
So auch: Ac. TRL 26.9. 2012 Proc. Nr. 22/12 (II 2.4);
andere Ansicht: Verjährung (*prazo de prescrição*) *Eusébio Almeida*, PDT 2010, 97–117 (104).

681 Angelehnt an Rechtsprechung; vgl. auch *Bento Fialho*, EIDT Vol. VI, 2012, S. 139–154.

Die Rechtsprechung handhabt diese Befugnis der Geschäftsstelle eher restriktiv, sodass in Zweifelsfällen immer das Gericht selbst entscheidet. Gegen die Abweisung durch die Geschäftsstelle kann der Arbeitnehmer Rechtsmittel einlegen (Art. 559 CPC). Den gesetzlichen Vorgaben genügt die Einreichung eines als „Kündigung" bezeichneten Schriftstücks. Dementsprechend steht der Geschäftsstelle kein inhaltliches Prüfungsrecht eines beigelegten „Kündigungsschreiben" zu, um zu entscheiden, ob eine Kündigung vorliegt[682]. Auch das Berufungsgericht Lissabons sieht die Kompetenz der Geschäftsstelle restriktiv. Es erkannte ein Schreiben als Kündigungsschreiben an, welches nicht von Kündigung sprach, jedoch den Willen des Arbeitgebers zur Vertragsbeendigung sowie die Kündigungsgründe zum Ausdruck brachte[683]. Lässt die Geschäftsstelle die Klage zu, leitet sie diese an das nach dem Geschäftsgang zuständige Gericht sowie die Staatsanwaltschaft (*Ministério Público*) weiter (Art. 21, 22 CPT, 203 ff. CPC). Bei offensichtlich bestehender Unzulässigkeit hat der Richter die Klage in jeder Verfahrenssituation abzuweisen[684].

2. *Güteverhandlung* (audiência de partes)

Die dem streitigen Verfahren vorgelagerte Phase der Güteverhandlung stellt eine Besonderheit des Arbeitsprozesses dar. Sie ist Ausdruck der Verfahrensbeschleunigung.

a. Ablauf

Nach Eingang der Klage muss innerhalb von 15 Tagen ein Versuch der gütlichen Einigung stattfinden (*conciliação* – Art. 98-F Nr. 1, 98-I Nr. 2 i.V.m. Art. 52, 53 CPT). Dafür ordnet der Richter das persönliche Erscheinen beider Parteien an (*citação* – Art. 98-F Nr. 2 1. HS CPT); dem Arbeitgeber stellt er zusätzlich die Klage gerichtlich mit Fristsetzung für dessen Erwiderung (*notificação*) zu[685]. Bei gerechtfertigter Verhinderung der Partei lässt das Gesetz eine Vertretung zu (Art. 98-F Nr. 2 2. HS CPT). Diese Möglichkeit wird in diesem Verfahrensstadium teils kritisiert: Die Vertretung wandle die gesetzlich gewollte Streitschlichtung in eine Verhandlung[686]. Hat der Arbeitnehmer gleichzeitig einstweiligen Rechtsschutz beantragt, wird dieser erst final entschieden, nachdem der gütliche Einigungsversuch im Hauptsacheverfahren stattgefunden hat (Art. 36 Nr. 4 i.V.m. 98-F Nr. 3 CPT[687]).

---

682 Ac. TRL 12.1. 2011 Proc. Nr. 600/10 (IV); Ac. TRP 6.6. 2016 Proc. Nr. 23579/15 (III 1).

683 Ac. TRL 19.4. 2017 Proc. Nr. 32017/16 (direito).

684 So auch: *Bento Fialho*, EIDT Vol. VI, 2012, S. 139–154 (145); dagegen: größere Entscheidungsfreiheit des Richters sei wünschenswert, nach aktuellem Gesetz aber nicht ersichtlich – *Mendes Baptista*, A nova acção de impugnação do despedimento, S. 88.

685 Zu Ausgestaltung der verschiedenen Ladungsformen: Art. 23 CPT; Ac. TRP 16.1. 2017 Proc. Nr. 664/16 (II 2); *Abílio Neto*, CPT, Art. 54 CPT, Rn. 5.

686 *Alcides Martins*, Direito do Processo Laboral, S. 181.

687 Der Gesetzeswortlaut von Art. 36 Nr. 4 verweist tatsächlich auf Art. 98-F Nr. 4. Es liegt ein Redaktionsversehen vor. Die Art. 98-F Nr. 3 des Gesetzesentwurfes wurde nicht übernommen. Inhaltlich entspricht Art. 98-F Nr. 4 daher der geltenden Nr. 3.

Die Güteverhandlung lässt sich als angeleitetes Streben der Parteien nach einer Verfahrensbeendigung durch Vergleich (*acordo equitativo*) beschreiben. Der Richter tritt in dieser Phase als neutraler Dritter auf, welcher zwischen den Parteien vermittelt und ein sachliches Gespräch ermöglicht. Dabei ist zu beachten, dass die Parteien in diesem Verfahrensstadium noch ohne anwaltliche Vertretung sein können. Nachdem der Richter die Parteien angehört hat, muss er eine Entscheidung hinsichtlich der Statthaftigkeit der eingereichten Klage treffen[688]. Wegen der besonderen Vertretungssituation muss der Richter darauf hinweisen, wenn eine Klage im zutreffenden Verfahren noch möglich ist (Art. 98-I Nr. 3 CPT)[689]. Außerdem überwacht er die Prozessfähigkeit sowie die Rechtmäßigkeit der Vergleichsergebnisse (Art. 52 Nr. 2 CPT). Wird im Rahmen dieses Einigungstermins eine Klagerücknahme (*desistência*), Anerkenntnis (*confissão*) oder Vergleich (*transação*) erklärt, bedarf dies keiner weiteren gerichtlichen Bestätigung. Der Richter hat lediglich die Vereinbarkeit mit indisponiblen Rechten zu prüfen sowie die Vereinbarung detailliert zu protokollieren (Art. 98-F Nr. 1, 98-I Nr. 2 i.V.m. 52 Nr. 2, 53 Nr. 1, 3 CPT).

b. Säumnis

Eine Säumnis des Arbeitgebers liegt vor, wenn trotz ordnungsgemäßer Ladung weder er selbst noch sein Vertreter erscheint (Art. 98-G Nr. 1 CPT). Der Fall der Arbeitgebersäumnis ist für den Verfahrensfortgang irrelevant. Es werden Schriftsatzfrist für die Klageerwiderung sowie Termin zur Hauptverhandlung angeordnet (Art. 98-G Nr. 1 CPT). Ein nicht rechtfertigbares Fernbleiben des Arbeitgebers wird wegen Verstoßes gegen eine ordnungsgemäße Prozessführung sanktioniert (*litigância de má fé* – Art. 98-G Nr. 2 CPT i.V.m. Art. 542 CPC).

Der Fall der Arbeitnehmersäumnis ist differenzierter: Erscheint der Arbeitnehmer trotz ordnungsgemäßer Ladung weder selbst, noch sein Vertreter und wird dieses Fernbleiben nicht innerhalb von zehn Tagen entschuldigt, liegt eine unentschuldigte Säumnis vor (Art. 98-H CPT). Deren Folgen sind in dieser Verfahrensphase wegen der Besonderheit der begründungslosen Klageerhebung mittels Formular schwerwiegend, da in dem Klageformular lediglich der Antrag auf Feststellung der Rechtswidrigkeit der Kündigung ohne entscheidungserheblichen Sachverhalt oder Beweis enthalten ist. Die Klage ist demnach endgültig abzuweisen (Art. 98-H Nr. 1 CPT). Diese schwere Säumnisfolge ist hinzunehmen, sie trifft denjenigen, der das Verfahren angestrebt hat, dessen Säumnis ist weniger schutzwürdig[690]. Teils wird dagegen befürwortet die Regelung der allgemeinen arbeitsrechtlichen Feststellungsklage analog heranzuziehen mit der Folge, dass das Gericht so daneben

688 Gefestigte Rechtsprechung: Ac. TRL 30.3. 2011 Proc. Nr. 4510/10; Ac. TRL 15.12. 2016 Proc. Nr. 34052/15 (I).
689 Andere Ansicht: *Mendes Baptista*, A nova acção, S. 84.
690 *Adalberto Costa*, Código de Processo do Trabalho, S. 220.

auch die allgemeinen Sanktionen des CPC für den Fall der Säumnis verhängen kann (Art. 542 CPC)[691].

Kann die Säumnis entschuldigt werden, wird ein neuer Termin für die Güteverhandlung angesetzt (Art. 98-H Nr. 2 CPT). Liegt in diesem zweiten Termin erneut eine Säumnis des Arbeitnehmers vor:

- wird Klage im Fall der unentschuldigten Säumnis abgewiesen (Art. 98-H Nr. 3 lit. b CPT)
- erfolgt bei entschuldigter Säumnis Terminierung der Hauptverhandlung und Schriftsatzfrist für die Klageerwiderung (Art. 98-H Nr. 3 lit. a CPT)

Seit 2009 ist eine beiderseitige Säumnis möglich. Für einen solchen Fall werden die Regeln der Arbeitnehmersäumnis entsprechend angewandt (Art. 98-H Nr. 4 CPT).

3. Streitiges Verfahren

Scheitert die gütliche Einigung, muss der Arbeitgeber innerhalb einer Präklusionsfrist von 15 Tagen (Art. 139 Nr. 3 CPC *„perentório“*) einen inhaltlich einer normalen Klageschrift vergleichbaren Schriftsatz einreichen (*articulado de motivação / articulado inicial*). Die Leitung des weiteren Verfahrens erfolgt durch prozessleitende Anordnungen des Gerichts (*despacho saneador*). In diesem Verfahrensstadium ist auch der Gerichtskostenvorschuss zu zahlen[692]. Inhaltlich sind in dem Schriftsatz des Arbeitgebers die Motive der erfolgten Kündigung darzulegen, bestehende Dokumente aus dem Disziplinar- oder Kündigungsverfahren sowie Beweismittel vorzulegen oder zu beantragen (Art. 98-J CPT). Der Vortrag des Arbeitgebers ist dabei auf die Tatsachen und Kündigungsgründe beschränkt, die er gegenüber dem Arbeitnehmer in der Kündigung angeführt hat (Art. 98-J Nr. 1 CPT, Art. 387 Nr. 3 CT). Diese sind jedoch so darzulegen, dass das Gericht nicht nur die Ergebnisse der Beweisaufnahme des Arbeitgebers verwerten kann, sondern selbst Rückschlüsse aus den Beweisen ziehen kann[693]. Weiter muss der Arbeitgeber Einwände wie Unzuständigkeit des Gerichts oder Verfristung (*caducidade*) vorbringen, die Abweisung einer Weiterbeschäftigung oder Wiedereinstellung beantragen (Art. 98-J Nr. 2 CPT). Der Arbeitnehmerantrag auf Wiedereinstellung oder Entschädigung für den Verzicht darauf muss erst bis zum Ende der mündlichen Hauptsacheverhandlung erfolgen (Art. 391 Nr. 1 CT; zu Substitution der Wiedereinstellung: § 10 A II 2 b bb)[694]. Der Umstand, dass sich der

691 Art. 54 Nr. 5 CPT; *Mendes Baptista*, A nova ação, S. 78.

692 Art. 98-P Nr. 1 CPT i.V.m. Art. 12 Nr. 1 lit. e, 14 RCP (Gerichtskostengesetz); *Viriato Reis/Diogo Ravara*, PDT 2012, 173–220 (175); *Helder Quintas*, PDT 2010, 135–173 (150).

693 *Fraústo da Silva*, in O novo CPT Vol. II, S. 85–101, (87, 101); *Alcides Martins*, Direito do Processo Laboral, S. 183.

694 So auch ausdrücklich: Ac. STJ 26.1. 2017 Proc. Nr. 402/10 (III Nr. 5): der Arbeitnehmer handle nicht treuwidrig, wenn er diesen Antrag nicht sofort mit Verrentung stelle, sondern die prozessuale Frist ausschöpfe.

Arbeitgeber somit gegen einen hypothetischen Antrag auf Weiterbeschäftigung (Art. 98-J CPT) wehren muss, könnte als Verstoß gegen das Verbot unnützer Prozesshandlungen verstanden werden (*atos inutéis* – Art. 130 CPC). Systematisch kann dem nicht zugestimmt werden, da das CPT als spezielleres Gesetz den Antrag zu diesem Zeitpunkt zulässt. Außerdem kennt der Arbeitgeber bereits alle Umstände, die für oder gegen eine Weiterbeschäftigung sprechen. Außerdem dient der frühe Antrag des Arbeitgebers der Verfahrensbeschleunigung, da im Gegensatz zum Arbeitnehmerantrag eine gerichtliche Prüfung der Statthaftigkeit einer Substitution der Wiedereinstellung erforderlich ist. Dem Arbeitnehmer wird dadurch eine längere Frist der Arbeitssuche ermöglicht. Letztlich muss auch berücksichtigt werden, dass der Arbeitgeber wegen einer selbst verursachten unwirksamen Kündigung in die Lage der Wiedereinstellungspflicht kam, der Arbeitnehmer dagegen unverschuldet. Dies rechtfertigt die Fristdifferenz. Eine Schutzwürdigkeit des Arbeitgebers, vor diesem Zeitpunkt Dispositionen treffen zu können, besteht nicht.

Legt der Arbeitgeber die „Klagebegründung“ nicht fristgemäß oder nicht mit den vollständigen Dokumenten vor, so erlässt das Gericht ein „Versäumnisurteil“. Das Berufungsgericht Lissabons hat allerdings in einem Fall, in welchem nur einzelne Seiten der Dokumentation des Disziplinarverfahrens fehlten, ein solches Versäumnisurteil nicht automatisch ausgesprochen, sondern gefordert, dass der Arbeitnehmer den Erlass eines Versäumnisurteils beantragen oder zumindest seine Verteidigung darauf stützen müsse[695]. Auf den ersten Blick scheint dies mit dem Wortlaut des Art. 98-J Nr. 3 CPT „der Richter erklärt die Rechtswidrigkeit“ unvereinbar. Allerdings bezieht sich der Wortlaut auf: das Disziplinarverfahren oder Dokumente, welche die Einhaltung des Kündigungsverfahrens darlegen. Die Wortlautgrenze wurde daher nicht überschritten. Die Verteidigung des Arbeitnehmers ist nach diesem Urteil so zu gestalten, dass bei nur unvollständigen Dokumenten trotz Art. 98-J Nr. 3 CPT dem Beibringungsgrundsatz genügt wird um ein positives Urteil sicherzustellen. Erlässt das Gericht ein „Versäumnisurteil“, erklärt es die Kündigung für rechtswidrig (*ilicitude*) und verurteilt den Arbeitgeber zur weiteren Beschäftigung des Arbeitnehmers sowie zur Zahlung entgangenen Lohns (Art. 98-J Nr. 3 CPT). Teils wird dies als mit den allgemeinen zivilrechtlichen Regeln für unvereinbar und wegen der Verhinderung effektiven Rechtsschutzes für verfassungswidrig gehalten (Art. 568 CPC, Art. 20 CRP)[696]. Dem Arbeitnehmer steht es offen bis zur Entscheidung des Gerichts einen Schriftsatz mit einer Klagebegründung vorzulegen[697]. Wird ein Versäumnisurteil erlassen, kann der Arbeitnehmer innerhalb von

695 Ac. TRL 25.1. 2017 Proc. Nr. 444/16 (direito).

696 *Viriato Reis/Diogo Ravara*, PDT 2012, 173–220 (205); auch in Rechtsprechung klingt teils Widerstreben gegen diese pauschale Verurteilung an: Ac. TRP 10.1. 2011 Proc. Nr. 652/10 (II Nr. 16).

697 *Eusébio Almeida*, A reforma do código de processo do trabalho e, em especial, a acção de impugnação da regularidade e licitude do despedimento Protokoll von gemeinsamem Vortrag mit Mendes Baptista 2010 (abrufbar: http://www.csm.org.pt, zuletzt besucht: 4.12. 2017).

15 Tagen weitere Forderungen aus dem Arbeitsvertrag geltend machen (Art. 98-J Nr. 3 lit. c CPT). Macht der Arbeitnehmer von diesem Recht Gebrauch, so stellt das Versäumnisurteil eine Art Zwischenurteil dar. Damit wird mit den Anträgen kein neues Verfahren eröffnet, sondern das alte lebt wieder auf[698]. Mangels spezieller Regelung der Abhandlung dieser Anträge ist subsidiär auf die Regeln der allgemeinen Feststellungsklage zurückzugreifen[699].

Eine Widerklage kann nur durch den Arbeitnehmer eingelegt werden (Art. 98-L Nr. 3 CPT). Im Stadium des Erwiderungsschriftsatzes des Arbeitgebers ist eine Prüfung der Voraussetzungen der Widerklage noch nicht möglich, da in diesem erst die wesentlichen Tatsachen angeführt werden. Die differenzierte Behandlung von Arbeitgeber und Arbeitnehmer erfolgte somit bewusst[700].

Legt der Arbeitgeber einen Erwiderungsschriftsatz vor, kann der Arbeitnehmer (Kläger) hierauf schriftlich innerhalb von 15 Tagen erwidern (*contestação* – Art. 98-L CPT). Erst in diesem Schriftsatz erfolgt die Antragsbegründung durch den Arbeitnehmer. Nachdem die Verfristung oder andere Verfahrensfehler des arbeitsrechtlichen Disziplinarverfahrens (s. § 7 B I 1) nicht von Amts wegen zu berücksichtigen sind, müssen diese vom Arbeitnehmer gerügt werden[701]. In diesem Schriftsatz können auch weitere Forderungen aus dem Arbeitsverhältnis, etwa im Wege einer Widerklage (Art. 274 Nr. 2 CPC), geltend gemacht werden (Art. 98-L Nr. 3 CPT). Erwidert der Arbeitnehmer jedoch trotz ordnungsgemäßer Ladung nicht, gelten die Ausführungen des Arbeitgebers als zugestanden (Art. 98-L Nr. 2 CPT). Der weitere Verfahrensablauf folgt anschließend den Regeln des ordentlichen Verfahrens (Art. 98-M Nr. 1, 61 ff. CPT). Im Fall einer Erwiderung des Arbeitnehmers erhält der Arbeitgeber allerdings erneut eine Frist zur Stellungnahme (Art. 98-L Nr. 4 CPT).

Nach dieser Phase, in welcher die Parteien den Sachverhalt mittels Schriftsätzen präzisieren, folgt die eigentliche Verhandlung in einer Sitzung. Ihr Ablauf folgt den Regeln des allgemeinen arbeitsgerichtlichen Verfahrens (Art. 98-M Nr. 1, 61 ff. CPT). Erst mit dieser Phase wird die anwaltliche Vertretung zwingend (Art. 98-B CPT). Sie dient vor allem der Beweiserhebung (Art. 98-L Nr. 6 CPT). Im Gegensatz zum allgemeinen Zivilverfahren (Art. 367 Nr. 1 CPC) oder der allgemeinen arbeitsrechtlichen Feststellungsklage (s. § 13 B II) wird im Rahmen des Kündigungsschutzverfahrens zunächst der Arbeitgeber gehört (Art. 98-M Nr. 1 CPT). Abschließend ist auf eine Besonderheit der mündlichen Verhandlung hinzuweisen. Den Anwälten der Parteien wird in der Schlussverhandlung (*debate*) nur einmalig und zeitlich für maximal eine Stunde ein Rederecht zugestanden (Art. 72 Nr. 3 i.V.m. 98-M Nr. 1 CPT).

---

698 So *José Almeida,* PDT 2010, 97–117 (106, 119); ebenso: *Viriato Reis/Diogo Ravara,* PDT 2012, 173–220 (209); a.A: *Mendes Baptista,* in FS Telles, 39–75 (67).

699 *Viriato Reis/Diogo Ravara,* PDT 2012, 173–220 (210); *Mendes Baptista,* in FS Telles, S. 39–75.

700 Ac. TRL 7.3. 2012 Proc. Nr. 10618/11; *Viriato Reis/Diogo Ravara,* PDT 2012, 173–220 (211).

701 *Alcides Martins,* Direito Processual Laboral, S. 281.

4. *Urteil*

Das Gericht legt seinem Urteil nur die, im Zeitpunkt der Kündigung bestehenden und in dem Anschuldigungsschreiben aufgeführten, Tatsachen und Beweise zu Grunde. Spätere Tatsachen, die dem Arbeitgeber bei Kündigung nicht bekannt waren, dürfen nicht zu dessen Gunsten berücksichtigt werden (Art. 387 Nr. 3 CT). Dies durchbricht den Grundsatz der materiellen Wahrheit. Dem Arbeitgeber bleibt ein Vorgehen gegen weitere Gründe außerhalb des anhängigen Verfahrens unbenommen[702].

Den Arbeitnehmer trifft die Darlegungs- und Beweislast für das Vorliegen eines Arbeitsverhältnisses und einer schriftlichen individuellen Arbeitgeberkündigung (Art. 342 Nr. 1 CC)[703]. Der Arbeitgeber trägt dagegen die Darlegungs- und Beweislast der Tatsachen, welche die Kündigung rechtfertigen (Art. 342 Nr. 2 CC).

Ein das Verfahren abschließendes Urteil kann bereits in der Schriftsatzphase erfolgen. Legt der Arbeitgeber nicht fristgemäß den die Kündigung begründenden Schriftsatz vor oder bringt die erforderlichen Dokumente nicht bei, so erfolgt eine Verurteilung zur Weiterbeschäftigung bzw. Substitution dieser und Zahlung ausstehenden Lohns (Art. 98-J Nr. 3 CPT). In diesem Fall wird ohne Sachprüfung die Rechtswidrigkeit der Kündigung (*ilicitude*) erklärt. Das Gesetz räumt dem Gericht keinen Entscheidungsspielraum ein. Folglich muss die Rechtswidrigkeit auch erklärt werden, wenn das Gericht von der Wirksamkeit der Kündigung überzeugt ist[704]. Im Sinn einer Verfahrensbeschleunigung und zur Vermeidung von Rechtsmittelverfahren wäre in diesen Fällen eine Entscheidung nach Aktenlage vorzugswürdig[705].

Nach Abschluss der Hauptverhandlung ist innerhalb von 20 Tagen ein Endurteil zu erlassen (Art. 98-M Nr. 1, 73 Nr. 1 CPT). Im Fall einer verhaltensbedingten Kündigung muss das Urteil erörtern, ob die durch den Arbeitgeber angeführten Umstände der Kündigung tatsächlich vorlagen (Art. 387 Nr. 4 CT). Erklärt das Gericht die Kündigung für rechtswidrig (*ilícito*), hat es festzustellen, wer für die Gehaltszahlungen aufzukommen hat. Ist das Urteil nicht innerhalb eines Jahres ab Klageantrag ergangen, tritt nämlich für die Zahlungen, welche die Jahresfrist übersteigen, die Sozialversicherung (*segurança social*) ein (Art. 98-N Nr. 1, 2 CPT). Schlichtungsversuche und Zeiten der Gerichtsferien werden für die Jahresfrist nicht mitgerechnet (Art. 98-O CPT). Daher ist das Kündigungsschutzurteil sowie eventuelle Rechtsmittel immer auch der Sozialversicherung mitzuteilen. Die Auszahlung hat innerhalb von 30 Tagen nach Rechtskraft des Urteils zu erfolgen (Art. 98-N Nr. 4 CPT). Außerdem muss im Fall einer Verurteilung zur Wiedereinstellung der Beginn der

---

702 So auch ausdrücklich: *Alcides Martins*, Direito Processual Laboral, S. 186.

703 Für die Anwendbarkeit der allgemeinen Beweislastregelung in diesem Verfahren ausdrücklich Rechtsprechung: Ac. STJ 31.5. 2016 Proc. Nr. 473/06 (II 3. 1); Ac. STJ 22.2. 2017 Proc. Nr. 992/15 (IV B).

704 So auch: *Mendes Baptista*, A nova acção, S. 92; allerdings kann gegen diese Entscheidung immer Rechtsmittel eingelegt werden: § 13 C I.

705 So etwa: *Mendes Baptista*, A nova acção, S. 92.

erneuten Gehaltszahlungen angeordnet werden (Art. 74-A Nr. 1 CPT). Das Unterlassen dieser Zahlungsanordnungen stellt einen rügbaren Unwirksamkeitsgrund des Urteils dar[706]. Das Urteil, welches die Rechtswidrigkeit der Kündigung feststellt ist sofort vollstreckbar (s. § 10 A II 2 b).

Das Gesetz verlangt ausdrücklich eine Verurteilung auf einen konkreten Geldbetrag (Art. 75 Nr. 1 CPT). Der Kläger muss die erforderlichen Beweise der Grundlage dieser Berechnung bis zur Urteilsverkündung beibringen[707]. Liegen dem Gericht im Zeitpunkt der Urteilsverkündung keine Angaben zur Höhe des Gehalts des gekündigten Arbeitnehmers vor, so erfolgt in der Praxis teils dennoch eine allgemeine Verurteilung[708]. In diesem Fall wäre die Höhe dann erst bei der Vollstreckung zu bestimmen, wobei dadurch keine bereits im Zeitpunkt der Klage vorliegenden Beweise nachgereicht werden können, sondern eine Verurteilung nur in den Fällen erfolgreich ist, in denen Tatsachen im maßgeblichen Zeitpunkt nicht bewiesen werden konnten oder unbekannt waren (Art. 661 Nr. 2 CPC).

Erachtet das Gericht die Klage für unbegründet, so weist es diese ab. Keinesfalls wird die Rechtmäßigkeit der Kündigung festgestellt, da dies mit dem Antrag des Arbeitnehmers (Feststellung der Rechtswidrigkeit der Kündigung) nicht vereinbar ist[709]. Aus demselben Grund darf das Gericht nicht positiv feststellen, dass das Disziplinarverfahren rechtmäßig war[710]. Das Gericht hat im Rahmen des Urteils lediglich die Fragen des Klageantrags juristisch zu beantworten (Art. 615 Nr. 1 lit. d CPC)[711]. Eine erschöpfende Auseinandersetzung mit der Argumentation der Parteien über das für diese Beantwortung erforderliche hinaus hat nicht zu erfolgen[712].

Weiter setzt das Gericht am Ende der ersten Instanz den Streitwert fest (Art. 98-P Nr. 2 CPT); dies muss nicht zwingend vor der Urteilsverkündung geschehen, sondern kann auch zu einem späteren Zeitpunkt erfolgen. Der Wert des jeweiligen Gerichtsverfahrens entspricht dabei dem, was im Erfolgsfall wirtschaftlich zugesprochen würde – mithin der Summe der konkret gestellten Anträge[713]. Für die Ermittlung des Streitwertes sind so der Wert der Entschädigung, Lohnzahlungen

---

706 Art. 77 CPT i.V.m. Art. 615 Nr. 1 lit. d CPC; *Alcides Martins*, Direito Processual Laboral, S. 188.

707 Ac. STJ 6.7. 2005 Rechtsmittel Nr. 1169/05, AD XLV (2006) Nr. 532, S. 707–728 (723); für Anwendbarkeit dieser Rechtsprechung im CPT: *Abílio Neto*, CPT, Art. 75 CPT, Rn. 20; *Abílio Neto*, CPT, Art. 75 CPT, Rn. 1; *Viriato Reis/Diogo Ravara*, PDT 2012, 173–220 (200).

708 Ac. TRC 17.1. 2013 Proc. Nr. 258/12; gestützt wird diese allgemeine Verurteilung in anders gelagertem Fall (Entschädigung wegen Demütigung) auf Art. 661 Nr. 2 CPC: Ac. TRL 17.9. 2008 Proc. Nr. 5828/2008-4 (III).

709 *Viriato Reis/Diogo Ravara*, PDT 2012, 173–220 (216).

710 *Viriato Reis/Diogo Ravara*, PDT 2012, 173–220 (216).

711 So ausdrücklich z.B.: Ac. STJ 26.1. 2017 Proc. Nr. 402/10 (III Nr. 1).

712 Ac. STJ 30.4. 2014 Proc. Nr. 319/10.

713 Berechnung bei Kündigungsschutzklage: Ac. TRP 21.11. 2016 Proc. Nr. 12128/14 (IV).

sowie weitere Ansprüche aus dem Arbeitsverhältnis zu berücksichtigen. Anhand dieses Streitwerts sind dann die Gerichtsgebühren zu berechnen (Art. 98-P Nr. 1 CPT i.V.m. Art. 12 Nr. 1 lit. e RCP).

Rechtsmittel sind gegen solch ein erstinstanzliche Urteil unabhängig vom Streitwert immer möglich (Art. 79 lit. a 2. Alt. CPT)[714].

II. Allgemeine arbeitsrechtliche Feststellungsklage (Processo declarativo comun)

Anders als im Rahmen der Kündigungsschutzklage (s. § 13 B I), werden die Parteien der allgemeinen arbeitsrechtlichen Feststellungsklage schlicht als Kläger (*autor*) und Beklagter (*réu*) bezeichnet. Der traditionell wichtigste Anwendungsfall der allgemeinen arbeitsrechtlichen Feststellungsklage (*Processo declarativo comun* – Art. 51 ff. CPT) war lange der Kündigungsschutzprozess. Dafür besteht, wie bereits dargestellt, seit 2009 ein spezielles Verfahren (s. § 13 B I). Dieses schließt einige Vertragsbeendigungssituationen ausdrücklich aus. In diesen Konstellationen ist ein gerichtliches Vorgehen über die allgemeine Feststellungsklage möglich. Anwendungsfälle sind mündliche oder konkludente Kündigungen (s. § 6 B I) sowie solche Vertragsbeendigungen, die nach Ansicht des Arbeitnehmers eine Kündigung darstellen, aber fälschlich als Beendigung des Arbeitsverhältnisses aus anderen Gründen bezeichnet worden sind[715]. In Portugal erfolgt die Vertragsbeendigung während der Probezeit nicht mittels Kündigung (*despedimento*), sondern durch eine schlichte Auflösungserklärung (*denúncia* – Art. 114 CT). Dagegen ist die allgemeine Feststellungsklage eröffnet[716]. Die allgemeine Feststellungsklage ist auch zu erheben, wenn lediglich die Höhe der Abfindung oder Entschädigung, nicht jedoch die Kündigung als solche angegriffen werden soll[717].

Wird einer mündlichen Kündigung, wenig später eine schriftliche nachgeschoben, bleibt die zutreffende Klageart die allgemeine Feststellungsklage[718]. Das Arbeitsverhältnis wird mit der mündlichen Kündigung aufgelöst. Damit fehlt der späteren schriftlichen „Kündigung" schon der Anknüpfungspunkt des bestehenden Arbeitsvertrags. Wegen der bei mündlichen Kündigungen oft bestehenden erheblichen Beweisprobleme sollte der Kläger (Arbeitnehmer), parallel das spezielle Verfahren gegen die schriftliche „Kündigung" einleiten, um keine Verfristung zu riskieren[719]. Die Reduzierung des Prozessrisikos bezahlt der Kläger jedoch mit dem doppelten Verfahrenskostenrisiko. Ein kostengünstigeres Vorgehen in einer Klage mit

---

714 Ausführlich zu Rechtsmitteln: § 13 C.

715 So auch: *Mendes Baptista*, A nova acção, S. 73/74.

716 Wortlaut Art. 98-B CPT, 114 CT; Ac. STJ 9.9. 2015 Proc. Nr. 499/12; so auch ausdrücklich: *Bento Fialho*, EIDT Vol. VI, 2012, S. 139–154 (143).

717 *Joana Vasconcelos*, CRP Art. 98-B – P, S. 23.

718 Ac. STJ 5.6. 2013 Proc. Nr. 247/11; ebenso schon: Ac. TRP 25.6. 2012 Proc. Nr. 247/11; *Joana Vasconcelos*, CRP Art. 98-B – P, S. 21.

719 *Viriato Reis/Diogo Ravara*, PDT 2012, 173–220 (189).

Hilfsanträgen könnte in Portugal wegen der Unterschiede beider Verfahren jedoch abgelehnt werden und ist somit zur Absicherung des Klägers ungeeignet (Art. 555 Nr. 2 i.V.m. 37 Nr. 1, CPC). Da die Verfahrensunterschiede nicht unüberwindbar seien wird zur Lösung dieses Problems eine Verbindung mit der Klagefrist der allgemeinen Feststellungsklage vorgeschlagen, (Art. 37 Nr. 2 CPC)[720]. Dem Kläger ist das ungünstige Zusammentreffen von Beweisproblemen und kurzer Klagefrist nicht vorwerfbar. Die Situation erscheint unbefriedigend. Eine gesetzliche Klärung wäre wünschenswert.

Die Konstellation des Falls der Arbeitsniederlegung durch den Arbeitnehmer (*abandono* – s. § 8 C III), bei welcher ebenfalls eine schriftliche Erklärung des Arbeitgebers vorliegt, wirft ebenfalls die Abgrenzungsfrage zur Kündigungsschutzklage auf. Der Wortlaut des Art. 98-C CPT bezieht sich wegen der Konkretisierung der Arten der Kündigungsschreiben und aufgrund der Bezugnahme auf Art. 387 CT nur auf die individuellen Arbeitgeberkündigungen und nicht auf diese Ausgestaltung der Arbeitnehmerkündigung. Damit ist für ein Vorgehen gegen eine Arbeitsniederlegung durch den Arbeitnehmer die allgemeine arbeitsrechtliche Feststellungsklage zutreffend[721]. Neben diesen Situationen, in denen sich der Arbeitnehmer gegen eine Vertragsbeendigung wehrt, sind auch die Klagen des Arbeitgebers gegen eine Vertragsbeendigung des Arbeitnehmers in dieser Verfahrensart vorzunehmen (Art. 398 CT).

1. *Klagefrist*

Fraglich ist, innerhalb welcher Frist diese allgemeine Feststellungsklage zu erheben ist. Sie wird weder im CPT, noch im subsidiär anwendbaren CPC (Art. 49 Nr. 2 CPT) geregelt. Die in Art. 387, 388 CT geregelten Klagefristen beziehen sich nach ihrem Wortlaut und dem Willen des Gesetzgebers ausschließlich auf die speziellen Kündigungsschutzklagen (Art. 98-B ff., 156 ff. CPT; s. § 13 B I, III)[722]. Im CT 03 bestand eine einheitliche, als Verfallsfrist ausgestaltete, Klagefrist von einem Jahr für alle Kündigungsschutzklagen (Art. 435 Nr. 2 CT 03, Art. 298 Nr. 2 CC). Diese Norm wurde nicht in das CT übernommen. Dadurch ist eine Gesetzeslücke für die allgemeine arbeitsrechtliche Feststellungsklage entstanden. Die Rechtsprechungspraxis schließt diese für Klagen gegen eine Individualkündigung, welche nicht unter die speziellen Klageformen fällt, durch Rückgriff auf die allgemeine arbeitsrechtliche Verjährungsregelung (Art. 337 Nr. 1 CT)[723]. Der Wortlaut dieser Norm

> *„O crédito (...) emergente de contrato de trabalho, da sua violação ou cessação prescreve decorrido um ano (...).“*

720 *Viriato Reis/Diogo Ravara*, PDT 2012, 173–220 (192).
721 So auch: Ac. TRL 15.12. 2016 Proc. Nr. 34052/15 (II 2).
722 *DL* 295/2009 – DR Série I Nr. 198 vom 13.10. 2009, S. 7554–7596.
723 Ac. STJ 29.10. 2013 Proc. Nr. 3579/11 (III 1); *DL* 295/2009 vom 13.10. 2009.

wurde hinsichtlich „*crédito*" bereits im Rahmen ihrer Vorgängernorm (Art. 38 Nr. 1 LCT) nicht wirtschaftlich (Forderung), sondern weit im Sinne eines juristischen Anspruchs verstanden[724].

Etwa: „*Der Anspruch (...) aus Arbeitsvertrag verjährt im Fall seiner Verletzung oder der Beendigung des Arbeitsvertrags, nach Ablauf eines Jahres (...).*"

Damit beträgt die Klagefrist ein Jahr (Art. 337 Nr. 1 CT). Allerdings stellt sie wegen des klaren Wortlautes (Art. 337 Nr. 1 CT „*prescreve*" – „verjährt") und der Streichung der Verfallsfrist des Vorgängergesetzes keine Verfalls-, sondern eine Verjährungsfrist dar[725]. Der Fristlauf beginnt dabei am Tag nach der Auflösung des Arbeitsverhältnisses (Art. 279 lit. b, c CC). Fällt das Ende auf einen Sonn- oder Feiertag, erfolgt eine Verschiebung auf den nächsten Werktag (Art. 279 lit. e CC)[726].

2. *Verfahrensablauf*

Der Verfahrensablauf gliedert sich in folgende Phasen:

- Schriftsätze der Parteien (Art. 54–60-A CPT),
- Heilung von Verfahrensmängeln und vorherige Anhörung (Art. 61, 62 CPT),
- Güteverhandlung (Art. 54 Nr. 2, 55 Nr. 2 CPT),
- Tatbestandsaufnahme (Art. 63–67 CPT),
- Verhandlung und Entscheidung (Art. 68–72 CPT),
- Urteil (Art. 73–78 CPT).

Nach Einreichung der Klageschrift (*petição inicial*) beginnt das Verfahren mit der Zustellung der Festsetzung eines ersten Termins an den Kläger (*notificação*) und der gerichtlichen Ladung des Beklagten (*citação*), mit welcher im arbeitsgerichtlichen Verfahren eine Kopie der Klageschrift zu übermitteln ist (Art. 54 Nr. 3, 4 CPT). Eine Ergänzung des Verfahrensgegenstands durch neue Anträge ist noch nach Ladung möglich (Art. 28 CPT). In der Anhörung legt der Kläger seinen Klagegrund dar, der Beklagte kann antworten; anschließend folgt ein durch den Richter geleiteter Versuch der gütlichen Einigung (*conciliação* – Art. 55 CPT). Scheitert dieser, wird der Beklagte innerhalb von zehn Tagen zur Vorlage einer Erwiderungsschrift aufgefordert (Art. 55 CPT) und der Termin der Hauptverhandlung festgelegt (Art. 56 CPT). Liegen die Voraussetzungen einer Widerklage vor (gleiche Verfahrensart usw.), kann diese mit der Erwiderung verbunden werden (Art. 30 CPT). Ein Widerspruch gegen die Weiterbeschäftigung des Arbeitnehmers muss in der Erwiderungsphase erfolgen (Art. 60-A CPT). Erwidert der Kläger nicht auf die Klageerwiderung, gelten widersprüchliche Tatbestandselemente als zugestanden (Art. 574 CPC).

---

724 Zu inhaltsgleicher Vorgängernorm Art. 381 Nr. 1 CT 03: Ac. STJ 7.2. 2007 Proc. Nr. 06S3317 (3).

725 Grundlegend: Ac. STJ 29.10. 2013 Proc. Nr. 3579/11 (III 1); im Ergebnis ebenso schon: *Eusébio Almeida*, PDT 2010, 97–117 (104).

726 Bsp. für ausführliche Behandlung der Frist: Ac. TRP 12.9. 2016 Proc. Nr. 9413/15.

In den Schriftsätzen sind alle Beweismittel anzugeben (Art. 63 Nr. 1 CPT). Im portugiesischen Arbeitsgerichtsverfahren ist die Hinzuziehung von Zeugen auf zehn pro Partei und drei für jede zu beweisende Tatsache begrenzt (Art. 64, 65 CPT). Der Gegenstand der Zeugeneinvernahme kann jedoch noch bis zu 20 Tagen vor der Hauptverhandlung geändert oder ergänzt werden (Art. 63 Nr. 2 CPT). Gerichtlich geladen werden nur im Gerichtsbezirk wohnhafte Zeugen (Art. 66 CPT). Eine Anhörung über Amtshilfe oder Telefonkonferenz kann nach Ermessen des Gerichts bei außerhalb des Gerichtsbezirks wohnhaften Zeugen angeordnet werden (Art. 67 CPT i.V.m. Art. 500 ff. CPC). Das anwaltliche Rederecht in der Schlussverhandlung ist begrenzt (Art. 72 Nr. 3 CPT, s. § 13 B I 3).

Das Urteil ist ebenfalls, wie im Rahmen der Kündigungsschutzklage, innerhalb von 20 Tagen nach Abschluss der Hauptverhandlung zu erlassen (Art. 73 Nr. 1 CPT). Erwidert der Beklagte nicht oder nicht fristgemäß, so wird der Tatbestand der Klage als zugestanden fingiert (Art. 57 Nr. 1 CPT). Eine Wiedereinsetzung in den vorherigen Stand ist nicht möglich[727]. Dementsprechend beschränkt sich dieses Urteil auf Rechtsausführungen.

Entgegen der Regelung der Kündigungsschutzklage (s. § 13 B I 4) übernimmt der Staat in diesem Verfahren nach der Systematik des CPT nicht die, die Jahresfrist übersteigenden, Verdienstausfallkosten.

III. *Spezielle Kündigungsschutzklage bei kollektiv-betriebsbedingter Kündigung* (Processo de Impugnação de Despedimento Coletivo)

Für eine gerichtliche Rechtswidrigerklärung einer kollektiv-betriebsbedingten Kündigung besteht neben den bereits vorgestellten Klagearten eine spezielle Kündigungsschutzklage (Art. 156 ff. CPT; Art. 381, 383 i.V.m. 387 Nr. 1 CT). Diese ist statthaft, wenn eine kollektiv-betriebsbedingte Kündigung vorliegt. Ein späteres Unterschreiten der Mindestkündigungszahlen dieser Kündigung schadet nicht[728].

Es besteht ein ausschließlicher Gerichtsstand am Ort der Niederlassung, der die meisten gekündigten Arbeitnehmer zuzurechnen sind (s. § 13 A III). Die zutreffende Ermittlung des Gerichtsstands kann für den Arbeitnehmer schwierig sein. Klagt er vor dem territorial unzuständigen Gericht, muss dieses den Rechtsstreit an das zuständige Gericht verweisen (Art. 105 CPC).

Die Klagefrist beträgt sechs Monate[729]. Sie beginnt im Zeitpunkt der Vertragsbeendigung (*cessação* – Art. 388 Nr. 2 CT). Parallel zum Verfahren individueller Kündigungen muss dem Arbeitnehmer schon während der Kündigungsfrist eine Klageerhebung möglich sein[730]. Der Klageschrift sind der Arbeitsvertrag und die

---

727 Ac. TRP 12.9. 2016 Proc. Nr. 9413/15.

728 Ac. TRL 2.11. 2005 Proc. Nr. 4764/2005-4 (direito).

729 zu Frist der anderen Klagearten § 13 B I 1; § 13 B II 1.

730 *Bernardo Xavier*, EIDT Vol. VI, 2012, S. 155–183 (173).

Kündigungsmitteilung beizulegen sowie die Beweismittel anzuzeigen (Art. 63 Nr. 1 CPT). Da dieses Verfahren wie das der Kündigungsschutzklage entsprechend der gesetzlichen Regelung dringend ist, erfolgt keine Fristunterbrechung in den Gerichtsferien (Art. 26 Nr. 1 lit. d CPT i.V.m. Art. 138 Nr. 1 CPC).

Trotz Betroffenheit kollektiver Belange besteht für den Betriebsrat oder die im Unternehmen vertretenen Gewerkschaften in diesem Verfahren keine Klagebefugnis[731].

Verfahrensrechtlich liegt auch bei der kollektiv-betriebsbedingten Kündigung ein Individualverfahren vor, da jeder betroffene Arbeitnehmer selbst entscheidet, ob er gegen die Kündigung klagt. Jede dieser Kündigungen ist einzeln zu bewerten, da etwa formelle Unwirksamkeitsgründe, wie ein Mangel der Schriftform oder der Begründung, oder besonderer Kündigungsschutz nicht zwingend bei allen Kündigungen vorliegen[732]. Außerdem führt die Annahme der Kündigungsentschädigung zu einer Fiktion der Akzeptanz der Kündigung mit der Folge, dass die Kündigung von diesen Arbeitnehmern nicht mehr erfolgreich vor Gericht angegriffen werden kann (Art. 366 Nr. 4 CT)[733]. Strittig ist dabei die Begründung dieser Folge. Eine Ansicht ist der Auffassung, dass wegen der Fiktion der Akzeptanz der Kündigung bereits die Klagebefugnis fehle[734]. Andere begründen dies mit einer verfahrensrechtlichen Ausnahme[735].

Im Arbeitsgerichtsverfahren gilt nach der Verfahrenseröffnung der Grundsatz der Kontinuität der Parteien und des Verfahrensgegenstands (Art. 260 CPC). Im Rahmen der Verfahren gegen eine kollektiv-betriebsbedingte Kündigung besteht hiervon jedoch eine gesetzliche Ausnahme (Art. 267 Nr. 2, 3 CPC). Dieses Verfahren weist gleichzeitig eine kollektive Komponente auf, da der beklagte Arbeitgeber den Parteibeitritt der ebenfalls gekündigten, jedoch nicht klagenden Arbeitnehmer beantragen muss (Art. 156 Nr. 3 CPT). Damit wird einerseits eine breite Anwesenheit der von der Kündigung betroffenen Arbeitnehmer erreicht, andererseits bestehen Synergieeffekte in der Verhandlung. Umstritten ist, ob darin eine gesetzliche Klägerhäufung (Art. 36 CPC) oder eine Streitgenossenschaft (*litisconsórcio* – Art. 32, 33 CPC) zu sehen ist[736]. Beantragt der Arbeitgeber den Beitritt der anderen betroffenen Arbeitnehmer nicht, können diese eine freiwillige Streitgenossenschaft bilden[737]. Das Unterlassen der Beitrittsaufforderung ist nicht sanktioniert; mehrere kollektive Kündigungsverfahren können parallel bestehen[738].

---

731 *Bernardo Xavier*, EIDT Vol. VI, 2012, S. 155–183 (166).

732 *Bernardo Xavier*, EIDT Vol. VI, 2012, S. 155–183 (160).

733 Ac. TRP 14.5. 2012 Proc. Nr. 739/09 (Begründung Frage 3).

734 *Miguel Monteiro*, EIDT Vol. V, 2007, S. 77–93 (83).

735 *Bernardo Xavier*, EIDT Vol. VI, 2012, S. 155–183 (168).

736 *Bernardo Xavier*, EIDT Vol. VI, 2012, S. 155–183 (167, 168); *Leite Ferreira*, CPT, S. 680.

737 Ac. STJ 28.6. 2001 Rechtsmittel Nr. 1059/01, CJ – STJ IX T. II, S. 293–296 (294,295): für Anwendbarkeit unter CPT: *Alcides Martins*, Direito do Processo Laboral, S. 219.

738 *Miguel Monteiro*, EIDT Vol. V, 2007, S. 77–93 (85).

1. Verfahrenseinleitung und kollektive Verhandlung

Die Kombination von Elementen eines Individualverfahrens und eines Kollektivverfahrens spiegelt sich im Verfahrensablauf. Dieser lässt sich in drei Phasen teilen:

- schriftliches Vorverfahren (Art. 156–159 CPT)
- allgemeiner früher erster Termin für alle von der Kündigung Betroffenen (*audiência preliminar* – Art. 160 CPT i.V.m. Art. 591 CPC)
- individuelle Hauptverhandlung je Arbeitnehmer (*audiência* – Art. 161 CPT)

Nach Eingang der Klage erfolgt zunächst eine Phase, in der der Sachverhalt weiter aufgeklärt wird. Dies erfolgt durch Schriftsätze der Parteien. Diesen sind die erforderlichen Beweismittel, die Dokumentation des Kündigungsverfahrens und die Beweisanträge beizulegen (Art. 63 Nr. 1 CPT). Wird beantragt, die für die Kündigung angegebene Grundlage für unzulässig erklären zu lassen („*declaração de improcedência dos fundamentos invocados*"), so veranlasst der Richter weiter die Erstellung eines Sachverständigengutachtens (*relatório dos assessores* – Art. 157 CPT). Systematisch wird der besondere Beweis des Sachverständigengutachtens hier vor die Phase der eigentlichen Beweiswürdigung gezogen. Dies dient insgesamt der Beschleunigung des Verfahrens. Die Bestellung der Sachverständigen erfolgt nach den allgemeinen Regeln des Zivilverfahrens[739]. Dieses Sachverständigengutachten muss feststellen, ob die Tatsachen, welche die Kündigung veranlasst haben sollen, vorlagen. Grundlage ihrer Beurteilung darf dabei nur die Kündigungserklärung sein. Weitere Angaben in Schriftsätzen des Arbeitgebers sind irrelevant[740]. Die unternehmerische Entscheidung ist nur hinsichtlich der zugrundeliegenden Tatsachen, nicht aber hinsichtlich eventuell bestehender milderer alternativen Maßnahmen justiziabel[741]. Über letztere soll das Sachverständigengutachten somit keine Angaben machen. Als Sachverständigenbeweis unterliegt dieses Gutachten der freien richterlichen Beweiswürdigung[742]. Der Richter ist damit nicht an das Gutachten gebunden. In diesem Verfahren ist anschließend zwingend ein „früher erster Termin" (*audiência prévia*) durchzuführen (Art. 160 Nr. 1 CPT – Wortlaut: „ist einzuberufen"). In welchem das Verfahren, etwa im Fall formeller Mängel, bereits mit einer prozessleitenden Anordnung in Form eines Prozessurteils (*despacho saneador* – Art. 160 CPT) zu beenden ist, soweit dafür keine Beweiserhebung erforderlich ist[743]. Das Gesetz eröffnet dic

---

739 Art. 467 ff. CPC – Sachverständige werden im Zivilverfahren abweichend von der arbeitsrechtlichen Terminologie als „*perito*" „Sachkundige" bezeichnet.

740 *Miguel Monteiro*, EIDT Vol. V, 2007, S. 77–93 (90).

741 Im Ergebnis so: *Bernardo Xavier*, Despedimento Colectivo, S. 608, 609; ausdrücklich: *Miguel Monteiro*, EIDT Vol. V, 2007, S. 77–93 (89).

742 Art. 389 CC; so bereits Ac. TRL 16.1. 2008 Proc. Nr. 7884/2007-4 (IV 1); *A.L. Carvalhão*, PDT 2011, 93–105 (100).

743 Ac. STJ 8.5.2013 Proc. Nr. 3020/09 (II 2).

Beweisaufnahme systematisch erst für die Hauptverhandlung (Art. 161 CPT)[744]. Die mündliche Verhandlung erfolgt einheitlich für alle Arbeitnehmer.

2. *Gespaltene Hauptverhandlung*

Konnte das Klagebegehren nicht mittels Prozessurteil entschieden werden, schließt sich eine gespaltene Hauptverhandlung entsprechend den Regeln des allgemeinen Verfahrens an (Art. 161 i.V.m. 51 ff. CPT). Das bedeutet, dass für jeden klagenden Arbeitnehmer ein gesonderter Verhandlungs- und Entscheidungstermin festgelegt wird. Dieser endet mit einem individuellen Endurteil (*sentença*).

3. *Prüfungsumfang des Gerichts*

Diese drei Phasen sind nicht für alle Verfahren zwingend. Im Fall einer Klage wegen formeller Fehler genügt etwa die Nachweisführung durch Urkunden und Schriftsätze der Parteien[745]. Es ergeht ein Prozessurteil.

Die kollektiv-betriebsbedingte Kündigung wird sowohl in formeller als auch in materieller Hinsicht überprüft (Art. 388 i.V.m. 381 lit. c, 383 CT). Ob eine Kündigung wirtschaftlich tatsächlich erforderlich war, stellt eine unternehmerische Entscheidung dar, welche grundsätzlich gerichtlich nicht überprüfbar ist. Dies gebietet der Schutz der verfassungsrechtlich geschützten unternehmerischen Freiheit (Art. 61 Nr. 1 CRP). Hinsichtlich der unternehmerischen Entscheidung nimmt das Gericht lediglich eine Missbrauchskontrolle vor[746]. Dagegen ist die Bewertung der Kriterien für die Auswahl der zu kündigenden Arbeitnehmer der gerichtlichen Kontrolle im Wege der materiellen Prüfung zugänglich[747].

Wurde die Kündigungsentscheidung des Arbeitgebers nicht unter Angabe des Beendigungszeitpunkts und der Kündigungsgründe schriftlich dem Arbeitnehmer mitgeteilt, so ist die Kündigung wegen formeller Fehler als unwirksam anzusehen, da der Arbeitgeber andernfalls seine Kündigung nicht vor Gericht verteidigen könnte (Art. 387 Nr. 2 CT)[748]. Formelle Fehler, die nicht in Art. 383 CT aufgeführt werden, führen nicht zur Unwirksamkeit, sondern können lediglich nach allgemeinem Zivilrecht verfolgt werden und etwa Schadenersatzansprüche auslösen[749]. Das Gericht hat im Rahmen dieser Klage zu überprüfen, ob der rechtfertigende Grund vorliegt (Art. 381 lit. b CT). Dies ist der Fall, wenn die Arbeitsplätze der zu kündigenden Arbeitnehmer durch Umstrukturierungen tatsächlich entfallen und

---

744 So auch: Ac. STJ 8.5. 2013 Proc. Nr. 3020/09 (II 2.5).

745 *Bernardo Xavier*, EIDT Vol. VI, 2012, S. 155–183 (179).

746 Siehe etwa ausdrücklich: Ac. STJ 2.11. 2005 *Recurso* Nr. 1458/05, AD XLV (2006) Nr. 532, S. 735–756 (748, 749).

747 *João Monteiro*, PDT 2009, 225–234 (233); *Frausto da Silva*, QL 2010, 83–101 (84); ebenso: *Alcides Martins*, Direito do Processo Laboral, S. 220.

748 *Bernardo Xavier*, EIDT Vol. VI, 2012, S. 155–183 (163).

749 *Bernardo Xavier*, EIDT Vol. VI, 2012, S. 155–183 (164).

nicht neu besetzt werden[750]. Die Kündigungsgründe können nachträglich gegenüber den Angaben in dem Kündigungsschreiben nicht erweitert werden (Art. 387 Nr. 3 CT). Daher ist weiter zu prüfen, ob die angegebenen Gründe die Kündigung rechtfertigen.

Wegen der großen Differenz der Klagefristen der allgemeinen Feststellungsklage und dem kollektiven Kündigungsschutzverfahren (ein Jahr Art. 337 Nr. 1; s. § 13 B II 1 zu Art. 388 Nr. 2 CT – sechs Monaten) ist es entscheidend, welche Klage im Fall einer formell fehlerhaften kollektiven Kündigung einzulegen ist. Wird dem Arbeitnehmer die Entscheidung ihn im Rahmen einer kollektiven Kündigung zu kündigen nicht schriftlich mitgeteilt, darf die Einbindung der Kündigung in mehrere Kündigungen nicht zu einer Rechtsverkürzung für den Arbeitnehmer führen. Die allgemeine Feststellungsklage muss eröffnet sein[751].

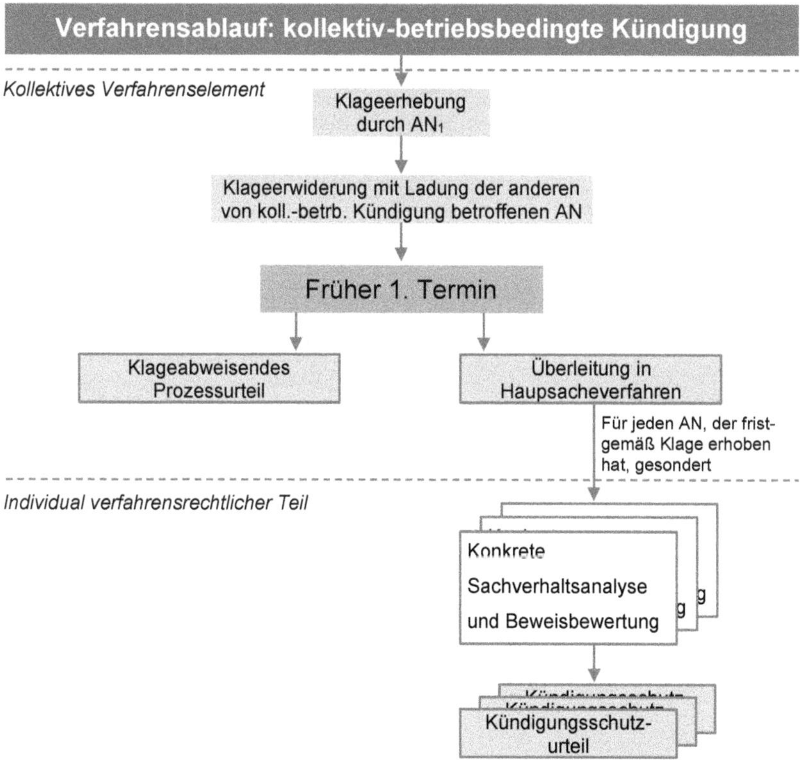

750 *Bernardo Xavier*, EIDT Vol. VI, 2012, S. 155–183 (165).
751 *Bernardo Xavier*, EIDT Vol. VI, 2012, S. 155–183 (163).

IV. Zusammenfassung

Die drei verschiedenen Hauptsacheklagen sind je nach Vorliegen ihrer Voraussetzungen eröffnet. Dem Kläger steht kein Wahlrecht zu. Daher sind Klagen im unzutreffenden Verfahren abzuweisen oder bei Vorliegen der Klageerhebungsvoraussetzungen des zutreffenden Verfahrens in dieses zu verweisen. Wurde fälschlicherweise in dem Verfahren der Kündigungsschutzklage geklagt, so hat der Richter die Klage als unzulässig abzuweisen (Art. 98-I Nr. 3 CPT)[752]. Mangels einer in der allgemeinen arbeitsrechtlichen Feststellungsklage verwertbaren Klageschrift ist keine Verweisung möglich. Sind in anderen Konstellationen die konkret erfolgten bisherigen Verfahrenshandlungen weiterverwertbar so kann, in das zutreffende Verfahren verweisen werden (Art. 193 Nr. 1 und 3, Art. 6 CPC)[753].

Quintessenz: Hauptsacheverfahren zur Durchsetzung des Kündigungsschutzes
1. Die Kündigungsschutzklage findet in den meisten Fällen Anwendung.
2. Im Rahmen der Kündigungsschutzklage ist die Parteibezeichnung abweichend: Arbeitnehmer / Arbeitgeber und nicht Kläger / Beklagter.
3. Bei der Kündigungsschutzklage erfolgt die Klageerhebung duch Formular.
4. Das gerichtliche Verfahren ist auf die in der Kündigung aufgeführten Gründe beschränkt. Ein Nachschieben ist nicht möglich.
5. Durch die Reform von 2009 besteht im Rahmen der allgemeinen arbeitsrechtlichen Feststellungsklage keine Regelung der Klagefrist. Diese Regelungslücke schließt die Rechtsprechung durch Rückgriff auf die allgemeinen arbeitsrechtlichen Verjährungsregelungen.
6. Die spezielle Kündigungsschutzklage bei kollektiv-betriebsbedingten Kündigungen enthält Elemente eines Individual- und eines Kollektivverfahrens.
7. Für diese spezielle Kündigungsschutzklage besteht ein ausschließlicher Gerichtsstand.
8. Trotz Klage nur eines Arbeitnehmers sieht das spezielle Kündigungsschutzverfahren die Beteiligung der anderen gekündigten Arbeitnehmer vor.
9. Hauptverhandlung und Urteil der speziellen Kündigungsschutzklage erfolgen im Individualverfahren.

752 Art. 196, 193 Nr. 1 CPC i.V.m. Art. 98-C CPT; so auch: Ac. TRL 15.12. 2016 Proc. Nr. 34052/15.

753 Ac. TRP 6.6. 2016 Proc. Nr. 23579/15 (III 1).

C. Rechtsbehelfe im Arbeitsgerichtsverfahren *(recursos)*

Im Verhältnis zu erstinstanzlichen Zivilverfahren ist bei den erstinstanzlich Arbeitsverfahren durch die starke Betonung des Beschleunigungsgrundsatzes eine Rechtsverkürzung festzustellen. Ausgleich dieser Rechtsverkürzung stellen die Rechtsmittel gegen das Arbeitsgerichtsurteil dar. Mit der Reform von 2009 wurde die Differenzierung des Rechtsmittelsystems in Berufung (*apelação*) / Revision (*revista*) und Beschwerde (*agravo*) abgeschafft. Das CPT kennt nur Berufung und Revision. Es regelt lediglich ordentliche Rechtsmittel ausdrücklich (Art. 79 CPT). Im Fall sich wiedersprechender Rechtsprechung ist darüber hinaus das außerordentliche allgemeine zivilverfahrensrechtliche Rechtsmittel der Rechtssprechungsvereinheitlichung vor dem Obersten Gerichtshof anwendbar (Art. 676 Nr. 2 CPC)[754]. Die Rechtsmittelzulassung beruht auf einem gemischten System:

- Wertzulassung nach Rechtsmittelsummen (Art. 44 LOSJ)
- unabhängig vom Streitwert (Art. 79 CPT, Art. 629 CPC)

Ist ein Rechtsmittel eröffnet, muss der Rechtsmittelkläger im Rahmen des arbeitsrechtlichen Rechtsmittelantrags zunächst zwischen Nichtigkeits- (*nulidades*) und Anfechtbarkeitsgründen (*anulabilidade*) unterscheiden. Die Nichtigkeitsgründe sind im Rechtsmittelantrag gesondert auszuweisen und zu begründen[755]. Nichtigkeitsgründe können unabhängig von der Eröffnung eines Rechtsmittels immer geltend gemacht werden (Art. 77 Nr. 2 CPT).

Einzulegen ist der Rechtsmittelantrag bei dem Gericht des erstinstanzlichen Urteils (*a quo* Art. 82 CPT). Dieses kann selbst über die beanstandeten Nichtigkeitsgründe entscheiden und diese ausräumen (Art. 77 CPT). Gibt es den gerügten Nichtigkeitsgründen nicht statt oder bestehen weitere Anfechtbarkeitsgründe, hat es den Antrag dem Rechtsmittelgericht weiterzuleiten (*a quem*). Das mit dieser Regelung angestrebte Ziel der Verfahrensbeschleunigung wird mangels Verpflichtung des ursprünglichen Gerichts zur Stellungnahme zu den Nichtigkeitsgründen jedoch nicht erreicht. In der Praxis befasst sich dieses wegen der weiten Entscheidungskompetenz des Rechtsmittelgerichts (*a quem*) nur selten mit dem Antrag.

I. Berufung (apelação)

Gegen erstinstanzliche Urteile der „Arbeitsgerichte“[756] kann Berufung zum Berufungsgericht (*Tribunal de Relação*) eingelegt werden (Art. 79-A Nr. 1 CPT). Dabei ist

754 So auch ausdrücklich: *Abrantes Geraldes*, Recursos no processo do Trabalho, S. 18.

755 Art. 77 Nr. 1 CPT, für Unwirksamkeitserklärung des Berufungsurteils: Art. 77 Nr. 1 CPT i.V.m. Art. 666 Nr. 1 CPC;
Ac. STJ 16.3. 2017 Proc. Nr. 518/14; Ac. STJ 21.9. 2017 Proc. Nr. 2011/13 (V B 1); ebenso bereits: *Costa Pinto*, EIDT Vol.V, 2007, S. 111–139 (113, 114, 129) m.w.N..

756 Wie gesehen (§ 13 A): nicht eigenständig, Amtsgericht ggf. mit arbeitsrechtlicher Spezialkammer.

ein Antrag auf Überprüfung des Urteils sowohl in sachlicher als auch in rechtlicher Hinsicht möglich. Die Berufungssumme muss grundsätzlich über 5.000 € liegen (Art. 44 Nr. 1 2. Alt. LOSJ, Art. 79 CPT i.V.m. Art. 629 CPC). Für bestimmte Verfahren wie im Fall der Arbeitnehmerkündigung ist, sofern Aktivlegitimation und Berufungsinteresse des Berufungsklägers bestehen (Art. 631 CPC), immer eine Berufung möglich (Art. 79-A Nr. 2 lit. e CPT). Weiter ist die Berufung immer gegen Endentscheidungen im Verfahren der vorläufigen Suspendierung der Kündigung eröffnet (Art. 40 Nr. 1 CPT). Die Berufungsfrist beträgt im Arbeitsprozess grundsätzlich 20 Tage (Art. 80 Nr. 1 CPT). Sie ist teils auf zehn Tage reduziert (Art. 80 Nr. 2 CPT). Ein Beispiel hierfür ist etwa das Rechtsmittel gegen ein Endurteil, welches nach Nichtvorlage des ersten Arbeitgeberschriftsatzes ergeht (Art. 98-J Nr. 3, 79-A Nr. 2 lit. e, 80 Nr. 2 CPT; s. § 13 B I 4). Die zivilrechtlichen Fristen sind hingegen länger (Art. 638 CPC). Unter bestimmten Umständen kann eine Berufung bei berechtigtem Interesse noch nach Ablauf der eigentlichen Berufungsfrist zugelassen werden[757]. Grundsätzlich entfaltet die Berufung nur Devolutiveffekt (Art. 83 Nr. 1 CPT). Nach Kautionszahlung des Berufungsführers kann jedoch die Suspensivwirkung erlangt werden (Art. 83 Nr. 2 CPT). Daneben ist ein Angriff des Urteils wegen Formfehlern möglich (Art. 196 ff. CPC).

Die Berufung ist mittels Antragsschrift (*requerimento*) unter Angabe des Berufungsführers der angegriffenen Entscheidung sowie einer eventuellen Beschränkung der Berufung einzulegen (Art. 81 Nr. 1 CPT). Eine nicht eingeschränkte Berufung eröffnet die gerichtliche Prüfung aller zu Lasten der das Rechtsmittel einlegenden Partei bestehenden Umstände (Art. 635 Nr. 3 CPC).

II. Revision (revista)

Eine weitere Rechtsmittelinstanz wird durch das CPT nicht ausdrücklich geregelt. Deren Existenz im Arbeitsprozess wird jedoch in einigen Normen vorausgesetzt (Art. 80 Nr. 1, 87 CPT). Die Revision (*revista*) zum obersten Zivilgericht (*Supremo Tribunal de Justiça*) ist somit nach allgemeinen Regeln möglich (Art. 1 Nr. 1 CPT i.V.m. Art. 627 Nr. 2, 671 CPC). Hier beträgt die Einlegungsfrist ebenfalls 20 Tage (Art. 80 Nr. 1 CPT) ab der Zustellung des Berufungsurteils. Die Rechtsmittelsumme beträgt jedoch 30.000 € (Art. 44 Nr. 1 1. Alt. LOSJ). Daneben ist die Revision in folgenden Fällen immer zulässig (Art. 672 CPC):

- rechtlich oder sozial wichtige Fragen,
- widersprüchliche Entscheidungen der Obergerichte (*recurso para Uniformização de Jurisprudência* – Antrag auf Rechtsprechungsvereinheitlichung).

Dabei ist zu beachten, dass eine lediglich durch die spezielle Rechtmitteleröffnung zugelassene Berufung gegebenenfalls hinsichtlich ihrem Umfang auf die Erörterung

757 *Abrantes Geraldes*, in EIDT Vol. VI, 2012, S. 205–217 (208).

dieser Thematik beschränkt sein kann[758]. Auch die Sprungrevision (Art. 678 CPC) zum höchsten Zivilgericht wird für den Arbeitsprozess als statthaft angesehen[759]. Über den Rechtsbehelf der „erweiterten Revision“ kann weiter unter Umständen eine Änderung der bisherigen einheitlichen Rechtsprechung erreicht werden (Art. 87 Nr. 1 CPT i.V.m. Art. 686, 687 CPC)[760]. Dieser Antrag an den Präsidenten des obersten Gerichtshofs ist durch die angerufenen Rechtsmittelrichter zu stellen. Im Übrigen bestimmt sich die Statthaftigkeit der Revision nach der Revisionssumme (Art. 629 Nr. 1 CPC) und einigen Sonderfällen, in denen immer eine Revision möglich ist (Art. 629 Nr. 2 CPC).

Neben der positiven Bestimmung der Rechtsmitteleröffnung schließt das Gesetz die Revision für einige Entscheidungen aus (Art. 671 CPC). Zu berücksichtigen ist insbesondere der Ausschluss der Revision gegen vollumfänglich bestätigende Entscheidungen (*dupla conforme* – Art. 671 Nr. 3 CPC): Danach ist eine Revision dann nicht statthaft, wenn das Berufungsgericht die erstinstanzliche Entscheidung ohne wesentlich abweichende Begründung bestätigt hat[761]. Für die Beurteilung des Vorliegens einer abweichenden Entscheidung ist jede Frage gesondert zu betrachten, sodass die Revision auch nur teilweise statthaft sein kann[762]. Bei Arbeitsgerichtsverfahren erfasst dieser Revisionsausschluss die zwingenden Revisionsfälle nicht (Art. 79 CPT i.V.m. Art. 629 Nr. 2 CPC).

D. Einstweiliger Rechtsschutz

Die Anhängigkeit einer erstinstanzlichen Klage entfaltet keinen Suspensiveffekt gegenüber den Kündigungswirkungen. Das Arbeitsverhältnis endet folglich trotz Klageeinlegung. Dies kann zu irreparablen Schäden führen, welche durch eine spätere Entscheidung der Hauptsache nicht behoben werden können. Ein effektiver Grundrechtsschutz, ein durch die Verfahrensdauer unbeeinflusstes Urteil (Art. 6 Nr. 1 EMRK, Art. 20 CRP) und der Ausgleich der schwachen Stellung des Arbeitnehmers erfordern so auch in dem gegenüber dem Zivilverfahren schnelleren arbeitsgerichtlichen Verfahren die Möglichkeit eines den Suspensiveffekt herstellenden einstweiligen Rechtsschutzes[763].

---

758 *Abrantes Geraldes*, Recursos no processo do Trabalho, S. 25.

759 *Alcides Martins*, Direito do Processo Laboral, S. 158.

760 *Abrantes Geraldes*, Recursos no processo do Trabalho, S. 122.

761 Siehe zu noch weiter einschränkender Vorgängernorm: § 3 B III 2.

762 Ac. STJ 17.3. 2016 Proc. Nr. 1274/12 (III 6.2); Ac. STJ 15.9. 2016 Proc. Nr. 14633/14 (III, II); *Abrantes Geraldes*, Recursos no novo Código de Processo Civil, S. 320.

763 *Adelaide Domingos*, EIDT Vol. V, 2007, S. 37–58 (37, 39); *Cláudia Madaleno*, EIDT Vol. VI, 2012, S. 81–129 (84) [dortiger Verweis auf weitere Literatur ist unzutreffend].

Einstweiliger Rechtsschutz gegen die Beendigungen der Arbeitsvertragsbeziehung besteht in Portugal neben dem normalen Klageweg seit 1977[764]. Seit der Reform von 2009 enthält die portugiesische Arbeitsgerichtsverfassung zwei Varianten:

- das besondere einstweilige Verfahren zur vorübergehenden Aufhebung einer Kündigung (*suspensão de despedimento* – Art. 34–40-A CPT – s. § 13 D I)
- ein subsidiäres, ordentliches einstweiliges Verfahren durch den Verweis auf die Zivilprozessordnung (*procedimento cautelar comum* – Art. 32 CPT i.V.m. Art. 362–376 CPC – s. § 13 D II)

Dem Arbeitnehmer steht es frei, ob er diesen zusätzlichen Schutz in Anspruch nehmen möchte oder nur im ordentlichen Verfahren vorgeht. Für die Beantragung des einstweiligen Rechtsschutzes muss er sich anwaltlich vertreten lassen[765].

I. Besonderes einstweiliges Verfahren der Außerkraftsetzung der Kündigung (suspensão de despedimento)

Die einheitliche vorübergehende Außerkraftsetzung der Arbeitgeberkündigung (Art. 34–40-A CPT) ist bereits in Art. 386 CT angelegt, welcher im Gegensatz zu anderen Normen (Art. 387/388 CT) nicht die Individual- von der Kollektivkündigung differenziert:

> *„O trabalhador pode requerer a suspensão preventiva do despedimento."*
>
> Etwa: *„Der Arbeitnehmer kann die vorläufige Außerkraftsetzung der Kündigung beantragen."*

Es ist gleichzeitig das bedeutendste einstweilige Verfahren. Seit 2009 gilt dieses einheitlich für Individualkündigungen und für kollektiv-betriebsbedingte Kündigungen. Dies hat die lange bestehende Unsicherheit über das zutreffende einstweilige Verfahren für die zwischen diesen Kündigungsarten stehende Kündigung wegen Arbeitsplatzwegfalls behoben[766]. Ist das Vorliegen eines Arbeitsverhältnisses zweifelhaft, wird dies erst im Verfahren der Hauptsache geklärt. Ein weiter Anwendungsbereich dieses einstweiligen Verfahrens sichert in solchen Fällen einen

---

764 *L* 48/77 – DR Série I Nr. 158 vom 11.7. 1977, S. 1719–1720.

765 *Joana Vasconcelos*, CPT Art. 98-B – P, S. 16.

766 Bis 2009 differenzierte das Arbeitsgerichtsgesetz die einstweiligen Verfahren für Individualkündigungen (Art. 34–40 CPT idF. bis *DL* 38/2003) und für kollektiv-betriebsbedingte Kündigungen (Art. 41–43 CPT idF. bis *DL* 38/2003). Die Einordnung der Kündigungen wegen Arbeitsplatzwegfall war umstritten.
Siehe z.B. nur: Ac. TRL 22.11. 2006 Proc. Nr. 4185/2006-4 verneinte die Anwendbarkeit eines dieser speziellen einstweiligen Verfahren auf Kündigungen wegen Arbeitsplatzwegfall; dagegen etwa: Ac. TRL 10.10. 2007 Proc. Nr. 6853/2007-4 (IV Nr. 1) auf Fälle des Arbeitsplatzwegfalls sei das einstweilige Verfahren für kollektiv-betriebsbedingte Kündigungen anzuwenden.

effektiven Rechtsschutz. Unter diesem Aspekt ist das für dieses einstweilige Verfahren vertretene sehr weite Verständnis des Kündigungsbegriffs zu sehen. Nach Auffassung der portugiesischen Anwaltskammer werden über den „Kündigungsbegriff" auch die Nichtigkeit eines Vertrages oder Beendigungen von Dienstleistungsverträgen erfasst[767].

1. *Antragsumfang*

Ziel dieses einstweiligen Verfahrens ist die Sicherung der Hauptsacheklage durch Aussetzung der Kündigungswirkungen. Dabei ist zu berücksichtigen, dass nach portugiesischem Recht eine rechtswidrige Kündigung nicht zwingend zur Wiederherstellung des Status Quo vor der Kündigung führt (s. § 10 A II). Damit ist die „Aussetzung der Kündigungswirkungen" nicht mit den Folgen einer rechtswidrigen Kündigung gleichzusetzen. Vielmehr ist der Arbeitnehmer so zu behandeln, als wäre die Kündigung nicht erfolgt[768]. Folglich ist dem Arbeitnehmer der volle Lohn inklusive aller Zuschläge bis zur Entscheidung in der Hauptsache zu zahlen (Art. 39 Nr. 2 CPT). Außerdem besteht ein sofortiger Weiterbeschäftigungsanspruch auf seinem bisherigen Arbeitsplatz. Diese Ansprüche ergeben sich aus den Ansprüchen, welche bei Erfolg der Hauptsache bestehen (Art. 389 CT). Im Rahmen einer verhaltensbedingten Kündigung wird dies meist ein Wiedereinstellungsanspruch sein, da diese verhaltensbedingte Kündigung fristlos möglich ist und damit das Arbeitsverhältnis selbst bei rascher Entscheidung bereits beendet sein wird (s. § 7 B I). Entgegen der eindeutigen Rechtslage nach einem Urteil, welches die Kündigung für rechtswidrig erklärt, gestattet die Rechtsprechung im Rahmen des einstweiligen Rechtsschutzes eine Ersetzung des Weiterbeschäftigungsanspruchs durch Geldzahlung nicht[769]. Dennoch ist die einstweilige Verfügung nach dem Gesetzeswortlaut und nahezu einhelliger Ansicht nur hinsichtlich des Lohnanspruchs sofort vollstreckbar (Art. 39 Nr. 2 CPT)[770]. Dennoch wurde dem Arbeitnehmer in einem Urteil ein vollstreckbarer Anspruch auf tatsächliche Beschäftigung zugesprochen[771]. Der Lohnanspruch ist von einer Arbeitsleistung und dem Ausgang der Hauptsachklage unabhängig[772]. Der Arbeitnehmer müsse sich nicht aktiv um Weiterbeschäftigung bemühen[773]. Dies ist zutreffend, da in der Antragstellung auf vorläufige Aussetzung der Kündigungswirkungen bereits das Leistungsangebot des Arbeitnehmers

767 Conselho distrital da Ordem dos Advogados [Abteilung der Anwaltskammer] Procedimentos cautelares no processo do trabalho II 3.2. http://www.cjlp.org/procedimento_cautelares_processo_trabalho.html (zuletzt abgerufen: 5.12. 2017).

768 Ac. TRC 17.7. 2008 Proc. Nr. 1172/06 (III); *Fernandes Tapadinhas*, EIDT Vol. VI, 2012, S. 60–80 (75).

769 Ac. TRC 17.7. 2008 Proc. Nr. 1172/06 (III).

770 *Chambel Mourisco*, PDT 2009, 235–242 (238, 240, 241).

771 Ac. TRL 14.1. 2009 Proc. Nr. 9114/2008-4.

772 *Fernandes Tapadinhas*, EIDT Vol. VI, 2012, S. 60–80 (75).

773 *Abílio Neto*, CPT, Art. 39 CPT, Rn. 3.

zu sehen ist. Verweigert der Arbeitgeber die Annahme der Arbeitsleistung und will der Arbeitnehmer arbeiten, müsse dies über eine gesonderte allgemeine einstweilige Verfügung beantragt werden (Art. 362 CPC – *procedimento cautelar comum*)[774]. In diesem Verfahren sind der Beschäftigungsanspruch gegen berechtigte Interessen des Arbeitgebers abzuwägen. Der Arbeitgeber kann die Annahme der Leistung der Prozessbeschäftigung daher insbesondere verweigern, wenn ihm die Ablehnung der Weiterbeschäftigung nach der Hauptsacheentscheidung (Art. 392 CT) möglich wäre[775].

2. Verfahrensablauf

Das besondere einstweilige Verfahren ist nur eröffnet, wenn:

- unstreitig ein Arbeitsverhältnis besteht
  „certo que existe uma relação laboral" und
- dieses unstreitig durch Kündigung beendet worden ist.
  „que esta relação contratual haja, indiscutivelmente, cessado por meio de despedimento"[776].

In diesem Fall kann die einstweilige Außerkraftsetzung innerhalb von fünf Werktagen nach Erhalt der schriftlichen Kündigung beantragt werden (Art. 386 CT). Diese Antragsschrift muss die Gründe der Rechtswidrigkeit der Kündigung darlegen[777]. Folglich bestehen trotz der kurzen Frist für die Antragsschrift des einstweiligen Rechtsschutzes höhere Begründungsanforderungen als für die eigentliche Klageschrift der Kündigungsschutzklage. Die Einlegungsfrist des einstweiligen Rechtsschutzes stelle eine von Amts wegen nicht zu beachtende Präklusionsfrist dar[778]. Der ausdrückliche Antrag auf Weiterbeschäftigung wird von der Rechtsanwaltskammer empfohlen[779]. Weiter ist auch im Rahmen des einstweiligen Rechtsschutzes der ausschließliche Gerichtsstand der kollektiv-betriebsbedingten Kündigung zu beachten[780]. Außerdem ist der Erlass der besonderen einstweiligen Verfügung an die Erhebung der Hauptsacheklage in einer verkürzten Frist gekoppelt:

---

774 Ausdrücklich: *Abílio Neto*, CPT, Art. 39 CPR, Rn. 3; in diese Richtung auch: *Fernandes Tapadinhas*, EIDT Vol. VI, 2012, S. 60–80 (75).

775 So auch: Ac. TRL 24.2. 2007 Proc. Nr. 6911/2006–4 (direito); *Fernandes Tapadinhas*, EIDT Vol. VI, 2012, S. 60–80 (776).

776 Ac. TRL 5.12 2007 Proc. Nr. 4811/2007–4 (IV); Ac. STJ (Rechtsprechungsvereinheitlichung) vom 1.10. 2003 Proc. Nr. 02S3073.

777 *Sousa Pinheiro*, Direito Processual do Trabalho, S. 109.

778 Art. 279, 333 CC.

779 *Conselho distrital da Ordem dos Advogados* [Abteilung der Anwaltskammer] Procedimentos cautelares no processo do trabalho II 5.5 abrufbar unter: http://www.cjlp.org/procedimento_cautelares_processo_trabalho.html (zuletzt abgerufen: 5.12. 2017).

780 Systematische Stellung Art. 16 CPT; so ausdrücklich auch: *Bernardo Xavier*, EIDT Vol. VI, 2012, S. 155–183 (169).

- im Fall einer Individualkündigung spätestens in dem Antrag auf einstweilige Aussetzung (Art. 34 Nr. 4, 98-C CPT)
- im Fall einer kollektiv-betriebsbedingten Kündigung in der auf 30 Tage verkürzten Frist zur Einlegung der Hauptsacheklage (Art. 40-A CPT)

Wird die Einlegung der Hauptsacheklage in dieser verkürzten Frist versäumt, wird das einstweilige Verfahren unzulässig. Ob in diesen Fällen das einstweilige Verfahren von Amts wegen zu beenden ist oder nur auf Antrag der Gegenseite, ist strittig[781]. Eine Hauptsacheklage wäre innerhalb der normalen Frist weiter möglich[782]. In der Literatur wird die Fristverkürzung teils für verfassungswidrig gehalten, da dadurch der gleichberechtigte Zugang zu Gericht verhindert werde[783].

Nachdem die Anforderungen an die Klageerhebung des Arbeitnehmers im Rahmen der Kündigungsschutzklage (s. § 13 B I) sehr gering sind, ist die Klagefrist eher als eine Überlegungsfrist zu bewerten. Der Arbeitnehmer, der einstweiligen Rechtsschutz beantragt, hat diese Entscheidung aber bereits getroffen. Eine wesentliche Rechtsverkürzung in Form einer reduzierten Verteidigungsmöglichkeit ist damit nicht erkennbar.

Außerdem kann ein Arbeitnehmer nach der vereinheitlichten Rechtsauffassung der Gerichte nur dann diesen besonderen einstweiligen Rechtsschutz erhalten, wenn der Bestand eines Arbeitsverhältnisses unzweifelhaft ist und er eine Kündigung glaubhaft machen kann[784]. Die gesetzlichen Änderungen haben an der Anwendbarkeit dieser Voraussetzung nichts geändert, da der Gesetzgeber einen von der vereinheitlichten Rechtsprechung abweichenden Willen hätte ersichtlich machen müssen[785].

Nach Eingang des Antrags auf einstweiligen Rechtsschutz wird innerhalb von 15 Tagen der Termin der Hauptverhandlung (*audiência final*) bestimmt (Art. 34 Nr. 1 CPT). Der Antragsgegner wird geladen und ihm wird mitgeteilt, dass für eine Verteidigung die Verteidigungsschrift einschließlich der Unterlagen des Kündigungsverfahrens bis zum Beginn der Hauptverhandlung vorzulegen sind. Grundsätzlich können alle Beweise herangezogen werden; der Zeugenbeweis ist aber auf drei je Partei begrenzt (Art. 35 CPT). Die Beweismittel sind bereits in der Antragsschrift und der Erwiderung hierauf zu benennen (Art. 32, 33 CPT i.V.m. Art. 293

---

781 Für automatisches Erlöschen der Instanz etwa: *Fernandes Tapadinhas*, EIDT Vol. VI, 2012, S. 61–80 (68);
gegen Berücksichtigung von Amts wegen: *Conselho distrital da Ordem dos Advogados* [Abteilung der Anwaltskammer] Procedimentos cautelares no processo do trabalho II 5.5 abrufbar unter: http://www.cjlp.org/procedimento_cautelares_processo_trabalho.html (zuletzt abgerufen: 5.12. 2017).

782 Art. 387 CT für Individualkündigungen 60 Tage; Art. 388 CT für kollektiv-betriebsbedingte Kündigungen sechs Monate.

783 *Mendes Baptista*, A nova acção, S. 129.

784 Ac. STJ Nr. 1/2003 in DR Nr. 262 vom 12.11. 2003, S. 7647–7654 (7650, 7651).

785 *Fernandes Tapadinha*, EIDT Vol. VI, 2012, S. 60–80 (70).

Nr. 1 / 365 Nr. 3 CPC). Die Parteien müssen persönlich erscheinen; Nur in Ausnahmefällen ist eine besonders streng geregelte Vertretung möglich (Art. 37 CPT). Die Hauptverhandlung beginnt im einstweiligen Verfahren ebenfalls mit einem Einigungsversuch. Bleibt dieser erfolglos, folgt die Anhörung der Parteien und die Beweisaufnahme.

3. Entscheidung

Grundsätzlich wird die einstweilige Verfügung unmittelbar im Anschluss an die Hauptverhandlung des einstweiligen Verfahrens erlassen (Art. 36 Nr. 2 a.E. CPT). Bei besonders komplexen Sachverhalten besteht eine Entscheidungsfrist von acht Tagen, wenn das Verfahren bis dato nicht länger als 30 Tage andauert (Art. 36 Nr. 3 CPT). Die einstweilige Verfügung stellt ein unter der auflösenden Bedingung der fristgemäßen Erhebung der Hauptsacheklage stehendes Endurteil dar (Art. 39 i.V.m. 40-A CPT).

Eine unentschuldigte Säumnis gleich welcher Partei führt ohne entsprechende Vertretung zur Abweisung des Antrags (Art. 37 Nr. 1 CPT). Ist der Antragsgegner unentschuldigt säumig oder liegt eine entschuldigte Säumnis vor, wird dem Antrag dagegen entweder stattgegeben oder nach Aktenlage entschieden (Art. 37 Nr. 2, 3 CPT). Dabei ist dem Richter die Anhörung der von der säumigen Partei benannten Zeugen nicht verwehrt[786]. Soweit möglich erfolgt die Beweisaufnahme für beide Parteien[787]. Die Entscheidung ist hinsichtlich der geschuldeten Vergütung vollstreckbar (Art. 39 CPT). Der Arbeitgeber kann die Prozessbeschäftigung anbieten. Dem Arbeitnehmer steht jedoch kein vollstreckbarer Anspruch auf eine tatsächliche Prozessbeschäftigung zu[788].

Der Richter wird die einstweilige Außerkraftsetzung der Kündigung verfügen, wenn nach summarischer Prüfung aller relevanten Punkte die ernsthafte Wahrscheinlichkeit der Rechtswidrigkeit der Kündigung besteht (Art. 39 Nr. 1 CPT). Anzunehmen ist das insbesondere in den gesetzlich aufgeführten Fällen:

- Disziplinarverfahren wurde nicht durchgeführt (Art. 39 Nr. 1 lit. a CPT),
- wichtiger Grund liegt voraussichtlich nicht vor (Art. 39 Nr. 1 lit. b CPT) oder
- die Kündigungsverfahrensvorschriften der kollektiv-betriebsbedingten Kündigung wurden nicht eingehalten (Art. 39 Nr. 1 lit. c CPT).

---

786 *Fernandes Tapadinhas*, EIDT Vol. VI, 2012, S. 60–80 (72); *Mendes Baptista*, A nova acção S. 133.

787 *Sousa Pinheiro*, Direito Processual do Trabalho, S. 85.

788 Ac. TRL 21.10. 2010 Proc. Nr. 384/09, CJ XXXV 2010 T. IV, S. 60–64; *Alcides Martins*, Direito do Processo Laboral, S. 108, 109.

Die Fälle sind nach dem Wortlaut der Norm nicht abschließend[789]. Zweifel des Richters dürfen nicht durch den Erlass der einstweiligen Verfügung „gelöst" werden[790]. Das Gesetz fordert zwar nur eine summarische Prüfung, dennoch muss der Richter mit äußerster Sorgfalt vorgehen und sich der Reichweite seiner Entscheidung bewusst sein[791].

Als Ausdruck des besonderen Schutzes von Schwangeren und Eltern kehrt das Gesetz das Regel-Ausnahme-Verhältnis um. In diesen besonderen Schutzkonstellationen kann nur in besonderen Situationen der Erlass einer beantragten einstweiligen Verfügung verwehrt werden (Art. 63 Nr. 7 CT; s. § 11 A II). Ebenso wird die einstweilige Verfügung gegenüber Mitgliedern einer Arbeitnehmervertretung nur verweigert, wenn das Vorliegen eines wichtigen Grundes sehr wahrscheinlich ist (Art. 410 Nr. 4 CT).

Die einstweilige Verfügung entfaltet keine Rückwirkung[792]. Die Kündigung wird demnach nicht beseitigt, ihre Folgen werden lediglich ex nunc bis zur Entscheidung in der Hauptsache ausgesetzt.

Mangels zweigliedrigen Rechtsmittelsystems kann auch gegen diese einstweilige Verfügung innerhalb von zehn Tagen Berufung eingelegt werden (Art. 40 CPT). Dieses Rechtsmittel hat grundsätzlich Devolutiveffekt (Art. 40 Nr. 2 HS 1CPT). Der Arbeitgeber kann jedoch durch Hinterlegung von sechs Monatsgehältern inklusive der Sozialabgaben den Suspensiveffekt herbeiführen (Art. 40 Nr. 2 HS 2 CPT).

Kritisiert wird, dass das einstweilige Verfahren strengere formelle Anforderungen stelle als das Hauptsacheverfahren; dies stelle eine Umkehr des normalen Verfahrensrechts dar[793]. Außerdem könne der Arbeitgeber das einstweilige Verfahren verzögern, da er für die Sachverhaltsermittlung zuständig sei. Verfahrenstechnisch seien die spezielle Kündigungsschutzklage und das einstweilige Verfahren nur schwer vereinbar[794].

II. Ordentliches einstweiliges Verfahren (Procedimento cautelar comum)

Lange hatten allgemeine einstweilige Verfahren im Arbeitsprozess kaum Bedeutung[795]. Dieses Verfahrensinstrument entwickelte sich erst unter Geltung des CPT 1981. Im aktuellen CPT ist es durch Verweis auf das entsprechende Verfahren

---

789 Art. 39 Nr. 1 CPT: „*designadamente*" – „insbesondere"; a.A.: *Luis Carvalhão*, PDT 2011, 93–105 (103, 104).

790 *Mendes Baptista*, A nova acção, S. 136.

791 So schon: *Mendes Baptista*, Código de Processo de Trabalho, S. 105, 106.

792 Ac. STJ 6/2016 Proc. Nr. 59/07 in DR Série I Nr. 55 vom 18.3. 2016, S. 881–894; so schon: *Furtado Martins*, Cessação do Contrato, S. 462; so auch: Ac. TRP 26.9. 2016 Proc. Nr. 634/15.

793 *Mendes Baptista*, A nova acção, S. 126.

794 *Mendes Baptista*, A nova acção, S. 127.

795 *Sousa Pinheiro*, Direito Processual do Trabalho, S. 80.

der Zivilprozessordnung mit arbeitsrechtlichen Anpassungen ausdrücklich geregelt (Art. 32 CPT i.V.m. Art. 362–376 CPC).

Ist kein spezielleres einstweiliges Verfahren einschlägig, greift subsidiär das allgemeine einstweilige Verfahren. Dies ist im Zusammenhang mit der Beendigung des Arbeitsvertrags etwa der Fall, wenn die Arbeitsbeziehung durch eine andere Erklärung als eine Kündigung beendet werden soll oder bereits die Einordnung des Vertrags strittig ist[796]. Wird der Arbeitnehmer wegen Ungültigkeit seines Vertrags nicht weiter beschäftigt (*caducidade*) oder wird sein Arbeitsvertrag vorläufig ausgesetzt (*suspensão*) greift somit das ordentliche einstweilige Verfahren[797]. Letzteres ist insbesondere im Rahmen des Disziplinarverfahrens denkbar (Art. 329 Nr. 5, 354 CT).

Entsprechend aller zivilrechtlicher einstweiligen Verfahren ist der Rechtsschein des behaupteten Rechts und die Gefahr des Zuspätkommens der Entscheidung zu fordern[798]. Die arbeitsrechtliche allgemeine einstweilige Verfügung fordert darüber hinaus:

- Schaden noch nicht eingetreten
- der Schaden der Verfügung ist nicht größer als der zu verhindernde
- kein spezielleres einstweiliges Verfahren einschlägig[799].

Dabei ist zu beachten, dass der Schaden im Rahmen des Disziplinarverfahrens nur dann noch nicht eingetreten ist, wenn die Disziplinarmaßnahme der vorläufigen Beurlaubung noch nicht verhängt worden ist[800].

Neben den Besonderheiten des Art. 32 CPT sind die entsprechenden Normen Art. 362–376 CPC heranzuziehen. Damit ist insbesondere eine Verbindung zu einem parteiidentischen Hauptsacheverfahren erforderlich[801]. Weiter ist eine vorläufige Gehaltsfortzahlung auch erwirkbar, wenn die Kündigungsschutzklage in der Hauptsache im allgemeinen Verfahren zu betreiben ist (Art. 47 CPT i.V.m. Art. 388 Nr. 1, 2 CPC)[802]. Im allgemeinen arbeitsprozessualen einstweiligen Verfahren ist mit Erhalt des Eröffnungsantrags die Schlussverhandlung zu terminieren, welche mit einem durch den Richter geleiteten Versuch der gütlichen Einigung beginnt (Art. 32 Nr. 1, 2 CPT – abweichend von Art. 367 Nr. 1 CPC). Die Erwiderung kann bis zum Beginn

---

796 Ac. STJ Rechtsprechungsvereinheitlichung (*Uniformização de Jurisprudencia*) Nr. 1/2003 vom 1.10. 2003 Proc. Nr. 02S3073, auch veröffentlicht in: DR Série I-A Nr. 262 vom 12.11. 2003, S. 7647; so auch: *Alcides Martins,* Direito do Processo Laboral, S. 107.

797 Ac. STJ Rechtsprechungsvereinheitlichung Nr. 1/2003 vom 1.10. 2003 Proc. Nr. 02S3073; Ac. TRL vom 23.2. 2005 Proc. Nr. 10760/2004-4 (III).

798 Allgemeine Ansicht. Dazu mit weiteren Nachweisen: *Sousa Pinheiro,* O Procedimento Cautelar Comum, S. 47.

799 *Sousa Pinheiro,* O Procedimento Cautelar Comum, S. 48.

800 *Cláudia Madaleno,* EIDT Vol. VI, 2012, S. 81–129 (116).

801 *Sousa Pinheiro,* O Procedimento Cautelar Comum, S. 67.

802 *Sousa Pinheiro,* Direito Processual do Trabalho, S. 120.

der Schlussverhandlung vorgelegt werden (Art. 32 Nr. 2 CPT). Teils wird darin eine Benachteiligung des Antragstellers gesehen, da ihm so keine Vorbereitung auf die Erwiderung möglich ist[803]. Weiter müssen die Parteien grundsätzlich persönlich erscheinen (Art. 32 Nr. 3 CPT). Im Fall des Nichterscheinens einer Partei erfolgt keine Vertagung (Art. 32 Nr. 4, 33 CPT). Gesetzlich sind hier keine Säumnisfolgen geregelt. Der vorgeschlagenen analogen Heranziehung der Säumnisregeln des besonderen einstweiligen Verfahrens ist zuzustimmen[804]. Demzufolge müsste vor einer Entscheidung, soweit möglich, Beweis für beide Parteien erhoben werden.

III. Verfahren der Zivilprozessordnung

Inzwischen hat der Arbeitsprozess eigene einstweilige Verfahren. Dennoch ist ein Rückgriff auf besondere zivilprozessuale einstweilige Verfahren möglich (Art. 47 CPT). Relevant erscheint insoweit lediglich der Hinweis auf das Arrestverfahren, mit welchem vermögensrechtliche Ansprüche des Arbeitnehmers gesichert werden können (Art. 393–396 CPC). Außerdem kann in extremen Notsituationen die vorläufige Gewährung von Schadenersatz zur Existenzsicherung angewandt werden (Art. 388 CPC)[805].

§ 14 Alternative Streitbeilegungsverfahren

Das Arbeitsprozessrecht fördert eine Einigung außerhalb eines gerichtlichen Urteils mittels alternativer Streitbeilegungsmechanismen. So ist zu mindestens drei Zeitpunkten eines ordentlichen Verfahrens ein Versuch der gütlichen Einigung vorzunehmen: unmittelbar nach der ersten Anhörung der Parteien, im Haupttermin sowie in der dem Haupttermin vorgelagerten Parteianhörung (*conciliação*; s. §13 B I). Neben dieser in das anhängige, gerichtliche Verfahren integrierten innergerichtlichen Streitbeilegung bestehen alternative außergerichtliche Streitbeilegungsmechanismen. Trotz gerade im Arbeitsrecht ausgeprägten Beschleunigungsbemühungen ist die Verfahrensdauer vor ordentlichen Gerichten relativ lang. Ein arbeitsgerichtliches Verfahren erster Instanz dauert ca. zwölf Monate, wohingegen eine Mediation schon in 28 Tagen abgeschlossen sein soll[806]. Außergerichtliche Streitbeilegung könnte so auch bei kündigungsschutzrechtlichen Streitigkeiten attraktiv sein. Daher ist zu klären, welche in Betracht kommen und inwiefern diese auf Kündigungsschutzverfahren anwendbar sind. Für deren

---

803 *Ferreira da Silva*, QL 2000, 57–83 (64).

804 *Sousa Pinheiro*, Direito Processual do Trabalho, S. 85.

805 Ausdrücklich für Anwendbarkeit im Arbeitsprozess: *Sousa Pinheiro*, Direito Processual do Trabalho, S. 120.

806 Daten zu Verfahrensdauer staatlicher Arbeitsgerichtsverfahren aus Statistik des Justizministeriums (Stand 2015) abrufbar unter: www.dgpj.mj.pt/section/estatisticas-de-justica [zuletzt abgerufen: 6.9. 2017); zu Dauer der Mediation: *Sousa Pinheiro*, Direito Processual do Trabalho, S. 46.

Statthaftigkeit spricht neben der Privatautonomie die Erleichterung der überlasteten Gerichte; dagegen steht jedoch der aus der Unterordnung des Arbeitnehmers folgende Schutzgedanke der besonderen Ausgestaltung der arbeitsrechtlichen Vertragsverhältnisse (*favor laboratoris*)[807].

A. Friedensrichter

Das Institut des Friedensrichters ist in mehreren romanischen Rechtsordnungen zu finden. Es stellt eine zivilrechtliche alternative Streitbeilegungsmöglichkeit für einfache oder im Streitwert geringe Streitigkeiten dar. Trotz der Zuordnung der Arbeitsgerichtsbarkeit zu den Zivilgerichten ist in Portugal inzwischen eine Anwendung auf arbeitsrechtliche Streitigkeiten ausdrücklich ausgeschlossen (Art. 151 Nr. 1 LOSJ).

B. Schiedsgerichtsbarkeit *(arbitragem)*

Tarifstreitigkeiten können durch freiwilliges oder zwingendes Schiedsverfahrens beigelegt werden (Art. 529, 505 ff. CT). Das Gesetz sieht für individualrechtliche Streitigkeiten ein solches nicht vor. Die Zulässigkeit eines freiwilligen Schiedsverfahrens für individualrechtliche Streitigkeiten scheitert für Kündigungsschutzverfahren bereits an dem gesetzlich angeordneten Gerichtsvorbehalt (Art. 387 Nr. 1, 388 Nr. 1 CT), da Schiedsgerichte keine staatlichen Gerichte sind [808].

C. Mediation *(mediação)*

Bei einer Mediation wird den Parteien ein Einigungsvorschlag durch einen Dritten, am Streit unbeteiligten und von beiden Parteien akzeptierten Mediator nach Anhörung der Parteien unterbreitet. Ein solches außergerichtliches Verfahren sieht die arbeitsrechtliche Gesetzgebung an verschiedenen Stellen vor (Art. 27-A CPT, Art. 526–528 CT). Letzteres stellt eine Spezialregelung der Mediation kollektivrechtlicher Streitigkeiten dar. Die Verweisung in Art. 27-A CPT gilt dagegen allgemein. Sie scheint auch Kündigungsschutzverfahren zu erfassen. Seit 2006 besteht eine spezielle arbeitsrechtliche Mediation (*Sistema de Mediação Laboral* – SML)[809] nach dem Vorbild der Friedensrichter[810]. Diese arbeitsrechtliche Mediation ist in allen arbeitsrechtlichen Streitigkeiten möglich, soweit sie nicht auf Arbeitsunfällen oder

---

807 So auch: *Moura Vicente*, EIDT Vol. VI, 2012, S. 33–48 (33, 34).

808 E contrario Art. 31–33 LOSJ; Für Zulässigkeit freiwilliger Schiedsverfahren: *Romano Martinez*, Direito do Trabalho, S. 1282, 1283.

809 Protokoll vom 5.5. 2006 zw. Justizministerium und allen Verbänden der Arbeitgeber- und Arbeitnehmerseite; Protokoll abrufbar: www.Ugt.pt/SML2.pdf. (zuletzt abgerufen: 17.11. 2017).

810 *Lei dos Julgados de Paz* – LJP: *L* 78/2001 vom 13.7. 2001 – DR Série I-A Nr. 161, S. 4267–4274.

nicht disponiblen Rechten beruhen (Art. 1 Nr. 1 Protokoll) sowie nicht durch Gesetz den ordentlichen Gerichten vorbehalten sind (Erwägungsgründe zu Protokoll).

In Kündigungsschutzverfahren besteht ein solcher Vorbehalt ordentlicher Gerichte. Für die Arbeitgeberkündigung folgt dies aus der zwingenden Anordnung eines Urteils eines ordentlichen Gerichts (Art. 387 Nr. 1, 388 Nr. 1 CT):

> *„A regularidade e licitude do despedimento só pode ser apreciada por tribunal judicial. / A ilicitude do despedimento colectivo só pode ser declarada por tribunal judicial."*

> Etwa: *„Die formelle und materielle Rechtmäßigkeit einer Kündigung kann nur durch ein (staatliches) Gericht beurteilt werden. / Die Rechtswidrigkeit einer kollektiv-betriebsbedingten Kündigung kann nur durch ein (staatliches) Gericht erklärt werden."*

Im Rahmen der Arbeitnehmerkündigung formuliert Art. 398 Nr. 1 CT die Entscheidungsbefugnis des Gerichts nicht ausschließlich:

> *„A ilicitude da resolução do contrato pode ser declarada por tribunal judicial (...)"*

> Etwa: *„Die Rechtswidrigkeit einer Arbeitnehmerkündigung kann (...) durch ordentliches Gericht erklärt werden."*

In Zusammenschau mit den Erwägungsgründen des Protokolls muss dies dennoch als Zuweisung zu staatlichen Gerichten verstanden werden. Das SML ist nicht eröffnet.

§ 15 Zusammenfassender rechtsvergleichender Ausblick

A. Zusammenfassung des portugiesischen Rechts

Quintessenz Kapitel 5: Durchsetzung des Kündigungsschutzes
1. Arbeitsgerichte sind spezialisierte Kammern der Zivilgerichte.
2. Im Arbeitsgerichtsverfahren ist eine über den Klageantrag hinausgehende "überschießende" Verurteilung (*extra vel ultra petitum*) möglich.
3. Zugang zu Arbeitsgerichtsbarkeit wird neben der allgemeinen Prozesskostenhilfe auch durch Offizialvertretung der Staatsanwaltschaft sichergestellt.
4. Gegen Kündigung bestehen drei mögliche Hauptsacheverfahren: Kündigungsschutzklage, allgemeine arbeitsrechtliche Feststellungsklage und spezielle Kündigungsschutzklage bei kollektiv-betriebsbedingten Kündigungen.
5. Der Anwendungsbereich dieser Klagen ist gesetzlich festgelegt. Es besteht kein Wahlrecht. Die Klageerhebung entfaltet keine aufschiebende Wirkung.
6. Verfahrensbeschleunigung und gütliche Einigung werden stark betont.
7. Die Einlegung und Betreibung des einstweiligen Rechtsschutzes modifiziert auch die Hauptsacheverfahren.

8. Rechtsmittel gegen arbeitsgerichtliche Urteile sind Berufung und Revision. Bei sich widersprechender Rechtsprechung besteht zusätzlich die Möglichkeit der Rechtvereinheitlichung vor dem Obersten Zivilgerichtshof.
9. Im Rahmen von Kündigungsschutzverfahren ist keine alternative außergerichtliche Streitbeilegung statthaft.

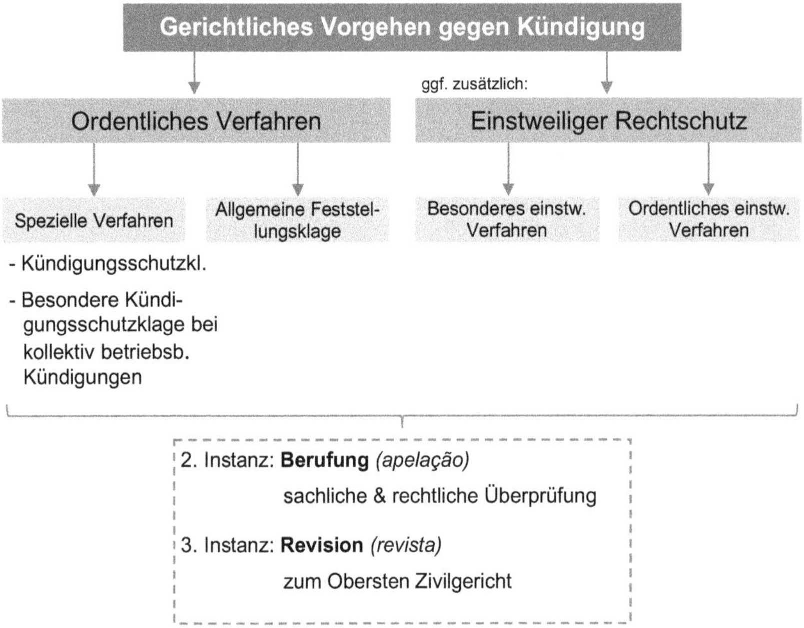

B. Rechtsvergleichende Analyse

Im Gegensatz zu der systematischen Einordnung der Arbeitsgerichtsbarkeit in die ordentliche Gerichtsbarkeit nach portugiesischem Verständnis (s. § 13 A) stellt die Arbeitsgerichtsbarkeit in Deutschland einen eigenen Gerichtszweig dar (Art. 95 Abs. 1 Alt. 4 GG). Folglich bestehen selbstständige Arbeitsgerichte. Die portugiesischen „Kammern für Arbeitssachen" sind systematisch in etwa mit den Kammern für Handelssachen nach § 349 ZPO vergleichbar. Somit ist beim zuständigen Amtsgericht Klage zu erheben; die Verweisung an das „Arbeitsgericht" erfolgt anschließend gerichtsintern.

In Deutschland hat sich die Arbeitsgerichtsbarkeit seit den 1920-iger Jahren entwickelt. Sie ist ein eigenständiges Gebiet mit verfestigten prozessualen Regeln, welche nur selten und dann in geringem Umfang geändert werden. Dagegen erscheint die Entwicklung des Arbeitsprozessrechts in Portugal selbst in jüngerer Zeit noch nicht abgeschlossen: Neben der Umgestaltung der Gerichtsorganisation findet sich eine Dynamik in der prozessrechtlichen Gesetzgebung.

Beide Rechtsordnungen streben gerade bei den Arbeitsgerichtsverfahren eine Prozessbeschleunigung an. Nachdem Portugal bereits 2011 wegen Verstoßes gegen Art. 6 EMRK wegen überlanger Verfahrensdauern verurteilt worden ist, sind diese Maßnahmen der Fristverkürzung und Verfahrensbeschleunigung dringend erforderlich[811]. Gemeinsamer Nenner ist die Verkürzung prozessualer Fristen gegenüber dem Zivilverfahren und die Betonung der gütlichen Einigung. Über diese originär prozessualen Mechanismen hinaus, wirkt in Portugal indirekt beschleunigend, dass nach dem Willen des Gesetzgebers das erstinstanzliche Kündigungsschutzverfahren innerhalb eines Jahres abgeschlossen sein sollte, da bei längeren Verfahren der Staat dem Arbeitnehmer auf Lohnkompensation haftet[812].

Des Weiteren betonen beide Rechtsordnungen im Bereich der Kündigungsschutzklagen das Ziel der gütlichen Einigung. Die gütliche Einigung findet sich in portugiesischen arbeitsgerichtlichen Verfahren in den, zu verschiedenen Zeitpunkten des Verfahrens zwingend vorzunehmenden, Einigungsversuchen bzw. Schlichtungsbemühungen. Dieses Ziel der gütlichen Einigung wird im deutschen arbeitsgerichtlichen Urteilsverfahren gegen Kündigungen durch die vorgelagerte erstinstanzliche Güteverhandlung umgesetzt. Diese ist zwingend und innerhalb einer gegenüber dem Zivilverfahren verkürzten Frist von zwei Wochen nach Zustellung der Klage durchzuführen (§§ 54, 61a I, II ArbGG). Weiter legt das deutsche Verfahrensrecht zwar keine konkreten Zeitpunkte im Gerichtsverfahren fest, zu welchen die gütliche Einigung erneut versucht werden soll, dennoch soll der Richter zu jedem Zeitpunkt eine solche anstreben. Damit bestehen die Unterschiede hier im Detail der Ausgestaltung, nicht aber im Ansatz der Gesetzgeber.

Alternative Streitbeilegungsverfahren sind meist deutlich schneller als ein gerichtliches Verfahren. Daher verwunderte es gerade wegen des Strebens nach Verfahrensbeschleunigung, dass der portugiesische Gesetzgeber trotz ausdrücklicher Regelung alternativer arbeitsrechtlicher Streitbeilegungsverfahren diese im Rahmen der Kündigungsschutzklage nicht zulässt. Die Ursache dafür liegt in der Betonung des verfassungsrechtlichen Bestandsschutzes (Art. 53 CRP). Mit diesem ist ein Handel über den Arbeitsplatz nach portugiesischem Verständnis unvereinbar. Zudem besteht wegen der gesetzlich auch ohne Klageerhebung festgelegten Abfindung als Entschädigung für den Arbeitsplatz anders als nach deutscher Rechtslage nicht das Bedürfnis eine Entschädigung auszuhandeln. Darüber hinaus lässt das portugiesische Recht eine Verhandlung über die Kündigungsfolgen nicht zu, da diese nicht allein Arbeitnehmer und Arbeitgeber betreffen, sondern ihnen zudem eine kollektive (Befriedungsfunktion) zukommt.

Die deutsche Arbeitsgerichtsbarkeit ist bereits in ihrer Stellung von der ordentlichen Zivilgerichtsbarkeit unabhängiger als die portugiesische. Dieser Unterschied

811 EGMR 17.5. 2016 – 4687/11– portugiesischer Fußballverband geg. Portugal.

812 So auch: *Alcides Martins*, Direito do Processo Laboral, S. 187.

manifestiert sich auch in der Rechtsanwendung. So beziehen die Richter des deutschen Arbeitsgerichtsverfahrens im Rahmen der Auslegung des Zivilrechts eine eigene, von der Auslegung der ordentlichen Gerichte unabhängige Position. Die Richter des portugiesischen arbeitsgerichtlichen Verfahrens beschränken sich dagegen meist auf Verweisungen auf die Auslegung der allgemeinen Zivilgerichte. Einerseits wird dadurch die Einheit der Rechtsordnung sichergestellt, andererseits besteht die Gefahr speziell arbeitsrechtlicher Konstellationen nicht vollumfänglich gerecht zu werden. Diese geringere Eigenständigkeit der portugiesischen arbeitsgerichtlichen Rechtsprechung ist der Zuordnung der Arbeitsgerichte zu der Zivilgerichtsbarkeit und dem Umstand geschuldet, dass das Arbeitsgerichtsverfahren erst seit relativ kurzer Zeit eigenständig geregelt ist und so erst seit dem CPT eine gewisse verfahrensrechtliche Unabhängigkeit genießt (inzwischen soweit ersichtlich nach der überwiegenden Ansicht). Mit zunehmender Verfestigung dieser Eigenständigkeit, wird sich zunehmend eine originär arbeitsrechtliche Rechtsauslegung herausbilden und dieses Spannungsverhältnis ausgestalten.

Der Instanzenzug ist in Deutschland ebenfalls dreistufig: Gegen ein erstinstanzliches Urteil ist Berufung zum Landesarbeitsgericht (§§ 8 I, 64 I ArbGG) oder mit Zustimmung der anderen Partei Sprungrevision (§ 76 ArbGG) möglich. Weiter kann gegen das zweitinstanzliche Urteil, sofern zugelassen, die Revision zum Bundesarbeitsgericht erfolgen (§§ 8 III, 72 I ArbGG). Das deutsche Rechtsmittelrecht ist im Gegensatz zu dem portugiesischen i.d.F. des CPT zweigliedrig ausgestaltet: Folglich besteht gegen Beschlüsse das Rechtsmittel der Beschwerde (§ 8 IV ArbGG). Dieses greift im Bereich des Kündigungsschutzverfahrens jedoch nicht.

Unterschiede bestehen des Weiteren im Rahmen der Gerichtsbesetzung: Im Sinn einer effizienteren Verfahrensbearbeitung werden in Deutschland in erster Instanz Einzelrichter eingesetzt. Die Tendenz zum Einzelrichter besteht auch im portugiesischen Prozessrecht. Anders als im Zivilprozess, in welchem seit 2013 in erster Instanz ausschließlich Einzelrichter zuständig sind, wurde im Arbeitsprozess an der Möglichkeit eines Kollegiums bei Überschreiten einer bestimmten Summe festgehalten. Dies verwundert vor dem Ziel einer effizienten Verfahrensgestaltung. Jedoch gewährleistet dies eine größere Objektivität. Welche das ArbGG dadurch herstellt, dass neben dem Einzelrichter als Berufsrichter die Kammern der Arbeitsgerichte und der Senat des BAG zusätzlich mit ehrenamtlichen Richtern (Arbeitgeber- und Arbeitnehmerseite) besetzt sind (§ 16 II, 35 II, 41 II ArbGG). Die portugiesischen Arbeitsgerichte sind dagegen nur mit Berufsrichtern besetzt. Dies führt neben dem Umstand der weniger stringenten Spezialisierung der Arbeitsgerichte zu einer gewissen Praxisferne. So wird durch die portugiesische Literatur auch bemängelt, dass es dem Gericht teils schwer falle die Problematik des Verfahrens zu verstehen und es so unzutreffende Entscheidungen fälle[813]. Dieser Problematik wird zum Teil durch die Erhebung von Sachverständigengutachten entgegengewirkt.

813 *Mendes Baptista*, A nova acção, S. 102.

Auffallend ist die nach dem CT / CPT bestehende große Differenz der Klagefristen zwischen den verschiedenen Klagearten gegen eine Kündigung. Dies ist vor dem Hintergrund, dass alle Klagen auf einem ähnlichen Sachverhalt (Kündigung) beruhen, nicht nachvollziehbar. Die große Fristendifferenz führt in der Rechtsanwendung zu teils erheblichen Problemen. Außerdem hat sich durch die Reform von 2009 die Klagefrist gegen Kündigungen erheblich zu Lasten des Gekündigten verkürzt. Gleichzeitig wird dadurch in vielen Fällen eine schnellere gerichtliche Klärung erreicht, was die Dauer der wirtschaftlichen Unsicherheit für beide Parteien verkürzt. Die Klagefrist des § 4 Satz 1 KSchG beträgt nach deutschem Recht für alle Kündigungsschutzklagen einheitlich drei Wochen. Im Vergleich dazu sind die portugieischen Klagefristen gegen eine Kündigung mit einer Dauer zwischen i.d.R. 60 Tagen und sechs Monaten, maximal jedoch einem Jahr, immer noch sehr lang.

An dieser Stelle ist zu berücksichtigen, dass nach dem CT der Gerichtszugang durch die Fiktion der Akzeptanz der Kündigung gerade bei der speziellen Kündigungsschutzklage wegen kollektiv-betriebsbedingter Kündigung gefährdet ist. Diese in der Unterlassung der Zurücküberweisung der Abfindung liegende Fiktion entfaltet die Wirkung eines Klageverzichts. *Xavier* bezeichnet dies zutreffend als Rechtsverweigerung[814]. Dem Arbeitnehmer wird durch diese Annahme der Abfindung gleichzeitig sein Klagerecht abgesprochen, da die Klagefrist hier sechs Monate beträgt, die Gerichte jedoch bereits bei einer nicht innerhalb von zwei Monaten erfolgten Rückzahlung von einer Akzeptanz der Kündigung ausgehen, welche der Zulässigkeit einer Klage entgegensteht (s. § 10 A I 2 a). Der Arbeitnehmer kann damit ohne sein Wissen und aktives Tun vor Ablauf der Klagefrist sein Klagerecht verlieren. Demgegenüber ist der Klageverzicht des deutschen Rechts aus zweierlei Gründen deutlich weniger problematisch: Als Auflösungsvertrag muss er nach § 623 BGB die Schriftform wahren; Darüber hinaus kann ein Arbeitnehmer diesen Verzicht gerichtlich durch fristgerechte Kündigungsschutzklage überprüfen lassen.

Als weitere Folge der verfassungsrechtlichen Betonung der Beschäftigungssicherheit (Art. 53 CRP) besteht im portugiesischen arbeitsgerichtlichen Verfahrensrecht (in Durchbrechung der Dispositionsmaxime) eine weitreichende Pflicht einer überschießenden Verurteilung (*extra vel ultra petita*)[815], um das zwingende Kündigungsschutzrecht durchzusetzen. Dies ist dem deutschen Kündigungsschutzprozess unbekannt und erinnert eher an die Amtsermittlung des öffentlichen Rechts oder die Verfolgung von Offizialdelikten. Dementsprechend gilt als einer der leitenden Grundsätze des deutschen Zivil- und Verfahrensrechts: „Die Parteien sind Herren des Verfahrens". Daraus folgt, dass die Bindung der Gerichte an den Parteiantrag soweit reicht, wie die Geltung der Dispositionsmaxime (§ 46 II 1 ArbGG, § 308 ZPO). Eine Verurteilung „*extra vel ultra petitum*" ist nur in geregelten Ausnahmefällen wie

---

814 *Bernardo Xavier*, EIDT Vol. VI, 2012, S. 155–183 (183).

815 Die Möglichkeit der überschießenden Verurteilung stellt in Europa eine Besonderheit dar. Häufiger findet sie sich in Lateinamerika (z.B. Argentinien): vgl. *Sousa Pinheiro*, Direito Processual do Trabalho, 53.

der Kostenentscheidung möglich. Auch im Fall sachwidriger Anträge darf sich das Gericht nicht darüber hinwegsetzen. Vielmehr muss es durch Wahrnehmung der Aufklärungspflicht auf eine Korrektur des Antrags hinwirken (§ 139 ZPO). Dennoch kennt auch das deutsche Recht in engen Grenzen ein „Abweichen" vom Klageantrag, nämlich dann wenn das Urteil hinter dem Antrag zurückbleibt oder durch Auslegung des erfolglos gestellten Antrags ein geringerer, diesem immanenter Antrag entschieden wird. So kann in dem Antrag eine fristlose Kündigung für unwirksam zu erklären, der Hilfsantrag liegen, die fristlose in eine befristete Kündigung umzudeuten (§ 140 BGB)[816]. Dass die Klageabweisung auch ohne den Antrag des Beklagten erfolgen kann, folgt schon aus der kontradiktorischen Stellung der Parteien[817].

Hinzuweisen ist noch darauf, dass die Säumnisfolgen im Rahmen der portugiesischen Kündigungsschutzklage schwerwiegender sind als nach deutschem Recht. Da im portugiesichen Kündigungsschutzverfahren mangels begründeter Klageschrift keine Verurteilung nach Aktenlage erfolgen kann.

Auch im Rahmen der Kosten bestehen Unterschiede. Die Stellung der Erledigterklärung hinsichtlich der Kostentragungspflicht ist in Portugal strittig. Die Erledigterklärung befreit nach deutschem Recht nicht zwingend von den Kosten. Maßgeblich für die Kostentragungspflicht ist, ob die Klage jemals begründet war. Ist dies nicht der Fall, könnte die Kostentragung des Gegners für diesen einen Schadenersatzanspruch auslösen[818]. Letztere Situation ist der in Portugal heftig kritisierten vergleichbar. Es ist daher festzustellen, dass es nach beiden Rechtsordnungen alleiniges Risiko des Arbeitnehmers ist, das Beweisrisiko zu akzeptieren oder „kostenpflichtig" abzusichern. Eine Änderung der gesetzlichen Rechtslage aus Billigkeitserwägungen ohne Eingreifen des Gesetzgebers erscheint daher nicht zwingend. Zu einer anderen Beurteilung kann im Rahmen des Arbeitsverfahrens jedoch der Schutzauftrag des schwachen Arbeitnehmers führen.

Das deutsche Arbeitsverfahren kennt ebenfalls trotz verkürzter Fristen die Möglichkeit des einstweiligen Rechtsschutzes. Der einstweilige Rechtsschutz in Arbeitssachen weist kaum Besonderheiten gegenüber dem in normalen Zivilverfahren auf (§§ 62 II, 85 II ArbGG). Zu beachten sind jedoch materiellrechtliche Sonderregelungen hinsichtlich der Betriebsratsbeteiligung (§§ 99, 100 BetrVG).

---

816 BAG 12.5. 2010 – 2 AZR 845/08 Rn. 39, NZA 2010, 1348–1352 (1351, 1352).

817 § 311 II HS 2 ZPO; MüKo/*Wurmnest* BGB § 308 Rn. 5.

818 Vgl. etwa BGH 5.5. 1994 – III ZR 98/93, NJW 1994, 2895–2896.

Kapitel 6: Finale Bewertung des portugiesischen Kündigungsschutzrechts

Nach erfolgter Darstellung und Analyse der einzelnen Elemente des Kündigungsschutzes lohnt eine abschließende Gesamtbetrachtung und Bewertung. Zum einen werden die Beziehungen und Wechselwirkungen der einzelnen erörterten Elemente analysiert, zum anderen sollen rechtsvergleichende Anmerkungen das Bild abrunden und eine Einordnung des Schutznieveaus im internationalen Kontext erleichtern.

§ 16 Zwischen Recht und Rechtsanwendung des portugiesischen Kündigungsschutzrechts

Die juristische Denk- und Arbeitsweise ist in Portugal durch einen starken historischen Bezug jeglicher Argumentation geprägt. Dies wird nicht nur in theoretischen Abhandlungen, sondern gleichermaßen in Urteilsbegründungen sichtbar. Die historische Auslegung ist anderen Rechtsordnungen als ein Auslegungselement ebenfalls bekannt. Deren Gewicht ist in Portugal jedoch auffallend. Dies führt teils zu einem Stillstand der Rechtsentwicklung. Gerade im Kündigungsschutzrecht erscheint der Respekt vor der historisch einmal begründeten Auffassung des „wichtigen Grundes“ so stark, dass eine wirtschaftlich nötige Weiterentwicklung des Kündigungsrechts lange Zeit nicht und dann nur sehr behutsam erfolgt ist.

Ausgangspunkt der Dynamik des Kündigungsschutzes ist in Portugal der Gesetzgeber. Die Vorstöße die Grenzen des sehr engen historischen Verständnisses des wichtigen Grundes auszudehnen erfolgten nicht durch oder auf Drängen von Literatur und Rechtsprechung, sondern auf Initiative des Gesetzgebers. Diese Vorstöße wurden anfangs wegen eines engen Verfassungsverständnisses des portugiesischen Verfassungsgerichts gekippt. Seit TC 107/88 findet in der verfassungsgerichtlichen Rechtsprechung erkennbar ebenfalls ein Umdenken statt. Über Umwege erfolgte eine behutsame und langsame Lockerung der ursprünglich sehr engen historischen Auslegung. Damit nähert sie sich dem Verständnis des Bundesverfassungsgerichts an, welches keine streng historische, sondern am Willen des Verfassungsgebers orientierte und damit in gewissen Umfang wandelbare Verfassungsauslegung vertritt[819]. Die verfassungsrechtliche Auslegung des wichtigen Grundes steht damit einem gelockerten Kündigungsschutzverständnis nicht mehr zwingend im Weg. Wie die Entscheidung des Verfassungsgerichts TC 602/13 zeigt, vertritt es kein streng restriktives Verständnis des wichtigen Grundes mehr, bremst aber gleichzeitig weiterhin extreme Lockerungsversuche welche jüngst insbesondere von Seiten

819 BVerfGE 1, 299 (312); *Badura*, Staatsrecht, S. 24.

der Troika angestoßen worden sind[820]. Es bleibt abzuwarten, ob der Gesetzgeber weiterhin die Grenzen der Lockerungsmöglichkeiten ausloten wird oder ob es nach der Phase der krisenbedingten starken Reformtätigkeit (*L* 23/2012) erneut zu einem Stillstand der Kündigungsschutzentwicklung kommt.

Ein strikt historisches Verständnis der Grundlagen des Kündigungsschutzes findet sich nicht nur in der Auslegung des Verfassungsgerichts, sondern gleichermaßen in der Literatur. So wird etwa vorgeschlagen, dass in Umsetzung der verfassungsrechtlichen Beschäftigungssicherheit der soziale Standard der Arbeitsverhältnisse im Zeitpunkt deren Begründung konserviert werden müsse[821]. Gesetzliche Vorgaben, welche diesen Standard verschlechtern würden, dürften danach nur für nach dem Gesetzeserlass begründete Arbeitsverhältnisse Geltung entfalten. Eine effektive Anpassung des Kündigungsschutzrechts wäre damit weitergehend unmöglich. Die portugiesische Rechtspraxis folgt dieser Ansicht zu Recht nicht, da der Vorschlag der Literatur aus mehreren Gründen abzulehnen ist: zum einen entstünden dadurch willkürliche Unterschiede innerhalb eines Unternehmens für gleiche Arbeitsleistung, zum anderen besteht ein hinreichender Schutz durch das Rückwirkungsverbot, weswegen bereits die Reformen des CT Übergangsregeln vorsehen und beispielsweise die mehrfache Reduzierung der Abfindung zu einer gestuften, phasenabhängigen Berechnung führte. Diese ist dabei von der Dauer des Bestands des Arbeitsverhältnisses unter der Gültigkeit des jeweiligen Gesetzes abhängig.

Die portugiesische arbeitsrechtliche Rechtsprechung begnügt sich in weiten Teilen mit einer – im Vergleich zu dem Agieren des BAG –vorsichtig, wenn nicht zaghaft anmutenden Anwendung des Gesetzes. Auffallend ist weiter, dass die Rechtsprechung sehr viel mit Verweisen arbeitet. Grundsätzlich ist daran nichts auszusetzen. Allerdings erscheint dies in Verbindung mit dem starken Fokus auf einer historischen Auslegung und der damit verbundenen Fixierung auf den Willen des historischen Gesetzgebers mitursächlich für das „Einfrieren" der Rechtsentwicklung. Durch diese Verweisungstechnik lässt sich in Portugal verstärkt das Phänomen beobachten, dass trotz gesetzlicher Neuregelung der Wille des historischen Gesetzgebers durch die Auslegung der Rechtsprechung quasi mit „kalter Hand" weiterregiert. Diese Situationen veranlassen den Gesetzgeber dazu seinen abweichenden Willen mittels einer erneuten Änderung nun ausdrücklich klarzustellen. Letzteres verringert jedoch die Anpassungsfähigkeit der Regelungen.

Die Auslegungstechniken der grammatikalischen und systematischen Auslegung würden eine größere Dynamik erleichtern. Die Analyse der portugiesischen Rechtsanwendung zeigt jedoch, dass sie häufig nicht oder deutlich zu kurz und oberflächlich herangezogen werden. Diese Herangehensweise hat zu einer extremen Betonung des Bestandschutzes (Art. 53 CRP) geführt. Grundsätzlich wird man Kündigungsschutz positiv bewerten. Aber auch im Rahmen des Kündigungsschutzes muss das richtige Maß getroffen werden; „Die Dosis macht das Gift":

---

820 Insbesondere *L* 23/2012.

821 *Menezes Leitão*, Direito do Trabalho, S. 86.

- Ein Zuwenig an Kündigungsschutz verlagert das Unternehmensrisiko auf die Arbeitnehmer und stellt diese vor eine unplanbare Zukunft und potentielle Abhängigkeit von staatlicher Unterstützung.
- Ein Zuviel an Kündigungsschutz kann beispielsweise dazu führen, dass notwendige Umstrukturierungen mit Personalabbau nicht erfolgen und Krisen des Unternehmens so weiter verstärkt werden – eventuell bis hin zur Insolvenz und damit einem deutlich weitergehenden Personalabbau.

Verfassung und CT gehen von einer starken Stellung des Bestandsschutzes aus. Deutlich wird dies durch die Einschränkung der Kündigungsgründe, die sehr strengen formalisierten Kündigungsverfahren und den Umstand, dass der Arbeitgeber eine Wiedereinstellung nur in sehr begrenztem Umfang verhindern kann. Andererseits darf nicht übersehen werden, dass die im Rahmen der objektiven Kündigungen (personenbedingt und betriebsbedingte) im Zeitpunkt der Vertragsbeendigung zu zahlende Abfindung einen sehr starken Anreiz liefert von einer Kündigungsschutzklage Abstand zu nehmen. Der Umstand, dass der gekündigte Arbeitnehmer für eine erfolgversprechende Kündigungsschutzklage die erhaltene Abfindung umgehend zurückweisen muss und damit in einer Phase ohne regelmäßiges Gehalt auf erreichbares Geld verzichten muss, wirkt einem effektiven Bestandsschutz entgegen.

Dementsprechend besteht im portugiesischen Kündigungsschutzrecht ein Spannungsverhältnis zwischen dem normierten Bestandsschutz, der bis zum Ausspruch einer Kündigung eine starke Position einnimmt und der Situation nach Ausspruch einer Kündigung. Nach erfolgter Kündigung besteht der Gedanke des Bestandsschutzes weiterhin in den gesetzlichen Regelungen; die tatsächliche Situation des Gekündigten und das Machtgefälle zwischen Arbeitgeber und Arbeitnehmer wandeln den Bestandsschutz in dieser Phase jedoch in einen gelebten Abfindungsschutz.

Seit der Finanz- und Wirtschaftskrise von 2012 hat der Gesetzgeber mehrfach die Höhe der Abfindung reduziert. Damit wurde vordergründig die finanzielle Belastung der Unternehmen reduziert. Es darf jedoch nicht übersehen werden, dass dadurch auch der Anreiz auf eine Kündigungsschutzklage zu verzichten deutlich geringer ausfällt. Durch Akzeptanz der Abfindung trägt der Arbeitnehmer nicht das Insolvenzrisiko des Arbeitgebers während der Verfahrensdauer. Andererseits wird es gekündigten Arbeitnehmern umso leichter fallen die Abfindung auszuschlagen je geringer sie ist, da in dieser Relation die Aussicht auf eine Wiedereinstellung sowie Kompensation des entgangenen Lohns lukrativer ist.

§ 17 Einordnung des portugiesischen Rechts in den europäischen Rechtsraum

Dynamik in der Entwicklung des Arbeitsrechts unter spezieller Betonung des Arbeitnehmerschutzrechts ist nicht nur im Portugiesischen Arbeitsrecht festzustellen.

Eine allgemeine Tendenz zu stärkerer (insbesondere gesetzlicher) Regulierung des Arbeitsrechts ist in Deutschland erkennbar. Beispiele dafür sind etwa die Einführung des Mindestlohns, eine Verschärfung des Unternehmensstrafrecht nach

Einführung der Compliancemethode oder die Diskussion um Frauenquote und Rückkehrgarantie nach Teilzeit. Die Rechtsprechung des BAG tendiert zudem über die Generalklauseln der §§ 242, 138 BGB zu einer Ausdehnung des speziellen Kündigungsschutzes des KSchG auf alle Arbeitnehmer. Dies steht im Kontrast zu den Zielen der Reformen Portugals, welche eine Liberalisierung des Kündigungsschutzes anstreben.

Darüber hinaus findet sich im deutschen Recht auch Kritik am Kündigungsschutzsystem. Unter anderem wird etwa kritisiert, dass der Ausgang von Kündigungsschutzverfahren kaum vorhersehbar sei und so ein hohes Kostenrisiko für den Arbeitgeber wegen eventuell anfallender Annahmeverzugskosten bestehe; weiter wird kritisch gesehen, dass es von zahlreichen Faktoren abhänge, ob und in welcher Höhe der Arbeitnehmer eine Abfindung erhalte[822]. Neben dem Gerechtigkeitsargument wird für ein Abfindungssystem häufig angeführt, dass dadurch die Gerichtsbarkeit entlastet werde. Ein Vergleich mit der portugiesischen Regelung zeigt zweierlei: Die Annahme der Gerichtsentlastung ist nicht zwingend pauschal zutreffend, da in Portugal wegen des neben der Abfindung bestehenden Bestandsschutzes für eine Weiterbeschäftigung oder höhere Entschädigung ebenfalls geklagt werden muss. Für die Problematik des unkalkulierbaren Prozessrisikos wegen sich summierender ausstehender Lohnzahlungen hat der portugiesische Gesetzgeber dagegen einen Lösungsansatz entwickelt, indem er die den Arbeitgeber treffende Höhe beschränkt hat. Dies hat zudem zu einer Verkürzung der Verfahrensdauer beigetragen.

Das spanische Kündigungsschutzrecht wurde anlässlich der Wirtschaftskrise 2010 / 2011 ebenfalls reformiert. Diese Reformen lockerten unter anderem die im Vergleich zu der portugiesischen Regelung strengere Handhabung einer Kündigung aus wirtschaftlichen Gründen (Art. 51 Estatuto de los Trabajadores). Statt der Voraussetzung, dass eine solche nur zur Verhinderung einer existenzgefährdenden Krise möglich sein soll, genügt nun eine wirtschaftliche Krise. Sowohl eine zulässige als auch eine unzulässige Kündigung hat eine Abfindung zur Folge, deren Höhe zwischen 20 und 45 Tagen beträgt (Art. 53, 56 Arbeitsgesetz Spanien).

Italien hat 2014 eine Reform des Arbeitsrechts durchgeführt. Ziel war ebenfalls die Flexibilisierung der Kündigung – ähnlich wie in Portugal hatte ein hoher Kündigungsschutz dazu geführt, dass große Zurückhaltung mit Neueinstellungen und starke Umgehungstendenzen bestanden. Die Reform lockerte vor allem den Kündigungsschutz in den ersten zwei Jahren eines unbefristeten Arbeitsverhältnisses deutlich. Andererseits wurde versucht eine, den Kündigungsschutz völlig aushebelnde Umgehungspraxis zu beseitigen: die der Blankokündigung[823] des Arbeitnehmers im Zeitpunkt des Vertragsabschlusses. Eine Arbeitnehmerkündigung

822 Vgl. *Bauer*, NZA 2005, 1046–1051 (1046).

823 Unter einer „Blankokündigung" versteht das italienische Recht eine undatierte Arbeitnehmerkündigung, welche der Arbeitnehmer im Zeitpunkt des Abschlusses des Arbeitsvertrags auf Verlangen des Arbeitgebers unterzeichnet und diesem für eine spätere Verwendung übergibt.

bedarf demnach einer ausdrücklichen Bestätigung einer staatlichen Stelle oder einer nach Einreichung der Kündigung vorzunehmenden Bestätigung des Arbeitnehmers.

Erzwungene Blankokündigungen des Arbeitnehmers wurden in den 1990-iger Jahren in Portugal praktiziert[824]. Der Gesetzgeber hat diese Umgehung des Kündigungsschutzes beseitigt. Der kündigende Arbeitnehmer kann seine Kündigung einseitig innerhalb einer siebentägigen Frist widerrufen, sofern die Kündigung nicht notariell bestätigt worden war. Dies verhindert Kündigungen, die nicht auf dem freien Willen, sondern auf Druck des Arbeitgebers beruhen.

Die Abfindungssummen sind im italienischen Arbeitsrecht sehr differenziert und abhängig von zahlreichen Faktoren geregelt. Sie bewegen sich in etwa zwischen zwei und 18 Monatsgehältern[825].

Letztlich führt auch Frankreich 2017 eine Arbeitsmarktreform durch. Diese beinhaltet unter anderem das Ziel den Kündigungsschutz zu lockern: So sollen etwa bei betriebsbedingten Kündigungen Entschädigungen für ungerechtfertigte Kündigungen gedeckelt werden. Das ist in Portugal nicht erfolgt (Art. 389 und 390 CT). Es wurden lediglich Entschädigung für nicht erfolgte Wiedereinstellung gedeckelt. Die gesetzlichen Abfindungssummen sind jedoch mit 1/10 bis 2/10 Monatsgehältern je Betriebszugehörigkeitsjahr relativ gering, zumal dieser Anspruch nur besteht, wenn das Arbeitsverhältnis mindestens zwei Jahre bestand und keine fristlose Kündigung wegen schweren Fehlverhaltens vorliegt[826]. Oft findet jedoch eine tarifvertragliche Erhöhung der Abfindung statt[827].

Extrem gering sind die Abfindungszahlungen in Dänemark: erst nach 15 Jahren besteht im Fall einer rechtswidrigen Kündigung ein Anspruch auf maximal fünf Monatsgehälter Abfindung[828]. Auch die Abfindungszahlungen in England bewegen sich in einem sehr niedrigen Bereich von ca. 1/2 Woche bis zu 1 1/2 Wochen Lohn pro Betriebszugehörigkeitsjahr[829]. Schweden kennt dagegen gar keine gesetzliche, sondern nur tarifvertragliche Abfindungsregelungen[830].

Die vor der Reform gezahlten Abfindungssummen waren in Portugal extrem arbeitnehmerfreundlich. Die Berechnungsgröße von einem Monatsgehalt je Jahr der Betriebszugehörigkeit war großzügig. Zudem bestand keine Obergrenze. Dies ist inzwischen anders. Die Abfindung ist durch die Verringerung der Berechnungsgrundlage und die Einführung einer Höchstgrenze deutlich reduziert. Einerseits

---

824 *Rosário Palma Ramalho*, in Congresso mediterrânico de direito do trabalho, S. 247–263 (252).

825 Gesetz (*Legge*) 92/2012 in Gesetzblatt Italien (*Gazzetta Ufficiale*) Nr. 153 vom 3.7. 2012; Verordnung mit Gesetzeskraft (Decreto Legislativo) 23/2015 vom 4.3. 2015 in Gesetzblatt Nr. 54 vom 6.3. 2015 (beide abrufbar: www.gazzettaufficiale.it).

826 *Welter / Caron*, in Arbeitsrecht in Europa, Rn. 200.

827 *Welter / Caron*, in Arbeitsrecht in Europa, Rn. 200.

828 *Giesen / Eriksen*; EuZA 2009, 1–35 (2).

829 *Harth / Taggart*, in Arbeitsrecht in Europa, Rn. 67.

830 *Berg*, Redundancies and redundancy costs abrufbar unter: http://www.eurofound.europa.eu (zuletzt abgerufen: 2.12. 2017).

führt dies zu einem besser kalkulierbaren Risiko der Abfindungszahlung, andererseits hat damit eine Annäherung an andere Abfindungssummen der Europäischen Union stattgefunden. Allein aus der Perspektive der Abfindungszahlung hat Portugal seinen Platz an der Spitze damit verloren. Dies darf jedoch nicht darüber hinwegtäuschen, dass in der Praxis derzeit teils höhere Abfindungen im Gegenzug für einen Klageverzicht gezahlt werden.

§ 18 Fazit zur Stellung des portugiesischen Kündigungsschutzrechts

Der Schutzstandard des Kündigungsschutzrechts wird wirtschaftlich betrachtet wegen seiner Striktheit und Höhe tendenziell als investitionshemmend wahrgenommen. Eine Analyse der Wirkungen der gesetzlichen Kündigungsschutzregelung ergibt nach wie vor einen sehr hohen Schutzstandard. Das Kündigungsschutzsystem Portugals verschränkt auch nach den Reformen die beiden Grundtendenzen des Kündigungsschutzes: den Bestandschutz einerseits und den Abfindungsschutz andererseits. Diese Grundsystematik besteht unverändert. Der Kündigungsschutz nach portugiesischem Recht lässt sich somit nicht mit Verweis auf Art. 53 CRP vollumfänglich und zutreffend beschreiben. Er stellt vielmehr ein Mosaik verschiedener Elemente dar, welche zueinander in einem Spannungsverhältnis stehen.

So ist auf der einen Seite das Verbot willkürlicher oder diskriminierender Kündigungen zu sehen, welches seine einfachgesetzliche Ausprägung in den gesetzlich zugelassenen Kündigungsgründen und den entsprechenden Verfahren bis zum Ausspruch der Kündigung findet. Auf der anderen Seite verfolgt der Gesetzgeber das Ziel der Entlastung der Gerichtsbarkeit. Dies wird teils durch Verfahren mit gestrafften Fristen oder mehrstufigen Versuchen der gütlichen Einigung erreicht. Allerdings muss auch gesehen werden, dass im Bereich der Frage des Zugangs zu Gericht einige problematische Bestimmungen bestehen:

- Modifikation der Klagefristen durch einstweiligen Rechtsschutzantrag
- Klageverzicht durch Annahme der Abfindung (s. § 10 A I 2 a)

Radikaler Arbeitnehmerschutz steht damit im Spannungsverhältnis zu einer radikalen Strategie der Entlastung der Gerichte. Ein realistisches Bild des Kündigungsschutzes kann so nur durch Berücksichtigung beider Elemente erfolgen.

Eine erhebliche Differenz in der Grundkonstruktion des portugiesischen Kündigungsschutzes im Vergleich zu dem deutschen Kündigungsschutz besteht weiter bereits im Ausspruch der Kündigung. Deren systematische Auswirkungen sind weitreichend: Nach portugiesischem Recht ist eine Kündigung zwingend zu begründen. Ein Nachschieben oder Ergänzen der Begründung wird nur äußerst restriktiv – d.h. im Ergebnis faktisch nahezu nie – zugelassen. Anders nach deutschem Recht: danach ist eine Kündigung grundsätzlich nicht zu begründen (e contrario § 626 II BGB). Dieser andere Ansatz des portugiesischen Rechts führt nicht nur dazu, dass der Kündigungsschutz strenger ist, da Fehler der Kündigungsbegründung nachträglich nicht mehr geheilt werden können, er wirkt sich etwa auch im Bereich des besonderen Kündigungsschutzes aus. Die Umsetzungen der Mutterschutzrichtlinie in Portugal und Deutschland weichen nämlich gerade deswegen erheblich voneinander ab; jeweils ohne eine defizitäre Umsetzung darzustellen (s. § 11 A II 3).

Versteht man die Klagefrist als Überlegungsfrist, so erscheint deren Modifikation bei Einlegung einstweiligen Rechtsschutzes unproblematisch. Der Arbeitnehmer, der einstweiligen Rechtsschutz beantragt, wird sich in der Regel bereits zur Klageerhebung entschieden haben. Auch der einstweilige Rechtsschutzantrag ist zu begründen. Damit werden im Rahmen der allgemeinen Kündigungsschutzklage durch die Erhebung mittels Formular keine weiteren Anforderungen an die Begründung gestellt; im Rahmen der speziellen kollektiven Kündigungsschutzklage nur unwesentlich höhere als bereits im Rahmen des einstweiligen Rechtsschutzantrags. Außerdem führt die Versäumung dieser verkürzten Hauptsachefrist nicht zur Unzulässigkeit der Hauptsacheklage, sondern lediglich zur Unzulässigkeit des einstweiligen Rechtsschutzantrags. Diese Verkürzung erscheint somit durch einen schnellen effektiven Rechtsschutz gerechtfertigt.

Problematischer sieht es bei der Fiktion des Klageverzichts durch Annahme der Abfindung aus. Mangels verpflichtendem Hinweis im Kündigungsschreiben und dem Umstand, dass die Regelung nicht im Zusammenhang mit der Klagefrist erfolgt, besteht hier eine hohe Gefahr der Rechtsverkürzung der Arbeitnehmerrechte. Erschwerend kommt hinzu, dass ein Arbeitnehmer zu diesem Zeitpunkt nicht anwaltlich vertreten sein muss. Damit liegt eine Regelung vor, die den ansonsten hohen Schutzstandard erheblich einschränkt.

Seit August 2017 ist der Arbeitnehmer im Aufhebungsvertrag (s. § 4 C II) ausdrücklich auf sein Recht, diesen innerhalb einer Frist von sieben Tagen nach Vertragsschluss widerrufen zu können, hinzuweisen. Diese Regelung ist zu begrüßen. Sie schafft Gleichheit der betroffenen Arbeitnehmer durch Information. Um sicherzustellen, dass alle Arbeitnehmer die Möglichkeit der Verhinderung der Fiktion des Klageverzichts kennen und somit ein echtes Wahlrecht besteht, wäre eine entsprechende Regelung auch im Rahmen der Abfindung nach Art. 366 CT sinnvoll.

Die derzeit für die meisten Kündigungen geltende Klagefrist von 60 Tagen stellt für Portugal bereits eine erhebliche Beschleunigung des Arbeitsgerichtsverfahrens dar. Vor der Prozessrechtsreform bestand für die meisten Kündigungsschutzklagen eine einjährige Klagefrist. Auch wenn unter Geltung des CT und CPT für die meisten Kündigungen die Klagefrist 60 Tage beträgt, existiert weiterhin eine einjährige Frist. Seit CT besteht sie vor allem dann, wenn der Arbeitgeber gegen Verfahrensvorgaben verstoßen hat (z.B. mündliche Kündigung) und somit weniger schutzwürdig ist. Die Angemessenheit einer solchen einjährigen Frist ist gerade wegen des arbeitsrechtlich betonten Beschleunigungsgrundsatzes fraglich.

Die Regelung der Rechtsfolgen einer Kündigung ist derart ausgestaltet, dass in bestimmten Konstellationen über einen Zeitraum von bis zu einem Jahr Rechtsunsicherheit für den Arbeitgeber besteht: Nicht nur in den Fällen einer Klage gegen die Kündigung, sondern wegen der teils sehr langen Klagefrist auch dann, wenn der Arbeitnehmer nichts unternimmt, eine Klage aber noch möglich ist. Dabei ist zu bedenken, dass die Klagefrist deutlich länger sein kann als die gesetzliche Mindestkündigungsfrist. Sie beträgt zwischen 15 und 75 Tagen; die Klagefrist 60 Tage, sechs Monate oder ein Jahr. Je nach einschlägiger Klageart tritt daher erst nach Ablauf eines Jahres Rechtssicherheit ein. Die Rechtsfolgen der Kündigung, mithin insbesondere die Abfindungszahlung, entfalten trotz dieser Unsicherheit bereits im Zeitpunkt der Vertragsbeendigung ihre Wirkung. Neben der finanziellen Belastung erschwert dies dem Arbeitgeber eine zuverlässige langfristige Personalplanung. Schließlich kann er nach einem entsprechenden Urteil gezwungen sein den gekündigten Arbeitnehmer wiedereinzustellen.

Fraglich ist, wie eine Situation zu behandeln ist, in der der gekündigte Arbeitnehmer nach Erhalt der Kündigung, allerdings noch vor Ablauf der Kündigungsfrist und damit Verfügungsgewalt über die Abfindung Kündigungsschutzklage erhebt und dann die Abfindung nicht unverzüglich zurückweist. Soweit ersichtlich ist dieser Fall nicht geklärt. Wird damit die Klage nachträglich unbegründet? Oder ist die eingelegte Klage als eindeutige Zurückweisung der Abfindung zu verstehen mit der Folge deren Aufrechterhaltung. Aus einer Entscheidung des Verfassungsgerichts lässt sich ein Klärungsansatz entnehmen: Der gekündigte Arbeitnehmer dürfe nicht gegen den Grundsatz des „venire contra factum proprium" verstoßen, indem er einerseits eine Abfindung für die Kündigung annimmt, andererseits diese juristisch versucht zu beseitigen[831]. Nachdem das Gesetz weiter zur Abwendung der Vermutung der Akzeptanz der Kündigung deutlich die Rückgabe der Abfindung fordert, ist in deren Annahme eine konkludente Klagerücknahme zu sehen. Das anhängige Kündigungsschutzverfahren ist damit einzustellen.

Einer näheren rechtsvergleichenden Analyse bedarf auch die Frage der Weiterbeschäftigung für die Dauer des Kündigungsschutzverfahrens. Der Gedanke der Weiterbeschäftigung als Schutzelement des Arbeitnehmers findet sich in beiden Rechtsordnungen. Systematisch erfolgt jedoch eine abweichende Handhabung. Das portugiesische Kündigungsschutzrecht verortet diese Möglichkeit im Prozessrecht; nach deutschem Recht liegen materielle Ansprüche vor.

Nach portugiesischem Recht kann eine Weiterbeschäftigung bzw. Wiedereinstellung während des Verfahrens nur mittels gerichtlich beantragtem einstweiligem Rechtsschutz erlangt werden (s. 13 D). Es besteht kein Anspruch auf Weiterbeschäftigung. Der Erlass eines entsprechenden Urteils setzt keinen Anspruch um, sondern hat das Ziel durch diese einstweilige Maßnahme unumkehrbare Schäden zu verhindern. Anders als nach deutschem Recht besteht nach weiterhin nahezu einhelliger Auffassung (s. § 13 D I 1) jedoch keine Möglichkeit die tatsächliche Beschäftigung durchzusetzen; vollstreckbar ist lediglich der Lohnanspruch. Der Gedanke der Schutzwürdigkeit der Aufrechterhaltung der Arbeitsbeziehungen oder des Wissensstandes findet sich nur sehr vereinzelt und konnte sich bislang nicht durchsetzen. Die Ausgangslage in Deutschland ist anders. Nach deutschem Recht kann ein betriebsverfassungsrechtlicher (§ 102 V BetrVG) oder ein allgemeiner

831 Ac. TC Nr. 581/95, DR Série I-A vom 22.1. 1996.

Weiterbeschäftigungsanspruch (§ 242 BGB i.V.m. Art. 1, 2 I GG) bestehen. Der allgemeine Weiterbeschäftigungsanspruch ist in dem Verfahren der Kündigungsschutzklage mit zu beantragen. Er wird restriktiv gehandhabt, sodass bis zum Ende der ersten Instanz ein solcher nur bei offensichtlicher Unwirksamkeit der Kündigung zugesprochen wird[832]. Liegen die durch die Rechtsprechung aufgestellten Kriterien vor, ist eine vorläufige Weiterbeschäftigung auch ohne entsprechenden Antrag vorzunehmen[833]. Auch der betriebsverfassungsrechtliche Anspruch besteht Kraft Gesetz. Eine gerichtliche Geltendmachung ist nicht zwingend erforderlich. Bestehen die Voraussetzungen (§ 102 V BetrVG) so hat der Arbeitnehmer das Weiterbeschäftigungsverlangen lediglich gegenüber dem Arbeitgeber ausdrücklich anzuzeigen[834]. Die deutsche Regelung schützt den Arbeitnehmer besser. Die Durchsetzung der Prozessbeschäftigung nach portugiesischem Recht ist weniger arbeitnehmerfreundlich ausgestaltet.

Eine Analyse des Schutzstandards sollte eine Differenzierung in die Zeit vor der Finanz- und Wirtschaftskrise mit der Intervention der Troika und die im Kündigungsschutz vor allem durch das Gesetz *L 23/2012* geprägte Zeit danach vornehmen: In der Zeit vor der Krisengesetzgebung bestand ein extrem hoher Schutz vor Kündigungen. Einen Arbeitgeber hat vor einer unbefristeten Einstellung neben den engen Möglichkeiten einer Kündigung auch die in jedem Fall zu zahlende sehr hohe (ein Monatsgehalt je Betriebszugehörigkeitsjahr) und der Höhe nach unbeschränkte Abfindungsregelung abgeschreckt. Durch die Krise traute sich der Gesetzgeber an einige Punkte dieses Kündigungsschutzes heran. Anders als die Proteste gegen diese Reformen vermuten lassen, erfolgte keine Systemveränderung. Innerhalb des bestehenden Systems wurden jedoch leichte Lockerungen des Kündigungsschutzes vorgenommen; wie etwa die Reduktion der Belastungen der Arbeitgeber durch sehr hohe Abfindungen. Diese Reduzierung der Abfindung führt zu einer Annäherung der Abfindungssummen an das in anderen Staaten der europäischen Union zu findende Niveau. Damit wurde ein Element der einstellungshemmenden Ausgestaltung des portugiesischen Kündigungsschutzrechts beseitigt. Vorteilhaft wirkt sich trotz der Reduzierung der Abfindesumme aus, dass die Abfindung in Portugal sofort bei Vertragsbeendigung dem Arbeitnehmer zur Verfügung gestellt werden muss. Dadurch erlangt der Arbeitnehmer einerseits finanziellen Handlungsspielraum, der Arbeitgeber erspart sich auf der anderen Seite lange Phasen der Rechtsunsicherheit wegen einer Kündigungsschutzklage mit potentieller Wiedereinstellungspflicht. Aus diesem Grund erfolgen auch viele Vergleiche mit dem Inhalt einer höheren Abfindung nach Ausspruch der Kündigung. Dabei ist zu berücksichtigen, dass Abfindungen die Arbeitslosenunterstützung nicht beeinträchtigen und auch steuerlich begünstigt sind. Dies erklärt die geringe Zahl der

---

832 *Junker*, Grundkurs Arbeitsrecht, Rn. 393.
833 BAG 22.7.2014 – 9 AZR 1066/12, NZA 2014, 1330–1333 (1332).
834 Vgl. APS/*Koch* BetrVG § 102 Rn. 207; Richardi BetrVG/*Thüsing* BetrVG § 102 Rn. 230 jeweils m.w.N. insbesondere zu Frist der Geltendmachung.

Kündigungsverfahren, die die zweite oder dritte Instanz erreichen. Der Arbeitgeber kauft sich von der Gefahr einer gerichtlichen Feststellung der Rechtswidrigkeit der Kündigung mit weitreichenderen Folgen, wie etwa der Wiedereienstellungspflicht, durch eine höhere Abfindung frei.

Demzufolge lässt sich feststellen, dass statt einer umfassenden Lockerung des Schutzumfangs, die Wirkungen der Reformen hinsichtlich des Systems des Kündigungsschutzes eher kosmetischer Natur sind. Ursächlich dafür ist einerseits die im gesamten Rechtssystem zu findende starke Verwurzelung des verfassungsrechtlichen Beschäftigungsschutzes und andererseits der Umstand, dass einige systemrelevante, weitreichendere Reformen 2013 durch das Verfassungsgericht wieder zurückgenommen worden sind. Diese verfassungsrechtlich für unzulässig erachteten Änderungen betrafen einerseits die Sozialauswahl der Arbeitnehmer bei betriebsbedingten Kündigungen und andererseits den Verzicht auf den vorrangigen Verweis auf einen freien, alternativen Arbeitsplatz. Die Reaktion des Gesetzgebers darauf war in den beanstandeten Bereichen die Wiederherstellung des Status Quo vor der Reform und keine anderstgestalltete Erneuerung des Kündigungsschutzrechts.

Im Zentrum jeglicher Überlegung des portugiesischen Kündigungsschutzrechts steht nach wie vor die verfassungsrechtliche Beschäftigungssicherheit. Die Rechtsanwendung erscheint aus deutscher Sicht traditionell rückwärtsgewandt zu erfolgen. Zutreffend wurde von *Ramalho* festgestellt, dass ein zu strikt einseitiges Verständnis der Beschäftigungssicherheit diese in ihr Gegenteil verwandeln kann[835]: d.h. einen Anreiz zur Vernichtung unbefristeter Arbeitsplätze schafft. Dieser Effekt ist in der Rechtswirklichkeit in Portugal zu beobachten; Beschäftigung erfolgt oftmals nicht über klassische unbefristete Arbeitsverträge.

Zur Umgehung des hohen Kündigungsschutzes im Rahmen der Arbeitsverträge wurden und werden Umgehungsmodelle gesucht, die keinen Kündigungsschutz enthalten. Einige dieser Umgehungsstrategien sind zulässig. So sind etwa befristete Verträge oder Aufhebungsverträge sehr beliebt. Die von diesen Umgehungsmodellen betroffenen Arbeitnehmer kommen nicht in den Genuss des Kündigungsschutzes. Dies ist bei der Gesamtanalyse des Schutzstandards zu berücksichtigen.

Positiv anzumerken ist, dass das Verfassungsgericht seine sehr restriktive Entscheidung TC 107/88 der Auslegung des wichtigen Grundes korrigiert hat. Nach mehreren Urteilen, die teils nur sehr umständlich und vorsichtig andeuteten, dass auch objektive Merkmale verfassungsrechtlich eine Kündigung rechtfertigen können, geht es in seinem Urteil von 2013 deutlich von der verfassungsrechtlichen Akzeptanz subjektiver und objektiver Merkmale der Kündigung aus. Es erscheint jedoch übertrieben, dieses Urteil als Beginn eines deutlichen Umdenkens zu bezeichnen.

Sehr unterschiedlich sind die Formvorschriften die die Kündigungserklärung betreffen ausgestaltet. Viele Rechtsordnungen sehen keine gesetzliche Schriftform

835 *Rosário Palma Ramalho*, Tratado Parte II (4. Aufl.), 770.

vor. Teils wird dies durch Schriftformregelungen in kollektivrechtlichen Verträgen abgemildert. Im Gegensatz zu der zwingenden Schriftform nach § 623 BGB geht das CT zwar erkennbar von dem Regelfall einer schriftlichen Kündigung aus, mündliche oder konkludente Kündigungen bleiben jedoch möglich. Die deutsche Regelung der Schriftlichkeit von Vertragsbeendigungen verfolgt die Ziele der Rechtssicherheit und der Entlastung der Gerichtsbarkeit. Sie verhindert Feststellungsverfahren betreffend die Existenz einer Kündigung. Mit § 623 BGB wurden beide Ziele erreicht. Auch der portugiesische Gesetzgeber strebt neben der Lockerung des Kündigungsschutzes eine Entlastung der Gerichtsbarkeit an. Letzteres wurde aus mehreren Gründen erforderlich. Einerseits um die Verfahrensbearbeitung zu beschleunigen, andererseits um Kosten zu reduzieren. So hat der portugiesische Gesetzgeber neben der bestehenden Regelung der zwingenden Schriftform von Aufhebungsverträgen auch im Rahmen der neu eingeführten Kündigungsschutzklage (s. § 13 B I) die Schriftform der Kündigung als Verfahrensvoraussetzung normiert. Allerdings bleibt die portugiesische Umsetzung der Entlastung der Arbeitsgerichte auf halber Strecke stehen. Folge der Fehlenden Schriftlichkeit ist weiterhin nicht die Unwirksamkeit der Kündigung. Dem Arbeitnehmer ist lediglich das spezialisierte und beschleunigte Verfahren der Kündigungsschutzklage verwehrt. Eine darlegungs- und beweistechnisch schwierigere allgemeine arbeitsrechtliche Feststellungsklage bleibt möglich (s. § 13 B II). Dies ist sehr kritisch zu sehen.

Nach deutschem Recht schützt das Schriftformerfordernis den Arbeitnehmer umfänglich. Die lückenhafte portugiesische Regelung führt dazu, dass in den Fällen der fehlenden Schriftform dem Arbeitnehmer der Zugang zu Gericht erschwert wird. Eine konkludente oder mündliche Arbeitgeberkündigung kann wie gesehen, obwohl durch das Arbeitsgesetz nicht „geplant", das Arbeitsverhältnis beenden und mit Kenntnis des Arbeitnehmers den Beginn der Klagefrist auslösen (s. § 6 B I 1). Klagt der Arbeitnehmer nun nicht im zuständigen Verfahren, verliert er im Fall einer rechtswidrigen Kündigung seine Ansprüche daraus, da diese nur durch gerichtliche Feststellung der Rechtswidrigkeit der Kündigung vollstreckbar entstehen. Die portugiesische Regelung benachteiligt damit den Arbeitnehmer, welcher von einer vom Regelfall der Schriftform abweichenden Kündigung betroffen ist. Nach bestehender Rechtslage ist hier ein Einfallstor der Reduzierung des Kündigungsschutzes des Arbeitnehmers zu sehen. Es besteht die Gefahr der bewussten Ausnutzung dieser Schutzlücke durch Arbeitgeber. Dies ist mit den Zielen der Gleichbehandlung und des effektiven Zugangs zu Gericht unvereinbar. Vorzugswürdiger erscheint hier somit ebenfalls eine verfahrensrechtliche Umsetzung des Schriftformgebots und eine konsequente Risikoverteilung eines Verstoßes zu Lasten des Arbeitgebers.

Die Rechtsprechung steht immer vor dem Problem der Beurteilung eines konkreten Falls. Interessenabwägung und Berücksichtigung des Einzelfalls sind somit Teil eines Entscheidungsprozesses, welcher zu gerechten Urteilen führt. Wenn allerdings in diesem Bereich das rechte Maß überschritten wird, wird es schnell problematisch: Eine Vielzahl stark einzelfallgeprägter Entscheidungen versperren den Weg zu Rechtssicherheit und Vorhersehbarkeit. Beides sind jedoch wichtige

Elemente eines funktionierenden Rechtsstaats und des Vertrauens der Bürger in die Gerichtsbarkeit.

Die portugiesische Rechtsprechung insbesondere zu Kündigungen ist kaum bzw. nicht vorhersehbar. Gesetzgeber und Gerichte haben zwar einige Regelungen geschaffen, an welchen eine Prüfung erfolgt, diese führen allerdings nicht zu einer Prognostizierbarkeit der gerichtlichen Entscheidung. Letztlich nimmt jedes Gericht eine Interessenabwägung vor. Der Kreis der in diese einzubeziehenden Umstände ist sehr weit zu fassen. Dies führt dazu, dass mittels dieser Interessenabwägung dem Gericht die Begründung nahezu jeden Ergebnisses möglich wird. Aus Sicht des Arbeitgebers ist lediglich mit Sicherheit die Tendenz festzustellen, dass der Arbeitnehmerschutz einen sehr hohen Stellenwert genießt. Beim kleinsten Zweifel an der Wirksamkeit oder Angemessenheit der Kündigung ist davon auszugehen, dass das Gericht letztlich die Kündigung nicht akzeptieren wird.

Ein gewisses Maß an Menschlichkeit im Rahmen gerichtlicher Entscheidungen ist nicht zu beanstanden. Diese darf allerdings keinesfalls zu willkürlichen Entscheidungen führen. Eine vorhersehbare und objektive Rechtsprechung fördert die Akzeptanz der Gerichtsbarkeit. Rechtssicherheit gibt den Arbeitgebern mehr tatsächlichen Handlungsspielraum. Investoren stellen einen Arbeitnehmer eher ein, wenn das Risiko der Kündigung klar kalkulierbar ist. Dies ist derzeit nicht erkennbar. Das Gesetz regelt zwar das Wann und Wie einer Kündigung, die Umsetzung dieser Vorgaben lässt jedoch konkrete absehbare Kriterien vermissen. Demgemäß erscheint eine wasserfeste Kündigung – gerade verhaltensbedingt – kaum möglich.

Im Nachgang an diese Analysen bleibt nun noch zu klären, wie das Schutzniveau des portugiesischen Kündigungsschutzes im Besonderen im Verhältnis zu dem deutschen Kündigungsschutz einzuordnen ist und ob der Umstand, dass das Bonitätsranking für Portugal nach der Krise wieder angehoben worden ist den Rückschluss zulässt, dass die Reformen des (Kündigungsschutz-)rechts gewirkt haben.

Dies ist differenziert zu beurteilen: Die Reformen des Kündigungsschutzes haben zu einer Entlastung der Arbeitgeber beigetragen, indem sie insbesondere die Kosten einer Entlassung reduziert haben. Dies ist auch nachhaltig erfolgt und wurde verfassungsrechtlich akzeptiert, obwohl die Entschädigung für den Arbeitsplatzverlust in Portugal wesentliches Element der verfassungsrechtlichen Rechtfertigung einer Kündigung darstellt. Andererseits ist festzuhalten, dass keine größeren Verfahrenserleichterungen des Kündigungsverfahrens „überlebt" haben. Die Änderungen, wie z.B. der Sozialauswahl oder der Streichung der Erforderlichkeit eines alternativen freien Arbeitsplatzes, wurden durch das Verfassungsgericht weitgehend wieder kassiert. Darüber hinaus wird gerade die durch die Intervention der Troika ausgebaute bestehende neue Kündigungsmöglichkeit der personenbedingten Kündigung ohne Arbeitsplatzänderung weiterhin kaum genutzt.

Somit bleibt im Bereich des Kündigungsschutzes der erhebliche Eingriff in die finanzielle Höhe der Abfindung nach einer Kündigung. Dieser ist für die Arbeitnehmer gerade während einer globalen Krise mit erheblichen Arbeitslosenzahlen deutlich sicht- und spürbar (gewesen). Dies trägt zu dem subjektiven Empfinden einer erheblichen Verschlechterung des Kündigungsschutzes bei. Von der Reduzierung der finanziellen Abfederung des Arbeitsplatzverlustes abgesehen, lässt sich diese Wahrnehmung objektiv nicht bestätigen. Systematisch erfolgte keine grundlegende Modifikation des Kündigungsschutzrechts. Die Analyse hat gezeigt, dass trotz des bestehenden sehr präsenten verfassungsrechtlichen Prinzips der Beschäftigungssicherheit der Kündigungsschutz nicht durchgängig extrem arbeitnehmerfreundlich ist. Beginnend bei einem sehr hohen Schutz wegen der strikten Begrenzung der Zulassung einer rechtmäßigen Kündigung finden sich im Bereich der klageweisen Durchsetzung des Bestandsschutzes Regelungen (z.B. Fiktion der Annahme der Kündigung), welche das Gesamtniveau des Kündigungsschutzes senken. Gleichzeitig überwiegt aber auch in diesem Bereich der Arbeitnehmerschutz. Den Arbeitgeber trifft die überwiegende Beweis- und Darlegungslast sowie das strenge Verbot der Ergänzung der Begründung seiner Kündigung. Demgegenüber stehen deutliche Erleichterungen der gerichtlichen Durchsetzung für den gekündigten Arbeitnehmer: Klageerhebung durch Formular oder neben Prozesskostenhilfe auch Unterstützung der Anspruchsdurchsetzung durch die Generalstaatsanwaltschaft.

Hinsichtlich der Höhe des Kündigungsschutzes ist somit das Fazit zu ziehen, dass das portugiesische Kündigungsrecht weiterhin einen sehr hohen Schutz gewährt, dessen Durchsetzung durch die mit CPT eingeführte Kündigungsschutzklage für den Arbeitnehmer effektiver möglich ist. Von der Abfindung abgesehen liegen nur moderate Änderungen vor. Es bleibt jedoch abzuwarten, ob die drastische Reduzierung der Abfindungshöhe dazu führen wird, dass die Arbeitnehmer eine Kündigung weniger leicht hinnehmen. In diesem Fall könnte sich die Erleichterung der Kündigung für die Arbeitgeber in Folge steigender Kündigungsschutzklagen mit Durchsetzung des Bestandsschutzes in das Gegenteil kehren.

Aus wirtschaftlicher Perspektive hat das portugiesische Kündigungsschutzrecht damit weiter eine tendenziell beschäftigungshemmende Wirkung; insbesondere auf unbefristete Neueinstellungen und Investitionen. Dies folgt aus den vergleichsweise stark begrenzten Kündigungsmöglichkeiten, vor allem jedoch aus den komplizierten und strikt einzuhaltenden verfahrensrechtlichen Vorgaben sowie der im Fall einer Kündigungsschutzklage nach wie vor langen Phase der Rechtsunsicherheit.

Anhang: Wichtige portugiesische Begriffe

Hinweis zur Beachtung der Rechtsschreibreform Portugals: seit 2012 werden alle offiziellen Veröffentlichungen nach der neuen Rechtschreibung verfasst. Seit dem 13.5. 2015 gilt sie vollumfänglich. Dennoch liegen weite Teile der Gesetze, Literatur und Rechtsprechung in alter Schreibweise vor. Bei Zitaten wurde die Originalschreibweise beibehalten. Im Übrigen orientiert sich die Arbeit an der seit 13.5. 2015 geltenden Rechtschreibung.

Portugiesisch	**Deutsch**
abandono	Arbeitsniederlegung (außerhalb von Streikhandlung: Arbeitnehmer erscheint mit Kündigungsabsicht nicht zur Arbeit)
acção	Klage
acordão	Berufungsurteil
anulação	Anfechtung
audiência de partes	Güteverhandlung
caducidade	gesetzlich zugelassene Vertragsauflösung; Verfallsfrist
cessação	Vertragsauflösung
comissão de trabalhadores	Arbeitnehmervertretung
comportamento culposo	schuldhaftes Verhalten
conciliação	Versuch der gütlichen Einigung
consórcio	Konzern
constitutivo	rechtsgestaltend
contrato	Vertrag
convenção cole(c)tiva	Tarifvertrag
costume	Sitte
decreto	Verordnung
decreto-lei	Verordnung mit Gesetzeskraft
defesa	Verteidigung
denúncia	„ordentliche“ Arbeitnehmerkündigung
despedimento	Kündigung
despedimento cole(c)tivo	kollektiv-betriebsbedingte Kündigung
despedimento individual	Individualkündigung
dolo	Vorsatz

Portugiesisch	**Deutsch**
empregador	Arbeitgeber
empresa	Unternehmen
estabelecimento	Betrieb
extinção de posto do trabalho	Wegfall des Arbeitsplatzes
facto / fato[836]	Handlung / Tat
facto imputável	schuldhaftes Verhalten
grupo de empresas	Konzern
ilícito	formell rechtswidrig
inadaptação	personenbedingte Kündigung
inquérito prévio	Vorermittlungsverfahren
instância	Instanz
instrução	Untersuchung, Beweiserhebung
inválido	unwirksam
justa causa	wichtiger Grund
lei	Gesetz
licitude	Rechtmäßigkeit
microempresa	Kleinbetrieb
motivo atendível	beachtliche objektive Gründe
negligência	Fahrlässigkeit
nota de culpa	Anschuldigungsschreiben
nulidade	Nichtigkeit
nulo	rechtsunwirksam / nichtig
patrocinio judiciário	Offizialvertretung
processo	gerichtliches Verfahren
processo declarativo	Erkenntnisverfahren
processo declarativo comum	allgemeine Feststellungsklage
processo executivo	Vollstreckungsverfahren
recipiendo	empfangsbedürftig
representante sindical	Arbeitnehmervertretung
resolução	„außerordentliche“ Arbeitnehmerkündigung
sanção disciplinar	Disziplinarmaßnahme
sentença	Urteil

836 Beide Schreibweisen sind weiterhin zulässig.

Portugiesisch	**Deutsch**
termo	Befristung
trabalhador	Arbeitnehmer
tribunal	Gericht
tribunal de comarca	erstinstanzliches Zivilgericht
Tribunal Constitucional	Verfassungsgerichtshof
unidade operacional de una empresa	Betrieb
uso	Übung
vinculado	gebunden

Literaturverzeichnis

Abrantes, Jose João Nunes: Segurança no emprego e justa causa de despedimento in Estudos de Direito do Trabalho, Lissabon 1992, S. 89–124 [zit.: *João Abrantes*, in EDT].

Abrantes, José João: Direito do trabalho – Ensaios, Lissabon 1995 [zit.: *João Abrantes*, Direito do trabalho].

Abrantes, José João: O novo Código do Trabalho e os direitos de personalidade do trabalhador in *Abrantes, José João (Hrsg.)*: Estudos sobre o Código do Trabalho, Coimbra 2004 [zit.: *João Abrantes*, in Estudos sobre o CT].

Alexandre, Isabel: Princípios gerais do Processo do Trabalho in *Ascensão Oliveira/Ruy Albuquerque/Romano Martinez* (Hrsg.): Estudos em Homenagem ao Professor Doutor Raúl Ventura Vol. II, 2003, S. 849–897; auch veröffentlicht in *Martinez, Pedro Romano*: Estudos do Instituto de Direito do Trabalho Vol. III, 2002, S. 389–442; [zit.: *Isabel Alexandre*, in FS Raúl Ventura].

Almeida, Tatiana Guerra de: Do Período Experimental no Contrato de Trabalho, 2007.

Almeida, José Eusébio: A cessação do contrato de trabalho por iniciativa do trabalhador – notas e dúvidas ao novo regime in *Centro de Estudos Judiciários* (CEJ): A reforma do Código do Trabalho, Coimbra 2004, S. 551–570 [zit.: *José Almeida*, in A reforma do CT].

Almeida, Jóse Eusébio: A nova acção de impugnação judicial da regularidade e licitude do despedimento, PDT (Nr. 85) 2010, 97–117.

Almeida, Jóse Eusébio: A Reforma do código de processo do Trabalho e, em especial, a acção de impugnação da regularidade e licitude do despedimento Gedächtnisprotokoll eines gemeinsamen Vortrags mit Albino Mendes Baptista 2010 (abrufbar: http://www.csm.org.pt; zuletzt besucht: 6.11. 2017).

Amado, João Leal: Contrato de Trabalho, 4. Aufl., Coimbra 2014.

Amado, João Leal: O despedimento e a revisão do Código do Trabalho: primeiras notas sobre a Lei n. 23/2012, de 25 de junho in Revista de Legislação e Jurisprudência ano 141 Nr. 3974, 2012 veröffentlicht in Centro de Estudos Judiciários (CEJ): A cessação do contrato de Trabalho, 2014, S. 61–79 abrufbar über: www.cej.mj.pt/cej (zuletzt abgerufen: 4.12. 2017) [zit.: *Leal Amado* in CEJ: A cessação do contrato de Trabalho, S. 61–79].

Amado, João Leal: O gato (persa?), a caixa dele e as toalhas turcas in QL 2008 (ano XV) Nr. 32, S. 259–262.

Andrade, José Carlos Vieira de: Os Direitos Fundamentais na Constituição Portuguesa de 1976, 4. Aufl., Coimbra 2008.

Antunes, Carlos Alberto Lourenço Morais / Guerra, Amadeu Francisco Ribeiro: Despedimentos – e outras formas de cessação do contrato de trabalho, Coimbra 1984 [zit.: *Carlos Antunes/Amadeu Guerra*, Despedimentos].

Antunes, José Engrácia: A disciplina juslaboral da empresa plurissocietária in *Mendes, João de Castro* (Hrsg.): Estudos dedicados ao Professor Doutor Bernardo da Gama Lobo Xavier Vol. I, Lissabon 2015, S. 291–315 [zit.: *Engrácia Antunes*, in FS Bernardo Xavier].

Ascheid / Preis / Schmidt: Kündigungsrecht, 5. Aufl., München 2017 [zit.: APS/ *Bearbeiter*].

Auzero, Gilles /Dockès, Emmanuel: Droit du travail, 30 Aufl., Paris 2016.

Badura, Peter: Staatsrecht, 6. Aufl., München 2015.

Baptista, Albino Mendes: Jurisprudência do Trabalho Anotado – relação individual de trabalho, 3. Aufl., Lissabon 1999.

Baptista, Albino Mendes: Código de Processo de Trabalho Anotado, 2. Aufl., Lissabon 2002.

Baptista, Albino Mendes: Breve apontamento sobre as cláusulas de Rescisão, Revista do Ministério Público (ano 23) 2002 Nr. 91, S. 141–147.

Baptista, Albino Mendes: Prazo de Impugnação judicial do despedimento: A propósito do Arcórdão do supremo tribunal de justiça de 7.12. 2007 in *Cordeiro, António Menezes; Leitão, Luís Menezes; Gomes, Januário da Costa* (Hrsg.) Homenagem da Faculdade de Direito de Lisboa ao Professor Doutor Inocêncio Galvão Telles 90 anos, Lissabon 2007, S. 39–75 [zit.: *Mendes Baptista*, in FS Telles].

Baptista, Albino Mendes: A nova acção de impugnação do despedimento, e a revisão do Código do Processo do Trabalho, Coimbra 2010 [zit.: *Mendes Baptista*, A nova acção].

Bauer, Jobst-Hubertus: Arbeitsrechtlicher Wunschkatalog für mehr Beschäftigung in NZA 2005, 1046–1051.

Bausback, Maria M.: Der Bestandsschutz des Arbeitsverhältnisses auf europäischer und internationaler Ebene, Teil I Entwicklung vom Mittelalter bis zur Gegenwart, Frankfurt am Main 2007 [zit.: *Bausback*, Bestandsschutz des Arbeitsverhältnisses].

Beck'scher Online-Kommentar Verwaltungsverfahrensgesetz, *Posser, Herbert / Wolf, Amadeus* (Hrsg.), 43. Aufl. 1.4. 2016 [zit.: BeckOK VwGO/*Bearbeiter*].

Berg, Annika: Redundancies and redundancy costs [http:www.eurofound.europa.eu/ observatories/articles/thematic-feature-redundancies-and-redundancy costs-12; zuletzt abgerufen: 2.12. 2017].

Bernert, Günther: Arbeitsverhältnisse im 19. Jahrhundert, Marburg 1972.

Brito, Madeira de: A justa causa de despedimento com fundamento na violação dos deveres de assiduidade, zelo e diligência in *Martinez, Pedro Romano* (Hrsg.):

Estudos do Instituto de Direito do Trabalho (EIDT) Vol. II, 2001, S. 119–134 [zit.: *Madeira de Brito*, EIDT Vol. II, 2001].

Canotilho, José Joaquim Gomes: Direito Constitucional e Teoria da Constituição, 7. Aufl., Coimbra 2003 [zit.: *Gomes Canotilho*, Direito Constitucional].

Canotilho, J. J. Gomes / Leite, Jorge: A inconstitucionalidade da lei dos despedimentos in Estudos em homenagem ao Prof. Doutor António de Arruda Ferrer-Correia Coimbra Vol. III, Coimbra 1991, S. 501–580 (Sonderausgabe der Zeitschrift der juristischen Fakultät Coimbras – *Boletim da Faculdade de Direito Universidade de Coimbra)* [zit.: *Gomes Canotilho/Jorge Leite*, in FS Ferrer-Correia, S. 501–580].

Canotilho, Gomes/Moreira, Vital: Constituição da República Portuguesa anotada Vol I (Artigos 1 a 107), 4. Aufl., Coimbra 2007 [*Gomes Canotilho/Vital Moreira*, CRP Vol. I].

Carlos, Adelino da Palma: As partes no Processo do trabalho, Separata aus: Revista da Faculdade de Direito da Universidade de Lisboa, Lissabon 1964. [zit.: *Palma Carlos*, As partes no processo do trabalho].

Carvalhão, António Luís: Despedimento Colectivo (questões práticas) in PDT 2011 (Nr. 90), S. 93–105.

Carvalho, Catarina de Oliveira: Algumas questões sobre a empresa e o direito do trabalho no novo Código do Trabalho in *Centro de Estudos Judiciários* (CEJ): A reforma do Código do Trabalho, Coimbra 2004, S. 437–460 [zit.: *Oliveira Carvalho*, in A reforma do CT]

Carvalho, Catarina de Oliveira: Reflexões sobre a proteção laboral das vítimas de violência doméstica – Breve análise comparativa entre os regimes portugês e espanhol in *Reis, João / Amado, Leal / Fernandes, Liberal / Redinha, Regina* Para Jorge Leite escritos jurídico-laborais, Vol. I Coimbra 2015, S. 143–169 [zit.: *Oliveira Carvalho*, in FS Leite].

Carvalho, António: Reflexões sobre o conceito legal de posto de trabalho in: *Reis, João / Amado, Leal / Fernandes, Liberal / Redinha, Regina* Para Jorge Leite escritos jurídico-laborais, Vol. I Coimbra 2015, S. 119–141 [zit.: *António Carvalho*, in FS Leite].

Carvalho, António: Suspensão ou redução de laboração em situação de crise empresarial in RDES Jan-Jun 2012 ano LIII especial revisão CT, S. 119–161.

Carvalho, Catarina de Oliveira:, Da Dimensão da Empresa no Direito do Trabalho, [Doktorarbeit Universidade Católica Portuguesa], Porto 2008 [zit.: *Oliveira Carvalho*, Da Dimensão da Empresa].

Castro, Maria João de Abreu Mena Guimarães: O operário 1879–82, Porto 1999.

Conselho distrital da Ordem dos Advogados [Abteilung der Anwaltskammer] Procedimentos cautelares no processo do trabalho II 5.5 abrufbar unter: http://www.cjlp.org/procedimento_cautelares_processo_trabalho.html (zuletzt abgerufen: 5.12. 2017).

Cordeiro, António Menezes: Da cessação do contrato de trabalho por inadaptação do trabalhador perante a Constituição da República in RDES (ano XXXIII) 1991 Nr. 1–2, S. 369–421.

Cordeiro, António da Rocha e Menezes (auch: *Cordeiro, António Menezes*): Manual de Direito do Trabalho [Handbuch des Arbeitsrechts], Coimbra 1991 [zit.: *Menezes Cordeiro,* Manual Trabalho].

Cordeiro, António Menezes: Justas Causas de Despedimento in *Martinez, Pedro Romano* (Hrsg.): Estudos do Instituto de Direito do Trabalho – Justa Causa de Despedimento, Vol. II, 2001, S. 7–14 [zit.: *Menezes Cordeiro,* EIDT Vol. II, 2001].

Costa, Adalberto: Código de Processo do Trabalho, Porto 2012.

Costa, Mário Júlio de Almeida: História do Direito Português, 5. Aufl., Coimbra 2012.

Domingos, Maria Adelaide: Procedimentos Cautelares Laborais in *Instituto de Direito do Trabalho / Conselho Distrital de Lisboa da Ordem dos Advogados* (Hrsg.): Estudos do Instituto de Direito do Trabalho – Jornadas de Direito Processual do Trabalho Vol. V, 2007, S. 37–58 [zit.: *Adelaide Domingos,* EIDT Vol. V, 2007].

Esteves, Sá: Algumas reflexões práticas sobre processo do despedimento colectivo in: *Carvalho, Catarina de Oliveira / Gomes, Julio Vieira* (Hrsg) Direito do Trabalho + crise =Crise do direito do trabalho? Coimbra 2011, S. 201–214 [zit.: Esteves, in Direito do Trabalho + crise].

Falcão, David / Tomás, Sérgio: Notas sobre a licitude do despedimento, QL (ano XXII) Nr. 47, 2015, 311–327.

Fernandes, Liberal: „O direito as prestações complementares de segurança social no âmbito dos regimes não profissionais", QL (ano III) Nr. 8, 1996, 132–151.

Fernandes, António Monteiro: A justa causa de despedimento na constituição e na lei – ensaio em torno de um tema antigo, PDT (Nr. 87) 2010, 219–249.

Fernandes, António Monteiro: A justa causa de despedimento entre a Constituição e a lei – Notas de um "check-up" periódico, QL (ano XIX) Nr. 39, 2012, 1 – 48.

Fernandes, António Monteiro: Direito do Trabalho, 18. Aufl., Coimbra 2017.

Ferreira, Alberto Leite: Código de processo do trabalho anotado, 4. Aufl., Coimbra 1996 [zit.: *Leite Ferreira,* CPT].

Ferreira, José Dias: Código Civil Português anotado Vol. I – V, Imprensa Nacional Lisboa

- Vol. I 1870
- Vol. III 1872 [zit.: *Dias Ferreira,* Código Civil Português Vol.].

Ferreira, José Medeiros: Portugal em Transe (1974–1985) in: *Mattoso, José*; História de Portugal Vol. VIII, Lissabon 1994.

Fialho, Manuela Bento: Relevância e enquadramento processual da acção de impugnação judicial da regularidade e licitude do despedimento in *Martinez, Pedro*

Romano: Estudos do Instituto de Direito do Trabalho (EIDT) Vol.VI 2012, S. 139–154 [zit.: *Bento Fialho*, EIDT Vol. VI, 2012].

Franzen, Martin / Gallner, Inken / Oetker Hartmut (Hrsg): Kommentar zum europäischen Arbeitsrecht, 2. Aufl., München 2018 [zit.: Bearbeiter in EuArbR].

Geraldes, António Santos Abrantes: Recursos no processo do Trabalho, Coimbra 2010.

Geraldes, António Santos Abrantes: Recursos no processo do Trabalho in *Martinez, Pedro Romano*: Estudos do Instituto de Direito do Trabalho (EIDT) Vol. VI, 2012, S. 205–219 [zit.: *Abrantes Geraldes*, EIDT Vol. VI, 2012].

Geraldes, António Santos Abrantes: Recursos no novo Código de Processo Civil, 3. Aufl., Coimbra 2016.

Giesen, Richard / Eriksen, Lars: Kündigungsschutz und Arbeitslosenversicherung in Dänemark, EuZA 2009, 1–35.

Gomes, Júlio Manuel Vieira: Da rescição do contrato de trabalho por iniciativa do trabalhador in: António Moreira (Hrsg.): V Congresso nacional de direito do Trabalho, S. 29–66.

Gomes, Júlio Manuel Vieira: Direito do Trabalho Volume I, Relações Individuais de Trabalho, Coimbra 2007 [zit.: *Vieira Gomes*, Direito do Trabalho, Vol. I].

Gomes, Julio Manuel Vieira: Novas novíssimas e não tão novas questões sobre a transmissão da unidade económica em Direito do Trabalho, QL (ano 2007) Nr. 32, 2008, 141–167.

Gomes, Marie Irene: Calcorreando o período experimental ou período de prova in *Reis, João / Amado, Leal / Fernadnes, Liberal / Redinha, Regina* (Hrsg.): Para Jorge Leite escritos jurídico-laborais, Vol. I, Coimbra 2015, S. 349–366 [*Irene Gomes*, in FS Leite].

Harth, Angela / Taggart, Andrew: Arbeitsrecht in Großbritannien in *Henssler, Martin / Braun, Axel* (Hrsg.): Arbeitsrecht in Europa, 3. Aufl. Köln 2011, S. 487–546.

Jorge Leite, Direito do Trabalho Vol. II, Coimbra 2004.

Junker, Abbo: Grund und Grenzen der Arbeitsrechtsvergleichung in *Heldrich, Andreas / Koller, Ingo / Prölss, Jürgen* u. andere (Hrsg.): Festschrift für Claus-Wilhelm Canaris zum 70. Geburtstag, Bd. II, S. 705–720.

Junker, Abbo: EU-Arbeitsrecht in Zeiten der Eurosklerose in EuZA 2016, 428–444 (432).

Junker, Abbo: Grundkurs Arbeitsrecht, 16. Aufl. München 2016.

Koschnitzke, Lukas: Richard H Thaler – der Grenzgänger in Zeit vom 9.10. 2017.

Leite, Fausto: Procedimento do despedimento colectivo, PDT (Nr. 93) 2012, 73–85.

Leitão, Luís Menezes: Direito do Trabalho, 4. Aufl., Coimbra 2014.

Loureiro, Jorge Manuel da Silva: O controlo jurisdicional da decisão de despedimento, PDT 2011 (Nr. 90), 107–114.

Macedo, Pedro de Sousa: Poder Disciplinar Patronal, Coimbra 1990.

Madaleno, Cláudia: Procedimento cautelar comum na jurisdição laboral e providências cautelares previstas no código de processo civil aplicáveis ao processo laboral in *Martinez, Pedro Romano*: Estudos do Instituto de Direito do Trabalho, Vol. VI, 2012, S. 81–130 [zit.: *Cláudia Madaleno*, EIDT Vol. 2012].

Madaleno, Cláudia: Despedimento por causa objetiva. Em especial, a inadaptação in *Mendes, João de Castro* (Hrsg.): Estudos dedicados ao Professor Doutor Bernardo da Gama Lobo Xavier Vol. I, Lissabon 2015, S. 509–563.

Machete, Pedro: A jurisprudência do tribunal constitucional em matéria laboral e as novas tendências do direito do trabalho, S. 125–138 in *Ramalho, Maria do Rosário Palma / Moreira, Teresa Coelho* (Hrsg.): Crise económica: fim ou refundação do direito do trabalho Vol. I, Lissabon 2016.

Marecos, Diogo Vaz: O despedimento por justa causa – procedimento in *Mendes, João de Castro* (Hrsg.): Estudos dedicados ao Professor Doutor Bernardo da Gama Lobo Xavier Vol. II, Lissabon 2015, S. 13–38.

Martinez, Pedro Romano: Direito do Trabalho Vol. II, Contrato de Trabalho T. I, 3. Aufl., Lissabon 1999 [zit.: *Romano Martinez*, Direito do Trabalho Vol. II].

Martinez, Romano Pedro: Incumprimento contratual e justa causa de despedimento in *Martinez, Romano Pedro* (Hrsg.): Estudos do Instituto de Direito do Trabalho – justa causa de despedimento, Vol. II, 2001, S. 93–118.

Martinez, Pedro Romano: Justa causa de despedimento, QL (ano XVIII) Nr. 37, 2011, 107–128.

Martinez, Pedro Romano: O Novo Código de Processo do Trabalho – uma Reforma necessária in *Martinez, Pedro Romano*: Estudos do Instituto de Direito do Trabalho, Vol. VI, 2012, S. 11–20 [zit.: *Romano Martinez*, EIDT Vol. VI, 2012].

Martinez, Pedro Romano: Da Cessação do Contrato, 3. Aufl., Coimbra 2015 [zit.: *Romano Martinez*, Da Cessação do Contrato].

Martinez, Pedro Romano: Direito do Trabalho [Arbeitsrecht], 7. Aufl., Coimbra 2015.

Martins, Alcides: Direito do Processo Laboral, 2. Aufl., Coimbra 2015 [zit.: *Alcides Martins*, Direito do Processo Laboral] wenn 1. Aufl. (2014). gesondert ausgewiesen.

Martins, David Carvalho: A crise e o Direito do Trabalho (2011–2014) in *Mendes, João de Castro* (Hrsg.): Estudos dedicados ao Professor Doutor Bernardo da Gama Lobo Xavier Vol. I, Lissabon 2015, S. 565–615 [zit.: *Carvalho Martins*, in FS Bernardo Xavier].

Martins, David Carvalho / Silv, Rita Canas da: Despedimento por extinção de posto do trabalho – a revisão de 2012 e o acórdão do Tribunal Constitucional de 2013 in *Reis, João / Amado, Leal / Fernadnes, Liberal / Redinha, Regina* (Hrsg.): Para Jorge Leite escritos jurídico-laborais, Vol. I, Coimbra 2015, S. 509–548 [*Carvalho Martins/Canas da Silva*, in FS Leite].

Martins, Pedro Furtado: Cessação do Contrato de Trabalho, 4. Aufl., Cascais 2017 [zit.: *Furtado Martins,* Cessação do Contrato] frühere Auflage, gesondert ausgewiesen.

Marques, A.H. de Oliveira: Breve História de Portugal, 1. Aufl., Lissabon 1995.

Miranda, Jorge / Medeiros, Rui: Constituição Portuguesa Anotada, Tomo I, 2. Aufl., Coimbra 2010.

Monteiro, João: O controlo jurisdicional do despedimento colectivo. Breves considerações, PDT (Nr. 84) 2009, 225–234.

Monteiro, Luís Miguel: Processo de impugnação de despedimento colectivo in *Instituto de Direito do Trabalho / Conselho Distrital de Lisboa da Ordem dos Advogados* (Hrsg.): Estudos do Instituto de Direito do Trabalho – Jornadas de Direito Processual do Trabalho Vol. V, 2007, 77–93 [zit.: *Miguel Monteiro,* EIDT Vol. V, 2007, 77–93].

Morais, Domingos José: A cessação do contrato de trabalho por iniciativa do empregador in *Centro de Estudos Judiciários* (CEJ): A reforma do Código do Trabalho, Coimbra 2004, S. 503–512 [zit.: *José Morais,* in A reforma do CT].

Mourisco, Chambel: A força executiva da decisão que suspende o despedimento, PDT 2009 (Nr. 84), 235–242.

Münchener Handbuch zum Arbeitsrecht Band I Individualarbeitsrecht, 3. Aufl., München 2009 [zit.: Bearbeiter in Münchener HdB Arbeitsrecht].

Münchener Kommentar zum Bürgerlichen Gesetzbuch, Bd. 4 Schuldrecht – Besonderer Teil, *Henssler, Martin / Krüger, Wolfgang* (Hrsg.), 7. Aufl., München 2016 [zit.: MüKo BGB/ *Bearbeiter*].

Münchener Kommentar zur Zivilprozessordnung Band 3: §§ 946–1117, EGZPO, GVG, EGGVG, UKlaG, Internationales und Europäisches Zivilprozessrecht, 5. Aufl., München 2017 [zit.: MüKoZPO/*Bearbeiter*].

Neto, Abílio: Código de Processo do Trabalho – anotado, 5. Aufl., Lissabon 2011 [*Abílio Neto,* CPT].

Neto, Abílio: Novo Código do Trabalho e Legislação Complementar – anotado, 4. Aufl., Lissabon 2013 [*Abílio Neto,* CT].

Neto, Joana: Despedimento por Inadaptação – Reforma ou consagração legal do despedimento sem justa causa; 2. Aufl., Coimbra 2016 [zit.: *Joana Neto,* Despedimento por Inadaptação].

Nobre, Diogo Leote: A relevância dos comportamentos extra-laborais em sede de justa causa de despedimento, Revista da Ordem dos Advogados (ROA) ano 68, 2008, 924–957.

Peskine, Elsa; Wolmark, Cyril: Droit du travail 2016 [Arbeitsrecht], 10. Aufl., Paris 2015.

Pinheiro, Paulo Sousa: Curso breve de direito processual do trabalho, 2. Aufl. Coimbra 2014 [zit.: *Sousa Pinheiro,* Direito Processual do Trabalho].

Pinheiro, Paulo Sousa: O Procedimento Cautelar Comum no Direito Processual do Trabalho, 2. Aufl., Coimbra 2007 [zit.: *Sousa Pinheiro*, O Procedimento Cautelar Comum].

Pinto, Maria José Costa: Recursos em Processo Laboral in *Instituto de Direito do Trabalho / Conselho Distrital de Lisboa da Ordem dos Advogados* (Hrsg.): Estudos do Instituto de Direito do Trabalho – Jornadas de Direito Processual do Trabalho Vol. V, 2007, S. 111–139 [zit.: *Costa Pinto*, EIDT Vol. V, 2007].

Quintas, Helder: A nova acção de impugnação judicial da regularidade e licitude do despedimento, PDT (Nr. 86) 2010, 135–173.

Quintas, Paula / Quintas Helder: Manual de Direito do Trabalho e de Processo do Trabalho, 5. Aufl. Coimbra 2016 [zit.: *Paula Quintas/Helder Quintas*, Manual de Direito do Trabalho].

Rabel, Ernst: Aufgaben und Notwendigkeit der Rechtsvergleichung in *Leser, Hans G.* (Hrsg.): Rabel gesammelte Aufsätze Bd. III, Freiburg 1966.

Ramalho, María do Rosário Palma: Factos de vida privada do trabalhador, prova ilícita e despedimento in Vinte anos, Questões Laborais (QL) Nr. 42, 2013, S. 571–585.

Ramalho, Maria do Rosário Palma: Flexibilização dos despedimentos em context de crise: o fim da protecção do posto do trabalho? in *Rosário Palma Ramalho / Coelho Moreira* (Hrsg.): Estudos Associação Portuguesa de Direito do Trabalho (APODIT) Vol. I: Actas do congresso mediterrânico de direito do trabalho 2016, S. 247–263 [zit.: *Rosário Palma Ramalho*, in Congresso mediterrânico de direito do trabalho].

Ramalho, Maria do Rosário Palma: Tem o direito processual do trabalho princípios próprios? in *Rosário Palma Ramalho / Coelho Moreira* (Hrsg.): Estudos Associação Portuguesa de Direito do Trabalho (APODIT) Vol. II: Novo Código de Processo Civil e o Processo do Trabalho 2016, S. 13–22 [zit.: *Rosário Palma Ramalho*, in Novo CPC e o Processo do Trabalho].

Ramalho, María do Rosário Palma: Tratado de Direito do Trabalho Parte I Dogmática geral, 4. Aufl. Coimbra 2015 [zit.: *Rosário Palma Ramalho*, Tratado Parte I].

Ramalho, María do Rosário Palma: Tratado de Direito do Trabalho Parte II Situações Laborais Individuais, 6. Aufl., Coimbra 2016 [zit.: *Rosário Palma Ramalho*, Tratado Parte II].

Ravara, Diogo: Das ausências ao trabalho decorrentes de violência doméstica in Revista do Céntro de Estudos Judiciarios (Rev. do CEJ) II-2014 S. 179–199.

Reis, Viriato / Ravara, Diogo: A ação especial de impugnação da regularidade e da licitude do despedimento, PDT (Nr. 91/92) 2012, S. 173–220.

Richardi, Reinhard: Betriebsverfassungsgesetz mit Wahlordnung, 15. Aufl., München 2016 [Richardi BetrVG/*Thüsing*].

Roberto, Paula Mendes Ferreira: Despedimento Colectivo – algumas questões práticas, PDT 2011 (Nr. 90), 115–123.

Rouxinol, Milena Silva: Revisitando a caducidade do contrato de trabalho devida a impossibilidade superveniente, absoluta e definitiva de o trabalhador prestar trabalho (maxime, por doença), PDT 2016-II, S. 131–152.

Rosas, Fernando: O Estado Novo (1926–1974) in: *Mattoso, José*, História de Portugal Vol. VII, Lissabon 1994.

Sapateiro, José Eduardo: O regime de recursos do Código do Processo do Trabalho e o Novo Código de Processo Civil in Centro de Estudos Judiciários 2013, S. 65–95.

Silva, Carlos Manuel Ferreira da: Providências antecipatórias no processo de trabalho português, QL 2000 (ano VII) Nr. 15, S. 57–83.

Silva, Filipe Fraústo da: Observações acerca da selecção social no procedimento de despedimento colectivo in *Castro Mendes* (Hrsg.): FS Luís Alberto Carvalho Fernandes Vol. I, Lissabon 2011, S. 541–558; ebenfalls in: QL (ano XVII) Nr. 35/36 2010, S. 83–101.

Silva, Filipe Fraústo da: A acção especial de impugnação judicial da regularidade e licitude do despedimento: um balanço jurisprudencial da sua aplicação in *Ramalho, Maria do Rosário Palma /Moreira, Teresa Coelho* (Hrsg.): O novo Código de processo civil e o processo do trabalho Vol. II, Lissabon 2016, S. 85–101 [zit.: *Fraústo da Silva*, in O novo CPT Vol. II].

Silva, Maria Manuela Maia da: Os Direitos Constitucionais dos Trabalhadores e a sua articulação com o direito ordinário in *Moreira, António*: III Congresso nacional de Direito do Trabalho, Coimbra 2001, S. 109–134.

Sousa, Cláudia Maria Monteiro Gomes de: A fraude à lei e o despedimento colectivo na transmissão da unidade económica, QL (ano XVII) Nr. 35–36, 2010, 159–203 (178).

Sousa, Sofia Silva e: Notas (breves) sobre o procedimento do despedimento colectivo in *Mendes, João de Castro* (Hrsg.): Estudos dedicados ao Professor Doutor Bernardo da Gama Lobo Xavier Vol. III, Lissabon 2015, S. 479–506.

Staudinger (Begr.): Kommentar zum BGB 13. Aufl., Aktualisierung Bandweise [Staudinger/*Bearbeiter*].

Stocker, Frank: Die drei Musketiere der Euro-Zone in Welt (abrufbar unter: www.welt.de; zuletzt abgerufen: 17.11. 2017).

Tapadinhas, Maria Isabel Fernandes: Procedimento cautelar único de suspensão do despedimento in *Martinez, Pedro Romano*: Estudos do Instituto de Trabalho Vol. VI, 2012, S. 60–80 [zit.: *Fernandes Tapadinhas*, EIDT Vol. VI, 2012].

Tursi, Armando; Pier Antonio Varesi: Istituzioni di Diritto del Lavoro – Rapporti di Lavoro e Relazioni sindacali nel settore privato [Institutionen des Arbeitsrechts – Arbeits- und Gewerkschaftsverhältnisse im privatrechtlichen Bereich] Tiziano Treu (Hrsg.), 5. Aufl., Verona 2012.

Vasconcelos, Joana: O conceito de justa causa de despedimento – evolução legislativa e situação actual in *Martinez, Pedro Romano*: Estudos do Instituto de Trabalho – justa causa de despedimento, Vol. II, 2001, S. 15–34.

Vasconcelos, Joana: A revogação do contrato de trabalho, Coimbra 2011.

Vasconcelos, Joana: Comentarios aos Artigos 98-B a 98-P do Código de Processo do Trabalho – Processo especial para impugnação da regularidade e licitude do despedimento, Lissabon 2015.

Vasconcelos, Joana: Condenação extra vel ultra petitum – um mecanismo ultrapassado? in *Martinez, Pedro Romano*: Estudos do Instituto de Trabalho, Vol. VI, 2012, S. 191–204 [zit.: *Joana Vasconcelos*, EIDT Vol.VI, 2012].

Ventura, Raúl: Princípios gerais de direito processual do trabalho in Curso de direito processual do trabalho, Lissabon 1964, S. 31–50 (Hrsg.: Revista da Facudade de Direito da Universidade de Lisboa – Schriftliche Beiträge der Konferenz Neues Prozessrecht) [zit.: *Raúl Ventura,* in Curso de direito processual do trabalho].

Vicente, Moura Dário: Arbitragem e Conflitos Individuais de Trabalho in *Martinez, Pedro Romano*: Estudos do Instituto de Trabalho, Vol. VI 2012, S. 33–48 [zit.: *Moura Vicente,* EIDT Vol. VI, 2012].

Weber, Christoph: Systembildung im Europäischen Arbeitsrecht – Beendigung von Arbeitsverhältnissen in *Richard Giesen; Abbo Junker; Volker Rieble* (Hrsg.): Systembildung im Europäischen Arbeitsrecht, ZAAR Schriftenreihe Band 41, S. 131–152.

Welter, Paule / Caron, Elodie: Arbeitsrecht in Frankreich in *Henssler, Martin / Braun, Axel* (Hrsg.): Arbeitsrecht in Europa, 3. Aufl. Köln 2011, S. 337–392.

Xavier, Bernardo da Gama Lobo: Da justa causa no contrato de trabalho Separata Vol. XIV Boletim Faculdade de Direito da Universidade de Coimbra (BFDUC) Coimbra 1965 [zit.: *Bernardo Xavier,* Justa Causa no Contrato].

Xavier, Bernardo da Gama Lobo: A recente legislação dos despedimentos (o processo disciplinar na rescisão por justa causa) in RDES (ano XXIII) 1976, S. 153–178.

Xavier, Bernardo da Gama Lobo: Substituição da empresa fornecedora de refeições e situação jurídica do pessoal utilizado no local in RDES (ano XXVIII) 1986 Nr. 3, S. 443–459.

Xavier, Bernardo da Gama Lobo: A extinção do contrato de trabalho in RDES (ano XXXI) 1989 Nr. 3, 4, S. 399–480 (vorliegend: Separata).

Xavier, Bernardo da Gama Lobo: Curso de Direito do Trabalho I, 2. Aufl. Lissabon 1993 [zitiert: *Bernardo Xavier,* Curso Trabalho].

Xavier, Bernardo da Gama Lobo: O Despedimento Colectivo no Dimensamento da Empresa, Lissabon 2000 [zit.: *Bernardo Xavier,* Despedimento Colectivo].

Xavier, Bernardo da Gama Lobo: As fontes específicas de direito do trabalho e a superação do princípio da filiação in RDES (ano XLVI) 2005 Nr. 2, 3, und 4, S. 117–153.

Xavier, Bernardo da Gama Lobo: As Fontes Específicas de direito do trabalho e a superação do princípio da filiação in: *Diogo Campos* (Hrsg.) FS Mesquita 2009, S. 1111–1142 [zit.: *Bernardo Xavier*, in FS Mesquita 2009].

Xavier, Bernardo da Gama Lobo: Manual de direito do trabalho, Lissabon 2011 [zit.: *Bernardo Xavier*, Manual Trabalho].

Xavier, Bernardo da Gama Lobo: Compensação por Despedimento, RDES (ano LIII) Jan. – Juni 2012, S. 65–100.

Xavier, Bernardo da Gama Lobo: O Processo Especial de Impugnação do Despedimento Colectivo in *Martinez, Pedro Romano*: Estudos do Instituto do Direito do Trabalho (EIDT) Vol. VI, 2012, S. 155–183 [zit.: *Bernardo Xavier*, EIDT Vol. VI, 2012].

Xavier, Bernardo da Gama Lobo / Carvalho, António Nunes de: Reflexões sobre a intervenção da CITE no âmbito da cessação do contrato de trabalho, RDES (ano LIV) 2013 Nr. 4, S. 7–55.

Zöllner, Wolfgang / Loritz, Karl-Georg: Arbeitsrecht 7. Aufl., München 2015.

Zweigert, Konrad / Kötz, Hein: Einführung in die Rechtsvergleichung, 3. Aufl., Tübingen 1996

Schriften zum Arbeitsrecht und Wirtschaftsrecht

Herausgegeben von Abbo Junker

Band 1 Christoph-N. Lerche: Der Europäische Betriebsrat und der deutsche Wirtschaftsausschuß. Eine vergleichende Analyse der betrieblichen Mitwirkung der Arbeitnehmer vor dem Hintergrund der Globalisierung der Märkte. 1997.

Band 2 Christian Walter Mecke: Zur rechtlichen Verbindlichkeit kollektiver Vereinbarungen in England. 1997.

Band 3 Katja Francke: Die betriebliche Mitwirkung der Arbeitnehmer in Belgien. Unter Berücksichtigung vergleichender Aspekte zum deutschen Betriebsverfassungsrecht. 1997.

Band 4 Christian Schulze: Die Zulässigkeit einstweiliger Verfügungen gegen Betriebsänderungen. 1998.

Band 5 Stefan Miersch: Die Rechtsfolgen mitbestimmungswidriger Maßnahmen für das Arbeitsverhältnis. Eine zivilrechtsdogmatische Untersuchung. 1998.

Band 6 Heike Wegner: Internationaler Verbraucherschutz beim Abschluß von Timesharing-verträgen: § 8 Teilzeitwohnrechtegesetz. 1998.

Band 7 Julia Wichmann: Dienstleistungsfreiheit und grenzüberschreitende Entsendung von Arbeitnehmern. 1998.

Band 8 Johann-Volker Peter: Société par actions simplifiée (S.A.S.). Die Vereinfachte Aktiengesellschaft in Frankreich, eine Rechtsform für die Kooperation von Unternehmen. 1999.

Band 9 Sylvia Schnelle: Der Europäische Betriebsrat in Spanien. Zugleich eine Einführung in das spanische Recht der Arbeitnehmervertretung. 1999.

Band 10 Viktoria Bornhagen: Die Zumutbarkeit als Rechtsgedanke im Arbeitsrecht. 1999.

Band 11 Thorsten Schacht: Der Übereilungsschutz beim arbeitsrechtlichen Aufhebungsvertrag. Arbeitnehmerschutz bereits de lege lata? 2000.

Band 12 Marcus Hellmann: Immobilienkauf nach spanischem Recht. 1999.

Band 13 Nicolaus Johannes Ehinger: Die juristischen Personen des öffentlichen Rechts als herrschende Unternehmen. 2000.

Band 14 Alexander Lentz: Das kollektive Arbeitsrecht der Republik Südafrika. Eine Untersuchung mit Bezügen zum deutschen Recht. 2000.

Band 15 Michaela Brunssen: Der Arbeitgeberverbandswechsel. Tarifrechtliche und arbeitskampfrechtliche Konsequenzen. 2000.

Band 16 Morten Petersenn: Das Recht des Grundstückskaufs in Südafrika. 2000.

Band 17 Stefan Krüger: Die umwandlungsrechtliche Haftungsregelung bei der Betriebsaufspaltung und ihre Analogiefähigkeit. 2001.

Band 18 Jürgen Kitzinger: Der GmbH-Geschäftsführer zwischen Arbeits- und Gesellschaftsrecht. Im Blickpunkt: Zuständigkeit der Arbeitsgerichte. 2001.

Band 19 Anja Ruge: Die Lohnersatzansprüche ehemaliger Zwangsarbeiter gegen deutsche Industrieunternehmen. 2001.

Band 20 Michael Knoll: Die Sozialauswahl im Arbeitsrecht. 2001.

Band 21 Britta Albrecht: Mediation im Arbeitsrecht. Individualarbeitsrecht und Betriebsverfassungsrecht. 2001.

Band 22 Annusch Barten: Das System der Arbeitnehmervertretung in Frankreich. 2001.

Band 23 Diane Westera: Der Wiedereinstellungsanspruch nach wirksamer Kündigung. 2001.

Band 24 Kristin Doerlich: Die Tariffähigkeit der Gewerkschaft. Eine Analyse der Mächtigkeitsrechtsprechung des Bundesarbeitsgerichts im Lichte neuerer Erfahrungen. 2002.

Band 25 Tina Witten: Vertragsgestaltung und Gesetzesbindung im Recht der Zeitarbeit. 2002.

Band 26 Martin Hellfeier: Die Leistungszeit im Arbeitsverhältnis. Eine Untersuchung zum Fixschuldcharakter der Arbeitspflicht und zu den Folgen ihrer Nichterfüllung. 2003.

Band 27 Almut Maulshagen: Betriebliche Arbeitskampfregelungen. 2003.

Band 28 Maren Band: Tarifkonkurrenz, Tarifpluralität und der Grundsatz der Tarifeinheit. 2003.

Band 29 Manuela Schulz: Der Bereitschaftsdienst in öffentlich-rechtlich organisierten Krankenhäusern. Eine rechtliche Bewertung. 2003.

Band 30 Felix Benedikt: Die Kürzung von Tariflöhnen zur Sanierung. Eine verfassungskonforme Auslegung des § 3 III TVG entsprechend § 626 BGB. 2003.

Band 31 Tim Kaden: Individuelle Bündnisse für Arbeit und Günstigkeitsprinzip. 2003.

Band 32 Simone Kreiling: Die Erstreckung betrieblicher und betriebsverfassungsrechtlicher Tarifnormen auf Außenseiter. 2004.

Band 33 Carsten Beck: Betriebliche Mitbestimmung und Kündigungsschutz. Die Funktionen betrieblicher Mitbestimmung im und deren Einfluß auf den Kündigungsschutz nach dem KSchG. 2004.

Band 34 Jost Eder: Die Regelungsabrede als Alternative zur Betriebsvereinbarung bei der Gestaltung materieller Arbeitsbedingungen. 2004.

Band 35 Christian Pfab: Wirkungsweise und Reichweite tarifvertraglicher Öffnungsklauseln. 2004.

Band 36 Julia Amlang: Die unternehmerische Entscheidungsfreiheit bei „betriebsbedingten Kündigungen" im europäischen Rechtsvergleich. Kündigung aus wirtschaftlichen Gründen in Deutschland, Frankreich, Spanien, Großbritannien und Schweden. 2005.

Band 37 Alida Milthaler: Das Fragerecht des Arbeitgebers nach den Vorstrafen des Bewerbers. 2006.

Band 38 Doreen Peter: Nebentätigkeiten von Arbeitnehmern. Interessenkollisionen von Arbeitgebern und Arbeitnehmern. 2006.

Band 39 Julia V. C. Bartlog: Das Verhältnis von Gesetz und Tarifvertrag. 2006.

Band 40 Michael Fuhlrott: Der geschädigte Arbeitnehmer. Zur Verfassungsmäßigkeit des Ausschlusses von Schmerzensgeld in der Unfallversicherung sowie zur Herleitung der Haftung bei Eigenschäden im Hinblick auf das Verschuldensprinzip. 2006.

Band 41 Femke Reinecke: Leistungsbestimmung des Arbeitnehmers. 2006.

Band 42 Maria M. Bausback: Der Bestandsschutz des Arbeitsverhältnisses auf europäischer und internationaler Ebene. Entwicklungen vom Mittelalter bis zur Gegenwart. Teil 1 / Teil 2. 2007.

Band 43 Jens Günther: AGB-Kontrolle von Arbeitsverträgen. Analyse der deutschen Rechtslage nach der Schuldrechtsreform und vergleichende Betrachtung des österreichischen Kontrollsystems. 2007.

Band 44 Claudiana Triskatis: Ethikrichtlinien im Arbeitsrecht. 2008.

Band 45 Annette Bruder: Die Weitergabe von Insiderinformationen durch Arbeitnehmervertreter. 2008.

Band 46 Ute Dietrich: Nichtraucherschutz am Arbeitsplatz. 2008.

Band 47 Markus Ebert: Übertragung und Zuordnung von Versorgungsverpflichtungen gegenüber Arbeitnehmern im Rahmen einer umwandlungsrechtlichen Spaltung. 2008.

Band 48 Susanne Schneider: Broad-based Black Economic Empowerment in der Republik Südafrika. 2008.

Band 49 Mandy Reichel: Die Einbeziehung des Außenseiter-Arbeitgebers in den Verbandsarbeitskampf. 2008.

Band 50 Abbo Junker (Hrsg.): Betriebsübergang in Europa. Symposion aus Anlass des 10-jährigen Bestehens der Schriften zum Arbeitsrecht und Wirtschaftsrecht am 10.10.2008 in München. 2009.

Band 51 Till Bender: Vorschläge zur Neuordnung des Sonderkündigungsschutzes nach MuSchG und SGB IX. 2009.

Band 52 Manuela Rauch: Die geschlechtsbezogene Diskriminierung am Arbeitsplatz nach kalifornischem Recht. 2009.

Band 53 Tina Luise Allenberg: Das französische règlement intérieur d'entreprise. Die Arbeitsordnung im französischen Arbeitsrecht. 2009.

Band 54 Bernd Haas: Anwaltliches Mandatsverhältnis zum Betriebsrat. 2009.

Band 55 Martin Fröhlich: Die erweiterte Weisungsbefugnis des Arbeitgebers im spanischen Recht. 2009.

Band 56 Stefanie Lorenzen: Inhaltskontrolle beim Betriebsübergang. Die Anpassung tariflicher Arbeitnehmerpflichten nach Privatisierungen. 2009.

Band 57 Oliver E. Aldea: Das französische Kündigungsrecht im Spannungsfeld von Abfindungen und Bestandsschutz. 2010.

Band 58 Wolfgang Stock: Die Einsetzung einer Transfergesellschaft. Unter besonderer Berücksichtigung betriebsverfassungs- und arbeitsförderungsrechtlicher Vorgaben. 2010.

Band 59 Claudia Hagedorn: Zulässigkeit und Grenzen von Tarifsozialplänen. 2010.

Band 60 Daniela Quink: Inhaltskontrolle von Freiwilligkeitsvorbehalten in Arbeitsverträgen. 2010.

Band 61 Kathrin Kentner: Arbeitskampfmittel der Arbeitgeber. 2010.

Band 62 Angela Nunes Fernandes Gil Wolf: Arbeitnehmereinsatz im Ausland. Das auf doppelte Arbeitsverhältnisse anwendbare Recht am Beispiel der Vertragsgestaltung eines internationalen Konzerns. 2010.

Band 63 Annemarie Berthold: Whistleblowing in der Rechtsprechung des Bundesarbeitsgerichts. 2010.

Band 64 Malte Koch: Die Beteiligung von Arbeitnehmervertretern an Aufsichtsrats- und Verwaltungsratsausschüssen einer Europäischen Aktiengesellschaft. 2011.

Band 65 Agnes Maria Kollerbaur: Die französische Arbeitsinspektion. Eine Untersuchung unter besonderer Berücksichtigung ihrer Rolle bei Kündigungen. 2011.

Band 66 Marcus Christian Leinenweber: Landesschlichtungsgesetze? 2011.

Band 67 Frederike Cathérine Gärtner: Die gesetzliche Regulierung von Bahnstreiks in Frankreich. Arbeitskampf vs. Kontinuität öffentlicher Dienstleistungen. 2011.

Band 68 Carolin van Straelen: Der Rollenkonflikt des Arbeitnehmervertreters zwischen Betriebsratsmitglied und Gewerkschaftsfunktionär. 2012.

Band 69 Anna Maria Jordan: Entgeltdiskriminierung in Frauenberufen? 2012.

Band 70 Dominic Köstner: Compliance-Richtlinien im Unternehmen. Arbeits- und datenschutzrechtliche Implementierungsaspekte. 2012.

Band 71 Michael Kobler: Fremdeinflüsse auf die tarifliche Willensbildung. 2012.

Band 72 Anne Kraas: Zulässigkeit und Grenzen der arbeitsvertraglichen Entgeltflexibilisierung. 2012.

Band 73 Melanie Amann: Die Belegschaftsabstimmung. 2012.

Band 74 Christina Mennemeyer: „Dritter Weg“ und rechtliche Grenzen der Flexibilisierung des Arbeitsrechts der katholischen Kirche. 2012.

Band 75 Joël Philipp Hofmann: Rechtsmissbrauch und Verwirkung bei Widerspruch gegen den Übergang des Arbeitsverhältnisses nach § 613a BGB. 2013.

Band 76 Jennifer Junker: Das Recht der Arbeitnehmerüberlassung in Japan. 2013.

Band 77 Gabriele Geiselhart: Tarifliche Regelungsmacht bei Haustarifverträgen und Unternehmerfreiheit. Dargestellt am Beispiel von Standortgarantien und Zeitarbeitsquoten. 2013.

Band 78 Lorenz Sylvester Mitterer: AGB-Korrektur in Dauer- und Langzeitschuldverhältnissen. 2013.

Band 79 Janina Morgenweck: Die Arbeitsgerichtsbarkeit in England. 2013.

Band 80 Christoph B. Kistler: Die Rechtmäßigkeit von Spartenstreiks. Alte Kriterien in neuem Licht. 2013.

Band 81 Julia Strasser: Die Haftung bei Lohnwucher im Arbeitsrecht der USA. 2014.

Band 82 Stephanie Amschler: Constructive dismissal. Fingierte Arbeitgeberkündigung im englischen Kündigungsschutzrecht. 2014.

Band 83 Felix Berding: Die Urabstimmung im britischen Arbeitskampfrecht im Licht der EMRK. 2014.

Band 84 Christine Kumpf: Multinationalität der SE-Mitbestimmungsordnung. 2014.

Band 85 Florian Schiffer: Der Leistungsmaßstab im Arbeitsverhältnis. 2014.

Band 86 Stefan Hoffmann: Unterrichtungspflicht und Widerspruchsrecht bei Betriebsübergang gemäß § 613a Abs. 5 und 6 BGB – Grenzen, weitere aktuelle Rechtsprobleme und Strategien zur Risikominimierung. 2015.

Band 87 Marie-Theres Boetzkes: Die Konzernmutter als Mitarbeitgeberin im französischen Recht. 2015.

Band 88 Ines Kranz: Landesarbeitskampfgesetze? 2015.

Band 89 Hendrik Schulte-Wrede: Die Beteiligung der Arbeitnehmer in der Europäischen Privatgesellschaft – SPE. 2015.

Band 90 Kathrin Charlotte Enke: Beteiligungsvereinbarungen nach § 21 SEBG. 2015.

Band 91 Tom Christopher Pröstler: Modelle betrieblicher Arbeitnehmerbeteiligung. Ein historisch-europäischer Rechtsvergleich zwischen Deutschland und dem Vereinigten Königreich. 2015.

Band 92 Achim Engel: Collective Governance in Tarifverbänden. 2015.

Band 93 Michaela Felisiak: Regulierungsbedarf grenzüberschreitender Betriebsübergänge. Zweifel an der grenzüberschreitenden Anwendbarkeit des § 613a BGB. (Urteil des BAG vom 26. Mai 2011). 2015.

Band 94 Robert Cornelius Richard: Inhaltliche Grenzen des Zeugnisanspruchs des Arbeitnehmers. 2015.

Band 95 Martina Reiser: Umgehung des § 613a BGB durch Aufhebungsvereinbarung und Neuvertrag. 2015.

Band 96 Peter Illes: Das betriebsverfassungsrechtliche Verbot parteipolitischer Betätigung im Betrieb. 2016.

Band 97 Marc Bohlen: Die arbeitsvertragliche Befristung mittels eines gerichtlichen Vergleichs. 2016.

Band 98 Reimo Robin Richarz: Insolvenzrechtliche Einordnung von Ansprüchen des Arbeitnehmers. 2016.

Band 99 Christine Hepp: Mutterschutz für GmbH-Geschäftsführerinnen. Rechtslage de lege lata im Lichte verfassungsrechtlicher und europäischer Vorgaben. 2016.

Band 100 Sabrina Susanna Pechtold: Anerkennung von Gewerkschaften als Tarifvertragspartner in Großbritannien. 2016.

Band 101 Charlotte Sander: Die Zerrüttung des Arbeitsverhältnisses. Die Stellung der gerichtlichen Auflösung des Arbeitsverhältnisses gemäß §§ 9, 10 KSchG im System des Kündigungsschutzrechts. 2016.

Band 102 Tilmann Restle: Betriebsvereinbarungen und das Kartellverbot des Art. 101 Abs. 1 AEUV. Zur Anwendbarkeit der Albany-Ausnahme des EuGH auf Betriebsvereinbarungen im Sinne des BetrVG. 2016.

Band 103 Antje Hirsch-Hottes: Arbeitnehmerüberlassung aus vertragsrechtlicher Perspektive. 2017.

Band 104 Florian Hertenstein: Die schuldrechtliche Regelungsbefugnis der Tarifvertragsparteien. Unter besonderer Berücksichtigung schuldrechtlicher Verpflichtungen des Arbeitgebers zu einem unternehmerischen Verhalten. 2017.

Band 105 Eva Susanne Felisa Frey: Kündigungsschutz im portugiesischen Arbeitsrecht. 2018.

www.peterlang.com

www.ingramcontent.com/pod-product-compliance
Ingram Content Group UK Ltd.
Pitfield, Milton Keynes, MK11 3LW, UK
UKHW021843290926
8980IPUK00005B/626

9 783631 767689